经管文库·管理类
前沿·学术·经典

中国管理学概论

CHINESE MANAGEMENT

马文军 著

经济管理出版社
ECONOMY & MANAGEMENT PUBLISHING HOUSE

图书在版编目（CIP）数据

中国管理学概论/马文军著 . —北京：经济管理出版社，2023.9
ISBN 978-7-5096-9345-2

Ⅰ.①中…　Ⅱ.①马…　Ⅲ.①管理学—概况—中国　Ⅳ.①C93

中国国家版本馆 CIP 数据核字（2023）第 189242 号

组稿编辑：杨国强
责任编辑：杨国强　白　毅
责任印制：黄章平
责任校对：张晓燕

出版发行：经济管理出版社
　　　　　（北京市海淀区北蜂窝 8 号中雅大厦 A 座 11 层　100038）
网　　　址：www. E-mp. com. cn
电　　　话：（010）51915602
印　　　刷：唐山玺诚印务有限公司
经　　　销：新华书店
开　　　本：720mm×1000mm/16
印　　　张：20.75
字　　　数：384 千字
版　　　次：2023 年 9 月第 1 版　　2023 年 9 月第 1 次印刷
书　　　号：ISBN 978-7-5096-9345-2
定　　　价：98.00 元

在挥手告别了"人民日益增长的物质文化需要同落后的社会生产"之主要矛盾的时代之后，在"人民日益增长的美好生活需要和不平衡不充分的发展"成为新的主要矛盾之际，在 AI（人工智能）正以摧枯拉朽之势把所有可以标准化、程序化处理的管理事务统统收入囊中的新时代大潮面前，是时候让管理学从原来西方的谋生谋职之小学回归本义管理范畴，向着包括心本（质）管理、我本管理、家本管理、国本治理在内的指向幸福的管理之大学勇敢而坚定地转向了！

管理学是一种通用的学科和学术体系，普适性应该是其本质特征，过于强调区域和特色并不合适。西方管理学是一种经验实证的范式体系，目前仍然深陷个性的"理论丛林"而没能形成一个完整体系的统一架构。

中国管理学研究，虽旨在本土自主知识的挖掘和话语体系的建构，却根本地指向于本义应然管理学体系建设，实现对管理学本应面貌和模式的初步勾勒，这恰恰是对本土和特色的超越，是管理学普适性的一种回归。

自主知识体系"中国管理学"教材建设四论

　　无论是从人口、国土角度还是从历史文化角度看，中国都是一个当之无愧的大国。中国人民在漫长的历史发展长河中，创造了丰富灿烂的管理思想和管理实践，中国应该也可以建设自主知识管理学科体系和教材体系。国家对此有着明确而深切的期待，部分学界前辈也早已开始努力地研究建构。然而总体而言，当前中国自主知识管理学科体系和教材体系建设还不尽理想，尚不能很好地适应新时代中国特色社会主义现代化建设的迫切需求。由此，着眼于中国自主知识管理学教材体系建设这个庞大而宏伟的系统工程，聚焦建设在其中居于关键和核心地位的"中国管理学"教材，就成为了新时代中国管理学界的一个重要而迫切的任务。而要完成这个任务，显然需要首先回答"为何建设""范式何样""怎么推进""孰可担纲"四个基础性问题。

　　首先，为什么要建设自主知识体系"中国管理学"教材？

　　适应新时代发展是对中国哲学社会科学建设提出的更高要求。习近平总书记于2016年5月17日主持召开哲学社会科学工作座谈会时强调，要"着力构建中国特色哲学社会科学，在指导思想、学科体系、学术体系、话语体系等方面充分体现中国特色、中国风格、中国气派"。具体到管理学科，改革开放以来，我国管理学科取得了很大的发展，但主体部分多取自西方既有理论、模式和逻辑，本土历史文化基因挖掘融入相对缺乏，国际话语权也严重缺失，对已经步入深水区、新常态和新时代的中国发展建设的指导也日益力不从心。而西方现行的管理学科，也受到了包括新旧社会主要矛盾转换和人工智能快速扩张替代在内的新时代发展的严峻挑战。因此，加快构建"中国特色哲学社会科学"，中国自主知识体系管理学科的建构尤其重要，且正当其时。

　　进一步地，学科体系建设同教材体系建设两者相辅相成，密不可分。正如习近平总书记2016年5月17日的讲话所说："学科体系建设上不去，教材体系就上不去；反过来，教材体系上不去，学科体系就没有后劲。"由此，中国自主知识体系管理学教材建设对中国自主知识体系管理学科建设，甚至对中国特色哲学社会科学建设，都是极其重要的。特别地，中国自主知识体系管理学教材建设，是一个系统工程，应围绕中国自主知识体系管理学科这个核心主体，具体建设包括学科基础课程教材、学科核心课程教材、学科方向课程教材等在内的一个完整的教材体系。显然，这个庞大而宏伟工程的建设推进，不可能一蹴而就，而需要区分轻重缓急，分步推进。其中，"中国管理学"在整个自主知识教材体系建设之中具有定杆立标的关键地位，只有这部关键标杆性的教材建设完成之后，其他相关教材才能找准位置、分头推进，最终建系成列。从这个角度来讲，中国自主知识管理学科体系和教材体系建设，关键取决于自主知识体系"中国管理学"教材的建设与破局。由此，自主知识体系"中国管理学"教材建设不但必要而且迫切，直接制约和影响着中国自主知识管理学整体教材体系以及学科体系的建设推进。

特别地，当前国内各大学管理学类专业课程的教材选用，仍然限于西方体系的管理学类教材。然而，这些西方管理学类教材的内容大多已历经数百年，且至少存在整体结构性缺陷、关键理论性错误、量化方法性陷阱、实践应用性苍白四个方面的问题，抑或在中国本土实践中有着严重的"水土不服"，对中国特色社会主义现代化建设的指导更是日益力不从心！

当前的中国发展进入了新时代。在挥手告别了"人民日益增长的物质文化需要同落后的社会生产"为主要矛盾的时代之后，在"人民日益增长的美好生活需要和不平衡不充分的发展"成为新的主要矛盾之际，在 AI（人工智能）正以摧枯拉朽之势把所有可以标准化、程序化处理的事务统统收入囊中的新时代大潮面前，回归东方文化，挖掘东方基因，建设中国自主知识管理学科体系，建设以"中国管理学"为代表的中国自主知识管理学教材体系，可谓正当其时。

改革开放以来，一批管理学者开展了持续的本土历史文化基因挖掘和本土管理理论创新建构研究，形成了若干本土管理学流派，并推进了各自的中国管理学类教材体系建设工作，东方管理理论与和谐管理理论等流派是其中的典型。不过，受制于基础理论创新建构不足，融汇中华文化、挖掘本土基因、体现中国特色、实现逻辑自洽的"中国管理学"等中国自主知识管理学教材体系建设尚不理想，而挂着本土牌子的西方理论者也不少见。这就更加凸显了在新时代推进自主知识体系"中国管理学"教材建设的必要性。

其次，建什么范式的自主知识体系"中国管理学"教材？

在西方管理学已经"矗立于前"且相当"成熟完善"的情况下，"中国管理学"教材建设究竟是应该在西方既有范式中修修补补，还是应该进行大刀阔斧式的范式新构？这可以通过对西方管理学发展演进脉络的系统性梳理而得到明晰。

西方管理学以《科学管理原理》的出版为起点，经由以法约尔、韦伯等为代表的古典管理理论阶段和以管理过程学派、决策理论学派等为代表的管理理论丛林阶段，发展到以波特竞争战略理论、哈默企业再造、圣吉学习型组织理论、大内Z理论等为代表的当代管理理论阶段。该学科体系的发展演进，走出的是一条经验归纳性逻辑路径。

具体来说，作为现代管理学正式成型的标志，《科学管理原理》一开始并不形上地关注整个管理学体系大厦的建构，而是直接形下聚焦于泰罗所在钢铁厂因管理经验不足导致的工人生产效率低下的具体问题。其通过搬运生铁块试验等寻找生产动作的"最佳方式"，大大提高了工厂的生产效率。通过这个具体问题的解决，泰罗分析其中规律，提炼其中理论，最后归纳总结出人岗匹配化、操作标准化、超额奖励化等科学管理原则，并推广应用到全美以及全世界。① 总体来看，《科学管理原理》基于对一个具体管理问题的聚焦解决，虽然最终推动了经验管理向科学管理的转型升级，但其只是对某一方面管理经验的总结提炼，是典型的经验主义路径，并没有建构出一个本义管理学体系的完整大厦。

后续从梅奥通过"霍桑实验"对组织行为管理的研究、麦克纳马拉和桑顿基于福特汽车公司的实践对量化管理的拓展，到"二战"后的"管理理论丛林"，再到当今波特战略管理、圣吉学习型组织管理的加持等，则是在前面学者已经解决问题的基础上，进一步发现新问题、解决新问题，并不断注入既有的管理学体系之中推动其内涵逐步累积、边界不断扩张的动态过程，是管理学不断与其他学科体系有机融合的过程。② 这些不同时期出现的不同管理流派彼此是并列交叉而不是相互包含的，表明彼此并无统一的核心体系和本义范式。至于法约尔建构的包括十四条原则、五种管理职能在内的一般管理理论，看上去像是某种理性体系的普适性建构，不过其"基本研究方法还是经验归纳和分析，仍然是典型

① 斯蒂芬·P. 罗宾斯，玛丽·库尔特. 管理学（第9版）［M］. 孙健敏，黄卫伟，王凤彬，等译. 北京：中国人民大学出版社，2008.

② 周劲波，王重鸣. 论管理学在当代科学体系中的学科地位和意义［J］. 科学学研究，2004（3）：258-261.

的经验主义的管理学"①，最终也被补充加注到了既有的管理学体系之中，其虽然接触到了管理学的本义面貌，但远没有实现对管理学本义面貌的一般性勾勒描绘。

总之，现代西方管理学发展演进中虽然也有着布赖尔（Burrell）和摩根（Morgan）所说的职能主义（即实证主义）和结构主义（即规范主义，强调应该怎样和应然问题，力求构建一种规范的理论体系和概念架构）等多种发展萌动，或者说有着演绎的理性主义对经验主义的突围企图，但管理学一个世纪的发展历程基本上是以实证主义为主线的②，走出的是一条先解决工厂经验管理向科学管理升级问题，然后通过后续对新管理问题的逐步识别、解决和补充、加注，推动管理学体系实现内涵不断积累、边界不断扩张的发展演进路径，是一条经验归纳性的逻辑路径。结果是"管理学时至今日都给人们一种不清不楚大杂烩感觉"，自始至终"缺乏自身独立命题、公认原理性框架和研究范式"。③ 展望未来，"一个统一的具有内在一致性和密切相关性的'管理科学'的产生似乎仍然遥不可及"。④

西方管理学没有实现对管理学本义面貌的一般性刻画和本义框架的一般性建构，此处以美国为例予以说明：根据美国学科专业分类（Classification of Instructional Programs，CIP）设置，到目前为止，其管理学仍然局限于工商管理和公共管理的框架体系之内⑤，之外的其他管理仍然没有得到应有的基于管理学视角的重视和囊括。然而，管理学就本质而言是一种工具化定位，这种定位必然会使管理学边界跨到其他学科的讨论领域中。⑥ 特别地，从管理本义角度来理解，家庭和个人范畴的管理，是整个管理学体系的基础和原点，当前西方主流的管理学对此少有涉及，这可谓是当前西方管理学存在的一个明显的结构性缺陷。而正是由于管理学边界的扩张局限，当前西方管理学的管理逻辑指向，也就只能局限于管理者面向管理对象的"我—物（人）"式的外向管理模式，而不得不放弃管理

① 梅钢. 从理性主义和经验主义看管理学的发展路径 [J]. 华东经济管理，2011（9）：97-101.

② 罗珉. 构建管理学学科体系的研究范式和经验法评析——兼与张远凤同志商榷 [J]. 经济管理，2003（2）：24-28.

③ 李宝元，董青，仇勇. 中国管理学研究：大历史跨越中的逻辑困局——相关文献的一个整合性评论 [J]. 管理世界，2017（7）：157-169.

④ 高良谋，高静美. 管理学的价值性困境：回顾、争鸣与评论 [J]. 管理世界，2011（1）：145-167.

⑤ 纪宝成. 中国大学学科专业设置研究 [M]. 北京：中国人民大学出版社，2006：63-77.

⑥ 李培挺. 也论中国管理学的伦理向度：边界、根由与使命 [J]. 管理学报，2013（9）：1283-1290.

者面向管理者本人的"我—我"式的内向管理模式。一个完整闭环的本义管理逻辑指向，必然是"我—物（人）"式的外向管理模式与"我—我"式的内向管理模式的有机组合，且后者是其中的核心和关键。在基本逻辑上对"我—我"式内向管理模式这个内核的放弃，可谓是当前西方管理学体系存在的另一明显的结构性缺陷。

总之，西方管理学走出的是一条基于具体问题的边界不断扩张和内涵不断积累的经验归纳型逻辑发展之路，是一种实然型而不是应然型体系建构，到目前为止仍然缺乏本义应然型的框架体系建构。由此，"中国管理学"教材建设完全可以跳出西方现行管理学体系之制约，通过挖掘中国独特的经验和特色，回归建构一个演绎逻辑路径和本义面貌架构的全新自主知识管理学体系。反过来说，西方管理学中本义体系的缺失，为"中国管理学"基于本土因素建构自主知识的本义型管理学体系提供了一个"弯道超车"的绝好机会。

在这方面，中华五千年历史所孕育的灿烂的传统文化，革命、建设、改革中创造的革命文化和社会主义先进文化，可提供丰富的灵感来源、框架支持和素材支撑。特别地，作为中华优秀传统文化主流并已经浸润于当代各种先进文化之中的儒学，实际上已经贡献出了一种演绎逻辑路径和本义面貌架构的本义管理学体系。正如有学者说："几乎现代管理的全部精髓，都可以从儒家思想的基本观念中开发出来。"① 由此，基于中国本土因素建设本义型管理学新范式，应当是自主知识体系"中国管理学"教材的正确范式选择。

再次，怎么推进自主知识体系"中国管理学"教材建设？

自主知识体系"中国管理学"教材建设是一个庞大的系统工程，应当在周密考虑以下几个问题的基础上予以具体而妥善地推进：

"中国管理学"教材建设的本源依托。基于本土历史文化情境的自主知识体系"中国管理学"教材建设，其思想和实践素材应该主要依托于以下三大本源：一是中华民族五千年传统文化中的优秀部分，特别是长期以来占据中华传统文化主流地位并且已经浸润于中华民族国民性与日常行为习惯中的优秀儒学文化。二是民族图强奋斗实践中凝结形成的近现代优秀革命文化，特别是 1921 年中国共产党成立以来为了民族解放进行革命斗争所铸就的优秀红色革命文化。三是中华人民共和国成立以来在社会主义现代化建设事业征程中开创的当代优秀治国理政

---

① 王博识.《大学》管理思想的理论价值及其现代化功用［J］. 社会科学家，2008（1）：25-28.

文化，特别是 1978 年以来至今 40 余年历程创造的举世瞩目的优秀改革开放文化。

"中国管理学"教材建设的基因萃取。纵观中华民族五千年悠久历史，特别是其中作为"中国管理学"教材建设三大素材本源的儒学文化思想、红色革命实践、改革开放创造，灿烂辉煌、气象万千、博大精深，始终有一条显明的特征相伴，整个中华历史文化以此为主线演绎而成、一气呵成，形成了与西方社会达尔文主义明显不同的特征，可以称为中华文化之核心基因，这就是作为中华优秀传统文化之精髓的"和合"。① 管理的根基在文化，中国自主知识体系管理学科建设和"中国管理学"教材建设，当应萃取"和合"为内在管理基因。

"中国管理学"教材建设的层级架构。受儒典《大学》启发，基于本土历史文化情境的"中国管理学"教材建设之基本架构，首先应该包含四个基本管理层级，分别为修身、齐家、治国、平天下。通俗地说，就是自我管理、家庭管理、国家治理、全球治理。在四个基本层级的管理架构之中，一方面"壹是皆以修身为本"，另一方面"修身在正其心"，必须对正心层级予以高度重视。由此，"中国管理学"教材建设有必要补充一个正心的管理层级。另外，在"修齐治平"的管理层级架构中，从"齐家"到"治国"呈现为一种跨级式跃进，两者中间"辽阔的公共空间"有意无意成为了"被漠视的公共空间"。② 用现代的发展眼光进行审视，有必要补充一个包括企业管理、工商管理、文教管理等在内的事业发展管理层级，可以称为事业管理。由此，基于本土历史文化情境的"中国管理学"教材建设，应该包含六个基本层级，即正心、修身、齐家、立业、治国、平天下，或者说心质管理、自我管理、家庭管理、事业管理、国家治理、全球治理。

"中国管理学"教材建设的核心关键。具有本土管理元典性质的儒家《大学》之中，"三纲领"是总目标，"八条目"是具体步骤。"八条目"中，"修身"是根本，前四项"格物、致知、诚意、正心"是"修身"的前提，后三项"齐家、治国、平天下"是修身的目的，而"修身"则是连接贯通两个方面的枢纽，是"八条目"之关键节点所在。关于"修身"的关键性节点地位，《大学》也有着几乎直白性的阐述："自天子以至于庶人，壹是皆以修身为本。其本乱而

① 程思远. 世代弘扬中华和合文化精神——为"中华和合文化弘扬工程"而作［N］. 人民日报，1997-06-28.

② 余秋雨. 中国文化课［M］. 北京：中国青年出版社，2019.

末治者否矣。其所厚者薄，而其所薄者厚，未之有也！"特别地，《大学》认为修身包含的格物、致知、诚意、正心四个前置环节中，关键在于正心，或者说正心是修身的前提要件，正如《大学》所言："欲修其身者，先正其心。"由此，基于本土历史文化情境的"中国管理学"教材建设中，正心和修身是核心和关键。

"中国管理学"教材建设的逻辑结构。基于本土历史文化情境的"中国管理学"教材建设中，正心（心质管理）、修身（自我管理）、齐家（家庭管理）、立业（事业管理）、治国（国家治理）、平天下（全球治理）是六个具体管理层级。其中，前者是后者的基础，后者是前者的扩展，形成一种层层递进的逻辑关系。特别地，对应于心质管理的正心和对应于自我管理的修身，其根本的管理指向是对内的，属于"我—我"的内向式管理；而对应于家庭管理、事业管理、国家治理、全球治理的齐家、立业、治国、平天下，其根本的管理指向是对外的，属于"我—物（人）"的外向式管理。两者的有机结合，就实现了管理基本逻辑上的科学、完整和闭环。当然，在整个管理体系之中，"心质管理—正心"和"自我管理—修身"环节是逻辑原点所在。

"中国管理学"教材建设的西方批判。在西方管理学不但"矗立于前"而且相当"成熟完善"和"深度嵌入"的情况下，"中国管理学"教材建设必须首先进行一次前置性的关于西方管理理论体系局限的系统性识别和科学性批判。否则，如果西方现行管理理论体系是"成熟完善"甚至"完美无缺"的，中国自主知识体系管理学科建设和"中国管理学"教材建设就没有了推进的必要。对西方管理理论体系进行系统性识别和科学性批判，大体可从关键内容、整体结构、研究方法、实践应用等几个方面进行。篇幅所限，此处从略。

"中国管理学"教材建设的课程转化。在目前国内各高校管理学类专业的课程设置体系之中，一般把"管理学"课程设置为专业平台课，安排在第一学年第一学期开设，赋予3~4学分。"中国管理学"教材建设的课程转化，可以参考设置为与西方"管理学"课程并列的专业平台课，安排在"管理学""西方经济学"等西方主体性的经济管理课程学完之后的第二学年开设，赋予2~3学分。需要配套推进的工作是，各高校相应调整本校经济管理类专业培养方案，补设"中国管理学"课程，同时把原"管理学"课程正名为"西方管理学"。此外，还特别需要教育部门从顶层规划角度，适时对高校经管类本科专业和课程设置的相关政策进行调整。

最后，自主知识体系"中国管理学"教材建设孰可担纲？

自主知识体系"中国管理学"教材建设的基本逻辑清晰之后，具体的建设事宜应该由谁来负责组织推进呢？或者说究竟什么样的学者才能胜任本教材建设研发的重任呢？这个问题可以从正反两个向度予以分析。

正向角度的分析。由于"中国管理学"教材建设是一种基于中华历史文化的全新管理学范式建构，推进这项工作需要综合而交叉的素质、知识、经历和能力。根据上面的分析，推进"中国管理学"教材建设，必须具有系统的西方管理学专业知识体系学习经历、系统的中国历史文化类专业知识体系学习经历，从而获得扎实的知识和理论储备；必须具有丰富的社会实践经历和多种的工作岗位历练，有着对中国国情和社会现实的深刻体悟；必须具有哲学层面形而上学式的高度俯瞰和深刻审思以及大无畏的质疑批判精神，而不仅是认可西方的管理学范式并只乐于在西方范式盒子中翩翩起舞。以上四个要件缺一不可，根本要求是做到在管理学的领域范围之内，洞察西方、深耕本土、丰富实践、哲学统领。

反向角度的分析。仅具有系统的西方经济管理类专业知识体系的学者，往往会因缺失了对中华历史文化必要的深切把握（注意不是浮光掠影式了解），从而一般难以胜任。仅具有系统的中国历史文化类专业知识体系的学者，往往会因缺失了对西方既有管理理论和学科体系必要的深切把握，从而一般难以胜任。仅具有从一个学校到另一个学校的学院式读书学习工作经历的学者，往往会因缺失了对中国国情和社会现实必要的实践体悟，而管理学最为根本的特征就是实践性，从而一般难以胜任。仅专注于训诂考据的挖掘型研究，或者仅执着于统计验证的方法型研究的学者，就其本质而言其实是在既有的西方范式盒子里起舞，其研究本身虽然也是极其重要的工作，但因"中国管理学"教材建设是一种自主知识体系的全新范式构建，从而一般也难以胜任。

以上四个基本要件具体到个体学者上，这个学者就应该有着西方管理学类和中国历史文化学类的专业交叉性知识学习经历，有着较为丰富的不同地域、不同岗位、不同级别的工作实践经历，有着对西方管理学范式重大缺陷和不足的深刻认识，也有着对基于中华历史文化建构自主知识体系中国管理学的哲学审思和强烈冲动。

在当今学科细分时代，齐备这样资质要件的学者并不多，甚至可以说是凤毛麟角。然而中国自主知识体系管理学科的建构和"中国管理学"教材的建设又具有迫切性。结果在现实中，那些系统学习掌握了西方管理学专业知识的学者，特别是其中有着西方欧美知名高校学习经历且目前供职于国内著名高校平台的知名学者，由于其天生具备对西方管理学知识的掌握和范式统思以及科学研究工具的优势，而当前国内管理学研究的主流正是西方管理学范式，所以天然地呈现出巨大优势，获得了中国自主知识体系管理学科建构和"中国管理学"教材建设的主体担纲者角色。然而这些重点扎根西方管理学范式的学者，由于对西方体系和文化的深入切入，往往其天然地对国内的本土历史文化缺乏应有的掌握和体悟，而且他们大多走着从学校到学校、从理论到理论的读书、学习、研究的路径，缺失了真正下探生产一线的关键性实践感知。让其担纲推进中国自主知识体系管理学科建构和"中国管理学"教材建设，大概率会有意无意地陷入自己所熟悉的西方范式盒子里而不能自拔。反过来说，如果其要真正投身于挖掘中华历史文化基因和建构中国管理学科、建设"中国管理学"教材的事业中，往往就意味着其对自己赖以安身立命的西方管理学知识体系的批判甚至否定。这是一种艰难地否定自我荣光经历的自我革命，而且自我革命之后能否一定在本土建构领域取得像之前在西方管理范式路上取得的丰硕成果，并无十足的把握和优势。切身利益所在，青春韶华已逝，又有谁能勇于放弃既有的荣光而甘心于再度从头拼搏呢？

新近的中国经济学教材编写实际上已经出现了这个问题。2016 年习近平总书记作出"加快建构中国特色哲学社会科学"和"着力构建中国特色哲学社会科学，在指导思想、学习体系、学术体系、话语体系等方面充分体现中国特色、中国风格、中国气派"的重要讲话，责任不可谓不重，使命不可谓不切。2020年，教育部公布的《关于政协十三届全国委员会第三次会议第 1221 号（教育类103 号）提案答复的函》①，提及已经开展的具体工作包括成立国家教材重点研究基地、制定工作方案、研制教材建设规划等，但没有提及已经取得了哪些具体的建设成果，侧面印证了"切实行动偏少"的现状。2021 年 6 月，第一批包括中国微观经济学、中国宏观经济学、中国发展经济学、中国财政学、中国金融学、中国区域经济学等在内的中国经济学教材编写终于正式启动②，然而稍微审视可知，这些已经纳入编写规划的中国经济学教科书，本质上是一种表象中国与西方

① 教育部. 关于政协十三届全国委员会第三次会议第 1221 号（教育类 103 号）提案答复的函［EB/OL］. http：//www. moe. gov. cn/jyb_xxgk/xxgk_jyta/jyta_jiaocaiju/202010/t20201013_494251. html.

② 教育部. 关于首批中国经济学教材编写拟入选学校及团队名单的公示［EB/OL］. http：//www. moe. gov. cn/jyb_xxgk/s5743/s5745/A26/202106/t20210609_536926. html.

范式的简单加成逻辑，仍然是一种在西方范式盒子中比照临摹的翩翩起舞。其因缺失了内在的中国气派和中国基因展现，有可能最终步入扛着本土的旗帜却加注西方旧酒的窘境！这从侧面进一步表明，遴选一批洞察西方、深耕本土、实践丰富、统领哲学的学者，担纲全新范式的自主知识体系"中国管理学"教材编写，是何其重要！

回答完了四个基础性问题，让我们再满怀信心地憧憬一下美好的未来吧！

当前的中国已经进入了一个全新发展的时代，我们必须对哲学社会科学发展予以全新的审视和反思。具体到管理学，是时候回归中国本土情境，建构包括"中国管理学"在内新的更能适应时代发展的自主知识理论体系和教材体系，向着包括心质管理、自我管理、家庭管理、国家治理在内的指向幸福的管理本义之学勇敢而坚定地转向了！

放眼当今天下，在美欧范式基础上再新构一个全新的本义管理学范式，必须有着深厚的民族性历史文化支撑，而这一方面，舍我中华又有其谁？反过来说，中华民族的伟大复兴已经成为我们全党全民族致力推进的伟大工程。这项伟大工程的实现完成，表观在于中国经济的伟大复兴，根本在于中华文化的伟大复兴。而中华文化的伟大复兴，需要对包括红色革命文化和改革开放文化在内的中华优秀文化，运用现代科学和学科的思维逻辑，抽丝剥茧、去粗存精、辨伪求真，真正地、创造性地发展出本土化的以经济管理学科为重要组成的中国特色哲学社会科学。从某种程度来讲，基于中华历史文化的中国自主知识体系经济管理学科范式建构完成并成熟推广于全世界时，中华文化的伟大复兴、中华民族的伟大复兴将更进一步。

从这个角度来讲，立足民族伟大复兴，适应全球发展需要，全力推进自主知识体系"中国管理学"类教材建设和中国管理学科建设，可谓责任重大、使命光荣、前景光明！

特别说明的是，本教材的出版得到了山东省软科学研究项目"优秀儒学文化双创性转化发展与本土管理体系科学性建构"（2019RKB01070）和教育部人文社科研究一般项目"有效需求测度、产能过剩预警与新常态转型治理：一个新的逻辑架构与钢铁产业实证"（17YJA790064）的共同资助，这里一并致以诚挚的谢意！

目　录

第一章　基于中国历史文化情境的自主知识体系中国管理学基本逻辑架构

改革开放以来，尤其是进入新时代以来，中国发展建设对中国特色哲学社会科学理论研究和实践指导需求的迫切性日益提升。在这种情况下，2016 年 5 月 17 日，习近平总书记主持召开哲学社会科学工作座谈会强调："加快构建中国特色哲学社会科学。"① 此外，习近平总书记指出，中国幅员辽阔、历史悠久、人口众多，必须要传承和弘扬自己的优秀传统文化。党的十九大报告和新修订的党章明确提出，要推动中华优秀传统文化创造性转化、创新性发展。②

笔者认为：①改革开放以来，我国管理学理论研究和体系建设取得了很大成绩，但整体上仍然存在诸多问题。特别地，当前我国管理学理论研究和体系建设，相当部分是基于西方既有理论、模式和逻辑推进的 OEM 范式，中国本土历史文化基因的挖掘融入相对缺乏，国际话语权也严重缺失。在改革开放已经走过 40 多年的今天，中国发展建设步入了深水区、新常态和新时代，迫切需要新的适合本国国情的管理学理论的正确指导，而西方现行管理理论体系的指导已经日益力不从心，且受到了包括新旧社会主要矛盾转换和人工智能快速扩张在内新时代发展的严峻挑战。因此，加快构建"中国特色哲学社会科学"，中国自主知识体系管理学科和理论建构尤其重要，且正当其时。②中华优秀传统文化要实现创造性转化和创新性发展，就不能仅满足于态度口头上的重视和会议文件中的落实，就不能仅止步于大众媒介或者大学专业对优秀传统文化典籍抽章取节式的直白翻译，就不能一直停留于在外围踱步的松散状态。相反，需要明晰目标指向，中国自主知识体系管理学科和理论建构应该成为中华优秀传统文化转化发展的重要目标指向之一。同时，中国自主知识体系管理学科和理论建构也需要本源依

---

① 习近平. 在哲学社会科学工作座谈会上的讲话［N］. 人民日报，2016-05-18.
② 习近平. 决胜全面建成小康社会　夺取新时代中国特色社会主义伟大胜利——在中国共产党第十九次全国代表大会上的报告［M］. 北京：人民出版社，2018.

据，中华优秀传统文化是其基本的本源依据和源力供给。因此，应围绕"从哪里来"的本源起点与"到哪里去"的目标指向相结合的逻辑主线，推进两者的有机耦合和齐头并进。

可见，在当前西方垄断话语权的管理学格局和态势下，只有将包括红色革命文化和改革开放文化在内的中华优秀传统文化，运用现代科学和学科的思维逻辑，抽丝剥茧、去粗存精、辨伪求真，真正地、创造性地转化和发展出本土化的管理理论体系，才能超越当前主要基于西方基因的管理理论体系，摆脱这种管理学存在的支离破碎、说做分离、知行不一、外围踱步的窘境；才能真正外化于新时代中国特色社会主义建设的方方面面；才能真正贡献出闪耀着中华基因光芒的"充分体现中国特色、中国风格、中国气派"的中国自主知识体系管理方案；也才是中华优秀传统文化实实在在的传承弘扬和创造性转化、创新性发展。

由此，本书基于包括红色革命历程和改革开放实践在内的中国历史文化情境，从中华优秀传统文化创造性转化、创新性发展和中国特色哲学社会科学建设的耦合推进视角，就自主知识体系"中国管理学"教材进行一次探索性建设。本章首先基于中国历史文化情境，就自主知识体系中国管理学的基本逻辑架构进行一次系统梳理。

第一节　基于中国历史文化情境的自主知识体系中国管理学建构何以必要？

——西方管理学错误与缺陷的系统剖析

如果以1911年泰罗《科学管理原理》出版为起点，西方管理学到现在已经发展了110多个年头，不但已经"矗立于前"，而且已经相当"成熟完善"。而国内自改革开放之始大规模引进西方管理学，已有40余年，也俨然体系完备、成熟完整。然而，深入审视则能看到国内管理学的发展推进总体上是基于西方思维和西方逻辑的一种拿来主义的结果，本土化、中国化不足，基础理论体系领域表现尤其明显。典型的表现是，目前国内的管理学原理教科书、管理经济学教科书以及相关的微观经济学教科书、宏观经济学教科书等，展现的内容总体上均是西方的舶来品。更有甚者，国内有的大学经济管理学院标榜所用教材为全版引进的西方教材，并引以为傲。

在西方管理学已经"矗立于前"且相当"成熟完善"和"深度嵌入"的情况下，自主知识体系"中国管理学"教材的建设推进，必须要有一个前置性条件，就是对西方现行管理学中存在的局限进行一次系统审视甚至批判。如果这个前置性条件不成立、如果西方现行管理学确实是"成熟完善"的，自主知识体系中国管理学建构和"中国管理学"教材的建设就没有了推进的必要。因此，本节基于中国历史文化情境的自主知识体系中国管理学建构的必要性的分析，将重点从对西方管理学局限性的系统剖析入手。

实际上，现行西方管理学体系中的内容，有的已历经数百年陈旧不堪，有的甚至纯粹就是错误的。概要而言，当前西方管理学存在的重大局限，主要体现在整体结构性缺陷、关键内容性错误、量化方法性陷阱、实践应用性苍白四个方面。特别说明的是，关于现行西方管理学这四个方面局限的分析，也是本书第五章"业本管理：西方经济管理理论的局限剖析与必要修正"的主要内容。由此，本节将围绕这四个方面，对西方管理学的整体结构性缺陷、实践应用性苍白进行重点分析，对其中的关键内容性错误、量化方法性陷阱予以简要分析（对该两个局限的详细分析将安排在第五章进行，可前后参考形成一个完整体系），阐明建构中国自主知识体系管理学的必要性。

一、西方管理学的整体结构性缺陷

第一，西方管理学并没有实现对管理学本义框架的完整建构。

根据学术界的一般认识，以《科学管理原理》一书的出版为标志，管理学正式成为一门现代科学，古典管理理论阶段正式开启。

后续各个时期又产生了不同的管理学流派。与经济学先建构一个统一的本义范式盒子然后逐一收纳加注的修补不同（参见图1-1），这些不同时期出现的不同管理流派彼此是并列交叉而不是相互包含的，表明彼此并无统一的核心体系和本义范式。至于法约尔建构的包括十四条原则、五种管理职能在内的一般管理理论，看上去像是某种理性体系的普适性建构，但其"基本研究方法还是经验归纳和分析，仍然是典型的经验主义的管理学"[①]，最终也被补充加注到了既有的管理理论体系之中。其虽然接触到了管理学的本义面貌，但没有实现对管理学本义面貌的一般性勾勒描绘。

---

① 梅钢. 从理性主义和经验主义看管理学的发展路径［J］. 华东经济管理，2011（9）：97-101.

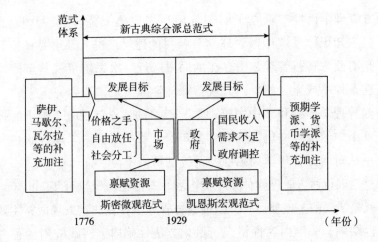

图1-1 西方经济学边界已定、框架已构、体系既成的本义演绎范式

总之，现代西方管理学发展演进中虽然也有着职能主义（实证主义）和结构主义（规范主义）的多种发展萌动，或者说有着演绎的理性主义对经验主义的突围企图，但其走出的是一条经验归纳性的逻辑路径（参见图1-2）。有评论指出，自20世纪80年代波特的竞争战略理论后，管理学界至今再没有出现需要个人洞见和理性建构的思想体系。

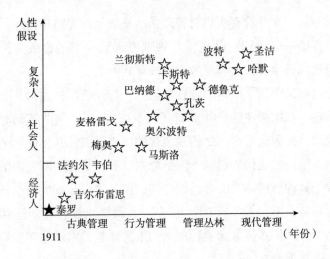

图1-2 西方管理学内涵累积、边界扩张和体系未定的经验归纳范式

第二，西方管理学在研究范畴和研究逻辑层面存在严重的结构性缺陷。

时至今日，西方管理学仍然处于持续的内涵积累和边界扩张之中，仍然没有实现对管理学本义面貌的一般性刻画和本义框架的一般性建构。特别地，从管理本义角度理解，当前管理学的研究范畴可以区分为微观、中观和宏观三个层级，微观领域的研究对象是企业和组织问题，中观领域的研究对象是地区、行业和部门问题，宏观领域的研究对象是国家和全球问题。事实上，一个完整的社会体系之中，真正的微观体系是家庭和个人，家庭和个人范畴的管理，是整个管理学体系的基础和原点，而当前西方主流管理学的研究范畴很少涉及家庭和个人范畴。对于这个基础和原点范畴的忽略，可谓是当前西方管理学一个严重的结构性缺陷。

进一步地，正是由于管理学边界的扩张局限，当前西方管理学无论是微观领域、中观领域还是宏观领域，其基本的管理逻辑指向也就只能局限于管理者面向管理对象的"我—物（人）"式的外向管理模式，而不得不放弃管理者面向管理者本人的"我—我"式的内向管理模式。一个连自己都管理不好的人，能成为优秀的长官、将军、企业家吗？能治理好家国天下吗？所以，管理的原点不是管理别人的"我—物（人）"式外向管理，而是管理自己的"我—我"式内向管理。当前主流管理学在管理逻辑上对"我—我"式内向管理模式这个内核的忽视或者说放弃，可谓是当前西方管理学存在的另一严重结构性缺陷。具体如图1-3所示。

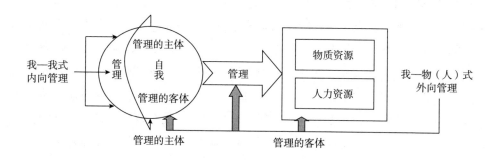

图1-3　"内向+外向"的完整管理逻辑

孔茨（Koontz）[①] 曾经不无担心地说："与20年前相比，管理流派或观点的

①　Koontz H. The Management Theory Jungle Revisited［J］. The Academy of Management Review, 1980, 5（2）：175-187.

数量几乎增长了一倍……但至今我们还没有一个关于管理活动科学基础的清晰观念，也不能明确界定有胜任力的管理者到底意味着什么。"这种管理理论丛林现象的出现，一个重要原因是学术界对管理和管理学的定义及其所包含的范围，没能取得一致的意见。实际上放眼整个西方管理学一百多年的发展，其何尝不是一个扩大范围的丛林乱生？其原因何尝不是对管理本义共识的缺乏？

第三，管理与经济两个并列学科体系存在极大的交叉重叠性。

以1776年斯密《国民财富的性质和原因的研究》一书的正式出版为标志，经济学正式成为一门科学。以此为起点，中间经过以马歇尔为代表的新古典经济学或者微观经济学阶段、以马克思为代表的政治经济学阶段、以凯恩斯为代表的宏观经济学阶段等，目前发展到包括微观经济、宏观经济、国际经济、金融经济、公共经济等在内的当代经济学体系。以1911年泰罗《科学管理原理》一书正式出版为标志，管理学正式成为一门科学，目前发展到包括战略管理、企业再造管理、学习型组织管理等在内的当代管理理论阶段。

审视各自发展演变历程及当前基本结构组成可知，管理学和经济学两个所谓彼此并列的理论体系实际上存在着极大的重叠交叉性。在中国，学科划分的最高层级是学科门类，原先共划设有文学、史学、理学、工学、农学等13个学科门类。2020年，国务院学位委员会、教育部印发通知，决定设置"交叉学科"门类，这样目前我国共划设有14个学科门类。学科门类作为学科划分的最高层级，任意两个不同的学科门类应该在研究对象、研究工具等方面具有明显的质差。如果两个学科门类在研究对象、研究工具等方面没有明显的质差，就不应该划属两个不同的学科门类。实际上，目前的这14个学科门类之中，除了特意指向交叉的"交叉学科"外，文学、史学、理学等其他11个学科在研究对象、研究工具等方面确实具有明显的质差，甚至各自内部下设的一级学科在研究对象、研究工具等方面也具有明显的质差。例如，理学学科门类下设有数学、物理、化学、生物、地理等11个一级学科，其彼此之间具有研究对象、研究工具等方面的明显质差。

相比之下，管理学和经济学虽然划属于两个不同的学科门类，但彼此之间在研究对象、研究工具等方面缺乏明显的质差。尽管各自的发展历程和基本定义有所区别，但就本质而言，管理学和经济学都是研究一定的制度环境下稀缺资源的优化配置和充分利用的学科。相对而言，经济学更侧重经济具体领域的一般原理与方法、具体问题分析与解决研究，但对经济领域的具体问题进行分析，并提出解决对策，实际上也归属于管理学的范畴。而管理学涉及的范畴更为广泛，除了经济领域的管理之外，还包括政治领域的管理、社会领域的管理、文化领域的管理、军事领域的管理等，每一个具体领域的管理，都涉及该领域的一般原理与方法、具体问题分析与解决两个层次。由此可知，管理学和经济学之间存在着明显的交叉问题，甚至在一定程度上呈现为一种包含和被包含的关系，具体如图1-4所示。经济学往往被单列为与管理学并列的一个学科门类，一个可能的原因是在全部的社会事物之中，经济具有基础性和关键性的重要地位，而我国在改革开放之初更是将经济建设放置于国家发展的中心战略地位。

政治	一般原理与方法	具体问题分析与解决	
经济	一般原理与方法	具体问题分析与解决	← 经济学
文教	一般原理与方法	具体问题分析与解决	
军事	一般原理与方法	具体问题分析与解决	
……	……	……	
		管理学	

图1-4　管理学和经济学基本结构关系

国内高校中经济和管理学院的设置也能说明问题。虽然有相当部分高校同时设置有经济学院和管理学院（这可以认为是教育部划分经济学、管理学为两个大学科门类的导向结果），但还有一部分高校直接将经济学院和管理学院进行合并，称作商学院或经济管理学院。两大学科门类的学院在相当范围的高校中被合并设置，而不是像理学或工学一样分别单独设置成院，甚至仅基于各自下设的某个一级学科就单独设置学院，这就进一步说明，经济学和管理学存在着明显的交叉重叠问题，缺乏应有的质差①。

国外的情况亦不例外。以美国经济学会《经济文献杂志》（*Journal of Economic Literature*）提出的对经济管理类文献进行主题分类的 JEL 系统为例，该分类系统被现代西方经济管理学界广泛采用，共划分有 19 个大类，分别是：总论

---

① 还可以给出的一个佐证是，国家自然科学基金委员会下设有管理科学部，管理科学部每年资助管理学领域有价值的科研项目。实际上，管理科学部每年资助的研究领域都涵盖了经济学和管理学两个学科，申请人既可以来自高校管理学院，也可以来自高校经济学院。2017年国家自然科学基金委员会对管理科学部的项目申报受理学科划设进行改革，将经济科学学科同管理科学与工程、工商管理等学科并列，正式纳入受理系统，更是佐证了两个学科之间质差的缺失。

教学、流派方法、数理数量、微观经济、宏观经济、国际经济、金融经济、公共经济、卫生经济、人口经济、法律经济、产业组织、企业管理、经济史、经济发展、经济体制、农业经济、城市经济、其他专题。可以看出，这个分类体系实际上同时包含了经济学和管理学，反过来说就是经济学和管理学有着很大的交叉重叠面。

二、西方管理学的关键内容性错误

市场结构与厂商均衡理论（以下简称市场理论）是西方经济管理理论体系[①]的关键和核心组成部分之一，消费者行为理论和生产者行为理论基于该理论平台有机衔接，并进一步向要素市场理论扩展，就形成了完整意义上的当代经济管理理论整体格局。这里针对该市场理论，就其内容性错误进行示例分析。

该理论首先把市场区分为完全竞争、垄断竞争等四种类型，分别进行了分析研究和理论建构；其次进行综合性的效率比较分析，得出的结论是完全竞争最有效率、完全垄断效率最差，产生了深远影响。

然而西方这套市场理论，实际上在结论和逻辑上均存在明显的问题，与现实社会存在巨大偏差，经不起仔细推敲。首先，研究结论存在明显的问题。完全竞争最有效率是该理论的关键结论所在，这个结论如果成立，实际上意味着行业市场中厂商彼此同质且数量非常多的时候最有效率。对于任何一个现实的行业而言，由于行业的市场空间必然是有限的，厂商彼此同质且数量非常多的时候最有效率，就意味着厂商规模越小越有效率、厂商规模最小最有效率，显然这是不符合现实的。其次，研究逻辑存在明显的问题。西方这套市场理论之所以得出如此偏离现实的结论，根源就在于该理论存在着明显的逻辑问题。

其逻辑上的问题包括多个方面，受篇幅限制，这里仅列举关键的一条予以说明，即该理论将完全垄断厂商的市场需求曲线界定为等同于整个产业的市场需求曲线，将完全竞争厂商的市场需求曲线（基于市场内所有厂商同质的前提）界定为一条由既定价格引发的水平线，具体如图1-5所示。

---

① 这里的经济管理理论体系特指经济领域的管理理论体系，与之并列的是社会领域的管理理论体系、文化领域的管理理论体系等，这实际上是把经济学纳入了管理学的大范畴之中予以看待。从根本上说，这涉及经济学与管理学彼此关系的问题，或者说涉及管理学的边界究竟在哪里的问题。本书认为，从根本上说，管理学的范围极其广阔，其与其他学科不是彼此并列、界限分明的关系，而是一种三层结构和深度融嵌的关系，其边界早已扩展到了其他各学科（包括经济学）内部。参见本节和第六章"尾声：究竟什么是管理？"中的有关分析。

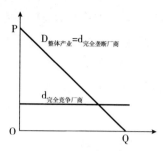

图 1-5　西方市场理论有关完全垄断和完全竞争厂商市场需求曲线基本形态的界定

　　然而，根据"产业总体市场需求曲线等于所有单个厂商市场需求曲线水平加总"的基本规律（参见图 1-6）可知，对一个已知具体的产业市场而言（其市场需求曲线为 $D_{整体产业}$），产业市场为完全垄断（市场中只有 1 个厂商）时，单个厂商的市场需求曲线等同于产业总体市场需求曲线；产业市场为完全竞争（基于市场中有很多厂商且彼此同质无差异的前提）时，单个厂商的市场需求曲线将是一条非常逼近于纵轴的陡峭下倾线（参见图 1-7）。显然，这个基于基本规律的逻辑推论，与西方市场理论出现了重大冲突，然而却更有科学性和说服力。

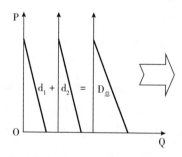

图 1-6　产业总体市场需求曲线等于所有单个厂商市场需求曲线水平加总

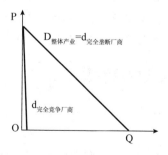

图 1-7　基于基本规律的完全垄断与完全竞争厂商市场需求曲线的基本形态修正

不同类型市场中厂商市场需求曲线基本形态的界定，是西方整个市场理论体系的基本逻辑起点。西方市场理论从一开始就在这个基本逻辑起点上出现了方向性偏差。由此，其得出的结论也就存在明显的局限了。

对该理论以及其他理论的局限错误及其后果影响的更为具体详细的分析，放在第五章进行，这里从略。

三、西方管理学的量化方法性陷阱

实际上就整个管理学研究的方法论而言，大致可以分为三个层面：哲学思辨层面、逻辑推理层面、量化实证层面。受西方实证主义泛滥的影响，目前国内管理学研究的主体方法，当首推量化实证方法，特别是以统计验证为主的量化实证方法。

国外的一项统计表明，2006年以来，在《美国经济评论》（AER）发表的研究论文中已经很难发现一篇没有公式和模型的论文，而且越来越多的论文开始使用政府和企业授权的非公开数据，其比例从2006年的不足10%增长到2014年的接近50%[①]。国内，王庆芳和杜德瑞选取四大国内经济管理权威期刊2012~2014年的1126篇论文进行分析，发现数学的应用愈加普遍[②]，甚至可以说"对量化研究的推崇到了无以复加的地步"。

然而，以数据收集、挖掘、应用为基础的统计验证型量化实证方法，虽然从表象上看具有客观精确的独特优势，但是在本质上却天然地伴生有八个方面的适用性制约，极大地损害了其研究价值，即数据存在性和获得性制约共同导致的数据路径依赖和研究方向性歧羞、数据品质性和应用性制约共同导致的数据品质降低和科学可靠性打折、数据碎片性和内耗性制约共同导致的数据结构混乱和知识转化性堵塞、方法适用性和解决艰巨性制约共同导致的工具支持无力和外援救助性失效。这些制约往往几个甚至全部同时出现产生叠加效应，致使总体制约和价值损害几何级放大，走向相反于量化实证本意的逻辑扭曲和本质失真。

具体分析详见本章第五节和第五章第五节，此处从略。

四、西方管理学的实践应用性苍白

管理学是一门实践性很强的学科，实践性是管理学的本质特征之一。作为西

① Einav L., Levin J. Economics in the Age of Big Data [J]. Science, 2014, 346 (6210): 1243089.
② 马亮. 实证公共管理研究日趋量化：因应与调适 [J]. 学海, 2017 (5)：194-201.

方管理学的起源所在，泰罗的科学管理一开始就是以面向实践和解决问题的形象呈现于世人面前的，归纳总结出人岗匹配化、操作标准化、超额奖励化等科学管理原则，并应用推广到了全美及全世界。

当科学管理原理解决了劳动效率问题和实现了劳动效率最大化之后，韦伯的行政组织理论随之出现，研究和解决了组织效率提升的问题。组织效率和劳动效率解决之后，人的问题就变得日益重要，人力资源管理理论也就应时出现了。之后，基于如何提高效率和竞争力的问题，竞争战略理论、企业文化理论、管理信息系统理论、流程再造理论、学习型组织理论等先后出现。

在管理学沿着实践化的道路发展前进到 20 世纪 80 年代之后，管理学界发现管理理论研究出现了一个严重的问题，即管理理论与管理实践之间的关系发生了变化，日益呈现出分道扬镳的趋势①，管理理论研究对管理实践的影响和贡献日益趋微②。这种理论研究与实践脱节的问题，不但没有随着时间的推进而得到消化解决，反而呈现出日益严重的态势。美国管理学顶级期刊《管理学会杂志》（*Academy of Management Journal*）和《管理科学季刊》（*Administrative Science Quarterly*）曾经于 2001 年、2002 年和 2007 年专门对管理的理论研究与实践应用之间的脱节问题进行深入讨论，大多数学者的观点是，管理学研究过分追求方法的严密性，忽视了管理学研究的实用性，管理的理论研究与实践应用之间确实出现了严重脱节③。Bennis 和 Toole④ 研究指出，美国商学院学生受训的分析技能与面临的复杂管理任务之间严重脱节，商学院难以传授有用的技能，难以为企业培养合格领导人。Ghoshal⑤ 指出，即使是倾力与实践结合的 MBA 教育，也存在与实践脱节的问题。

随着西方管理理论在中国的大量引进，西方管理研究的理论与实践脱节的问题也扩展到了国内的管理学界。当前国内管理学领域主流研究的一般范式，大致

① Beyer J. M., Trice H. M. The Utilization Process: A Conceptual Framework and Synthesis of Empirical Findings [J]. Administrative Science Quarterly, 1982, 27 (4): 591-622.

② Pfeffer J., Fong C. T. The Business School 'Business': Some Lessons from the US Experience [J]. Journal of Management Studies, 2004, 41 (8): 1501-1520.

③ 彭贺. 严密性和实用性：管理学研究双重目标的争论与统一 [J]. 外国经济与管理，2009, 31 (1): 9-15.

④ Bennis W. G., Toole J. How Business Schools Lost Their Way [J]. Harvard Business Review, 2005, 83 (5): 96-104+154.

⑤ Ghoshal S. Bad Management Theories Are Destroying Good Management Practices [J]. Academy of Management Learning & Education, 2005, 4 (1): 75-91.

可以概括为"西方逻辑+中国实证"模式。具体说就是，运用西方成熟的管理学思想和研究工具，将研究的瞄准尖由西方转向东方，由美欧转向中国，由纽约转向上海，由 A 组数据换成 B 组数据，努力地实证研究，以期得出一个个貌似中国化实际上却带有西方基因的研究结论。① 似乎只有如此，才能和西方接轨，才能实现所谓的国际化。然而，由于缺失了最核心的本土基因，不但不能实现国际化和获得国际话语权，反而导致理论研究与管理实践之间严重脱节。

刘源张②提出，中国管理学的成果没有得到社会、国家的承认和使用，没有走上实践检验的道路，而是走上了"论文主义"。郭重庆③指出，中国管理学界对管理实践插不上嘴，陷入了"自娱自乐的尴尬处境"。李京文和关峻④批评了"照搬西方"和"自说自话"两种不同的脱节倾向，"中国管理学研究中存在一种极不正常的现象：但凡开始实证性研究就全然不顾社会制度、价值体系和意识形态的差异，照搬西方的管理学体系和方法；而一旦开始理论研究，又摒弃西方管理学的成熟范式，重起炉灶，自说自话"。直到今天，中国本土管理理论研究多而实践价值少的问题，依然相当严重⑤。

国家自然科学基金委员会管理科学部管理科学一处 2015 年度的项目申请指南，对管理理论与实践的脱节问题也有所表达。管理科学一处主要负责管理科学与工程领域的基本理论、方法与技术的研究资助工作，资助范围主要包括管理科学与管理思想史、一般管理理论与研究方法论、运筹与管理等分支学科领域。管理科学一处在管理科学部各细分学科中的基本定位更侧重于基础与前沿，重视对上述领域的前沿性与基础性研究的资助，鼓励结合我国管理实践、管理哲理与文化特点的管理理论与方法的创新研究。近几年来，管理科学与工程学科的发展似乎非常迅速，国内学者在国际期刊上发表高质量论文的数量也在不断增加，尤其是一批 45 岁以下的青年学者，其研究能力得到了快速提高，对国际前沿热点领域非常关注。但"从历年来申请的总体情况看，较多的申请项目在研究内容上仍以学习和引进西方的理论和方法为主，具有源头创新思想的申请少，从中国管理

① 马文军，李孟刚. 新垄断竞争理论 ［M］. 北京：经济科学出版社，2010.
② 刘源张. 中国管理学的道路——从与经济学的比较说起 ［J］. 管理评论，2006，18（12）：3-7+63.
③ 郭重庆. 中国管理学界的社会责任与历史使命 ［J］. 管理学报，2008，5（3）：320-322.
④ 李京文，关峻. 中国管理科学发展方向之管窥 ［J］. 南开管理评论，2009，12（1）：4-7.
⑤ 李兴旺，张敬伟，李志刚，高峰. 行动研究：我国管理学理论研究面向实践转型的可选路径 ［J］. 南开管理评论，2021，24（1）：181-191+201+232-233.

实践中提炼科学问题开展研究、探索仍显不足"。①

　　20世纪八九十年代的中国经济管理学界涌现出了一大批为中国改革开放而摇旗呐喊并作出杰出贡献的大家。认真审视会发现，他们的主体研究范式并不是简单拿来西方的思维、逻辑、方法，他们往往正是基于东方的思维、本土的逻辑来观察研究中国的问题，但产生的影响更为深远，作出的贡献更为杰出。

　　那么，为什么管理的理论研究与实践应用之间会出现严重的背离和脱节呢？有学者②认为这是管理学术期刊模糊的定位及其评审和排名导致的管理知识内部循环的结果；有学者③认为这是管理实践层面水平差异导致的结果；也有学者从"管理学应用链偏长""管理学研究者客户迷失"方面④、管理学研究的"求真"与"致用"矛盾方面⑤、脱节的类型具体区分方面⑥寻找原因。

　　实际上，管理理论研究与管理实践脱节问题的出现且日益严重，与管理理论研究中的量化方法的使用日益泛滥有着直接的因果关系。20世纪50年代后期，受卡内基基金会和福特基金会猛烈抨击商学院研究缺乏现代科学素养触动，经济管理研究从20世纪六七十年代开始大量借鉴、引入自然科学严谨和规范的数理方法，以期提高自己的科学水平并获得更好的认可。这样，西方在20世纪六七十年代后，我国在21世纪初期，管理理论的研究整体上迈入了以量化实证特别是统计验证性量化实证为主流的发展阶段。到今天，管理理论研究"对量化研究的推崇（甚至）到了无以复加的地步"⑦，出现了"不分情况、不分场合地使用数学方法和模型"的过度"数学化""模型化"不良倾向⑧。

　　如前所言，统计验证型量化实证方法的主流性应用，虽然从表象上看具有客观精确的独特优势，然而在本质上却天然地伴生有八个方面的适用性制约，会极

　　①　国家自然科学基金委员会．管理科学一处［EB/OL］．http：//www.nsfc.gov.cn/nsfc/cen/xmzn/2015xmzn/04/07gl/001.html.

　　②　夏福斌．管理学术期刊的职责和使命——基于管理研究与实践脱节的分析［J］．管理学报，2014，11（9）：1287–1293.

　　③　张玉利．管理学术界与企业界脱节的问题分析［J］．管理学报，2008，5（3）：336–339+370.

　　④　孙继伟．管理理论与实践脱节的界定依据、深层原因及解决思路［J］．管理学报，2009，6（9）：1143–1149.

　　⑤　吕力．管理科学理论为什么与实践脱节——论管理学研究中"求真"与"致用"的矛盾［J］．暨南学报（哲学社会科学版），2011，33（3）：1–8+207.

　　⑥　彭贺．管理研究与实践脱节的原因以及应对策略［J］．管理评论，2011，23（2）：122–128.

　　⑦　马亮．实证公共管理研究日趋量化：因应与调适［J］．学海，2017（5）：194–201.

　　⑧　李志军，尚增健．亟需纠正学术研究和论文写作中的"数学化""模型化"等不良倾向［J］．管理世界，2020，36（4）：5–6.

大地损害研究的价值。特别地，受量化实证数据的存在性制约和获得性制约，管理学者在具体研究问题的选择上，往往会偏向具有充足数据支撑的问题，即使这个问题本身在全部研究体系中并不重要，甚至是个伪问题。相反，即使一个问题在整个研究体系中非常重要，是个真正的价值型问题，但如果没有充足的数据支撑，往往也不会得到研究者的重视和选择。由此，对有数据支撑但价值含量低的"糖是甜"式问题的高度青睐、对缺少数据支撑的真正问题和重要价值的极大偏离，就成为了几乎必然的结果，即理论研究与实践应用之间就不可避免地出现了巨大的且仍在日益扩大的鸿沟①。

总之，虽然当前中国俨然已经全套引进和完美建构出了基于西方逻辑体系的完整的管理学体系，然而鉴于作为本原的西方管理学自身存在的整体结构、关键内容、量化方法、实践应用四个方面的严重局限，中国本土管理研究将中国丰富多彩的实证内容安置于西方错误逻辑体系的"破车"上努力前行，不但不能实现国际化和获得话语权，更严重的是会走入泥潭而不能自拔。因此，回归中国本土情境，挖掘管理理论中的中国基因，加快建构中国自主知识体系的管理学，就具有了坚实的必要性。

第二节　基于中国历史文化情境的自主知识体系中国管理学建构何以可行？

——中国本土管理思想、实践与元典的积淀支撑

中华文化源远流长，以儒学为代表的中华传统文化博大精深，以红色革命为代表的近代民族图强历程可歌可泣，以改革开放为代表的当代中国特色社会主义现代化实践波澜壮阔，其中丰富灿烂的管理思想和实践，足可以为当前中国自主知识体系管理学建构研究的深度推进，提供强力性支撑和可行性保障。

一、中国本土管理思想的深厚积淀

从中国本土管理思想的发展历史看，几千年来涌现出了一大批灿若繁星的巨匠。老子《道德经》的辩证法和天人和谐思想，儒家《论语》《大学》《中庸》

---

① 马骏. 公共行政学的想象力［J］. 中国社会科学评价，2015（1）：17-35+127.

的修身、齐家、治国、平天下思想，韩非子的法治强国思想，司马迁《货殖列传》对国民财富的性质和原因的探索，直至当前中国特色社会主义思想理论等，这些为当今中国自主知识体系管理学建构研究的推进，从不同角度提供了丰富的思想给养。

下面首先以司马迁《史记》中的《货殖列传》为例，就中国传统经济管理思想进行说明。司马迁的《货殖列传》记载了从春秋末年到汉初从事"货殖"的大家的活动，以及这一历史时期的社会经济发展。货，本义是指货物，这里指财富。殖，本义指繁殖，这里指增长。由本篇篇名和内容可知，其实质就是这个时期作者有关国民财富的性质和原因的思考和回答，可以称为中国版的"国富论"。

第一，《货殖列传》深刻阐述了经济人本性。司马迁说："富者，人之情性，所不学而俱欲者也。故壮士在军，攻城先登，陷阵却敌，斩将搴旗，前蒙矢石，不避汤火之难者，为重赏使也。其在闾巷少年，攻剽椎埋，劫人作奸，掘冢铸币，任侠并兼，借交报仇，篡逐幽隐，不避法禁，走死地如鹜者，其实皆为财用耳。"司马迁的这些论述，一言以概之，即"天下熙熙，皆为利来；天下攘攘，皆为利往"，经济人属性跃然纸上。第二，《货殖列传》全面阐述了国民财富的性质和来源。司马迁说："故待农而食之，虞而出之，工而成之，商而通之。此宁有政教发征期会哉？"又引用《周书》说："'农不出则乏其食，工不出则乏其事，商不出则三宝绝，虞不出则财匮少。'财匮少而山泽不辟矣。此四者，民所衣食之原也……上则富国，下则富家，贫富之道，莫之夺予。"即农工商虞，为国民财富的基本内涵和源泉。第三，《货殖列传》阐述了价格机制的表现和作用。价格波动的表现为："故物贱之征贵，贵之征贱……贵上极则反贱，贱下极则反贵。"价格机制的作用为："人各任其能，竭其力，以得所欲……各劝其业，乐其事，若水之趋下，日夜无休时，不召而自来，不求而民出之。岂非道之所符，而自然之验邪？"关于价格的缺陷与管控："夫粜，二十病农，九十病末。末病则财不出，农病则草不辟矣。上不过八十，下不减三十，则农末俱利，平粜齐物，关市不乏，治国之道也。"第四，《货殖列传》特别强调了分工的效率和价值。"田农，掘业，而秦扬以盖一州。掘冢，奸事也，而田叔以起。博戏，恶业也，而桓发用富。行贾，丈夫贱行也，而雍乐成以饶。贩脂，辱处也，而雍伯千金。卖浆，小业也，而张氏千万。洒削，薄技也，而郅氏鼎食。胃脯，简微耳，浊氏连骑。马医，浅方，张里击钟。此皆诚壹之所致。"第五，《货殖列传》

特别重视企业家的作用。陶朱公之范蠡、乐观时变之白圭、始皇帝高看之巴地寡妇清、远迁临邛铁山鼓铸之新兴产业领袖蜀卓氏，等等。第六，《货殖列传》进行了区域经济和产业经济的分析。在区域经济方面，将全国区分为关中、三河、楚越等四大经济区，次第记叙了各经济区的物产、交通、城市、商业和风土人情，其中记载关中"膏壤沃野千里，自虞夏之贡以为上田……故其民犹有先王之遗风，好稼穑，殖五谷……故关中之地，于天下三分之一，而人众不过什三；然量其富，什居其六"。在产业经济方面，"农不出则乏其食，工不出则乏其事之制造业，商不出则三宝绝，虞不出则财匮少"，还有新兴的高科技产业冶铁业。第七，《货殖列传》对国富论进行了实践考察："故太公望封于营丘，地潟卤，人民寡，于是太公劝其女功，极技巧，通鱼盐，则人物归之，繦至而辐凑。故齐冠带衣履天下，海岱之间敛袂而往朝焉。"还对商业谋略进行了归纳："旱则资舟，水则资车……贵出如粪土，贱取如珠玉……乐观时变，故人弃我取，人取我与……'吾治生产，犹伊尹、吕尚之谋，孙吴用兵，商鞅行法是也。是故其智不足与权变，勇不足以决断，仁不能以取予，强不能有所守，虽欲学吾术，终不告之矣。'"第八，《货殖列传》给出了系统的治国逻辑："故善者因之，其次利道之，其次教诲之，其次整齐之，最下者与之争。"

其次以《论语》为例，就中国传统修身管理和国政治理思想进行说明。《论语》由孔子弟子及再传弟子编写而成，至汉代成书，是儒家学派的经典著作之一，主要记录孔子及其弟子的言行，较为集中地反映了孔子的政治主张、伦理思想、道德观念及教育原则等，其中也包含着极其丰富的管理思想。①

修身管理或者说自我管理，是全部管理体系的基础和原点，孔子在这个领域的论述非常系统完备。在修身管理的价值观方面，孔子认为自我修身管理对自己、旁人、天下具有极其重要的价值，即修己以敬、修己以安人、修己以安百姓。在修身管理的内心观方面，孔子特别强调了要修身成仁。关于什么是仁，孔子说："能行五者于天下为仁矣。"具体说就是恭、宽、信、敏、惠，即"恭则不侮，宽则得众，信则人任焉，敏则有功，惠则足以使人"。孔子还提出"克己复礼为仁"，认为仁虽然是一种较高的人格要求，但经过追求是可以实现的，即"仁远乎哉？我欲仁，斯仁至矣"。孔子特别提出，对仁要有一种坚决的态度，

---

① 本部分论述引用的经典语句，均来自《论语》不同篇章。篇幅所限，具体引用出处不再一一详细标出。

即"志士仁人，无求生以害仁，有杀身以成仁"。除了仁，孔子还提出了智和勇的要求，认为"知者不惑，仁者不忧，勇者不惧"。在修身管理的表现观方面，孔子提出要做到温、良、恭、俭、让，要"居处恭，执事敬，与人忠"。在修身管理的处世观方面，孔子提出要设身处地着想，处理好与周围的关系，即在"己所不欲，勿施于人"的大原则下，做到"事父母，能竭其力；事君，能致其身；与朋友交，言而有信"。特别地，为人处世要有敬畏之心，即要"畏天命，畏大人，畏圣人之言"。在修身管理的条件观方面，孔子认为应该重义轻物，保持乐观精神。孔子说："君子居之，何陋之有？"孔子又说："饭疏食，饮水，曲肱而枕之，乐亦在其中矣。不义而富且贵，于我如浮云。"孔子还通过对颜回的赞扬，进一步表达了这种重义轻物的思想："贤哉，回也！一箪食，一瓢饮，在陋巷，人不堪其忧，回也不改其乐。贤哉，回也！"

在修身管理的目标观方面，孔子认为应该以成为君子为基本目标。至于什么是君子，简单说就是"君子喻于义"，或者说"君子谋道不谋食……君子忧道不忧贫"。具体说则是"君子有九思：视思明，听思聪，色思温，貌思恭，言思忠，事思敬，疑思问，忿思难，见得思义"。在另外的场合孔子又提出，做到"义以为质，礼以行之，孙以出之，信以成之"者，才可谓"君子哉"。虽然有关君子的要求比较复杂，但就其核心而言则是以仁为根本，即"君子务本，本立而道生。孝弟也者，其为仁之本与"；就其关键而言则要时时刻刻做到仁的要求，即"君子无终食之间违仁，造次必于是，颠沛必于是"，并且做到不骄不躁，即"君子泰而不骄，小人骄而不泰"。在修身管理的境界观方面，孔子提出了和谐的理念，即"礼之用，和为贵"。为了实现和的境界，一方面应该"君子成人之美，不成人之恶"；另一方面应该坚持基本的原则，做到"君子和而不同，小人同而不和"。在修身管理的天下观方面，孔子认为君子的自身修炼不能仅着眼于自我，而应该放眼天下，担当应有的责任。曾子也说："士不可以不弘毅，任重而道远。仁以为己任，不亦重乎？死而后已，不亦远乎？"

在修身管理的学习观方面，孔子提出应该"敏而好学，不耻下问"，要以谦虚的态度对待学习。在孔子所处的时代，学习的具体内容包括"兴于《诗》，立于礼，成于乐"。孔子还阐述了不学习的后果，即"不学《诗》，无以言……不学礼，无以立"。在修身管理的内省观方面，孔子提出修身管理应该拥有常态化的内省反馈，经常对自己进行反省。曾子说："吾日三省吾身，为人谋而不忠乎？与朋友交而不信乎？传不习乎？"孔子说："内省不疚，夫何忧何惧？"在修身管理的方法观方面，孔子提出应该不偏不倚，"过犹不及"，这实际上就是中庸的处世方法观，影响深远。

国政治理，是孔子非常关心的另一个层级的问题，并提出了一套比较系统的思想。首先，国政治理者即君王和统治者需要具备高度的道德修养和适宜的行为方式，才能取得良好的治理效果。在君王和统治者的道德修养方面，"其身正，不令而行；其身不正，虽令不从"。在君王和统治者的行为方式方面，应该是"临之以庄，则敬；孝慈，则忠；举善而教不能，则劝"。其次，国政治理需要德信结合、双管齐下的思想理念。在以德治政方面，孔子提出："为政以德，譬如北辰，居其所而众星共之。"在立信治政方面，孔子提出："自古皆有死，民无信不立。"另外，孔子还特别强调国政治理中名实相符的重要性，提出："名不正则言不顺，言不顺则事不成，事不成则礼乐不兴，礼乐不兴刑罚不中，刑罚不中则民无所措手足。故君子名之必可言也，言之必可行也；君子于其言，无所苟而已矣。"再次，国政治理需要设置相应的管理机构，举荐贤能是其工作重点之一，即"先有司，赦小过，举贤才"。最后，针对国政治理不同行为主体之间的关系，孔子提出了基本的行事准则，君臣之间应该"君使臣以礼，臣事君以忠"，君民之间应该"民可使由之，不可使知之"。另外，孔子特别强调国政治理中保障社会公平的重要性，认为"有国有家者，不患寡而患不均，不患贫而患不安。盖均无贫，和无寡，安无倾。夫如是，故远人不服，则修文德以来之。既来之，则安之……远人不服，而不能来也；邦分崩离析，而不能守也；而谋动干戈于邦内。吾恐季孙之忧，不在颛臾，而在萧墙之内也"。

二、中国本土管理实践的深厚积淀

从先秦时代，历秦汉魏晋，到隋唐盛世，经宋元明清，至当前中国特色社会主义建设伟大时代，中华文明生生不息绵延数千年而不断，成为世界四大文明唯一延续至今的文明，在管理实践领域形成了深厚的积淀。

下面首先以秦国商鞅变法为例，说明中国历史上国家层级的管理治理实践。

在战国七雄中，秦国原是比较落后的国家，"六国卑秦，不与之盟"。公元前361年，秦孝公即位，重用商鞅，变革图强。经济上废井田、开阡陌，废除奴隶制土地国有制，实行土地私有制，重农抑商，奖励耕织。政治上奖励军功，实行二十等爵制，废除世卿世禄制，鼓励宗室贵族建立军功；改革户籍制度，实行连坐法，并推行县制；定秦律等①。

商鞅变法，是一次以耕战为主要内容、以强效激励为关键措施的国家治理体系的全新变革。据《汉书》记载："商君为法于秦，战斩一首赐爵一级，欲为官者五十石。"② 即奖励的具体做法是：士兵在战争中斩敌人首级一个，授爵一级，可为五十石之官；斩敌首级二个，授爵二级，可为百石之官。为什么秦国连年战争却兵源和粮食均能补给无虞？为什么秦国士兵战场上不畏死亡勇往直前？个中原因就在于这种以耕战为主要内容、以强效激励为关键措施的国家治理体系革命，并因此铸就了一个具有全新精神面貌的秦国，最终统一六国，建立了强大的大秦帝国，开创了中国封建集权主义的时代。从管理学的角度来看，商鞅变法完全可以看作一场东方国家治理体系的革命，而且取得了巨大成功，并深远地影响了中国甚至世界的历史进程，值得从管理史角度进行一次重新审视和挖掘。

其次以唐朝商人窦乂种榆致富的例子，说明中国历史上的商业经营管理实践。

中唐长安商人窦乂，被称为最富有经济头脑、集产销于一身的"另类商人"③。其通过种榆获得致富"第一桶金"的经历堪称传奇。据史书记载：乂亲识张敬立任安州长史，得替归城。安州土出丝履，敬立赍十数辆，散甥侄，竞取之，唯乂独不取。俄而所余之一辆，又稍大，诸甥侄之剩者，乂再拜而受之。敬立问其故，乂不对，殊不知殖货有端木之远志。遂于市鬻之，得钱半千，密贮之，潜于锻炉作二枝小锸，利其刃。五月初，长安盛飞榆荚，乂扫聚得斛余，遂往诣伯所，借庙院习业。伯父从之。乂夜则潜寄褒义寺法安上人院止，昼则往庙中。以二锸开隙地，广五寸，深五寸，密布四千余条，皆长二十余步，汲水渍之，布榆荚于其中，寻遇夏雨，尽皆滋长。比及秋，森然已及尺余，千万余株矣。及明年，榆栽已长三尺余，乂遂持斧伐其并者，相去各三寸。又选其条枝稠直者悉留之。所间下者，二尺作围束之，得百余束。遇秋阴霖，每束鬻值十余钱。又明年，汲水于旧榆沟中。至秋，榆已有大者如鸡卵。更选其稠直者，以斧去之，又得二百余束。此时鬻利数倍矣。后五年，遂取大者作屋椽，仅千余茎，鬻之，得三四万余钱。其端大之材，在庙院者，不啻千余，皆堪作车乘之用。此

①　石磊. 商君书［M］. 北京：中华书局，2011.

②　班固. 汉书［M］. 北京：中华书局，1962.

③　宁欣. 论唐代长安另类商人与市场发育——以《窦乂传》为中心［J］. 西北师大学报（社会科学版），2006（4）：71–78.

时生涯已有百余，自此币帛布裘百结，日歉食而已。"①

取诸甥侄所余丝履"鬻之"的原始资金积累方式，"利用长安榆荚纷飞之时扫聚"的榆种获得方式，借伯父庙院进行习业的场地选择方式，初期密植间伐束鬻十钱、隔年间伐二百束鬻利数倍、后五年取大者作屋椽千余茎鬻三四万余钱的生产营销管理方式，充分体现了窦乂高超的营商思维和能力。而其背后"榆性好阴地"② 的榆树品种选择与长安城内街西"卑湿"生态环境之"其白土薄地，不宜五谷者，唯宜榆及白榆"③ 的土壤特点匹配，以及长安城众多人口对薪柴和建造用材的大量需求④和榆树"既非丛林，率多曲戾"⑤ 的薪柴兼产特点适应，更是体现了窦乂商业经营超凡脱俗的眼光。

最后以《周礼·考工记》为例，说明中国历史上的生产规范管理实践。

《周礼》亦称《周官》，成书于西周，是搜集周王朝官制和春秋到战国时代各国制度并增添当时儒家政治思想而成的一部汇编。全书共有天、地、春、夏、秋、冬六篇，其中《冬官司空》在汉代失散，补以《考工记》。《周礼·考工记》对城市营建、弓箭制作、车辆制作、乐器制作、丝麻纺织、染色和皮革加工等，均从工艺、规格、技术、质量等方面作出了明确的要求。鉴于兵器制造在当时极其重要，而兵器之中最常用的首推弓箭，下面以《周礼·考工记》中对弓箭制造的工艺与质量规范要求为例进行论述。

根据《周礼·考工记》记载，弓箭分为三类，分别是兵矢（战争用的弓箭）、田矢（田间射击小动物用的弓箭）、杀矢或锹矢（田野打猎用的弓箭）。弓箭制造者也相应区分为三种类型，分别是专门制造弓的弓人、专门制造兵矢与田矢的矢人、专门制造杀矢的冶氏。制弓的原材料选择非常严格，按照优劣排列有七种，其中柘为最上，竹为最下。关于箭杆的制造规格，规定一般弓的箭杆分为三节，箭头一节在前，箭杆二节在后；兵矢的箭杆分为五节，中间一节的颜色应为纯白色；杀矢的箭头长一寸，周围亦近一寸，箭头装在箭杆的十寸处。特别地，箭头的重量应为三坑（古代的重量单位）。在箭杆的适宜位置装上羽毛，可

① 李昉等．太平广记（卷243）［M］．北京：中华书局，1961.
② 缪启愉．四时纂要校释［M］．北京：中国农业出版社，1981.
③ 缪启愉．齐民要术校释［M］．北京：中国农业出版社，1998.
④ 龚胜生．唐长安城薪炭供销的初步研究［J］．中国历史地理论丛，1991（3）：137-153；夏炎．唐代薪炭消费与日常生活［J］．天津师范大学学报（社会科学版），2013（4）：8-12；张天虹．唐长安的林木种植经济——从"窦乂种榆"说起［J］．河北学刊，2016（1）：42-47+52.
⑤ 缪启愉．齐民要术校释［M］．北京：中国农业出版社，1998.

以使箭射得远一些，为此规定"水之，以辨其阴阳，夹其阴阳，以设其比，夹其比，以设其羽"，即要求先用箭杆摆在水中做沉浮的试验，了解箭杆重量分布情况，再确定羽毛的位置。总之，《周礼·考工记》明确记载了周王朝时期各行各业产品制作的工艺、规格、技术、质量等方面的规范和流程，可以说是我国古代的一种工业管理集大成的珍贵典范①。

三、中国本土管理元典的关键支撑

推进中国自主知识体系管理学建构研究是否具有现实的可行性，不但取决于中国本土历史文化情境在管理的思想、实践方面能否提供有效的支撑，更取决于其能否在本土管理元典典籍方面提供有效支撑。管理的思想、实践和典籍三个基本方面，彼此之间具有内容与载体的逻辑关系。没有内容性的思想与实践创造，就不可能有载体性的典籍存留支撑，中国自主知识体系管理学的建构就不可行。而有了内容性的思想与实践创造，但缺失了载体性的典籍存留支撑，同样也不可行。可见，有无相应的典籍存留支撑成为中国自主知识体系管理学建构研究是否可行的关键。特别地，"学科经（元）典是学科的基石"②，要想建构并行于西方的中国自主知识体系管理学，仅一般性的典籍存留支撑是不够的，还必须有元典型的典籍存留支撑。

欣慰的是，中华民族几千年的历史发展，在管理方面不但有着丰富的思想与实践创造，而且也有着以《大学》为代表的元典性管理典籍文献存留支撑，从而为中国自主知识体系管理学的建构提供了现实可行性。

《大学》是一篇论述儒家修身、齐家、治国、平天下思想的散文，源于《礼记》第四十二篇。其总体篇幅并不长，分为经文和传文两个部分，分别占有一章和十章的篇幅。一般认为，《大学》的成书时代大体在孔子、曾子之后和孟子、荀子之前的战国前期，即公元前 5 世纪左右，系出于曾氏儒派的纯儒家作品③。宋代以前，《大学》一直从属于《礼记》而没有独立出来。宋代朱熹将《大学》从《礼记》中抽取出来，为《大学》《中庸》做章句，为《论语》《孟子》做集注，把它们编在一起，为《四书章句集注》。经此，《大学》与《中庸》《论语》《孟子》合称为"四书"，《大学》被确立为"四书之首"。宋元以后，《大学》

①　邹依仁.《周礼·考工记》中的质量管理［J］. 上海社会科学院学术季刊，1985（2）：59-65.
②　薛理桂. 学科经典是学科的基石［J］. 图书馆论坛，2017（9）：16.
③　李世忠，王毅强，杨德齐.《大学·中庸》新论［M］. 北京：北京工业大学出版社，2012.

成为学校官定的教科书和科举考试的必读书，宋以后几乎每一个读书人都会受到《大学》的影响。《大学》提出的"修、齐、治、平"思想，几乎成为读书人的唯一标准理想①。

《大学》之经文就其核心而言，提出了"三纲领""八条目"的基本架构。所谓的"三纲领"，即"明明德、亲民、止于至善"。所谓的"八条目"，概括而言就是"格物、致知、诚意、正心、修身、齐家、治国、平天下"。《大学》提出的"三纲领"和"八条目"，强调修己是治人的前提，修己的目的是治国、平天下，从而实现了治国、平天下和个人道德修养的一致通达。

传统的视角往往把《大学》归置为儒学经典，从伦理学等角度进行审视。其实，作为整个儒学思想体系的最高纲领，《大学》站在整个中华历史文化的制高点上，基于中国本土情境和中华哲学理念，建构出了一个包括基本层级架构、源点元点、逻辑结构、终极目标在内的东西方普适性②的本义管理学体系总体框架（具体参见本章第四节的分析），从而使其具有了显然的相对于西方《科学管理原理》的管理学本义价值和元典地位。

当代西方管理学的成型以1911年泰罗《科学管理原理》的正式出版为标志，由此《科学管理原理》也就天然地成为了当代西方意义上最重要的管理学元典。其后包括法约尔的《工业管理与一般管理》、韦伯的《社会组织与经济组织理论》等在内的管理学典籍，都是在这个元典的基础上发展而来的。

泰罗基于科学实验思维创建的现代管理科学体系，是基于现代资本主义大生产背景，着眼于企业这种组织的稀缺资源的高效率生产和利用理念而建构的，从一开始就将管理的逻辑定基于管理者对被管理者进行管理的"我—物（人）"式的外向管理范式，将管理的层级定基于以企业为重点的组织管理的中观管理层级，而没有囊括基于管理者对管理者本人进行管理的"我—我"式的内向管理范式，没有囊括企业和组织层级之外的心本（质）管理、我本管理、家本管理以及国本管理、全球治理诸多管理层级，更没有突出我本管理和心本（质）管理在总体管理体系中的源点和元点性地位。而从内在逻辑来看，《科学管理原

① 黄鸿春. 四书五经史话 [M]. 北京：社会科学文献出版社，2011.
② 实际上就拟推进的中国自主知识体系管理学构建研究而言，其应该是东西方普适性的还是东方特殊性的，学术界的认识存在重大差异。本书认为，中国自主知识体系管理学应该是中国学者基于中国本土情境建构的一种管理理论体系，其一方面应该充分体现中国本土的本源特色，具有本土特殊性；另一方面也必须具有面向全球的普适性，能够融入整个管理理论的总体体系之中。

理》开创的是一种基于问题导向逐步扩展研究边界的西方已然型管理学体系，本质上是一种归纳性逻辑路径。由此，如果将《科学管理原理》放置于西方已然型管理体系内进行审视，其确实是元典性著作；但如果将其放置于本义应然型的整体管理体系中进行审视，其因缺失了对全局的把握，就显得颇为狭窄局促了。

相比之下，《大学》从一开始就架构出了基于格物、致知、诚意、正心、修身、齐家、治国、平天下"八条目"在内的涉及心本（质）管理、我本管理、家本管理、国本治理、全球治理在内的完整的管理层级架构，以及由格物、致知、诚意、正心、修身之心本（质）管理、我本管理的"我—我"式内向管理范式和修身、齐家、治国、平天下之家本管理、国本治理、全球治理的"我—物（人）"式外向管理范式有机结合的闭环式管理逻辑，并且特别强调突出了基于"自天子以至于庶人，壹是皆以修身为本"和"修身在正其心"的我本管理和心本（质）管理的管理源点和元点地位，以及基于明明德、亲民、止于至善之"三纲领"在内的以人为本的不同于利润和效率之以物为本的管理终极目标指向。而从内在逻辑来看，《大学》开创的是一种基于管理本义顶层规划研究框架的逻辑应然型管理学体系，本质上是一种演绎性逻辑路径，是管理学体系本应的面貌和模式。这样，相比于《科学管理原理》，《大学》就在管理本义视角上拥有了全局性和闭环式的巨大优势。从这个角度来讲，《大学》具有显然的本义管理元典相对优势。

特别地，道家是中国本土的一个重要文化流派，《道德经》可以认为是其元典性典籍。《道德经》的核心理念是道法自然、与世不争、无为而治。比如，其认为水"善利万物而不争，处众人之所恶，故几於道"，得出的结论是"上善若水"和"夫唯不争，故无尤"。在治国方面，道家特别推崇小国寡民、无为而治。"使有什伯之器而不用；使民重死而不远徙。虽有舟舆，无所乘之；虽有甲兵，无所陈之。使人复结绳而用之……邻国相望，鸡犬之声相闻，民至老死不相往来。"可知，道家的核心理念是要求现世的俗人放弃自我内心世界的努力和抗争，外在回归自然的原道，内在回归原始的本我，无为而为，无为而治。相反，积极进取以获得内心欲望的满足不应该也没必要。可见，道家并不倡导对自己内在心性进行有效改造以实现进取和收获，而是遵循自然原道把欲望追求从内心深处执意放弃。因此，从严格意义上讲，其与管理学本义上的"稀缺资源优化配置和充分利用"之积极进取本色，具有本质的区别。当然，其"道法自然"的论述一定程度上具有天人合一、生态和谐的有益思想①，其"夫唯不争，故天下莫能与之争""柔弱胜刚强""后其身而身先，外其身而身存"等论述一定程度上包含有辩证进取的积极态度②。由此，《道德经》可以提供管理哲学方面的辩证启示，但还并不足以称为本土的管理学元典。

这样，中华民族数千年的历史发展提供的以《大学》为代表的元典性管理典籍文献存留支撑，为中国自主知识体系管理学的建构提供了关键的现实可行性。

第三节　基于中国历史文化情境的自主知识体系中国管理学建构何以立身？

——中国管理学建构的基本定位与管理基因、管理哲学

一、中国管理学建构的基本定位

一是现状定位。客观地说，中华几千年的历史文化发展演变，到目前尚没有形成自己独立的管理学体系。不过，却积淀了深厚的管理思想、实践和管理元典，可以为当今中国自主知识体系管理学建构的研究推进，至少提供三个方面的强力支撑：①提供科学的方向性和方法论指导，形成不同于西方的中国本土管理基因和管理哲学。②提供系统完整的结构体系，不再局限于西方重点面向企业和市场的管理思想。③提供丰富的素材给养，包括优秀管理思想理念，也包括伟大的管理实践创造。

二是目标定位。在改革开放推行前进40余年后的今天，在中国社会主义现代化建设事业已经取得举世瞩目成就的今天，在中华民族伟大复兴日益梦想成真的今天，基于本土情境进行中国自主知识体系管理学建构，目标就是要改变当前中国管理学"接轨者"的定位，勇于做世界管理研究中的"标准制订者"甚至"引领者"，复兴中华优秀传统文化，创新世界管理发展范式。

---

① 帅瑞芳，张应杭.论老子"道法自然"命题中的和谐智慧［J］.自然辩证法通讯，2008（4）：14-18+110.

② 王心娟，綦振法，王学真.老子《道德经》中渗透出的企业管理哲学［J］.管子学刊，2011（3）：91-94.

三是本源定位。基于本土情境的中国自主知识体系管理学研究，应该上溯几千年中华民族悠久历史，下察 40 多年改革开放伟大实践；应该汲取中华杰出人物智慧精华，提炼千万万伟大实践创造果实。具体说，其思想和实践素材应该主要来自以下三大本源：①中华几千年传统文化中的优秀部分，特别是长期以来占据中华传统文化主流地位并且已经浸润于中华民族国民性与日常行为习惯的优秀儒学文化思想。②民族图强奋斗实践中凝结形成的近现代优秀革命文化，特别是 1921 年中国共产党成立以来为了民族解放进行革命斗争而铸就的优秀红色革命文化。③新中国成立以来在社会主义现代化建设事业征程上开创的当代优秀治国理政文化，特别是 1978 年以来创造的举世瞩目的优秀改革开放文化。

四是态度定位。虽然推进中国自主知识体系管理学建构研究目标宏伟远大，中华数千年历史文化积累有丰富的素材精华，但不可否认的是，西方在架构现代管理学方面，已经走在前头，并且框架既成且体系相对成熟。特别地，当前已经步入了全球化协同发展的新时代，各个民族各种文化的相互学习、竞相迸发已经成为不可抗拒的历史潮流。在这种背景下，立足中华数千年优秀思想和伟大实践提炼，推进中国自主知识体系管理学建构研究，必须对西方的现行管理学采取开放包容的态度。对现行西方管理学中科学正确的内容，须兼容并包，有机容纳。对现行西方管理学中的科学性研究方法和严谨性研究态度，要坚决植入和高度兼容。当然，对于现行西方管理学中的错误内容，要予以修正和摒弃。

二、中国管理学建构的管理基因萃取

纵观中华民族悠久历史，特别是其中作为中国自主知识体系管理学建构三大素材本源的儒学文化、红色革命实践、改革开放创造，虽然灿烂辉煌、气象万千、博大精深，然而始终有一条显明的特征相伴始终，整个中华历史文化可谓以此为主线演绎而出、一气呵成，形成了和西方社会达尔文主义明显不同的特征，可以称为中华文化之核心基因，也是中国自主知识体系管理学之管理基因，这个历经数千年历史而熔铸的中国本土管理的核心基因，就是中华优秀传统文化之精髓的"和合"。

中华和合文化源远流长。和、合二字都见于甲骨文和金文。"和"的初义是声音相应和谐；"合"的本义是上下唇的合拢。《易经》和字凡两见，有和谐、和善之意，而合字则无见。《尚书》中的和是指对社会、人际关系诸多冲突的处理；合指相合、符合。道家创始人老子提出"万物负阴而抱阳，冲气以为和"，意指万物都包含着阴阳，阴阳相互作用而构成和，和是宇宙万物的本质以及天地万物生存的基础。儒家学派创始人孔子以和作为人文精神的核心，《论语·学而》说："礼之用，和为贵。"《论语·子路》说："君子和而不同，小人同而不和。"即认为在处理治国理政、礼仪制度、人际关系等事务时，既承认差异，又和合不同的事物，通过互济互补，达到统一、和谐。

春秋时期，和合二字联用并举，构成和合范畴。《国语·郑语》称："商契能和合五教，以保于百姓者也。"《管子》指出："畜之以道，则民和；养之以德，则民合。和合故能习。"《墨子间诂》卷三言："离散不能相和合。"《易传》曰："保合太和，乃利贞。"可见，先秦时期对合与和的价值特别重视，认为保持完满的和谐，万物就能顺利发展，和合文化由此产生和发展。

概而言之，所谓和合的和，指和谐、和平、祥和；合指结合、融合、合作。和合连起来讲，指在承认"不同"事物之矛盾、差异的前提下，把彼此不同的事物统一于一个相互依存的和合体中，并在不同事物和合的过程中，吸取各个事物的优长而克其短，使之达到最佳组合，由此促进新事物的产生，推动事物的发展。这表明，和合文化有两个基本的要素：一是客观地承认不同，如阴阳、天人、男女、父子、上下等，相互不同；二是把不同的事物有机地合为一体，如阴阳和合、天人合一、五教和合、五行和合等。

在中华和合文化产生、发展、流传并成为人们普遍认同的观念过程中，孔子"和而不同"的思想较能够反映和合文化的本质。其不局限于人与人之间的关系，国与国、人与社会、人与自然（天人）之间的关系，都可以用"和而不同"或"不同而和"来加以概括。

秦汉以来，和合概念被普遍运用，中国文化的发展也呈现出一种融合的趋势，同时各文化流派的鲜明个性和特色也得到了保留。不仅世俗文化各家各派讲和合，宗教文化也讲和合。宗教文化与世俗儒家等文化在保持各自文化特色的同时，相互吸取、相互融合，由此促进了中国文化的持续发展。

和合文化在中华民族文化体系中的核心地位，也得到了当代学者们的高度认可。程思远先生指出："'和合'是中华民族独创的哲学概念、文化概念。国外也讲和平、和谐，也讲联合、合作。但是，把'和'与'合'两个概念联用，是中华民族的创造。"① 钱穆先生说："中国人常抱着一个天人合一的大理想，觉得外面一切异样的新鲜的所见所值，都可融会协调，和凝为一。这是中国文化精神最主要的一个特性。"② 钱穆还对中西方文化性格和国民性格进行了比较，指出"西方人好分，是近他的性之所欲。中国人好合，亦是近他的性之所欲……然而我们人的脑子里还是不喜分，喜欢合……全世界的中国人，亦都喜欢合"③。当代的张立文、黄如金等学者，则更是直接将和合精神放置于中华民族文化体系的核心地位④。

作为中华民族的特有思想和文化特质，和合文化在当前具有重要的现实意义。其对内有利于化解冲突、解决矛盾，合理满足各方的利益和要求，推动社会的长治久安和国家的安定团结；对外有利于面向世界提供一种不同于西方霸权主义的价值评判标准，推动世界和平与发展。当前世界上有 200 多个国家和数千个民族，彼此各有不同的文明和文化。世界发展不能只有一种模式、一种要求，国际社会应该是多元而又互补的，既冲突又相互交流的。国与国之间的冲突、矛盾难以避免，但不应动辄诉诸武力，而应以和平的方式化解冲突，摈弃冷战思维。在这方面，中华和合文化可提供一种完全不同于西方霸权主义的和平共处、互不干涉、共同发展、命运与共的思想理论，使人类文明和文化在迎接新时代的挑战中，相互吸取优长，融会贯通，综合创新，共同创造 21 世纪人类的优秀文化。

由此，和合思想自产生以来，作为对普遍的文化现象本质的概括，始终贯穿于中国文化发展史上的各个时代、各种流派之中，而成为了中华文化的精髓和人民普遍认同的人文精神，从而也就必然成为了中国自主知识体系管理学的管理基因。

三、中国管理学建构的管理哲学挖掘

中华数千年历史文化发展提供的思想和实践情境，可以为中国自主知识体系管理学的创新建构，提供系统而清晰的管理哲学指导，其核心内容大致包括：以民为本，人本思想；重视人情，兼取理性；中庸之策，致正致和；全局着眼，系

① 程思远.世代弘扬中华和合文化精神——为"中华和合文化弘扬工程"而作［N］.人民日报，1997-06-28.
② 钱穆.中国文化史导论［M］.上海：上海三联书店，1988.
③ 钱穆.从中国历史来看中国民族性及中国文化［M］.香港：中文大学出版社，1982.
④ 张立文.和合学概论——21 世纪文化战略的构想（上下卷）［M］.北京：首都师范大学出版社，1996.

统思维；道法自然，天人合一；经验思辨，语录体式。特别需要说明的是，上述挖掘而出的自主知识体系管理哲学，与中华民族在数千年历史文化发展中沉淀成型的国民性、民族性深度融合而不可分割，甚至本质上就是内在一致的。历经数千年历史发展而沉淀成型的中华本土文化和中华民族国民性、民族性，其呈现出相对于西方的鲜明的不同特征，对全人类文明的发展作出了自己独特的重大贡献。对此，我们应该做的首先是认同、尊重和接受，而不是基于所谓的西方标准或者西方优先理念自我简单否定，从而陷入民族虚无主义深渊而不可自拔。

第一，以民为本，人本思想。

西方经济管理理论体系正式成形，起始于科学理性主义，自然而然在根本上具有一种科学理性的基本底色。这种科学理性的基本底色，从根本上说是一种以物为本的发展理念，实际上缺乏或者说忽略了对社会主体人应有的尊重。亚当·斯密是现代西方经济学开山之祖，其《国富论》的出版标志着现代也是西方意义上的经济学正式形成。[①]《国富论》的全名是《国民财富的性质和原因的研究》，从书名可以看出其关注的重点问题有三，分别是：一个国家的财富究竟是什么？其是如何创造实现的？应该如何促进国家财富的增长？亚当·斯密研究的重心显然是国民财富，他批评了重农学派只把农业看作国民财富源泉的偏颇，把农业、制造业等一切生产部门都看作国民财富的源泉。而国民财富显然是物质层面的概念，不是人本层面的概念。这一时期，英国和欧洲"羊吃人"的圈地运动爆发，不能不说是这种发展理念引导下的一个悲剧。泰罗是现代西方管理学的开山之祖，其《科学管理原理》的出版标志着现代也是西方意义上的管理学正式形成，泰罗也被称作科学管理之父。泰罗通过"泰罗试验"，就时间与行动之间的关系进行了研究，发现将生产过程细分化、专门化、标准化、合理化，将会极大地提高生产效率，由此提出可对员工提供适当经济刺激，使之为企业目标的实现而努力工作。显然，斯密重点关注的是国家，而泰罗的着眼点下探到了具体的人上面。不过，在泰罗眼里，人是纯粹的物质化的经济人，其一切行为都是为了最大限度地满足自己的私利。在泰罗把人物质化之后，其在本质上就又回归到了同斯密一样的起点，即关注的重点其实是人之外的物质财富及其增长，而不是社会真正的主体人。所以说，现代西方经济学、管理学的起点和底色，均是以物为本的

---

① 按照席酉民教授的观点，斯密其实是经济学和管理学的共同鼻祖，笔者认同这一观点。就斯密的代表作《国富论》而言，从根本上说其是在探讨如何界定一个国家财富的性质并采取得力措施使财富实现不断增长，这显然是一个最终落脚于管理的问题。

物本思想。

而中国的社会发展理念，从一开始就聚焦于社会真正的主体——民。中国传统的民本思想或者人本思想发轫于殷周之际。《尚书》中就有"民惟邦本，本固邦宁"的记载，反映出了朴素的民本或人本思想。到了孔子时代，民本或人本思想已经比较成熟系统。孔子曾经劝导为政者爱惜民力，"道千乘之国，敬事而信，节用而爱人，使民以时"，体现出了一种为巩固统治者的统治而应有的一种民本思想。不过更主要的，孔子提倡的是一种人本思想。孔子一生提倡"己欲立而立人，己欲达而达人""己所不欲，勿施于人"的立世之方。这里面的"人"显然是彼此平等的社会主体人，而不再是统治者统治对象的"民"，体现的是一种人本思想。在"民"和"人"的基础上，孔子进一步提出"爱人"。综观《论语》20篇，"仁"是孔子思想的核心，而"仁"的本质就是"爱人"。孔子还认为，这种"爱"可以超出血缘的界限，达到"泛爱众"的境界，从而把"爱"的情怀扩展到了所有的人。进一步地，为了实现"爱人""泛爱众"的理念，孔子对统治者提出了"为政以德"的要求。可见，《论语》中虽然有"民"和"人"的不同表述，但这里的"人"是涵盖了"民"的更大范畴。这样，相对于西方物本理念的起点而言，中国文化传统的基础和起点，早早地就定位于民本或人本思想。由此，在中国自主知识体系管理学的建构中，"以民为本、人本思想"应该成为秉持的一个基本哲学理念。

第二，重视人情，兼取理性。

西方现代社会的发展，源自于文艺复兴。文艺复兴是 14 世纪中叶至 16 世纪在欧洲发生的思想文化运动，发源于佛罗伦萨、米兰和威尼斯，后扩展至欧洲各国。文艺复兴在重新发现人本价值、打破宗教神秘主义、打破以神学为核心的经院哲学统治局面、否定封建特权以及创造精湛文艺杰作方面，作出了重要的历史贡献。特别地，文艺复兴一方面破除迷信，解放思想，摧毁了僵化死板的经院哲学体系；另一方面倡导理性、尊严和思索的价值，提倡科学方法和科学实验，提出"知识就是力量"，开创了探索人和现实世界的新风气。人们坚信自己的眼睛和自己的头脑，相信实验和经验才是可靠的知识来源。这种求实态度、思维方式和科学方法为 17~19 世纪自然科学的发展打下了坚实的基础。科学和理性，成为包括经济学管理学在内整个西方科学体系的根本性标志。

然而在东方的中国，首位的则是亲情和人情，这需要从"三代"时期的制度文化说起。西周推行一种按照血统远近以区别亲疏的宗法制度，这种制度早在原始氏族时期就有了萌芽，但作为一种维系贵族间关系的完整制度的形成和出现，则是周朝的事情。在宗法制度下，以嫡长子继承制为核心，"天子建国，诸侯立家，卿置侧室，大夫有贰宗，士有隶子弟"（《左传》）。这就是说，宗法制度又直接导致了"分封制"的出现。分封制的具体内容是：一是周王朝以都城镐京为中心，建立直接统治的"王畿"；二是将王畿以外的土地，划分为大小不等的若干块，在姬姓王室亲族和少数有功之臣中进行分封，诸侯国像群星捧月似地环拱王畿；三是诸侯国内再进一步分封卿大夫的采邑、士的禄田等。世袭制、宗法制和分封制一起，构成了夏、商、周时期的政治制度的主体，对中国社会发展产生了深远的影响。

受世袭制、宗法制和分封制社会实践的影响，以孔子为代表的儒学思想体系特别强调亲情人情。孔子思想体系的核心是"仁"，仁即是"爱人"。《论语·颜渊》载："樊迟问仁，孔曰：爱人。"在孔子眼里，仁爱即是"忠恕"。《论语·里仁》载："子曰：'参乎！吾道一以贯之。'曾子曰：'唯。'子出，门人问曰：'何谓也？'曾子曰：'夫子之道，忠恕而已矣。'"参考朱熹的解释，"尽己之谓忠，推己之谓恕"或"己所不欲，勿施于人"可谓恕。孔子还认为，仁是克己复礼，即约束自己的行为从而符合礼制。在孔子眼里，仁爱首先应该体现为对家人的孝悌，其次是对大众的爱，"弟子入则孝，出则弟，谨而信，泛爱众，而亲仁"（《论语·学而》）。孔子晚年时期的最高理想，是建立"大道之行也，天下为公"的大同社会。"大同"社会的基本特点是："人不独亲其亲，不独子其子，使老有所终，壮有所用，幼有所长，矜寡孤独废疾者皆有所养。"后来孟子进一步概括为"老吾老，以及人之老；幼吾幼，以及人之幼"（《孟子·梁惠王上》）。

无论是世袭制、宗法制和分封制的社会实践，还是仁爱、爱人、忠恕以及"老吾老，以及人之老；幼吾幼，以及人之幼"的儒家思想，彼此是相互呼应、内在一致的，贯穿其中的主线均是一种基于血缘关系进而社会泛众化的由里及外、层层推进的亲情人情思想。两者一起建构了一种以血统为核心纽带、以家庭血缘关系为原点的由近及远、由里及外、层层推进的亲情人情文化土壤，并深深植根于中国社会文化发展的基因之中。由此，在中国自主知识体系管理学体系的建构中，"重视人情、兼取理性"应该成为秉持的一个基本哲学理念。

第三，中庸之策，致正致和。

西方的管理学，具有浓郁的现代科学主义色彩。根据怀特的观点，西方现代科学主义，"导源于希腊，同时也导源于罗马"。"希腊代表着重理论的科学传统，它是欧洲的母亲，在那里可以找到现代观念的源头。"而罗马人代表着重实际的工艺传统，推动科学与技术、学识与事实结合了起来。"现代科学与实际世界保持着密切联系，因而在思想上增加了动力，这一点就是从罗马这一派源流得来的。"从希腊、罗马到现代科学主义，有三个基本的步骤：一是经验科学与思辨哲学的分离。古希腊自然哲学主要是在直观的基础上，运用理性思维方法对自然现象进行思辨性的哲学概括。通过近代科学先驱们的不懈努力，科学与哲学终于得到了明确的区别，即经验上可证实的自然知识同无法证实或不能证实而令人可疑的思辨得以被区别开来。二是数学方法和实验方法的结合。笛卡尔以数学为模型、以普遍数学为方法论，开辟了近代唯理论认识论的先河。培根以实验科学为模型，开辟了近代经验论认识论的先河。他们所做的开创性研究，从方法论的角度摧毁了旧的经院哲学体系的基础，证明新兴的自然科学的合法合理性。三是实证科学方法论的确立。实证科学方法论有受控性、逻辑性、实验检验性的传统特点，这三者构成了实证科学方法论的传统，是近代科学成果能够成为全人类共识的保证，也是近代科学能够蓬勃发展并经过技术转化成为生产力的重要原因。就目前而言，源于西方的现代科学主义，形成了态度上理性严谨、方法上实证求真、结果上可重复检验等本质特征，并深深地植根于西方的经济学管理学体系之中。

在中国，中庸之道在中华民族的民族性和国民性中扮演着一种世界观和方法论的角色。中庸源自儒学经典《中庸》，其内容可以概括为：以"仁"为指导、以"诚"为基础、以"中庸"为方法的人生哲学，旨在追求个体和社会的和谐发展。中庸之道在儒家学说中，既是哲学意义上的认识论和方法论，又是道德伦理上的行为准则。所谓"中"，就是适度、正确、合宜而含有真理之意，体现了处理事物的正确性；所谓"庸"，就是平凡、普通并含有运用之意，体现了适用于一切事物的普遍性。所以，"中"与"庸"的结合，是理论上的基本原则与实践中的具体运用两者之间的辩证统一，故所谓"中庸"就是正确而普遍适用的真理。在认识论上，中庸之道表现为"叩其两端"以取"中"的全面调查研究的方法，既反对主观而片面的武断，又反对人云亦云的随声附和，是一种力求与客观实际相符合的实事求是的认识方法。在方法论上，中庸之道的基本法则是坚持"中"，戒"过"勉"不及"。"过"和"不及"同为"中"的对立面，"中"为"是"，"过"与"不及"为"非"，故中庸之道的实质是坚持"是"而反对"非"，既不是在"不及"与"过"两端之间机械地对半折中，也不是在"是"

与"非"之间取其中性。

作为方法论的中庸之道，具体包括以下几层含义：一是在调节同一事物内在两极之间的关系上，中庸之道体现为在相反相成的关系中，要求达到既"中"且"正"的"中正"思想，而不是折中主义。二是在协调不同事物之间的关系上，中庸之道体现为"因中致和"与"和而不同"的"中和"思想，而不是无原则的调和主义。三是在历史发展观上，中庸之道体现为因时制宜、与时俱进的"中时"思想，既非随波逐流地赶时髦，又非顽固的保守主义。四是在对待事物变化规律的"常"与"变"的关系上，中庸之道体现为原则性和灵活性高度统一的"执中达权"思想，既反对没有灵活性的"执一不通"地死守教条，又反对没有原则性地"见风使舵"或任意妄为。

中庸之道在中国得到了高度的认可和践行，北宋程颢、程颐《二程集》评价："《中庸》之书，学者之至也。善读《中庸》者，只得此一卷书，终身用不尽也。"① 发展到当代，可以说中庸之道已经作为一种行为哲学和方法论，被国人广泛地应用于修身、齐家、治国、平天下的诸领域，深深植根于中华民族文化的基因之中。由此，在中国自主知识体系管理学的建构中，"中庸之策，致正致和"应该成为秉持的一个基本哲学理念。

第四，全局着眼，系统思维。

西方文化自古希腊、罗马一脉相传，历经文艺复兴，及至当今时代，在科学理性旗帜下，崇尚的是具体而微、由小见大的思维逻辑。相对而言，中国文化崇尚的是一种全局着眼、由大见小的思维逻辑。这可从中国儒家文化的发源演变进行观察。

在中国儒家经典中，《四书》占据有核心和首要的地位。而《四书》之中，朱熹以《大学》为起始入门阶梯、治国理政之基石。《朱子语类》记朱子语："学问须以《大学》为先，次《论语》，次《孟子》，次《中庸》""《大学》是为学纲目，先通《大学》，立定纲领，其他经皆杂说在里许。"所以，《大学》既是学者"初学入德之门"，又是整个儒家思想体系的最高纲领。《大学》之核心在于三纲领、八条目。"三纲领"即"在明明德，在亲民，在止于至善"，"八条目"即格物、致知、正心、诚意、修身、齐家、治国、平天下。三纲领作为总纲领，其中的"明明德"重点强调个人主体道德自觉及道德意志；"亲（新）民"

① 李世忠，王毅强，杨德齐. 《大学·中庸》新论［M］. 北京：北京工业大学出版社，2012.

意指将个人道德理性转化为社会道德的集体理性，先知唤后知，先觉启迪后学；"止于至善"则是指整个社会人人主动循守准则时，社会除旧布新达到各阶层、各色人等在"天理"支配下的极致境界。这就是说，三纲领全面贯通了儒学从个人主体道德自觉到社会集体道德理性的社会政治伦理思想，其终极指向是"至善"的境界。"八条目"中，格物、致知属于知识修养的范围，正心、诚意属于道德修养的范围，知识和道德修养并进，才能达到修身的目标。身修而后家齐，家齐而后国治，国治而后天下平。这就是说，"八条目"包括了个人主体道德意志及社会集体道德律令形成的具体操作原则与实践过程，其最终指向了"治国、平天下"的终极境界。可见，无论是三纲领还是八条目，虽然强调的层级和步骤不同，但均指向了"治国、平天下"和"至善"的"大而高"的终极境界。特别地，在"大而高"境界之中，《大学》建构的包括"修身、齐家、治国、平天下"在内的具体内容，呈现出一种明显的全局性系统性格局①。由此，在中国自主知识体系管理学的建构中，"全局着眼、系统思维"应该成为秉持的一个基本哲学理念。

第五，道法自然，天人合一。

在西方的中世纪，理想的人应该是自卑、消极、无所作为的，人在世界上的意义不足称道。与此对应，宗教神秘主义和经院哲学一统天下，封建特权天经地义。在这种背景下，文艺复兴运动高举着人文主义精神的旗帜应运而起。作为揭开近代欧洲历史序幕且被认为是中古和近代分界界点的历史上第一次资产阶级思想解放运动，文艺复兴运动特别重视人的价值，坚决以"人性"反对"神性"，用"人权"反对"神权"。提出人要获得解放，个性应该自由。要求发挥人的聪明才智及创造性潜力，反对消极的无所作为的人生态度，提倡积极冒险精神。文艺复兴运动特别重视现世生活，藐视关于来世或天堂的虚无缥缈的神话，追求物质幸福，反对宗教禁欲主义。文艺复兴运动还特别重视科学实验，反对先验论；强调运用人的理智，反对盲从；要求发展个性，反对禁锢人性；在道德观念上要求放纵，反对自我克制；提倡"公民道德"，认为事业成功及发家致富是道德行为。受益于文艺复兴运动的解放，不可抑制的求知欲和追根究底的探求精神在西方迸发，为创造现世的幸福而奋斗的乐观进取精神在西方得到张扬，资产阶级在

① 李禹阶. 从主体道德自觉到集体道德理性——论朱熹"修、齐、治、平"的社会控制与整合思想[J]. 重庆师范大学学报（哲学社会科学版），2006（6）：13-18.

这种精神的指引下开启了创造近代资本主义世界的伟大运动，并呈现出一种有别于中世纪也有别于东方文化的一种生机勃勃、积极进取的人文精神。

不同于西方，东方的中国则始终倡行着一种"道法自然""天人合一"的国民思维。老子是春秋时期伟大的哲学家和思想家，其《道德经》体现了古代中国的一种世界观和人生观，对中国的哲学、科学、政治、宗教等产生了深远的影响。据联合国教科文组织统计，《道德经》是除了《圣经》以外被译成外国文字发布量最多的文化名著。根据《道德经》全文内涵，其所谓的"道"就是客观规律，"德"就是按客观规律办事。道法自然，是《道德经》的核心哲学思想，其意是指万事万物的运行法则都是遵守自然规律的，没有例外。"人法地，地法天，天法道，道法自然"，老子用了一气贯通的手法，将天、地、人乃至整个宇宙的生命规律精辟涵括、阐述出来，将宇宙天地间万事万物都归于"道法自然"这个总规律中。在"道法自然"的总架构下，如何对待自然和社会，《道德经》第三十八章给出了答案："上德不德，是以有德；下德不失德，是以无德。上德无为而无以为，下德为之而有以为。上仁为之而无以为。上义为之而有以为。上礼为之而莫之应，则攘臂而扔之。故失道而后德，失德而后仁，失仁而后义，失义而后礼。"司马迁在《史记》中也说："道家无为，又曰无不为，其实易行，其辞难知。其术以虚无为本，以因循为用……有法无法，因时为业；有度无度，因物与合。故曰：圣人不朽，时变是守。"可见在老子眼里，"道法自然"的具体实施需要分类区别。上德应该无所事事，一切顺应自然，带有明显的"无为"特征，可理解为遵循自然的行为规范，体现为轻名利、守清静、戒贪欲、息心行、自然无为，将自身与自然融为一体。下德由上仁、上义及上礼组成，需要人实际去实行与推广，注重人为的行为规范，带有明显的"有为"特征。以《道德经》"道法自然"为基础，庄子阐述了他的"天人合一"思想。庄子说："有人，天也；有天，亦天也。"在庄子看来，天是自然，人是自然的一部分，天人本是合一的。大谈天人古今并寻求其中相通而互感的共同律则，是汉代的时代精神。《汉书·董仲舒传》曰："天人之征，古今之道也。孔子作春秋，上揆之天道，下质诸人情，参之于古，考之于今。"至此，天人合一的哲学思想体系得到了系统性完善。

"道法自然"对客观规律的认知和遵循、"天人合一"对自然世界的敬畏和顺应，已经成为了中华民族五千年来的思想核心与精神要义。季羡林曾说："我理解的'天人合一'是讲人与大自然合一。"由此，在中国自主知识体系管理学的建构中，"道法自然、天人合一"应该成为秉持的一个基本哲学理念。

第六，经验思辨，语录体式。

古希腊文化是西方文化的源头，其中的古希腊哲学具有理性与逻辑的思维取向，认为理念是静止的、绝对的，只能以理性与逻辑来把握。这种哲学理念下的古希腊学者，表现出与中国先秦诸子鲜明不同的思维方式，特别重视严谨的逻辑推理、科学的分析。而这种哲学理念之下的古希腊文献，从理论内容到理论形态都是比较完整和系统的，具有完整的理论体系。例如，亚里士多德首先是逻辑学的创始人，著有欧洲第一部逻辑学著作《工具论》，并把形式逻辑的方法应用于其他方面的研究中。亚里士多德还撰写了《诗学》一书，全面系统地阐述了他的文艺观，被认为是西方文化传统中第一部系统谈论文学的文艺理论著作。该书现存26章，可分为五个部分：一是序论，包括5章内容，阐述艺术分类的原则；二是悲剧论，包括17章内容；三是史诗论，包括2章内容；四是批评论，包括1章内容；五是史诗与悲剧之比较，包括1章内容。亚里士多德在《诗学》中首先确定诗是研究的对象，比较它和其他艺术的异同，总结出其特点；其次把诗由类到种进行分类，分析各种诗的成分和各成分的性质；最后找出规律，形成了系统完整的文论专著，呈现出相当严谨的逻辑性和科学性，而不是点滴直观感觉的汇集。

中国先秦诸子思想是中华文化的源头。中国先秦文献多是语录体文献，少有系统而严谨的文献著述。语录的渊源可以追溯到上古时代的史书记录传统。如果说《尚书》中的誓、命、训、诰在文化功能上与甲骨卜辞中的仪式之辞相差还不远的话，作为列国档案资料汇编的《国语》则多为政治生活的鉴戒之语，且以名臣贤君言论的形式来呈现。随着学术的下移，私学兴起，作为师者的孔子以史籍为教，顺理成章地完成了由史而子的学术与道统的转变，他的弟子们也以"语"体的形式载录他的言语，既延续了史官文化的传统，又承传了师长的道义。其普遍承用的"子曰"形式，一方面可以看作《尚书》《国语》中"王若曰""君子曰"传统在新的形式下的延续；另一方面也是著书立说和聚徒讲学之风兴起的标志。从文体的角度而言，语录体的体式特征表现为篇幅上多为短章小语，语言浅白简约；结构上多有"子曰"标志，多由后学编纂而成。与此相应，语录体著述的文化特质往往表现为无须演绎的直接判断与单向教诲。与西方逻辑推理、科学分析与综合构建的系统式路径呈现不同，中国语录式的文体是直观的、感悟式的，通常就某个具体问题进行阐述，语言简短，往往一语中的，形象说理多（如用比喻说理），抽象分析少。自先秦诸子尤其《论语》之始，语录文体在后代一脉相承，广见于儒道释、诗话文话等思想、政治、文艺类文献中。若广义地理解为言语的记录或摘录，则语录更可谓无所不在。可以说，语录式文体在我国数千年的文化传承中是一种极其有效的文化传承方式。到当前，其可谓已经成为了我国国民习惯的文体形式，其所反映的直观式经验思辨思维方式也已经成为我国国民习惯性的思维方式①。由此，在中国自主知识体系管理学的建构中，"经验思辨、语录体式"应该成为秉持的一个基本哲学理念。

第四节 基于中国历史文化情境的自主知识体系中国管理学建构何以成形？
——中国管理学建构的基本架构与逻辑脉络

基于本土情境的中国自主知识体系管理学建构，必须回归中国传统文化的核心层面，萃取中华优秀传统文化中蕴含的本土管理基因和管理哲学。

儒学是中国传统文化诸流派中的核心学派。朱子认为，儒家经典之中的《大学》尤其重要，是"为学纲目"，是"修身治人底规模"。好比盖房子，读《大学》等于搭好房子的"间架"，可以在将来"却以他书填进去"。也就是说，无论是从做学问研究中国的儒家诸多经典出发，还是从实践上修己治人的人生事业出发，《大学》都已经指明了全局的规模、前进的方向和具体的步骤。所以，《大学》可谓既是学者"初学入德之门"，又是整个儒家思想体系的最高纲领。

《大学》总体篇幅并不长，分为《经文》和《传文》两个部分，分别占有一章和十章的篇幅。朱子《大学章句》认为，"经一章，盖孔子之言，而曾子述之；其传十章，则曾子之意而门人记之也"，即认为《经文》是孔子之话，由他的学生曾子记述下来，所以尊称为"经文"；而之后十章是对第一章经文的具体阐发，故称为"传文"。实际上，在整个《大学》之中，《经文》是总纲、宗旨，具有统摄全书的重要作用，是其余各章的根据。所谓《大学》基于东方哲学理念对中国本土管理学体系基本架构的勾勒，主要体现在《经文》一章中。

① 潘明霞，曹萍."系统诗学"与"语录体诗话"——古希腊与中国先秦文论比较［J］. 学术界，2010（12）：135-141；刘伟生. 语录体与中国文化特质［J］. 社会科学辑刊，2011（6）：265-268.

《大学》之《经文》原文如下："大学之道，在明明德，在亲民，在止于至善。知止而后有定，定而后能静，静而后能安，安而后能虑，虑而后能得。物有本末，事有终始。知所先后，则近道矣。古之欲明明德于天下者，先治其国；欲治其国者，先齐其家；欲齐其家者，先修其身；欲修其身者，先正其心；欲正其心者，先诚其意；欲诚其意者，先致其知；致知在格物。物格而后知至；知至而后意诚；意诚而后心正；心正而后身修；身修而后家齐；家齐而后国治；国治而后天下平。""自天子以至于庶人，壹是皆以修身为本。其本乱而末治者，否矣；其所厚者薄，而其所薄者厚，未之有也！"

《大学》在这里用非常精练的语言，阐述了"大学之道"或者说儒家哲学的基本纲领，提出了修己安人的三大原则和八项具体步骤，简称为"三纲领"和"八条目"。"三纲领"是明明德、亲（新）民、止于至善；"八条目"是格物、致知、诚意、正心、修身、齐家、治国、平天下。《经文》首先论述了"三纲领"的次序和由"明明德"达到"止于至善"的方式方法，以及三者之间的本末递进关系；其次论述了"八条目"的先后次序和彼此关系，以及由"格物"达到"平天下"的具体步骤；最后提出"修身"是"大学之道"的根本，以及正确掌握"本末"关系的重要性。这"三纲八目"基本上囊括了儒家学说的全景视野和总体精神。

一、中国管理学建构的基本层级

受《大学》启发，基于本土历史文化情境的中国自主知识体系管理学基本架构，应该包含有四个基本层级，分别为修身、齐家、治国、平天下。通俗地说，就是我本管理、家本管理、国本治理、全球治理。在四个基本层级的管理学体系架构之中，修身是一切之本，而修身之根本则在于正心。对自心进行修养管理以达到品质之心的目标，可以称为正心。正心与修身有着紧密的关系，但也具有重大区别，而且正心相对而言更具有根本原点的重要性，因此本土体系的架构应该单独补充一个正心的管理层级。另外，中间还应该包括一个企业管理或者工商管理或者经济管理的层级，无论是企业管理还是工商管理、经济管理，实际上都是一种事业发展管理，可以称为立业管理或者业本管理。由此，基于中国本土历史文化情境的中国自主知识体系管理学基本架构，应该包含六个基本层级，即正心、修身、齐家、立业、治国、平天下，或者说心本（质）管理、我本管理、家本管理、业本管理、国本治理、全球治理。

二、中国管理学建构的终极目标

《大学》的"三纲领"和"八条目",是总体目标和具体步骤的关系。具体说,"三纲领"是"大学之道"的总体目标,"八条目"是达到这一目标的具体阶梯。而在"三纲领"的总目标之中,也有一个先后递进关系,即先实现"明明德",进而"亲(新)民",最终"止于至善"。可见,终极目标指向是"止于至善"。不过,"止于至善"这个终极目标只是一个笼统的状态描述,其具体指标则体现为"治国"和"平天下"两个方面。《大学》之《经文》言:"古之欲明明德于天下者,先治其国;欲治其国者,先齐其家;欲齐其家者,先修其身;欲修其身者,先正其心;欲正其心者,先诚其意;欲诚其意者,先致其知;致知在格物。"从这段话可以清晰地看出,全部层级管理或治理的外在终极目标,一是对外"明明德于天下",而达到了"明明德于天下"的状态,实际上也就是"平天下"和全球治理目标的实现;二是对内以"亲民"为核心的国家层面人本治理得到良好实现。而全部层级管理或治理的内在终极目标,实际上应该回归人本,实现修身和正心,特别是达到心之纯正,达到整个社会之中的万千众人都升华成为金光闪闪的金子。

三、中国管理学建构的核心关键

在基于中国本土历史文化情境的中国自主知识体系管理学建构中,"三纲领"是总目标,"八条目"是具体步骤。在"八条目"中,格物、致知属于知识修养范围,就是要明白事物的道理,进而对善恶、吉凶的因果关系有所认识,并促使自己除去因利欲沾染的恶习而恢复固有的善性,从而趋于"至善"之境。诚意、正心属于道德修养范围,意指追求道德、才智上的自我完善。知识和道德兼修并进,最终达到"身修"的目的。修养好德才兼备的自身,也就达到了"三纲领"中的"明明德"之境界,就为下一步从事齐家、治国、平天下的济世安民事业打下了坚实的基础。所以说,在"八条目"中,"修身"是根本,前四项是"修身"的前提,后三项是修身的目的,而"修身"则是连接贯通两个方面的枢纽,是"八条目"之关键节点所在。关于"修身"的关键性节点地位,《大学》也有着几乎直白性的阐述:"自天子以至于庶人,壹是皆以修身为本。其本乱而末治者,否矣;其所厚者薄,而其所薄者厚,未之有也!"

特别地,《大学》认为修身包含有格物、致知、诚意、正心具体四个环节的内容，诚意、正心、格物、致知四个环节都具备了，才能达到身修目标。这就是说，四个环节论提出了从知识修养和道德修养的角度，进行自我内心修炼以最终达到修身的目标。其中，关键在于正心，或者说正心是修身的前提要件。而在"三纲领"总目标中，首位的"明明德"体现的是正心应该达到的一种最好状态，也体现了对"正心"关键地位的重视。由此，无论是"明明德于天下"，还是"治其国"，正心和修身乃是一切之本。

四、中国管理学建构的逻辑结构

由图 1-8 可知，在基于中国本土历史文化情境的中国自主知识体系管理学研

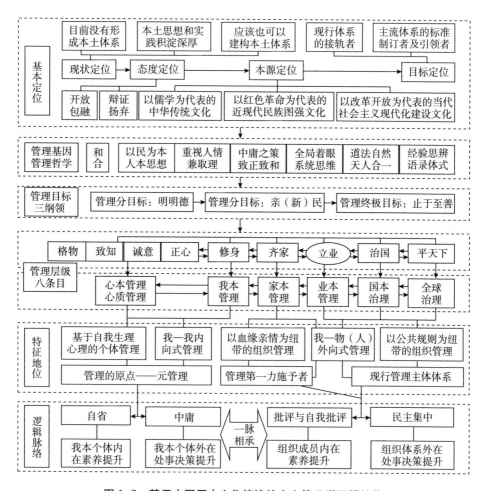

图 1-8 基于中国历史文化情境的本土管理学逻辑结构

究推进中，心本（质）管理、我本管理、家本管理、业本管理、国本治理、全球治理是六个具体管理层级。六个层级的管理体系分别对应有相应的内容，具体说就是：心本（质）管理对应正心的内容，我本管理对应修身的内容，家本管理对应齐家的内容，业本管理对应立业的内容，国本治理对应治国的内容，全球治理对应平天下的内容。显然，心本（质）管理—正心、我本管理—修身、家本管理—齐家、业本管理—立业、国本治理—治国、全球治理—平天下共六个具体管理层级及其内容，前者是后者的基础，后者是前者的扩展，形成一种层层递进的关系。对应于心本（质）管理的正心和对应于我本管理的修身，其根本的管理指向是对内的，属于对内管理自我，其管理的目标是明明德。而对应于家本管理、业本管理、国本治理、全球治理的齐家、立业、治国、平天下，其根本的管理指向是对外的，属于对外管理物人，其管理的目标是亲（新）民。对内的管理自我和对外的管理物（人）结合，各自实现了"明明德"和"亲（新）民"的目标之后，也就实现了管理的终极目标"止于至善"。特别地，在整个管理体系之中，"心本（质）管理—正心"和"我本管理—修身"环节是原点所在，或者说是基础和起点所在。作为一种内向式管理，这一原点环节具体包括有格物、致知、正心、诚意四个方面，其中格物、致知指向知识修养范畴，正心、诚意指向道德修养范畴。

五、中国管理学建构的重点内容

当年泰罗建立现代科学管理体系，是基于现代资本主义大生产的背景和环境、基于稀缺资源的高效率配置和利用理念创建的，从一开始就定基于"我—物（人）"的外向管理模式和"组织管理"的中观管理层级。历史发展到当前，管理学扩展到企业管理、产业管理、区域管理、国家治理等领域，人力资源管理也扩展到企业人力资源管理、产业人力资源管理、区域人力资源管理、国家人力资源管理等领域，研究范畴和内容均已经得到大大丰富。但审视基本模式，其仍然归属于"我—物（人）"的外向管理模式，仍然没有将"我—我"的内向管理模式纳入其中，仍然是以我管理我之外资源为核心的外向管理学，仍然没有将最为原点和基础的心本（质）管理、我本管理内容纳入其中。然而《大学》有言："身修而后家齐；家齐而后国治；国治而后天下平……其本乱而末治者，否矣。"一个连自己都管理不好的人，能成为优秀的长官、将军、企业家吗？能治理好天下吗？所以管理的根本原点不是管理别人，而是管理自己、管理己心。管理的基础指向，不是对外的物和人，而是对内的自己、己心。所以，当前的西方管理学体系，在心本（质）管理、我本管理层级上存在着严重的结构性缺陷。

这就是说，就当前而言，作为整个管理体系原点和基础的心本（质）管理或者正心管理、我本管理或者修身管理，基本上处于空缺状态，或者说这两个原点和基础层级的管理体系，至少在目前的管理学体系之中并没有应有的位置。而中国历史文化特别注重自我正心和修身，在自我正心管理、修身管理两个层级领域，均积累有非常丰富的素材支撑，应该也可以为心本（质）管理、我本管理在整个管理学体系中的结构性新构提供充足的支撑。所以，基于中国本土历史文化情境的中国自主知识体系管理学建构，心本（质）管理、我本管理两个层级应是重点所在。

特别地，在目前的西方管理学体系中，也没有包括家庭家族管理的内容。而实际上，在整个管理学体系中，家本管理处于心本（质）管理、我本管理之"我—我"内向式管理和业本管理、国本治理、全球治理之"我—物（人）"外向式管理之间，是内外向两种管理模式的界点所在，具有极其重要的管理学地位。对于内向式的心本（质）管理、我本管理来说，一个独立的个体要想通过对自我人性弱点的不断克服，逐步发掘出良性的自我和优秀的超我，最终实现良好的心本（质）管理和我本管理，将自己修炼打造成为一粒闪闪发光的金子，其第一个管理之力往往不可能来自自我，而是需要外向借力。而每一个个体自呱呱坠地到长大成人，一般首先处于一个家庭之中。所在家庭特别是父母的教育引导，天然地就担当了第一个管理之力施予者的关键角色，并且这个第一个管理之力的施加力度、节奏、方向，将在很大程度上决定着这个个体初始的人格品质和人生走向。而对于外向式的管理来说，无论是业本管理、国本治理还是全球治理，其管理主体的组成必然是脱胎成长于具体家庭的个体。这些作为管理主体的个体受到起初家庭之爱施加的第一个管理之力的教育引导的状况，对其最终步入社会成长为各层级管理主体后的具体管理行为实施，会产生至关重要的基础性影响。而且，家庭往往由父母、兄弟姐妹、爷爷奶奶等多个角色成员组成，客观上提供了一种多成员共存的组织管理和生活成长模式。这种家庭型的组织模式一方面以血缘和爱为基本纽带，可以为幼小个体提供一种温室型的生活成长环境；但另一方面其中也存在有基本的竞争合作关系，适应了这种竞争合作关系就可以为之后迈入业本管理、国本治理、全球治理等社会组织，提供一个良好的基础。具体到中国，几千年来一直实施的是家国同构的国家治理模式，特别注重家庭家族管理治理，积累有非常丰富的经验和实践素材，应该也可以为家本管理在整个管理学体系之中的结构性新构，提供充足的支撑。所以，基于中国历史文化情境的中国自主知识体系管理学建构，家本管理应该是又一重点所在。

当然，在整个管理学体系之中进行心本（质）管理、我本管理、家本管理三个管理层级的结构性新构，一方面需要基于中国的本土情境和文化素材进行，确保原真性；另一方面也必须借鉴当代西方既有的科学理论和科学工具推进，确保科学性。

在国本治理和全球治理的两个管理层级方面，西方现行管理学体系业已深度涉入。不过，以英美为代表的西方现行管理体系有关这两个管理层级的建构，均是基于西方思维和文化体系进行的。西方的国本治理模式和全球治理模式虽然架构貌似成熟完善，目前也确实居于主流地位，但实际上已经暴露出了太多问题。有学者指出，西方标榜的这种所谓民主形式下的国本治理模式和全球治理模式，存在着两个基本的"基因缺陷"：一个预设是"人是理性的"，但现在选民已经越来越民粹。另一个预设是"权利是绝对的"，但权利和义务的平衡才是真理①。对于世界上其他非西方国家而言，全盘引进西方这种治理模式实际上是行不通的，因为其脱离了所在国的历史情境和文化土壤，只能给引进国带来灾难。具体到中国而言，中国超巨量的人口规模、超广阔的疆域国土、超悠久的历史传统、超深厚的文化积淀，意味着中国的国家治理模式和全球治理模式必须也是独特的②，必须建构一种适应中国历史文化情境的本土性国家治理模式和全球治理模式。而中国悠久的历史文化传统，特别是近代红色革命历程和新时代中国特色社会主义建设的伟大实践，也为中国本土的国家治理模式和全球治理模式架构提供了强有力的思想、理论和实践支持。或者说，中国悠久的历史文化传统和近代、当代的宏伟实践，应该也可以为国本治理和全球治理在整个管理学体系之中的本土化结构性补充提供足够支撑。所以，基于中国本土历史文化情境的中国自主知识体系管理学建构，国本治理和全球治理两个层级大有可为，也应该是重点所在。

相对而言，在业本管理或者立业管理的管理层级方面，中国本土情境涉及相对偏少，而西方现行管理学业已深度涉入，总体已经比较成熟，但在部分领域仍

① 张维为. 中国模式不怕与西方模式竞争 [N]. 环球时报，2013-03-18.
② 张维为. 中国模式和中国话语的世界意义 [J]. 经济导刊，2014（3）：14-21.

然存在一些缺陷。所以，这个层级的本土管理学建构，可借助西方成熟体系，补充中国特色。中国学者所关注的重点，应该是与时俱进性地补充修正。

六、中国管理学建构的逻辑脉络

整个中国管理学的基本架构，包括有心本（质）管理、我本管理、家本管理、业本管理、国本治理、全球治理共六个层级。其中，有一条逻辑脉络始终贯穿联结其中，使六个管理层级既自成体系，又相互紧密联系，浑然一体地共同组成了整个管理学体系的宏伟大厦。这条贯穿六个管理层级的中国自主知识管理体系内在逻辑脉络，就是由中华优秀传统文化、红色革命文化、改革开放文化共同铸就的从内向式心本（质）管理、我本管理之"自省—中庸"，到外向式家本管理、业本管理、国本治理、全球治理之"批评与自我批评—民主集中"的一脉相承。

"自省—中庸"的逻辑脉络，源自中华优秀传统文化特别是其中的优秀儒家文化。

自省是国人内在进行德行修养的一种极其重要的方法，发端于孔子的《论语》。《论语·里仁》说："见贤思齐焉，见不贤而内自省也。"《论语·学而》说："吾日三省吾身：为人谋而不忠乎？与朋友交而不信乎？传不习乎？"自省思想后来被荀子和朱熹等人进行了一脉相承。《荀子·劝学》说："君子博学而日参省乎已，则知明而行无过矣。"朱熹《四书集注》说："日省其身，有则改之，无则加勉。"自省不仅是自我批判，也包括自我肯定。逆境时要自省，顺境时更要自省，在自省中端正思想、修正言行、总结过去、规划未来。可见，自省是一种基于我本个体的自我评价、自我反省、自我批评、自我调控、自我教育的内在修炼提升行为，其不仅是一种优良品德，还是一种行之有效的自我道德修养的方法，更是一种通过自我意识来持续省察和提升自己言行最终实现知行统一的内在元能力。

中庸是国人外在进行言行处事的一种极其重要的方法，发端于儒家的《中庸》。《中庸》至今已流传两千多年，在儒家学说中占有重要地位，位于"四书"之列。中庸之道的内在逻辑可以概括为"尚中""中正""中和""中时"四个方面。"尚中"是中庸的基本态度，"道也者，不可须臾离也，可离非道也"，即应该将中庸作为日常行为的基本准则，时时刻刻贯穿应用于日常生活之中。"中正"是中庸的基本准则，即对中庸的正确把握不是机械地寻找 1/2 的物理中点，而应该坚持内在的正确，达到"无过无不及"的点位，反对"过犹不及"的两种非中庸之态。"中和"是中庸的目标取向，"中也者，天下之大本也；和也者，天下之达道也"，"致中和，天地位焉，万物育焉"，可见"中和"的内涵是达到天人和谐之美。"中时"是中庸的动态把握，即面对万事万物的发展变化，中庸并不是僵化的、机械的，应该根据事物的动态发展变化与时俱进，把握和贯彻"中"的原则。可见，中庸是一种基于我本个体的自我修养、自我监督、自我教育、自我完善的外在言行处事准则，是一种通过自我束律来保持自己言行合体最终实现我物统一的外在元能力。

"批评与自我批评—民主集中"的逻辑脉络，成熟于近现代红色革命历程和当代改革开放实践。

批评和自我批评始终是党章的重要内容组成。党的二十大修订的党章继续坚持了批评和自我批评，明确要求"党在自己的政治生活中正确地开展批评和自我批评，在原则问题上进行思想斗争，坚持真理，修正错误"。总之，批评和自我批评是在系统总结中国共产党革命建设实践经验的基础上，形成和发展起来的一种具有鲜明中国共产党特色的优良传统和作风。事实已经证明，其以提高党员素质和坚定理想信念为抓手，已经成为中国共产党坚持真理、解决矛盾、修正错误的基本方法，成为保持党组织的肌体健康、巩固党组织的团结统一和使党组织充满生机活力的有力武器。批评和自我批评从本质上说是一种通过组织体系内各成员的内在素质提升从而促进整个组织竞争力有效提升的机制模式，其同样适用于其他组织运行体系。

历史发展到今天，民主集中制已经成为中国共产党和中国国家机构的基本运行原则。党的二十大修订的党章对民主集中制进行了进一步的强调，明确规定党组织坚持民主集中制，具体包含有六项基本原则。《中华人民共和国宪法》也明确规定，国家机构实行民主集中制的原则。总之，民主集中制是马克思主义认识论和群众路线在党的生活和组织建设中形成和发展起来的一种具有鲜明中国共产党特色的组织原则。事实已经证明，其一方面能够保证集思广益、民主决策，另一方面又能保证科学决策、效率决策，从而给党组织增添了强大的生命力和战斗力。民主集中制从本质上说是一种通过组织整体的决策效率提升和运行效率提升从而促进整个组织竞争力有效提升的机制模式，其同样适用于其他组织运行体系。

上面完全源自中华历史文化体系的"自省—中庸"与在中国实践中形成的

成熟完善的"批评与自我批评—民主集中"，相互既有明显区别，又一脉相承。自省重在自我内省，旨在促进自我个体的内在修养提升，中庸重在自我外行，旨在正确处事，实现与周围的和谐共处，两者同属于自我内向式管理范畴，但分属自我内省与外行之层次。批评与自我批评重在组织内部各成员的内省，旨在促进组织体系内各成员内在素质的提升；民主集中重在组织整体外现的行为决策，旨在促进整个组织体系的民主决策、科学决策和效率决策，两者同属于外向式管理范畴，但分属组织内省与外行层次。从自省到批评与自我批评，虽然分属自我和组织范畴，但都着眼于个体成员修养和组织成员素质的提升。从中庸到民主集中，虽然分属自我和组织范畴，但也都着眼于个体成员外向处事和组织体系外现决策效率的提升。这样，就实现了从我本个体到组织体系内各成员的内在素养的提升，从我本个体到组织体系内各成员的外在处事决策效率的提升，呈现出一脉相承且体系完整的主线体系。相对于西方现行的管理学，这是一次具有鲜明中国本土特征的内在管理主线脉络的挖掘，具有很好的创新性。

第五节　基于中国历史文化情境的自主知识体系中国管理学建构方法何在？

——量化实证方法的泛滥与哲学思辨和逻辑推理方法的回归

一、量化实证分析方法的泛滥与局限

如前面所言，就整个管理学研究的方法论而言，大致可以区分为三个层面：哲学思辨层面、逻辑推理层面、量化实证层面。受西方实证主义泛滥的影响，目前管理学研究的主体方法，当首推量化实证方法，特别是以统计验证为主的量化实证方法。然而，以数据收集、挖掘、应用为基础的统计验证型量化实证方法，虽然从表象上看具有客观精确的独特优势，然而在本质上却天然地伴生有八个方面的适用性制约，极大地损害了研究价值。具体分析详见第五章第五节，此处从略。

二、哲学思辨和逻辑推理研究方法的优势与回归

实际上，统计验证性量化研究诸多问题的出现，并不能简单地归因于量化研

究的应用，而在于缺乏思想理论和机制逻辑配套保障的量化实证方法的单纯性应用。正如 Romer① 批判的那样："经济学研究中的'数学滥用'，忽视了紧密的逻辑演绎，往往导致逻辑滑坡。如果这种不严谨甚至是学术不端持续下去，数学模型就会丧失解释力和说服力。"最终导致只能解决表面的"是什么"的问题，而无力揭示深层次的"为什么"机制②。

管理学研究之所以要特别强调哲学思辨和逻辑推理方法，根本上取决于其本身的学科属性。自然科学推崇实证主义，因为其"关注的都是客观存在且能够计算和测量的现象"，但包括管理在内的社会科学现象则并非如此，它们需要置于所在的特定情境中才能被理解③。另外如上所论，量化研究本身没有问题，而单纯和机械地缺失了研究思想和内在逻辑机制护航的量化实证是有问题的，其占据了管理研究的主流地位并且过度滥用就成大问题了。由此，应充分正视和尊重管理学的社会科学复杂性是不同于自然科学的，坚持管理学的范式承诺，睁开眼睛，把脉现实，以"假设的世界"对应于"观察的世界"的问题和实践为导向④，立足经世致用和服务实践的本原目标，改变单一主打和过于推崇量化实证的研究现状，重拾哲学思辨和逻辑推理的研究方法，回归"哲学思辨+逻辑推理+量化实证"的管理研究方法组合体系，推进管理学研究不断取得新进展。其中，哲学思辨和逻辑推理的方法尤其应该值得重点关注。

首先，就哲学思辨方法而言，其是一种感念顿悟性的研究方法，学术界往往诟病其主观性和随意性过强。其实恰恰相反，这种研究方法往往是科学研究的灵感甚至是灵魂所在，是最为宝贵的思想火花诞生之处。目前的量化实证研究之所以出现诸多制约和价值降低，最关键的正是对量化工具的过度依赖把宝贵的思想性给阉割了，导致高深的量化与思想的贫乏成为一种常态性的孪生对立方。

其次，就逻辑推理方法而言，其不同于量化实证，但并不排斥以量化推理的形式展现。不管有无量化分析，其核心是一种逻辑推理路径，而逻辑推理其实是一种极其严谨的科学研究方法，一般表现为大前提、小前提、结论的三段论模式，即从两个反映客观世界对象的联系和关系的判断中得出新的判断的推理形

① Romer P. M. Mathiness in the Theory of Economic Growth [J]. American Economic Review, 2015, 105 (5)：89-93.

② 陆蓉，邓鸣茂. 经济学研究中"数学滥用现象"及反思 [J]. 管理世界，2017 (11)：10-21.

③ Morçöl G., Ivanova N. P. Methods Taught in Public Policy Programs：Are Quantitative Methods still Prevalent? [J]. Journal of Public Affairs Education，2010，16 (2)：255-277.

④ 金碚. 经济学：睁开眼睛，把脉现实！——敬答黄有光教授 [J]. 管理世界，2019 (5)：9-14.

式。只要逻辑推理的大小前提和形式规则正确，结论自然就是有效的。如果一个问题能够通过逻辑推理得到验证，就天然地具有了普适性和可重复检验性，就可以有效克服量化实证研究因数据存在性、获得性、品质性、应用性、碎片性、内耗性制约和方法适用性、解决艰巨性制约共同导致的研究方向性歧途、科学可靠性打折、知识转化性堵塞、方法援助性失效等问题，实现经世致用理想目标和服务实践价值取向的回归。

总之，哲学层面的思辨，因闪耀着思想的光华而最为宝贵，但尚未成型，往往飘忽不定；而逻辑层面的推理则是对事物相互关系和内在本质的一种更为本质的分析方法，其推理过程具有很强的科学性和有效性，其推理结论具有很好的确定性和普适性。因此，哲学思辨与逻辑推理一方面具有天然的关联性；另一方面，一旦两者实现有机结合，就会爆发出强大的威力。即哲学思辨获得思想的光耀，逻辑推理将光耀的思想从内在逻辑上予以证实，真正植入人类的知识和文明体系中，如此轮回反复，则人类的知识和文明体系就会迅速膨胀，人类就会实现物质和精神方面的快速发展。

在人类文明进步的历程中，哲学思辨与逻辑推理两个层次的方法也确实始终紧密关联、相互促进。从欧几里得到笛卡儿、莱布尼茨、麦克斯韦，再到牛顿、黑格尔、爱因斯坦等，这些科学巨匠在创建自己的科学体系时，都对这两种方法进行了结合。哲学思辨代表人物笛卡儿明确主张依靠理性演绎法，从极少数清楚明白的原理出发，进行严格无误的推理，来建立一个完整的形而上学体系。黑格尔明确地把自己所讲授的逻辑学课程称为"思辨哲学"，从客观独立存在的精神实体到绝对观念的自身运动变化和发展中推演出自然界和人类社会的存在。而爱因斯坦的研究方法主要是演绎推理方法，同时又特别强调思维的作用，尤其是想象力的作用。

这样，在整个管理学研究的三个方法层面，哲学思辨方法和逻辑推理方法可以不依赖于量化实证方法而独立使用，而量化实证方法必须以哲学思辨方法和逻辑推理方法为前提进行验证性使用，才能真正成为价值型的研究方法。否则量化实证方法的独立使用，很可能会由于这种方法本身存在的诸多缺陷，使研究误入歧途和丧失价值。由此，面对一个个现实中的具体问题现象时，首先需要进行的往往并不是量化实证，而应是哲学思辨及基本逻辑是否成立的演绎推理。如果哲学思辨和逻辑推理能够成立，才可以进行更为具体精确的量化实证。如果逻辑推理不能够成立，则应该否定和放弃。

需要说明的是，逻辑推理方法包括微观和宏观两个层次，均非常重要。微观层次的逻辑推理是指针对一个具体问题进行研究时，应充分重视逻辑推理的方法应用。如果逻辑推理能够得到实现，研究结果就能获得最终的证实，实现从观点到知识的转化，从而获得真正的研究价值。宏观层次的逻辑推理是指面向整体管理研究，首先进行总体层面的研究体系和框架梳理，明晰整个研究的逻辑体系脉络。从这个角度来讲，宏观层次的逻辑推理是一种研究的整体扫描和科学规划方法。管理研究的整体逻辑体系脉络梳理清晰了，管理部门就可以根据研究价值的高低建构一个研究的总体结构和价值图谱，基于该图谱实现对整体研究推进的科学规划，而具体的研究者就可以从中选择合适的价值主题进行具体的研究，从而克服量化实证基于数据依赖导致的研究从一开始就可能偏离正确轨道的不足，使研究的价值性得到保证。从另一个角度来讲，这种从宏观层次就整体研究逻辑体系脉络进行梳理的研究方法，与西方管理学术界盛行的从小见大的研究取向既有冲突性，也有一致性。所谓冲突性，是因为其是从总体着眼、从大处着眼、从价值着眼，是一种中国文化的思维方式，而不是一开始就从小处着眼，从而能够保证研究选择的价值。所谓一致性，是因为其一旦从大处着眼选定一个价值型的研究主题之后，具体的研究还是要从小做起，做实做牢。从这个角度来讲，其可以与西方从小见大的研究范式有机融合，在大处着眼和小处入手结合中实现研究的价值性与科学性的有效统一。

特别地，量化实证方法具有独特的优势，不应该因为其存在一定的应用制约就予以全盘否定。现实中为保证该方法应用的科学性和严谨性，一个必须注意的方面就是，要坚持基本的流程范式保障，具体包括：研究问题提出（前提假设和约束条件确立）、逻辑机制建构或者数理模型推演、量化实证与检验。研究问题提出和逻辑机制建构或者数理模型推演，是必不可少的环节。

总之，应警惕亦步亦趋紧跟西方范式做"扫尾工作"和在"西方笼子里跳舞"的倾向，改变当前单一主打和过于推崇量化实证的研究现状，重视和重拾哲学思辨和逻辑推理的研究方法，回归"哲学思辨+逻辑推理+量化实证"的方法组合体系，进行彼此交融、相互补充的研究，这是解决当前量化实证过度滥用导致的管理研究诸制约的基本的也是唯一的路径所在。也只有如此，才是对管理学本质性不同于自然科学的学科属性的充分尊重，也才能铺就一种"思想火花—理论建构—知识形成—实践应用"的科学进阶之路和价值发现之旅，最终回归经世致用和服务实践的本原目标，推进管理知识大厦和"中国学派"不断蓬勃进展。

由此，鉴于本书的主要目标在于尝试推进中国自主知识体系管理学的初步框架建构，暂时较少涉及具体而微的问题，因此将重点使用哲学思辨和逻辑推理的方法来进行。

一方面，本书整个研究体系的确立，以及基于中国本土历史文化情境的本义管理学架构等，都主要运用哲学思辨的方法进行。具体而言，从对西方管理学理论体系对中国本土化改革开放指导价值缺失的警觉和系统性批判的结构性布局，到基于中国传统文化特别是儒家《大学》等经典启发进行的回归本义的整个管理学体系大厦初构，再到对"心本（质）管理—我本管理—家本管理—业本管理—国本治理—全球治理"六个细化管理层级的具体建筑，均主要依靠哲学思辨的研究方法进行。

另一方面，在基础性哲学思辨方法的基础上，本书对于西方经济管理学体系之市场理论等的缺陷的剖析，将会主要运用基于内在逻辑的科学推理验证研究方法进行。

三、关键三因素分析和管理能效等级量化方法的具体应用

本书对哲学思辨和逻辑推理方法的重视，将重点体现于对关键三因素的分析和管理能效等级量化方法的具体应用之中。

首先，关键三因素的研究方法。

事物的发展往往由着诸多因素或者诸多维度所共同决定，对其的分析往往可以从不同的侧面和不同的维度运用不同的指标进行。这样，不同的研究人员面对同一事物进行研究时，面对事物的诸多因素和诸多维度，往往从各自的理解角度进行侧面审视和维度的选取，结果会导致对同一事物的描述出现见仁见智甚至千差万别的情形，从而失去或者干扰其对事物本真面貌的把握。实际上，在决定事物发展态势的诸多影响因素和维度之中，各自的影响分量往往并不相同甚至差异巨大。一般地，重要性最高的三个因素和维度往往会在事物发展过程中起到关键性和决定性的作用，能够决定着事物的基本性质和基本趋向。由此，在事物发展的诸多影响因素和维度中，选择重要性最高的三个关键因素和维度进行重点分析，往往就能对事物发展的基本态势形成一个清晰的勾勒、本真的把握和基本的共识。

关键三因素的研究方法在管理学研究领域已经有了广泛的应用。比如，在领导风格研究领域影响很大的美国艾奥瓦大学的 Kurt Lewin 团队，就基于独裁、民

主、放任关键三因素，将领导风格区分为了独裁型、民主型、放任型三种典型类型①。又比如，一项针对美国市场的研究发现，许多行业中的三大主要玩家往往就能主导整个行业市场的发展，如快餐业的麦当劳、温迪、汉堡王，信用卡领域的 VISA、万事达、美国运通，从而提出了流行的"三分律"观点②。到现在，关键三因素研究方法在管理学研究中得到了更为广泛的应用，甚至凝聚呈现为了多种三因素风格模型建构。典型的表现如在资产定价和领导行为评价领域分别有着广泛应用的 Fama-French 三因素模型、CPM 领导理论三因素动力机制模型③，重点关注的分别是市场组合的超额回报率等三关键因素和目标达成等三关键因素。其他的三因素利率模型、企业雇员组织承诺三因素模型、幸福感三因素模型等④，也均是如此。

由此，关键三因素研究方法将成为本书研究推进的一种重要方法选择。比如，有研究认为心质是大脑这个生物器官进行主观精神活动的品质，其可以从多个维度进行分析，但最为重要的维度可以归结为三个，分别是心质正负品质、心质目标品质、心质执行品质。因此，有关心本（质）管理的分析重点从这三个关键维度进行，往往就能对心本（质）管理形成一个清晰的勾勒、本真的把握和基本的共识。再比如，目标管理的分析也可以从多个维度进行，但最为重要的维度也可以归结为三个，分别是我本目标制订确立与我本内心期许的真实吻合度、我本目标制订确立的物我适宜度与张力度、目标制订确立后的执行刚性度。因此，有关目标管理的分析可以重点从真实吻合度、适宜张力度、刚性恒定度这三个关键维度进行。

其次，管理能效等级量化方法。

基于三个基本维度的选择，可以进行进一步的事务发展管理能效（MEE）

① Lewin K., Lippitt R. An Experimental Approach to the Study of Autocracy and Democracy: A Preliminary Note [J]. Sociometry, 1938 (1): 292-300.

② Sheth J. N., Sisodia R. S. Competitive Markets and the Rule of Three [J]. Ivey Business Journal, 2002 (September/Octobet): 1-5; Jagdish Sheth. The Rule of Three: Surviving and Thriving in Competitive Markets [M]. New York: Free Press, 2002.

③ 李倩，梅婷. 三因素模型方法探析及适用性再检验：基于上证 A 股的经验数据 [J]. 管理世界，2015 (4): 184-185; 李明，凌文辁，柳士顺. CPM 领导理论三因素动力机制的情境模拟实验研究 [J]. 南开管理评论，2013, 16 (2): 16-25.

④ 李少育，黄泓人. 基于三因素过程的利率连动息票研究 [J]. 管理科学学报，2019, 22 (2): 36-51; 张勉，张德，王颖. 企业雇员组织承诺三因素模型实证研究 [J]. 南开管理评论，2002 (5): 70-75; 高良，郑雪，严标宾. 当代幸福感研究的反思与整合——幸福感三因素模型的初步建构 [J]. 华南师范大学学报（社会科学版），2011 (5): 129-136.

等级区分和量化分析。就某个基本维度而言，如果区分的等级过多，则每个等级的区分识别度将大大下降；如果区分的等级过少，则每个等级的区分识别度又可能得不到应有的精确。借鉴国内外相关研究，层次分析法（Analytic Hierarchy Process，AHP）在指标赋权中通过指标两两对比以确定彼此的重要程度，最终确定指标赋权所用的判断尺度和评价规则，这具有很好的启示和借鉴价值。

层次分析法，是美国运筹学家、匹茨堡大学教授萨蒂于20世纪70年代初在研究美国国防部"根据各个工业部门对国家福利的贡献大小而进行电力分配"课题时，提出的一种权重决策分析方法。在该分析方法中，两个指标的相对重要程度分为九个等级。假设有A、B两个指标，以A指标为比较基准，且A指标的重要性小于等于B指标，则有以下判断规则：如果B指标的重要性与A指标相同，则对B指标的重要程度赋予1的判断尺度；如果B指标的重要性比A指标稍微重要或者明显重要或者强烈重要或者极端重要，则对B指标的重要程度分别赋予3、5、7、9的判断尺度；如果B指标相对于A指标的重要程度介于上面几个状态中间，则对B指标的重要程度分别赋予2、4、6、8的判断尺度。显然，这种区别指标间相对重要程度的方法，能够实现客观上有效区别与主观上清晰认知的均衡。具体如表1-1所示。

表1-1　层次分析法判断两指标相对重要性权重的判断尺度与评价规则

判断尺度	评价规则	判断尺度	评价规则
1	A、B两指标同等重要	3	A指标比B指标稍微重要
5	A指标比B指标明显重要	7	A指标比B指标强烈重要
9	A指标比B指标极端重要	2、4、6、8	A指标相对B指标的重要程度介于上面状态之间

借鉴层次分析法九个等级区分的思路，可以给出事务发展管理的三个基本维度量化分析图，具体如图1-9所示。可知三个基本维度决定ABCD—EFGO的正方体中，代表第一维度的为X轴上的OE，代表第二维度的为Y轴上的OC，代表第三维度的为Z轴上的OG，均以原点O为起点，各有高低九个等级。可知，正方体ABCD—EFGO代表基于三个维度的事务发展管理能效范围，其中A点代表三个基本维度均达到最高第九等级的点，其坐标为（9，9，9），其管理能效量值达到最大的729。

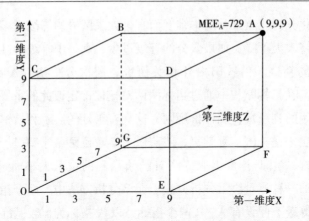

图1-9 事务发展管理的三大基本维度与等级量化分析

进一步地，根据正态分布的基本规律和一般分布常识，可以进行事务发展管理能效的等级划分。由三个基本维度决定的最高为729的管理能效量值中，达到前10%区间的，即 MEE≥656，划属优质等级，等级代码 A；达到前 10%~20%区间的，即 656>MEE≥583，划属良好等级，等级代码 B；达到前 20%~30%区间的，即 583>MEE≥510，划属中等等级，等级代码 C；达到前 30%~40%区间的，即 510>MEE≥437，划属一般等级，等级代码 D；落到前 40%以后的，即437>MEE，划属差等级，等级代码 E。具体如表 1-2 所示。

表1-2 九等级区分下的管理能效量值优良等级界定

等级划分	优	良	中	一般	差
等级代号	A	B	C	D	E
比例定位	前 10%	前 10%~20%	前 20%~30%	前 30%~40%	前 40%以后
三维区间	MEE≥656	656>MEE≥583	583>MEE≥510	510>MEE≥437	437>MEE
两维区间	MEE≥73	73>MEE≥65	65>MEE≥57	57>MEE≥49	49>MEE

特殊情况下，事务发展管理分析可以由三个基本维度简化为两个基本维度进行，每个维度同样各有高低九个等级，具体如图 1-10 所示。由此，整个管理能效范围就是两个维度决定的图 OBAC 的面积。其中 A 点代表两个维度均达到最高第九等级的点，其坐标为（9，9），其管理能效达到最大值81。同理，根据上面优、良、中、差各等级之间比例区间的分布界定，可知优、良、中、一般、差五

等级区间对应的管理能效量值区间分别为：优质 A 等级，MEE ≥ 73；良好 B 等级，73 > MEE ≥ 65；中等 C 等级，65 > MEE ≥ 57；一般 D 等级，57 > MEE ≥ 49；低差 E 等级，49 > MEE。

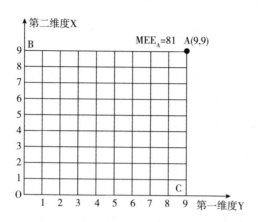

图 1-10　基于两个维度的事务发展管理等级量化简化分析

总体来说，上述基于三个（或者两个）基本维度的管理能效等级区分与量化分析，还是一种相对偏重于理论的方法。更为现实而科学的方法应该是，基于以上方法，选择合适群体进行大范围的抽样测度，建立三个（或者两个）基本维度的管理能效测度量值原始得分数据库，并进行高低排序和二次等级转化。其中管理能效得分量值位居前 10% 的，划属优质等级，等级代码 Ⅰ；位居前 10%～20% 的，划属良好等级，等级代码 Ⅱ；位居前 20%～30% 的，划属中等等级，等级代码 Ⅲ；位居前 30%～40% 的，划属低级等级，等级代码 Ⅳ；位居前 40% 以外的，划属差等等级，等级代码 Ⅴ。具体如图 1-11 所示。

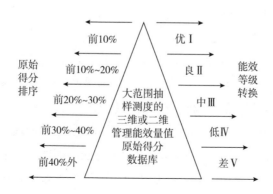

图 1-11　管理能效大样本测度排序与现实等级转换

由此，后面各章节的相关分析，将借鉴关键三因素研究方法及相应的等级区分与量化研究方法进行。

四、问卷调查法与量表分析法的实践操作

如前面所述，本书在中国管理学基本逻辑框架研究之后，拟重点聚焦本土特色鲜明的心本（质）管理、家本管理等具体管理层级，进行管理能效（MEE）的实证分析和潜因挖掘，这需要运用问卷调查方法获得原始数据。在未来的研究中，拟从《心理测量年鉴》（*Mental Measurement Yearbook*）中优选适用的经典量表（CTT）进行专题性的量表分析，保证量化研究的科学可靠性。

五、本土性价值性自我体悟研究方法的重新审视

自我体悟其实也是一种管理研究方法。该方法中的体，就是自我体验的意思，悟就是自我思悟的意思。自我体悟式的研究方法从根本上说就是一种哲学思辨和逻辑推理相结合的研究方法，只不过其分析的具体情境为自我的成长历程和事件经历而已。

孔子因一部《论语》而成为当之无愧的儒家始祖，并被后世尊为"至圣先师"。遍翻《论语》500多条语录式条目，均是孔子以及其弟子在自己成长历程中对周遭诸多所经所历事件的思考和感悟的记录。如果一定要探寻《论语》这部巨著的研究方法，只能说贯穿始终的就是这种极其纯粹的自我体悟式研究方法。用今天大数据时代的观点来看，《论语》的这种纯粹自我体悟式的研究方法，因为研究样本仅局限于孔子及其极少数几个弟子而会被贴上过于主观和完全不具有代表性的标签，其结论也就可谓不值一论了。然而，孔子是伟大的，《论语》是不朽的，这又反过来证明，《论语》的自我体悟式研究方法是有价值的，是必须予以重新审视和证明的。

事实上，从另一种眼光审视，《论语》的自我体悟式研究方法恰恰拥有着甚至超越大数据分析的巨大优点。这就是，在主动告别为衣食功利折腰的生活方式而毕生致力于志道之后，孔子命运多舛、历经坎坷，其对自己一生不同情境下诸多经历的所体所悟最为深刻、所记所载最为可靠、所分所析最有价值。这种深刻性、可靠性和价值性，往往要超越披着大数据外衣的那些随意而为、轻率处之的调查问卷。另外，《论语》体悟、思考、分析的是个体在不同成长历程中必然面对的诸类人生基本问题，正因为面对的是人生的诸类基本问题，对其的体悟思考

所得出的答案，往往会超越不同的思考主体和不同的社会时代，呈现出极其明显的共通性和标准性，而不会因思考主体的变换和时代社会的变迁而出现重大错异。

可见，自我体悟也是一种有价值的管理研究方法。它是一种更为本土性的哲学思辨研究方法，但又不完全等同于西方的哲学思辨研究方法。如果说西方哲学思辨的偏重纯粹理论和形而上学特征更加明显的话，本土性的自我体悟往往更加侧重于对自我所处的具体情境和自我成长经历的深度思考，偏重于身边现实问题和形而下学特征更为明显。

而就管理学而言，其最为本质的一个特征就是实践指向性。由此，哲学思辨方法在管理学领域的应用，就必然呈现为指向身临其境和实践应用的哲学思辨。而哲学思辨如果不再坚持纯粹理论和形而上学偏向，如果开始转向拥抱身临其境和实践应用，其实就已经是自我体悟式的哲学思辨了。在管理学界影响很大的美国德鲁克的《管理的实践》等系列著作和日本稻盛和夫的《心法》《活法》等系列著作，很少能见到作为当前流行元素的"管理模型"和"数据分析"，相反却是一些直指内心深处的观点和故事，但产生了巨大的影响。他们运用的实际上就是这种指向身临其境和实践应用的哲学思辨方法。另外，管理是一门科学，更是一门艺术，而呈现为现实和生活层面艺术的管理，一定是需要身临其境和实践应用的哲学思辨方法的，或者说一定是需要自我体悟的研究方法的。从这个角度来讲，自我体悟方法对管理研究而言确实是有用的，而且是有极高应用价值的。

由此，选择自我体悟式的研究方法，结合笔者自我以及身边至亲人士的具体情境经历进行有关问题思考分析，将是本书的一种重要研究方法。

第六节 基于中国历史文化情境的自主知识体系 中国管理学建构进展如何？

——中国本土管理学建构研究的国内外动态分析

有关中国本土管理学的研究，萌芽颇久。早在改革开放之前，就有部分先辈开始研究中国古代相关经典著作，从古代经典中提炼中国管理精华。一个典型的代表是苏东水教授从 20 世纪 70 年代中期开始，基于对《红楼梦》《孙子兵法》等中国古代经典著作的研读，发表了《红楼梦经济管理思想研究》《中国古代经营管理思想——〈孙子〉的经营和领导思想方法》《现代管理学中的古为中用》《中国古代行为学说研究》等文章。① 其中，《中国古代经营管理思想——〈孙子〉的经营和领导思想方法》通过对《孙子》典籍的剖析，提出了运筹定计、治众用人、行销谋略及领导方法等一系列经营管理思想，产生了较大的影响。②

改革开放之后，尤其是 20 世纪 80 年代中期中国恢复管理学教育以来，随着对西方先进管理知识和研究体系的大规模引进、学习、借鉴、模仿，管理学在中国得到了迅速发展。几乎与此同时，一部分学界前辈很快就敏锐地意识到，基于中国本土历史和文化基因，系统性地开展具有中国本土特色的管理学建构研究具有重大价值，并且在 20 世纪 90 年代之后开始了前赴后继性的研究行动。

我国出现最早的"本土化"理论当属复旦大学苏东水创立的东方管理学。苏东水③明确提出，以中国传统主导的东方管理文化注重辩证、系统和综合，因此不同于西方管理的原则与特征，应该弘扬东方管理文化，建立中国本土管理体系。此后，在经历多年潜心研究和积累的基础上，苏东水④出版了系统性阐述东方管理学派理论与实践的原创性著作《东方管理学》，以"三为"（以人为本、以德为先、人为为人）为精髓，以"三学"（中国管理学、西方管理学、华商管理学）、"四治"（治国学、治生学、治家学、治身学）、"五行"（人道行为、人心行为、人缘行为、人谋行为、人才行为）为主线，全面阐述了其东方管理学的完整理论体系。

"和谐管理理论"直接来源于西安交通大学席酉民团队对中国改革开放以来组织发展的经验观察，融合了东西方文化及管理智慧和经验，以应对复杂、多变、模糊和不确定（CCAU）环境中的管理挑战。⑤ 该理论发端于 1989 年，成型于 2001 年。⑥ 其基本思想是：以管理的问题导向和解决现实问题为出发点，综合环境、组织与领导三方面要素，决定组织在某一时期所面临的任务及要解决的问题，即和谐主题（HeXie Theme）；依据和谐主题，组织选择相应的和则（HeP-

① 彭贺，苏宗伟. 东方管理学的创建与发展：渊源、精髓与框架 [J]. 管理学报，2006（1）：12-18.

② 苏东水. 中国古代经营管理思想——〈孙子〉的经营和领导思想方法 [J]. 管理世界，1985（1）：163-172.

③ 苏东水. 弘扬东方管理文化　建立中国管理体系 [J]. 复旦学报（社会科学版），1992（3）：33-36.

④ 苏东水. 东方管理学 [M]. 上海：复旦大学出版社，2005.

⑤ 李会军，席酉民，葛京. 基于和谐管理理论的一种整合商业模式概念框架 [J]. 管理学报，2015，12（9）：1255-1262+1285.

⑥ 席酉民，汪应洛，李怀祖. 和谐理论 [J]. 系统工程学报，1989（2）：79-89；席酉民，尚玉钒. 和谐管理思想与当代和谐管理理论 [J]. 西安交通大学学报（社会科学版），2001（3）：23-26.

rinciple，HP）及谐则（Xie Principle，XP）；围绕和谐主题及和则与谐则的互动耦合（HeXie Coupling，HC）就形成了和谐机制及相应的运行状态，即在给定条件下（时间、地域、行业），和谐管理的基本内容包括和谐主题分辨，和则、谐则体系的分析和设计、优化及不确定性消减①。

南开大学齐善鸿②创立的"道本管理（精神管理）"理论，主张提取中西文化以及管理文明的核心因子"道"，有机融入与管理活动密切相关的人的"精神管理"，基于管理实践进行了新型管理模式探索。显然，"道本管理"的核心是"道"，其表达和思想均源自中国传统的哲学思想，与道家哲学中的"人法地，地法天，天法道，道法自然"思想有着显明的渊源关系。

中国社会科学院黄如金③创立的"和合管理理论"，目标是"立足中华民族5000年历史文化的扬弃，以中国和合哲学思想为基本指导原则，探索具有中国特色的管理理论"。他认为，以人为本与和合理念是和合管理特有的叠生价值观体系，两者的有机组合是和合管理与时俱进的生命力源泉。

曾仕强④提出的"中国式管理"，以直接面向中国管理实务为特色，主张以太极交互为哲学基本理念，以修己安人为管理目标，通过自觉自律自主，最终达到人安己安状态。

来自美国夏威夷大学哲学系的著名美籍华人管理哲学家成中英早在1991年就提出了其建构的C理论。根据其观点，成氏C理论⑤是指中国管理、创造性管理、通过权变而进行的管理以及通过儒学关怀而进行的管理，其中的C指的是创造性（生）和中心性（中），其关键概念是系统中的整体性和时中性，具体则由五易理论或者五力理论等内容组成，都来源于以周易、中庸为代表的中国哲学，被看作一种理性管理与人性管理相互结合的理论体系。

① 席酉民，尚玉钒．和谐管理理论［M］．北京：中国人民大学出版社，2002；席酉民，韩巍，尚玉钒．面向复杂性：和谐管理理论的概念、原则及框架［J］．管理科学学报，2003（4）：1-8；席酉民，韩巍，葛京．和谐管理理论研究［M］．西安：西安交通大学出版社，2006；Xi Youmin, Zhang Xiaojun. Replaying to Management Challenges：Integrating Oriental and Occidental Wisdom by Hexie Management Theory［J］. Chinese Management Studies, 2012（3）：395-412.

② 齐善鸿．道本管理：精神管理学说与操作模式［M］．北京：中国经济出版社，2007；齐善鸿，曹振杰．道本管理论：中西方管理哲学融和的视角［J］．管理学报，2009，6（10）：1279-1284+1290.

③ 黄如金．和合管理的价值观体系［J］．经济管理，2006（12）：11-22；黄如金．和合管理［M］．北京：经济管理出版社，2006.

④ 曾仕强．中国式管理［M］．北京：中国社会科学出版社，2003.

⑤ 成中英．C理论：中国管理哲学［M］．北京：东方出版社，2011；成中英，晁罡，姜胜林，岳磊．C理论、C原则与中国管理哲学［J］．管理学报，2014，11（1）：22-36.

特别地，美国亚利桑那州立大学的徐淑英（ANNE S. TSUI）教授，曾担任《美国管理学会学报》（*Academy of Management Journal*）主编，并于 2011~2012 年度担任美国管理学会（Academy of Management）会长，是全球最具影响力的华人管理学家之一。徐淑英教授长期致力于推进中国的企业管理研究。1998 年，在香港科技大学创立了恒隆企业研究中心，举办了多期"中国企业管理研究方法培训班"。稍后又创办了研究中国管理问题的第一个国际学术交流平台"中国管理研究国际学会"（IACMR），创办了以发表中国管理研究为主的英文国际学术期刊《组织管理研究》（*Management and Organization Review*）。由于贡献突出，徐淑英教授被誉为推动中国管理问题迈向国际主流的最大贡献者之一①。

2010 年特别是 2015 年以来，本土管理理论研究视角的具体微观性和问题导向性特征明显加强，呈现出向回顾总结反思②、传统文化深探③、具体问题揭示④、本土因素考量⑤、路径范式探索⑥等重点领域的集中趋势。实际上，根据张佳良等⑦的梳理，目前新形成的理论流派还有善本管理理论、秩序管理理论等，总数有十多家。

特别地，东方管理学派立足于复旦大学，创设有东方管理学二级学科，建立了从本科到硕士、博士的多层次学科与培养体系，并创立和连续举办了 20 多届世界管理论坛暨东方管理论坛⑧。而在平台和阵地建设方面，已经形成了"东方

① 徐淑英. 求真之道，求美之路：徐淑英研究历程［M］. 北京：北京大学出版社, 2012.

② 曹祖毅，谭力文，贾慧英，伊真真，赵瑞. 中国管理研究道路选择：康庄大道，羊肠小道，还是求真之道？——基于 2009~2014 年中文管理学期刊的实证研究与反思［J］. 管理世界, 2017（3）：159-169；吴小节，彭韵妍，汪秀琼. 中国管理本土研究的现状评估与发展建议——以基于制度理论的学术论文为例［J］. 管理学报, 2016, 13（10）：1435-1445.

③ 苏敬勤，马欢欢，张帅. 本土管理研究的传统文化和情境视角及其发展路径［J］. 管理学报, 2018, 15（2）：159-167；吕力. 中国本土管理研究中的"传统文化构念"及其变迁［J］. 商业经济与管理, 2019（5）：39-45.

④ 贾良定，尤树洋，刘德鹏，郑祎，李珏兴. 构建中国管理学理论自信之路——从个体、团队到学术社区的跨层次对话过程理论［J］. 管理世界, 2015（1）：99-117.

⑤ 刘小浪，刘善仕，王红丽. 关系如何发挥组织理性——本土企业差异化人力资源管理构型的跨案例研究［J］. 南开管理评论, 2016, 19（2）：124-136；陈维政，任晗. 人情关系和社会交换关系的比较分析与管理策略研究［J］. 管理学报, 2015, 12（6）：789-798.

⑥ 贾旭东，衡量. 基于"扎根精神"的中国本土管理理论构建范式初探［J］. 管理学报, 2016, 13（3）：336-346.

⑦ 张佳良，刘军. 本土管理理论探索 10 年征程评述——来自《管理学报》2008~2018 年 438 篇论文的文本分析［J］. 管理学报, 2018, 15（12）：1739-1749.

⑧ 颜世富，马喜芳. 中国管理学如何为世界管理学做出新贡献——"第21届世界管理论坛暨东方管理论坛"学术思想述要［J］. 管理世界, 2018, 34（5）：165-167.

管理论坛""管理在中国""中国实践管理论坛""中国本土管理研究论坛"等思想交流平台和《管理学报》之"管理学在中国"等期刊栏目阵地。

得益于上述研究的深耕，中国本土管理学研究已经行在路上。不过瑕不掩瑜，目前的相关研究至少还存在下面三个方面的问题：①学界对中国本土管理部分理论流派建构的争议，一直如影相随，始终没有停息。其中，韩巍教授的批判比较直接，认为部分"中国特色管理学"理论流派的建构，"缺乏组织经验的支持，缺乏对科学理论一般约定的遵循，更像是一种意识形态的说辞"①。一些流派甚至仅基于某一点传统文化启发即自建成派，"更像是未加慎思的一厢情愿，直白地说很可能是自欺欺人"，"内虚"症状比较明显，研究深度不足②。张佳良等基于《管理学报》"管理学在中国"栏目10年来的论文发表分析指出，目前相当部分的本土管理理论研究，"多偏向哲学思想，缺乏操作指导；批判指责居多，切实行动偏少"。②根据张佳良等的研究，目前不同本土管理理论流派之间，往往各自独立，各不相属，彼此间缺乏实质性交流，难达共识，有日渐步入中国式管理理论丛林泥潭的危险。③特别地，在西方管理学不但"矗立于前"而且相当"成熟完善"的情况下，推进中国本土管理学研究，必须首先进行一次前置性的西方管理学局限的系统性识别甚至批判。否则，如果西方现行管理学是"成熟完善"甚至"完美无缺"的，中国本土管理学的研究建构就没有必要。然而目前中国本土管理各理论流派的研究，多对此前置问题的关注加持不足。

这就是说，目前有关中国本土管理学建构的研究，多是着眼于本土文化的管理哲学层面的提炼和分析，且在诸多原则问题方面仍然存在有重大分歧，难成共识。真正挖掘本土文化基因进行的本土管理理论实质架构性研究、真正具有本土文化基因和具备完整管理理论逻辑要件的框架建构，并不十分理想。

这种境况的出现可能源于两个原因：①对中华优秀传统文化元典精华和管理精髓系统挖掘的深度不够，中华优秀传统文化创造性转化、创新性发展与本土管理学研究建构之间，没有得到本源起点与目标指向的逻辑耦合，难以实现有机结合和齐头并进。或者说，对中国本土管理学建构的元典文献，缺乏深入系统的挖掘和加持，没能获得中国本土的学理"硬核"和"统设"③的基本支撑，结果导

① 韩巍. 从批判性和建设性的视角看"管理学在中国"[J]. 管理学报，2008（2）：161-168+176.

② 韩巍，曾宪聚. 本土管理的理论贡献：基于中文研究成果的诠释[J]. 管理学报，2019，16（5）：644-651.

③ 伊姆雷·拉卡托斯. 科学研究纲领方法论[M]. 兰征，译. 上海：上海译文出版社，1986.

致建设体系的虚浮和散乱。②参照系的确立对任何学科理论的建立和发展都极其重要①。中国本土管理学体系建构，多把西方管理学体系作为想当然的参照标杆。然而西方管理学体系是西方借助其强大发展优势而呈现的西方情境的产物，是一种问题导向范式和归纳性逻辑路径的已然型体系，其对本范式盒子之外的新生现象往往会"视而不见"甚至"总欲除之而后快"②，且目前边界止限于工商管理和公共管理等领域③。以之作为参照标杆推进中国本土管理学研究，会导致前进方向的偏差。

实际上，与西方已然型管理学体系对应的，还存在有一种本义应然型管理学体系。中国本土管理学研究的参照标杆，只有超越西方已然体系、回归本义应然体系，才能逻辑科学、路径正确地最终达到理想的彼岸。正如韩巍和曾宪聚④所言，"不要再一股脑地忙于国际接轨，不要再执着于西方管理学界的认同、接纳（他们也早已坠入了自娱自乐的名利场）……（中国管理学者）要善用本土的构念、机制诠释、反思自己最熟悉的生活……不断展现中国管理实践者、学者的理解力、创造力和想象力"。

第七节　愿景与展望

"当代中国正经历着我国历史上最为广泛而深刻的社会变革，也正在进行着人类历史上最为宏大而独特的实践创新。这种前无古人的伟大实践，必将给理论创造、学术繁荣提供强大动力和广阔空间。这是一个需要理论而且一定能够产生理论的时代，这是一个需要思想而且一定能够产生思想的时代。"⑤

对中国管理学者而言，立足中华五千年悠久历史的管理思想管理精华挖掘，总结和提炼我国改革开放和社会主义现代化建设的伟大实践经验，同时借鉴西方管理学的有益成分，推进充分体现中国特色、中国风格、中国气派的自主知识体系管理学研究，大有可为，且正当其时！

---

① 钱颖一. 理解现代经济学［J］. 经济社会体制比较，2002（2）：1-12.

② 托马斯·库恩. 科学革命的结构［M］. 金吾伦，胡新知，译. 北京：北京大学出版社，2012.

③ 纪宝成. 中国大学学科专业设置研究［M］. 北京：中国人民大学出版社，2006.

④ 韩巍，曾宪聚. 本土管理的理论贡献：基于中文研究成果的诠释［J］. 管理学报，2019，16（5）：644-651.

⑤ 习近平. 在哲学社会科学工作座谈会上的讲话［N］. 人民日报，2016-05-18.

让我们中国本土管理学研究，在建设中国特色、中国风格、中国气派的哲学社会科学时代旗帜指引下，立足中国现实国情，胸怀国家发展大局，常顾五千年灿烂文化，挖掘新长征宝贵经验，回归东方式思维，重拾本土化逻辑，拒绝全盘式"接轨"，建构新东方体系，勇于"新标准制定"，把中国自主知识体系管理学研究好、发展好，以不负时代使命，不负良心担当！

第二章　心本（质）管理：管理的源点与元点

第一节　一个普遍而触目惊心的事实

新中国成立以来，特别是改革开放以来，中国国民经济和社会发展取得了举世瞩目的成就。然而自 2003 年和 2004 年以来，长三角地区和珠三角地区先后出现了严重的"民工荒"和"技工荒"问题。

据劳动和社会保障部 2004 年的专题调查报告，东南沿海加工制造业聚集地区企业的农民工缺工率已经达到了 10% 左右。与此同时，技术工人供给不足的现象也十分突出，劳动密集型企业内具有一定工作经验的技术工尤其短缺。其中，高级技师、技师、高级工的应聘人数与企业需求数量之比在 2004 年分别为 1：2.1、1：1.8、1：1.5。在制造业发达地区，这一问题更为严峻，平均供求比不足 1：5①。由此，能否有效解决我国经济发展中的"民工荒"和"技工荒"问题，保障工业化过程中劳动力的充足供给和人口红利的优势发挥，就成为了困扰我国国民经济和社会健康发展的重大障碍所在。

然而与此同时，我国还有大量适龄劳动力处于就业不足或者未就业的状态。以农村为例，有统计数据表明，截至 2004 年底，我国 15~59 岁适龄的农村劳动力总数约为 5.17 亿人，其中大约有 1.64 亿人已经实现了由传统农业向非农产业的转移就业，仍然在农业部门就业的劳动力约为 3.53 亿人，而实际上农业部门

① 劳动和社会保障部课题组. 关于技工短缺的调研报告和关于民工短缺的调查报告 [EB/OL]. ht-tp：//www. molss. gov. cn；杨运杰，曹建海. 长江三角洲地区的民工荒和技工荒 [J]. 经济管理，2006 (19)：78-81；张原，陈凌，陈建奇. "民工荒"与"技工荒"并存的理论解释及证据——基于投资结构与就业均衡视角的研究 [J]. 财经研究，2008 (4)：117-126.

能够容纳的就业劳动力数量约为 1.4 亿人，由此可知至少还有 2 亿人口的农村适龄劳动力仍然处于就业不足或者未就业的状态。一方面是"民工荒"和"技工荒"现象凸显并且日益严重，另一方面是大量适龄劳动力人口的闲置和浪费。这表明，劳动力供给不足问题在某种程度上实际上是个伪问题，其实质应该是劳动力从供给到需求的转换环节出现了阻隔。

特别地，上面以农村地区为例揭示的大量适龄劳动力人口闲置和浪费问题，实际上在城市地区也同样存在。那么，这些正当年的城乡劳动力人口，为什么应就业而未就业或者就业不充分？其总体比例有多高？严重程度有多大？根本原因到底在哪里？实际上，就正当年应就业而未就业或者就业不充分的城乡劳动力人口而言，根据年龄不同大致可以分为 18~30 岁的青年劳动力人口和中壮年年龄阶段的劳动力人口两个群体，彼此呈现不同特征，下面分别进行分析。

受出生和成长的艰难条件环境影响，中壮年年龄阶段的劳动力人口群体总体具有较高的家庭责任意识和吃苦耐劳品质，因此总体上其应就业而未就业或者就业不充分的数量比例并不太高。

受出生和成长条件环境极大改善的影响，18~30 岁劳动力人口群体的总体家庭责任意识和吃苦耐劳品质呈现明显下降趋势，因此其应就业而未就业或就业不充分的数量比例相对较高，严重程度相对比较突出。下面对这一年龄阶段劳动力人口群体的分析，将重点借助文献研究，将面上情况分析和具体案例扫描结合起来进行。

面上情况分析可以参考"啃老族"的相关研究文献进行。"啃老族"也称"傍老族""新失业群体"等，国外则使用"NEET"（Not currently engaged in Employment, Education or Training）的称呼，一般指已经成年、离开了学校、拥有正常劳动或谋生能力，但经济上仍然不能独立，要靠父母提供全部或者部分生活费用的年轻人，大体相当于上面所述的应就业而未就业或就业不充分的青年劳动力。

宋健和戚晶晶①在这方面进行了颇有深度的研究。研究基于中国人民大学人口与发展研究中心 2009 年 11~12 月组织的"中国城市青年状况调查"，选取北京、保定、黄石和西安四个城市 1975 年 1 月 1 日~1989 年 12 月 31 日出生的 20~

---

① 宋健，戚晶晶．"啃老"：事实还是偏见——基于中国 4 城市青年调查数据的实证分析［J］．人口与发展，2011（5）：57-64.

34 岁现有人口，根据 2005 年全国 1%人口抽样调查中的城市独生子女比例平均水平调查获得有效样本量 3282 个，从中选择初婚有配偶青年（简称已婚青年）的 1627 人为样本进行研究。研究将"啃老族"区分为"日常啃老""住房啃老"和"综合啃老"三种类型。其中，"日常啃老"是指子代与父代（包括父母、配偶的父母）之间一年中来往的现金与物品价值的差额为负值（即子代给父代的年现金及实物价值小于父代给子代的年现金及实物价值）。"住房啃老"是指已婚青年现住房的房主为父母（或配偶的父母），或者现住房的房主为青年自己（或配偶或夫妻共享），但购房的最主要出资方为父母（或配偶的父母或双方父母平摊出资）；住房月花销的最主要支付方为父母（或配偶的父母或双方父母平摊出资）。"综合啃老"由上面两者综合而成，其中日常与住房都"啃老"为"强啃老"，日常"啃老"但住房未"啃老"和住房"啃老"但日常未"啃老"两种情形为"弱啃老"。统计发现，在"住房啃老"和"日常啃老"两个方面或多或少存在"啃老"行为的"弱啃老"比例高达 45.61%，存在"住房啃老"行为的比例高达 40.50%，存在"日常啃老"行为的比例为 12.48%，同时在住房和日常生活方面存在"啃老"行为的"强啃老"比例为 7.38%。

如上所述，"啃老"意味着自身经济独立性的不足和对父母依赖的继续，其本质是这部分青年劳动力人口群体应就业而未就业或者就业不充分。这样，由于数据细分不足，不能从中得到每一类型"啃老"的严重程度细分（比如是全部依赖于父母的"高强度啃老"还是只很少部分依赖于父母的"象征性啃老"），从而不能更为精确细致地反映应就业而未就业或者就业不充分的具体状态。不过，在日常生活方面仍然依赖于父母的"日常啃老"，一般意味着成人之后的基本生活仍然不能独立，可以认为是一种中等强度的"啃老"和中等强度的应就业而未就业或者就业不充分。而同时在住房和日常生活方面存在"啃老"行为的"强啃老"，实际上可以认为是一种严重程度的"啃老"和严重程度的应就业而未就业或者就业不充分。相对而言，在当前房价普遍高昂而青年刚刚开始职业生涯和工薪收入较低的大时代背景下，在青年群体中一定程度存在的"住房啃老"可以理解为是一种常态化过渡性质的弱度"啃老"，往往不能反映应就业而未就业或者就业不充分的情况。

由此，在住房和日常生活两个方面同时存在的"高强度啃老"行为比例为 7.38%，在日常生活方面存在的"中强度啃老"行为比例为 12.48%，意味着应就业而未就业或者就业不充分（或者说自身经济独立性不足和对父母继续依赖）

的已婚青年，处于严重程度的比例为 7.38%，处于明显程度的比例为 12.48%。以此为衡量标准，则可初步推测 2013～2019 年我国 20～29 岁青年人中未就业或者就业严重不充分而"高度啃老"的数量始终高达 1300 万人以上，就业明显不充分而"中度啃老"的数量始终高达 2200 万人以上。具体如表 2-1 所示。

表 2-1　2013～2019 年我国 20～29 岁青年未就业或就业不充分而中高强度啃老情况

指标＼年份		2013	2014	2015	2016	2017	2018	2019
抽样调查数（人）		1118433	1124402	21312241	1158019	1145246	1144648	1091876
20～29 岁抽样调查数（人）		190542	189630	3547089	185765	173886	161027	143260
20～29 岁占比（%）		17.04	16.86	16.64	16.04	15.18	14.07	13.12
年末总人口（万人）		136072	136782	137462	138271	139008	139538	140005
20～29 岁人口推测（万人）		23182	23068	22878	22181	21101	19633	18369
未就业或就业不充分而啃老比率（%）	高度	7.38	7.38	7.38	7.38	7.38	7.38	7.38
	中度	12.48	12.48	12.48	12.48	12.48	12.48	12.48
未就业或就业不充分啃老数量（万人）	高度	1711	1702	1688	1637	1557	1449	1356
	中度	2893	2879	2855	2768	2633	2450	2292

注：未就业或就业不充分而"啃老"比率（%）来自基于宋健和戚晶晶研究成果的推断（参见上文），其他数据来自国家统计局。

事实上，根据其他学者的研究，情况的严重程度可能远远高于上文描述。中国老龄科学研究中心①调查发现，我国有 65% 以上的家庭存在"老养小"的现象，有 30% 左右的成年人基本靠父母供养。徐安琪②调查发现，成年未婚子女中约 85% 仍需要父母支付部分乃至全部生活费。于宁③有关上海的研究发现，约 31% 的退休人员需要从自己有限的养老金收入中取出一部分用以补贴子女甚至第三代的生活。而伍海霞④新近的研究表明，农村和城市亲子同居家庭子女"啃

① 袁要武. 从养儿防老到养儿"啃"老，老年人的悲哀——浅析"啃老族"现象［C］. 中国老年学学会 2006 年老年学学术高峰论坛论文集，2006.

② 徐安琪. 孩子的成本：转型期的结构变化和优化［J］. 青年研究，2004（12）：1-8.

③ 于宁. 养老金水平与退休生活质量："啃老"现象、影响与对策研究［J］. 上海经济研究，2007（6）：43-51.

④ 伍海霞. 啃老还是养老？亲子同居家庭中的代际支持研究——基于七省区调查数据的分析［J］. 社会科学，2015（11）：82-90.

老"比率分别为 35.32% 和 43.16%, 总体为 38.97%。

情况如此严重, 那么原因究竟在哪里? 客观地说, 这种情况的出现是多种因素共同作用的结果。但家庭对子女的溺爱、父母对孩子过强的责任感导致的子女过于依赖父母、缺乏独立生活能力和意识、缺少吃苦耐劳品质等被认为是关键原因所在①。结果长大成人即将步入社会开始自己崭新生活之前, 这批青壮劳动力却早已丧失了通过直面社会的艰辛打拼来换取自己理想生活状态的意识和能力(表现为一般意义上的懒), 或者更深层次地说, 他们已经缺失了正面参与社会激烈竞争的心质和心志, 而处于了心无力或者心力弱的状态, 成为心质或者心志方面的"穷二代"。这就是说, 当前适龄青壮劳动力中普遍存在的应就业未就业或者就业不充分而"啃老"的情况, 根本原因在于从小受父母过分溺爱导致长大成人之后自己独立面对生活的心志和心质低下。

下面通过对这个青年群体日常生活轨迹和状态的几则具体访谈, 近距离感受一下其心志或者心质的低下: "平时就是和同学交往呗, 一起逛逛街什么的""(我)现在在家待着, 一般早上起来做做饭, 白天逛逛街, 有时去市里的人才市场看看, 基本没有合适的……"② "我们两老的退休金每月还有 700 来块, 自己用的话虽说没结余也还够, 但是儿子 1971 年出生的, 高中毕业没考上大学以后, 就一直不稳定地打零工, 这不, 又闲了好几个月。前年他几个姐姐帮忙买房结了婚, 现在孩子也一岁多了, 他们在附近的另一栋住, 每天在我们这吃, 吃完了就回家, 他那个家就是个睡觉的地方, 那边的水电、电话费用都让我们出, 孙子就一直放我们这边, 也不给点零花钱, 你说这怎么办好, 媳妇还好有个工作, 我们不这样他们俩又要闹矛盾, 真是没法子啊"③。

独立生活意识和能力缺乏, 吃苦耐劳品质缺失, 个人自私意识膨胀, 诸因素相互交织背景下的一个心质极度低下、心志极度薄弱的青年群体形象跃然纸上, 令人触目惊心! 真可谓哀其之如此不幸, 怒其之如此不争!

在当前我国劳动力数量日益不足和人口红利快速收缩的时代背景下, 这种由

① 陈庆滨. 社会排斥视角下的"新失业群体"现象研究 [J]. 青年研究, 2006 (7): 1-9; 刘娟. 中国 NEET 族的现状、成因及对策 [J]. 青年探索, 2006 (3): 80-82; 谭丹. 我国"啃老族"现象的成因和对策分析 [J]. 企业家天地, 2010 (3): 156-157; 王燕锋, 陈国泉. 城郊农村 NEET 族问题探析 [J]. 中州学刊, 2010 (2): 130-134.

② 韩琳. 城市低保贫困家庭第二代啃老现象 [J]. 当代青年研究, 2006 (1): 31-35.

③ 王雪莲, 李先胜, 任佳慧. 湖北 H 市 X 区 W 街道的个案访谈——城市"啃老"现象考察 [J]. 中国青年研究, 2005 (8): 46-48.

于自我心质低下和心志薄弱导致普遍性存在的应就业而未就业或者就业不充分情况，是一种极其严重的人力资源浪费，已经成为一个严重的社会问题。首先，从自身人力资本积累来看，应就业而未就业或就业不充分会对其职业生涯形成价值消减。劳动者在初入职场后有一个人力资本累积、投入的过程，在获得效益的同时还有个再投资的过程。这样，随着工作时间的延长，一方面可以回收前期投资的成本，另一方面由于工作经验不断提升和更新也可以获得新的人力资本附加值。与此相反，那些未进入职场的人，在该发挥初始人力资本的作用时没有投入使用，随着时间推移，原有的这部分资本的价值也会逐渐丧失，而新的价值又没有添加。这样，这部分人以后一旦想重新回到社会，其竞争力将会明显下降。其次，从家庭代际经济矛盾角度来看，应就业未就业会加重家庭的负担。最后，从社会劳动力供给角度来看，应就业未就业造成了劳动力资源的极大浪费。中国人口抚养系数逐渐降低，要充分利用"人口红利"发展社会经济才能缓解未来社会"未富先老"的压力，并且大量失业的存在会对社会稳定带来一定的负面影响，如出现犯罪行为，甚至出现对社会的逆反情绪，成为影响社会安定的潜在不良因素①。

当前，我国已经步入了全新的发展时代，促进中华民族实现伟大复兴已经成为当前我们面临的重大而艰巨的历史使命。要完成这个重大而艰巨的历史使命，从宏观层面讲就要毫不动摇地推进全面深化改革，完善和发展中国特色社会主义制度，加快发展社会主义市场经济、民主政治、先进文化、和谐社会、生态文明。从微观层面来讲就必须让一切劳动、知识、技术、管理、资本的活力竞相迸发，让一切创造社会财富的源泉充分涌流。在这种情况下，因大量适龄青壮年劳动力心质、心志低下导致的普遍性应就业未就业或不充分就业、应竞相迸发活力而没有迸发活力的态势，加速性阻断了我国经济社会发展本应延续拥有的人口红利优势，于己于家于国都在事实上造成了严重的闲置和浪费！

由此，溯根求源，面对当前的新时代，要把中国特色社会主义这项伟大工程建设发展好，具有元级基础重要性的心本（质）管理显然是必不可少的。充分认识和重视心质及其管理在个体和家国发展中的核心价值，建构系统性、规范性的心本（质）管理和提升体系并应用于新时代发展实践，推动劳动力要素市场实现基于心质维度的供给侧结构优化和提升，对于微观个体层面的创造力迸发和

---

① 于宁．"啃老"视角下的青年未就业问题研究［J］．当代青年研究，2008（10）：64-71.

人生价值实现，对于中观家庭家族层面的和谐团结和干事创业，对于宏观国家层面有效克服劳动力短缺困难、挖掘和重拾人口红利优势、源源不断提供高素质的社会主义现代化建设者和接班人，最终助力促进中华民族实现伟大复兴历史使命早日实现，都将具有极其重要的本源性意义①。

第二节　国内外相关研究进展

西方的管理学已经对心本（质）管理有所关注。比如，圣吉和德鲁克分别提出改善心智模式、重视管理者心灵的自我管理等观点；卡耐基则有着人性弱点的阐述。不过总体看来，研究成果还比较匮乏，且存在不少问题。最值得关注的是，西方基于管理学视角的心本（质）管理以及自我管理，多是将其作为组织管理的一个环节来看待，从而又远离了心本（质）管理的本义。比如，圣吉②提出的改善心智模式就是指向学习型组织建构的："未来真正优秀的组织，将是能使组织内部所有层级的员工都自觉进行学习、发挥他们的学习能力的组织。"而在享誉全球的教材《管理学：原理与实践》和《组织行为学》③中，充斥的多是"情绪如何影响管理""语言如何影响沟通"等外向的人际关系技巧管理，并没有对自我和内心真诚的寻找。有评论④指出，西方管理学"缺乏一种向内的工夫，一种让人们成为自身意识的产物的能力"。

西方管理学在心本（质）管理研究方面的谨慎，最终也反映到了西方的管理学科设置上。目前美国的 CIP（Classification of Instruction Programs）分类中，管理学科设置有"工商管理""公共管理"两个并列门类，心本（质）管理则没能入列。德日等国的情况也大都如此⑤。

①　需要特别指出的是，与当前较为普遍性存在的部分青年人群体因心质质低下和心志薄弱导致的应就业未就业和"一代啃老""二代啃老"现象并存的，还有一种另外的特别现象存在，即部分优学青年在国内学成后赴美不归、服务美国的现象，其根源实际上是精致利己、家国情怀缺失导致的另一种心质问题。

②　彼得·圣吉．第五项修炼：学习型组织的艺术与实务［M］．北京：中信出版社，2009.

③　史蒂芬·P．罗宾斯，玛丽·库尔特，戴维·A．德森佐．管理学：原理与实践（第7版）［M］．毛蕴诗译．北京：机械工业出版社，2010；史蒂芬·P．罗宾斯，蒂莫西·贾奇．组织行为学（第7版）［M］．孙健敏，李原，译．北京：中国人民大学出版社，1997.

④　李非，杨春生，苏涛，吕智宇．阳明心学的管理价值及践履路径［J］．管理学报，2017，14（5）：633-639.

⑤　纪宝成．中国大学学科专业设置研究［M］．北京：中国人民大学出版社，2006.

相比之下，日本的管理界对心本（质）管理的思考研究更为深入，稻盛和夫是其中一个典型代表。稻盛和夫首先是一个实业家，有过京瓷集团、第二电信和拯救日本航空的辉煌实业经历和成就。稻盛和夫同时又特别重视基于实践的有关心本（质）管理的体悟和思考，先后出版有《心法》《活法》《干法》等系列著作。其在《心：稻盛和夫的一生嘱托》① 一书中，提出了包括动机良善、以强大心灵成就未来、贯彻正道、培育美好心根等观点，并郑重给出了自己的嘱托：只要凭着利他之心、感谢之心、谦虚之心、知足之心、强韧之心，坚持贯彻正道，时刻培养美好心根，积极实践，没有人不可以获得自己想要的幸福。在《干法》② 一书中，稻盛和夫以自己的亲身经历告诉大家，理解工作的意义，全身心投入工作，就能度过幸福的人生。其在开篇之章就提出了"为什么要工作"的关键问题，并给出了"磨炼灵魂、提升心志"的回答。其《活法》之《寻找你自己的人生王道》③，则直接阐发了作为京瓷社训的"敬天爱人"思想。其中的敬天，就是依循自然之理、人间之正道，与人为善，换言之就是"坚持正确的做人之道"；所谓爱人，就是摈弃一己私欲，体恤他人，持"利他"之心。

稻盛和夫基于自身实业经历的心本（质）管理研究，在日本和中国都产生了巨大影响。其研究存在有两个明显的特征：特征之一是，作为实业背景的企业家，稻盛和夫的管理研究具有极其明显的经世致用的价值倾向，呈现出明显的个人自我体悟和思考的特征。对作为当前管理学研究主流元素的"数理模型"和"数据分析"，因其可能会导致对实践致用的背离，而予以了远离。这说明，自我体悟确实应该是管理研究的一种重要方法而应予以重视。特征之二是，正是因为稻盛和夫有着极其成功的经历，而没有系统的管理学、经济学、历史学等相关学科理论的学习背景和经历，其诸多著作的研究往往是随心而想、随想而写，更多呈现为一种随笔体裁，在一定程度上缺乏清晰的逻辑脉络，没有做到逻辑自洽。

就国内而言，据笔者 2021 年 5 月基于中国知网的查询，有关心本（质）管理的研究也并不充分。①基于"心质"关键词查询到的有效文献数量为 0 篇；基于相近的"心能"关键词查询到的有效文献数量为 3 篇，都只是提出了基本概念，没有深入分析和系统建构，其中 CSSCI 期刊有效文献数量为 0 篇。②基于

① 稻盛和夫．心：稻盛和夫的一生嘱托［M］．北京：人民邮电出版社，2020.
② 稻盛和夫．干法［M］．北京：机械工业出版社，2015.
③ 稻盛和夫．活法 3：寻找你自己的人生王道［M］．北京：东方出版社，2012.

"心性"关键词查询到的有效文献较多，多是哲学、历史、伦理方面的讨论。进一步基于"心性"＋"管理"关键词组合，查询到的有效文献数量只有2篇，其中CSSCI期刊有效文献数量为1篇。齐善鸿和肖华①由此呼吁，让管理回归本质，承继中华文化优秀思想，用哲学的方法论凝练出心性修炼体系，作为管理主体自我心性成长提升的方法。葛树荣②则重点着眼于作为"日本经营四圣"之一的稻盛和夫进行分析，认为其法宝是"以心为本"，提出应该通过提高心性来提升管理和经营水平。③基于"心本"关键词查询到的有效文献数量也较多，其中CSSCI期刊有效文献有4篇③。相对而言，吴甘霖、龙长青、吴发荣等有关心本管理的研究具有较好的启发价值。吴甘霖④提出，近百年来的管理学发展历程可以分为物本管理、人本管理、心本管理共三个阶段，其中心本管理是管理学发展史上的第三次革命。龙长青等⑤批判了只重视管理他人而不重视管理自己尤其是管理者心灵自我管理与修炼的盲区，其给出的心本管理定义是：通过情感、思想、意志、感觉、知觉等多种心灵的发掘、整合与正确导向，产生综合之力。他们认为，心性的自我修炼决定人的行为，行为的反复形成了习惯，习惯造就人的性格，性格决定了人的命运，所以以意志修炼为核心的心本管理修炼十分重要。吴发荣⑥则从中国传统文化的本源出发，勾勒了一个包括感觉、知觉、意识、记忆、思维、情绪等内容和修心、正心、去伪、争心、聚心、凝心等方法在内的"心本管理"逻辑体系。④基于"心力"关键词查询到的CSSCI期刊有效文献有4篇，主要是对近现代一度流行的心力思潮的评述。如龚自珍包括"血性、性情、侠骨"等在内的"心力"思想评述⑦，谭嗣同"心力说"原创价值评价⑧，

① 齐善鸿，肖华．管理的科学本源性回归——自我与心性的管理［J］．管理学报，2013（3）：326-335．

② 葛树荣．提高心性提升管理——稻盛哲学落地模型与评价、指导工具［J］．企业文明，2013（6）：94-97．

③ 胡宇辰，詹宏陆．基于心本管理的企业员工幸福感提升分析［J］．江西社会科学，2014（6）：234-239；沈顺福．性本还是心本？——论胡宏哲学主题［J］．湖南大学学报（社会科学版），2014（1）：33-37；万能武，王文涛，顾勇．军队人力资源管理之"本"理念的嬗变——事本、人本、能本、心本［J］．东南大学学报（哲社版），2008（S2）：92-93．

④ 吴甘霖．心本管理——管理学的第三次革命［M］．北京：机械工业出版社，2006．

⑤ 龙长青，李琴，徐锋．心本管理——管理学前沿的新方向［J］．法制与社会，2007（9）：581．

⑥ 吴发荣．"心本管理学"初想［J］．新经济，2013（23）：124-126．

⑦ 龚郭清．"心力""学术"与"天地国家"——论龚自珍的人才思想［J］．天津社会科学，2018（5）：151-160．

⑧ 胡建．谭嗣同"心力说"的原创性价值［J］．浙江学刊，2005（3）：39-44．

戊戌维新派"心力"评价①等。特别地，张锡勤②就维新诸家的心力论述，从因缘提出、功效价值、实现路径等方面，进行了较为系统全面的评述。

此外，有关中国传统文化特别是儒家经典之心学的探究性研究相对较多③，也有学者④就孙中山和毛泽东的心学思想有过探讨，大都是哲学层面的范畴，与本文主题距离稍远。

综上所述，国内有关"心质、心能、心性"等"心本（质）管理"的相关文献，多是研究者基于各自对相关概念的理解和体悟进行的概念性初步勾勒，有的虽已触及到了心本（质）管理的内核，但其深入性、系统性尚有待提高，且后续进一步的探索建构也不尽理想。特别地，上述大部分文献研究的本质仍然是一种管理者对被管理者的"心本管理"，而非个体自我对自我的"心本管理"，实际上是回归至组织管理中的心理资本⑤，从而又回归了传统的旧路。

在管理学科的设置方面，中国发展形成了自成体系的管理学科门类。根据国家《授予博士、硕士学位和培养研究生的学科、专业目录》，管理学科门类下设"管理科学与工程""工商管理"等五个一级学科。这种学科架构系统性明显增强，但仍然没有囊括管理学作为周劲波等⑥所言的第二层级学科和蔺亚琼⑦的源于系统论的本应的广阔天地。特别是心本（质）管理，同样没能入列正式的管理学科序列。可见，国内心本（质）管理体系的建构性研究，总体上也没能形成体系，可谓任重道远。

① 姜华.试论戊戌时期维新派的"心力"说［J］.求是学刊，1998（5）：35-38.

② 张锡勤.对近代"心力"说的再评析［J］.哲学研究，2000（3）：57-63+80.

③ 董平.孔子的"一贯之道"与心身秩序建构［J］.孔子研究，2015（5）：44-56；储朝晖.探析孔子之"心"［J］.北京大学教育评论，2004（1）：95-98；沈顺福.人心与本心——孟子心灵哲学研究［J］.现代哲学，2014（5）：88-93；邵显侠.王阳明的"心学"新论［J］.哲学研究，2012（12）：30-37+123.

④ 陈尧.试论孙中山之心学及其意义［J］.学术交流，2014（2）：28-32；臧峰宇，何璐维.青年毛泽东知行观的实践心学阐释［J］.湖南社会科学，2019（2）：18-22.

⑤ 郑国娟.心本管理背景下心理资本的嵌入［J］.经济管理，2008（15）：6-10.

⑥ 周劲波，王重鸣.论管理学在当代科学体系中的学科地位和意义［J］.科学学研究，2004（3）：258-261.

⑦ 蔺亚琼.管理学门类的诞生：知识划界与学科体系［J］.北京大学教育评论，2011，9（2）：66-79+190.

第三节　本土文化有关心本（质）管理的论述

在中华五千年悠久灿烂的历史长河中，有关心本（质）管理的关注和论述实际上早已有之，并不少见。只不过，我们今人往往从自我修养的角度来看待，而忽视了其管理学源点和元点的本义价值，颇为遗憾。

中华文明五千年的历史发展，创造出了极其灿烂绚丽的中华文化，涌现出了灿若繁星的文化巨人和思想流派。早在先秦时期，以老庄道家、孔孟儒家、韩非法家、墨翟墨家等为代表的先秦诸子百家就相互争辉，灿烂夺目。后来历经汉武之罢黜百家、独尊儒术，以及佛学东渐、融入华夏，逐渐形成了以儒、释、道三家为主，其余流派相互参长的中国传统文化基本格局。在这些传统文化流派中，有关心本（质）管理方面的论述和文献可谓浩如烟海，其中最为系统深入也最具代表性的，当属居于中国传统文化主流地位的儒家流派。下面重点从儒家流派的角度，就其有关心本（质）管理的关注和论述进行一次"粗线条"的扫描。

儒家创始人孔子的思想博大精深，最核心的体现为"仁"。"仁"简单说就是"爱人"，具体含义则有多种理解，如"夫仁者，己欲立而立人，己欲达而达人"（《论语·雍也》），"己所不欲，勿施于人"（《论语·颜渊》）。此后孟子发挥了孔子的思想，把"仁"同"义"联系起来看作道德行为的最高准则，强调舍生取义的重要性——"生，亦我所欲也；义，亦我所欲也。二者不可得兼，舍生而取义者也。"（《孟子·告子上》）孟子认为人生来就具备"恻隐、羞恶、辞让、是非"四心，分别对应于"仁义礼智"之四端，并认为"人皆有不忍人之心"，提出了性善论。孔孟认为，践行"仁义"的可行办法，有学习、内省、诸己等路径。关于学习，如"学而时习之"（《论语·学而》）、"温故而知新"（《论语·为政》）。关于内省，如"见贤思齐焉，见不贤而内自省也"（《论语·里仁》），以及"吾日三省吾身：为人谋而不忠乎？与朋友交而不信乎？传不习乎？"（《论语·学而》）关于诸己，如"君子求诸己，小人求诸人"（《论语·卫灵公》），"行有不得，反求诸己"（《孟子·离娄上》）。孔孟的这些仁义理念，从本质上说是一种内心的修炼。这表明，儒家理论从一开始就直指内心，将对内心的修炼和心质的提升作为了其全部学说的出发点。

稍后的《大学》则从人生全局的视角进行了全新而系统的审视，阐明了儒家"内圣"和"外王"的圣王之道，提出了"三纲领"和"八条目"。"三纲领"是"明明德、亲（新）民、止于至善"。《大学》认为，人生来就具有善良的"明德"，但入世之后会被利欲所遮掩，需要经过"大学之道"的教育和重新发扬，然后推己及人以革新民心，最终共同达到心性完善的至善境地。可见，作为儒家最高统领的"三纲领"，其始终没有为外在物欲所吸引，而是执著地恒定于心性或者心质的修炼提升方面。

《大学》认为，要实现"三纲领"的宏伟目标，需要通过八个步骤的努力，分别是"格物、致知、诚意、正心、修身、齐家、治国、平天下"，即所谓的"八条目"。在"八条目"的整体逻辑架构中，核心和关键是修身，正所谓"自天子以至于庶人，壹是皆以修身为本"。而修身的具体内涵包括"格物、致知、诚意、正心"四个前提。其中，"格物、致知"偏重于具体的行为行动，"诚意、正心"偏重于前提的心性锻炼。只有前提性的"诚意、正心"的心性锻炼好了，才能获得后面"格物、致知"的良好行为。如果说修身是一切之本，则前提性的"诚意、正心"又可谓是修身之本。从这个角度上说，"诚意、正心"可谓是全部修、齐、治、平的根本。而"诚意、正心"就其内涵而言，实际上涉及的是心与意、心与性的锻炼和修炼，可归属心质管理之列。这样，《大学》在执著地将追求至善的心性或者心质修炼恒定为"三纲领"的内在统领之后，又进一步把以"诚意、正心"为代表的心质管理夯实了全部行动的元点。

宋代程朱理学对儒家思想进行了基于训诂视角的系统性阐释，把儒家内圣和成德的思想特别提出来向着天理和完美人格的方向展开探讨，开掘出了宇宙论、人性论、境界论、功夫论等领域，从而进一步推进到了心性的高度。不过，朱子在心性修炼方面仍然坚持格物致知进而诚意正心最终修、齐、治、平的层层递进的逻辑关系，即坚持先理后性的理论，与孔孟之学说并无太大区别。真正将孔孟修身理论进一步推身入心的，是陆九渊和王阳明。特别是王阳明，开一代心学之风气，影响深远。

王阳明特别强调内心的作用，建构了阳明心学体系，其整体思想可以用四句话概括，分别是：①"心即理"（《传习录》），"心外无理，心外无事"（《传习录》）。此论强调了心的本体地位和心性修炼在整个人生系统中总开关的地位所在和价值体现。②"致良知""此心光明"。"致良知"源自孟子，阳明时达到升华，"必有事焉……只是致良知……说致良知即当下便有实地步可用功"（《传习录》）。"此心光明"为阳明逝世之前的最后遗言："此心光明，夫复何求？"阳明的致良知和此心光明，具体包括两个层面的含义：一是从静态而言，心至仁善，而不邪恶，亦不荒芜。二是从动态来看，无论心处何地，恒续致力于追求光明善达。这就给作为人生系统总开关的心性修炼，指明了行动的方向和具体的标准。③"知行合一"。"若会得时，只说一个知，已自有行在，只说一个行，已自有知在""知而不行，只是未知"（《传习录》）。根据王阳明与其弟子徐爱等在《传习录》中的反复讨论，其知行合一可以理解为知即行、行即知，知行同时实现，没有先后。就如香其香，是达其香，即同时悦其闻；恶其恶，是达其恶，即同时恶其恶。至于知孝而未行，并不是知行分别，而是其所谓的知孝，并非真知，因为只是知孝而不行孝就可以认为是孝的情况是不存在的。此论一经提出，就将审视的重点从知转换到行上，成为一种典型的实践哲学，从而对心性修炼指明了清晰的实现路径。④"人人皆可为圣贤"。"故虽凡人，而肯为学，使此心纯乎天理，则亦可为圣人"（《传习录》），这就是说，圣贤之人并不是高高在上、遥不可及的，每个人只要用心修炼，持久向心地光明、知行合一发力，人人皆可以成为圣人。这就极大地吸引了芸芸众生的注意力、关注度和参与性，社会潜藏的巨大力量被大大激发，原先各自独立运行的精英读书群体和劳苦大众群体，悄然间实现了交集并融。

特别地，就阳明影响深远的知行合一而言，之前的朱子也有过类似论述。不过朱子认为是先有知然后行，知行合一，达到完善，与阳明的观点并不相同。社会大众对知行合一的一般性理解，往往也是先有知然后行以达到知行合一。从这个意义上讲，朱子的指向要比阳明更加贴近大众的心理。不过，阳明提出知行一体、知行合一不能须臾分离，在客观上对其心性修炼理念赋予了巨大的实践价值，或者说为其心性修炼理念的实现指明了清晰的路线与途径。在阳明之前，知行合一的知先行后式认识，往往会导致重视知的获得，而有意无意轻视知的执行，导致知行的现实分离，有知而不行，或者有知而少行。受这种思想的引导，阳明之前的儒家知识分子，虽然大都怀有济世安民之宏伟人生目标追求，然而实践中却往往过多注重对儒家经典的学习，过多关注对修身、治国、平天下的理想追求，而忽视了日常生活中具体行为的实践操作，最终有意无意陷落于清谈玄高的误区，甚至误国误邦。在这种背景下，阳明意义上的知行合一经提出，就将审视的重点从知转换到行上，成为一种典型的实践哲学。知就必须行，而不可以先知后行。如果没有行，即使所谓已经得到的知也不是真知，而是假知。由此，儒家行为风貌焕然一新，基于阳明知行合一、知行一体的新儒家受众，将从原先清谈玄高、误国误邦之空旷境界，华丽转身成为有强大生命力的实践创造境界。

阳明的人人皆可以成为圣贤的思想，也在社会上产生了强大的冲击。实际上，虽然孔孟经典著作具有明确的教善之本意，然而其提出的"修身、齐家、治国、平天下"之儒家人生规划，将人生现实的根本目标指向了治国、平天下，能否参与治国、平天下成为儒家人生是否成功的关键标准。而汉武帝采纳董仲舒《天人三策》而"罢黜百家、独尊儒术"并通过博士制度将儒学予以仕途出身的"优先性"强化之后，尤其是隋朝正式开设科举制度将考试内容进一步向儒家经典"单一性"固化之后，一方面意味着一种儒家知识体系与国家权力体系之间的制度化通行路径正式成形，儒学因获得了一个合法性的举国传播体系而影响力急剧扩展；另一方面，罢黜百家、科举建制导致的儒家文化与权力资源之间的"排他性"直通性，又使儒家之"道"往往异化成为儒生获取功名的必要手段，对于考试技巧的研究和考试结果的重视必然超过了对于考试内容的关注和对儒家经典本义的理解，最终导致了儒家本义目标和儒生功利手段之间的冲突分裂。正如徐复观所言，科举制度"把士与政治的关系，简化为一单纯的利禄之门，把读书的事情，简化为单纯的利禄的工具"。① 在这种背景下，儒家的治国、平天下人生目标在整个人生目标体系中就得到了空前的强化。然而，古代社会中最终能够参与治国、平天下者，显然只能是极少数的精英群体，而不可能是社会大众。这样，孔孟儒学有意无意地就将自己的受众对象，从本意上的社会大众、芸芸众生，收缩为了社会极少数的读书人或者说社会精英。而本应成为主体受众的社会大众，则反而退居幕后。更进一步地，由于最终只是少数精英参与治国、平天下，则有可能参与治国、平天下的精英群体，往往从开始读书之日起就脱离与劳动和实践的接触，甚至自然而然地对劳动和实践层面予以了内心的轻视，而自甘于所谓目标远大的清高玄谈。特别地，重视体悟式修炼的儒家始祖孔子，曾经发出鄙视实践劳作的言论，被称作"四体不勤，五谷不分"，也对宋明之前儒家崇尚清谈和鄙视实践劳作风气的形成，产生了推波助澜的效果。

在宋明之前，社会上呈现出两个相互独立、彼此脱节的双元轨道运行体系，一个是上层的基于儒家思想的以少数精英读书人为主体，口呼修、齐、治、平而实际上眼光向上主要聚焦于所谓治国、平天下的运行轨道；另一个是由绝大部分社会大众组成的默默无闻、不为所动、无视无言、无听无行的运行轨道。在科举

---

① 徐复观. 学术与政治之间（甲集）［M］. 台湾：台中出版社，1956.

制度的导向作用下虽然有交集，但总体上两个轨道各自运行、彼此脱节。在这种情况下，阳明的"人人皆可成为圣人"的思想一经提出，就产生了极大的冲击。这种社会凡众通过自身的努力修炼都有可能成为圣贤的说法，极大地吸引了芸芸众生的注意力、关注度和参与性，社会潜藏的巨大力量被激发，原先各自独立运行的上层精英读书群体和下层劳苦凡众群体，悄然间实现了交集、对接、并融。如果引导有方，社会进步可以由此致速也！

阳明一生践行了其包括致良知、知行合一等在内的心学理念，并将其心学思想用于实践中，在平定南赣之乱、平定宁王之叛等方面取得了巨大成功，成为数千年来罕见的"立德、立言、立功"的三立全人，展现出了阳明心学与实践结合之后的巨大威力。

阳明之后，其心学思想因统治者压迫和改朝换代等原因在内地有所不传，又被原先之程朱理学所覆盖。不过，阳明心学在朝鲜、日本却得到了远播和传扬。特别是在日本，阳明心学实现了落地生根、茁壮成长，为日本近现代发展转型以及明治维新中的革新除旧和奋发图强提供了思想启蒙方面的重要贡献，得以使日本迅速强心振国，跨入世界强国之列，成为一个展示阳明心学价值的生动案例。

而国内直到晚清时代，阳明心学才又开始得到士人的重视和关注。龚自珍首倡"心力"之说[①]，提出"报大仇，医大病，解大难，谋大事，学大道，皆以心之力"[②]。维新派康有为、谭嗣同、梁启超等旋即跟进，重新回视陆王心学，同时兼取西方科学，推心力学于新高度。如康有为提出，"救亡之道，惟增心之热力而已"[③]。这些思想，对此后中国革命的领导人如孙中山等产生深刻影响[④]。

可以说，就心本（质）管理而言，宋代之前的儒学虽然提出了"仁义"的核心理念和"修齐治平"的总体格局，但多是形而上学的论述建构，实践成分有所欠缺，且论述比较散漫，缺乏内在完整的逻辑体系粘合。而就其本核而言，指向的是修身，而不是正心。宋之后阳明心学的提出，实现了形而下学的知行合一实践转向。无论是阳明心学之名，还是阳明心学之实，抑或是阳明心学思想与实践的结合，阳明心学始终紧紧聚焦于人之心性的核心，在心性修炼的重要性

① 高瑞泉．龚自珍——近代唯意志论的先驱［J］．学术月刊，1989（8）：14-20.
② 龚自珍全集［M］．王佩净，校．上海：上海古籍出版社，1999：15-16.
③ 康有为．京师保国会第一集演说［A］//汤志钧．康有为政论集：上册［C］．北京：中华书局，1981：238.
④ 陈尧．试论孙中山之心学及其意义［J］．学术交流，2014（2）：28-32；臧峰宇，何璐维．青年毛泽东知行观的实践心学阐释［J］．湖南社会科学，2019（2）：18-22.

（或者说地位与价值）、方向性（或者说标准与指向）、实践性（或者说路线与途径）、普适性（或者说目标与结果）等向度上予以了一次系统而深刻的阐述。其在借助人人"皆可为圣贤"打动每个人内心最柔弱处从而把每个社会人的积极潜能调动发挥出来的同时，实际上也把之前的心性认知进行了一次巨大的转向、提升和实证，从而悄然完成了一次心本（质）管理的重大逻辑架构！功莫大也！可惜的是，"心外无理，心外无事"的提出，又直接将阳明心学带入了唯心主义的泥潭。

这样，从孔孟到程朱再到阳明，儒家学者们通过持续千年的接棒努力，已经在心本（质）管理方面进行了颇有建树的论述、拓展和建构。汉武独尊儒术后儒学成为治国主流，朱子之后儒家四书五经成为科举入仕的必读书目，这样儒学内圣外王的治心之学，就借助国家主流渠道播撒到了万千家庭亿万子民中，把整个中国浸染成了一个心学的国度。显然，这可以为当前心本（质）管理的研究，提供诸多几乎可以随取随用的丰富给养和思想启示！

道家有关心性修养的论述，以《道德经》最为典型。其核心理念是道法自然、与世不争、无为而治。比如，其认为水"善利万物而不争，处众人之所恶，故几於道"。得出的结论是，"上善若水"和"夫唯不争，故无尤"。在治国方面，特别推崇小国寡民、无为而治，由"虽有舟舆无所乘之，虽有甲兵无所陈之，使人复结绳而用之""甘美食，美其服，安其居，乐其俗，邻国相望，鸡犬之声相闻，民至老死不相往来"可知，道家也是要求现世的俗人放弃自我内心世界的努力和抗争，外在回归自然的原道，内在回归原始的本我，无为而为，无为而治。相反，积极进取以获得内心欲望的满足不应该也没必要。这就是说，道家同样并不倡导对自己内在心性进行有效管理以实现现世的收获，而是遵循自然原道，把欲望追求从内心深处执意放弃和回归。这样，其与心质管理之积极进取本色同样出现了本质的区别和天然的鸿沟。当然，其"道法自然""柔弱胜刚强"等论述，有着一定程度的辩证进取态度①，可提供管理哲学方面的有益启示。

综上所言，就儒、道而言，似乎只有儒家的心性修养和心质管理，具有管理本义上的积极进取本色。而道家则因缺失了积极进取的本色，似乎只能安身于伦理学、哲学的范畴。

---

① 王心娟，綦振法，王学真．老子《道德经》中渗透出的企业管理哲学［J］．管子学刊，2011（3）：91-94.

第四节 心本（质）管理的基本概念及逻辑地位与运行机制

一、心本（质）管理的基本概念

如前文所述，从整体和系统的眼光来看，完整的管理学范畴应该包括修身、齐家、治国、平天下几个相互并列又层层递进的管理层级。总体上看，在这几个不同层级的管理体系中，基础和核心的层级是修身管理，即自我管理或我本管理。只有做好了自我管理或我本管理，才有可能把一个家庭、家族管理好，才有可能把一个公司、一个部门、一个单位管理好，进而才有可能把一个国家管理好、治理好。如果一个人连自己都管理不好，从逻辑上讲其也不可能管理好一个家庭、一个企业、一个机关甚至一个国家。

不过，就基础和核心层级的自我管理或我本管理而言，实际上其并不是一个简单的范畴。相反，深入剖析会发现其是一个内容极其丰富、结构极其庞杂的体系。就单从自我原生稀缺资源的优化配置和充分利用来看，自我管理或我本管理就包含有健康管理、时间管理、情绪管理、记忆管理、目标管理等多个细分领域。而如果再加上自我后天获得的稀缺资源的优化配置和充分利用，自我管理或我本管理还应包括有人脉管理、财富管理、名誉管理、知识管理、能力管理等更多细分领域。

由此，一个首要的问题可以提出：面对如此复杂和丰富的自我，如何管理才能真正实现自我稀缺资源的优化配置和充分利用？如何管理才能使自我的潜能得到最优的充分发挥？进而还可以提出一个更为深层次的问题：面对如此纷繁复杂的自我，是否存在有一个关键性的总机关，如果把这个关键性的总机关处理好了，则这些纷繁复杂的自我内容，就会各就其位、各司其职、有条不紊、各现其能地达到理想状态？

显然，我们希望这个关键性的总机关真实存在，并能够被我们发现和有效利用。值得庆幸的是，这个期待中的自我管理或我本管理总机关（从而也是全部管理的总机关）确实存在，它就是存在于我们身体深处的心。对我们身体深处的心进行有效管理，使之品质提升达到理想的状态，就能在自我管理或者我本管理中发挥出关键性总机关的强大功效。这就是本章重点关注的内容，对于自我内心的管理，即心本（质）管理。

就心本（质）管理中的心而言，可以有心质、心力等具体词语的体现。古代文献中并无心质一词，但心力一词多见，如"尽心力而为之，后必有灾"（《孟子·梁惠王上》），以及"尽心力以事君"（《左传·昭公十九年》）。现代《辞海》对心质和心力词条都有收纳，心质词条的解释是"心性、气质"，心力词条的解释有两条，分别是"心思与能力"和"智能智力"。显然，这里的心质和心力与本书中的含义并不一致。

如前所述，心力作为一个哲学概念在近代被提出和使用，首源于龚自珍。后来维新派在承袭陆王心学和西方科学的基础上，认识到意识是人脑而不是心脏的机能，同时试图用"力"对意识能动性作新的说明。谭嗣同曾说："心力可见否……吾无以状之，以力学家凹凸力之状状之。愈能为事者，其凹凸力愈大。"①康有为认为，"凡能办大事、复大仇、成大业者，皆有热力为之"，提出了心力的热力学论②。同时代的其他思想家，还有爱力说、创造力说等概念提出，虽侧重点有所不同，但大都可归之于心力之类。

其实，作为心本（质）管理基础的心，并不是当代医学知识体系中的心脏，而是从中国传统文化中抽取出来的主要用于支配精神活动并控制身体行为举止的大脑。单单就大脑而言，其只是一个客观存在的物质器官，其只有和某个生命躯体结合为一起，才能进行基于客观存在物质器官的主观精神活动。心本（质）管理中的心，更准确地说应该是指客观物质器官与主观精神活动有机融合的大脑物质器官，其既包括作为客观物质器官的大脑，更包括作为主观精神活动的大脑行为。由此，心本（质）管理之心就是与生命躯体结合为一体的客观物质器官大脑进行主观精神活动的基本品质，可以称为心质。

要说明的是，大脑进行主观精神活动的基本品质，与大脑的生理健康程度以及智商遗传情况有着直接的关系。不过，大脑的生理健康程度以及智商遗传情况，属于先天性或外在性的客观因素，而大脑进行主观精神活动的基本品质，主要考察大脑主体对外部客体的主观应对品质，两者并不是同一类别的范畴。比如，一个大脑即使生而愚钝、智商低下，但如果后天能够心地光明、目标远大，

---

① 蔡尚思. 谭嗣同全集［M］. 北京：中华书局，1998.
② 康有为. 京师保国会第一集演说［A］//汤志钧. 康有为政论集：上册［C］. 北京：中华书局，1981.

且知行合一，则仍可归属心质优良之类型。而另一个大脑生而聪慧、智商极高，但如果用心不正、缺失人生正向目标，或者想而不做、知而少做，则仍然归属心质低下之类型。

由此，心本（质）管理就可定义为，基于不同个体间心质各不相同甚至差异极大的现实，对大脑这个客观物质器官进行主观精神活动的基本品质进行自我性的管理和调节，使之光明纯粹、远大坚定成分不断增加，使之瑕疵杂染、卑微狭促成分逐步消除，从而使心的基本品质不断提升。

这样，心本（质）管理就是一个心管理心的由我及我的内向循环式管理过程，其可以是从自我强化到自我强化的持续正向强化趋向，也可以是从自我弱化到自我弱化的持续负向弱化趋向，还可以是自我强化和自我弱化交替出现的强弱交替趋向。这样，心本（质）管理的本质就可以明确为戒除或者预防从自我弱化到自我弱化的持续负向弱化趋向，减少自我强化和自我弱化交替出现的强弱交替趋向，而稳定保持从自我强化到自我强化的持续正向强化趋向。

二、心本（质）管理的管理元点逻辑地位

首先，从整个管理学的体系架构视角进行观察。如果超越西方基于效率与利润目标的工商管理与公共管理的管理学科边界限制，根据《大学》的"格、致、诚、正、修、齐、治、平"八条目，可以扩展延伸出一个如图 2-1 所示的本义或广义的管理学体系，心本（质）管理与其他层级的我本管理、家本管理、国本治理等具有层级上的并列性，同时由《大学》之"自天子以至于庶人，壹是皆以修身为本，其本乱而末治者，否矣"的论述可知，修身或自我管理是以"修、齐、治、平"为代表的总体管理学体系的原点所在。进一步地，根据《大学》论述，修身包含有格物、致知、诚意、正心四个前置性具体环节，这四个前置性环节都具备了才能达到身修的目标。四个环节论分别是从知识修养和道德修养的角度，进行自我内心修炼以达到最终修身的目标。其中，关键在于正心，或者说正心是修身的前提要件。正如《大学》所言，"心不在焉，视而不见，听而不闻，食而不知其味，此谓修身在正其心"。由此，以"正心"为代表的心本（质）管理在整个管理学体系中就获得了元级的逻辑地位。而从全部哲学的角度来看，人类社会的发展可以以自我为界点区分为我之外的客观世界和我之内的主观世界。人类社会发展终归都是我之内的主观世界归聚于我之外的客观世界的有机融汇的结果，两者缺一不可。从某种程度上说，我之内的主观能动性也即心质

及其管理水平，具有人类社会发展的根本源泉的价值。

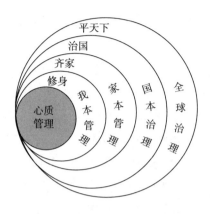

图 2-1　基于《大学》的管理总框架之心本（质）管理的元级逻辑地位

其次，从整个管理学的逻辑闭环视角进行观察。当年泰罗创建现代科学管理体系，是基于现代资本主义大生产的背景和环境、稀缺资源的高效率配置和利用理念创建的，从一开始就定基于了"我—物（人）"的外向管理模式和"组织管理"的管理层级。管理学发展到今天，虽然沿着管物和管人的路径分别向产业、区域、国家管理及相应层级的人力资源管理领域扩展，但总体上没有动摇泰罗设定的以劳动生产效率提升为中心的管理学基本模式，管理学仍然是以我管理我之外资源为核心的"我—物（人）"的外向管理基本模式。然而就整体的管理学而言，"我—我"内向式管理和"我—物（人）"外向式管理是两个必备的逻辑环节，缺一不可。而就两者的关系而言，前者是后者的前提和基础，是源逻辑和元逻辑，更为重要和关键。从这个意义上说，西方管理学仅是"我—物（人）"外向式管理，从逻辑上说是残缺的。心本（质）管理的注入，则实现了管理逻辑对"我—我"内向式管理与"我—物（人）"外向式管理的同时涵盖，有机结合统一纳入了总体的管理学体系之中，从而使管理学在基本逻辑上实现了科学、完整和闭环。

由于心本（质）管理在全部管理学体系中的这种重要逻辑地位，可以说心本（质）管理就是管理元或者元管理，是全部管理的源点和元点，在全部管理中具有关键性的总发动机意义上的重大价值。

三、心本（质）管理的功效发挥机制

首先，心本（质）管理功效发挥的逻辑机制。根据前文分析，将心本（质）管理置于修、齐、治、平的总体管理体系之中，其源点和元点式的功效发挥机制包括三个方面：一是由内及外的层层递进的功效发挥机制，即由心本（质）管理起始，从心质作用于修身，再由修身作用于齐家，再由齐家作用于治国，最后从治国作用于平天下，形成一种以心本（质）管理为起点，沿着修身、齐家、治国、平天下的逐层递进的逻辑路径而发挥作用。二是由内及外的综合扩散的功效发挥机制，即由心本（质）管理开始，同时直接作用于修身、齐家、治国、平天下的各个层级，形成一种以心本（质）管理为核心，沿着修身、齐家、治国、平天下的综合扩散的逻辑路径而发挥作用。三是在由内及外层层递进或者综合扩散而发挥作用的机制之外，修身、齐家、治国、立业、平天下各个环节还会形成一个有效的回馈，将有关心本（质）管理的作用效果信息及时反馈到心质之原点或核心，由心质之核心机关进行绩效评价、调整纠正进而持续作用。具体如图 2-2 所示。

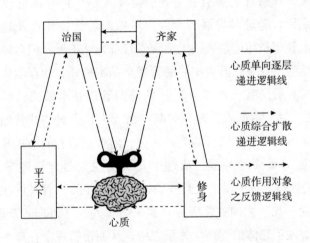

心质单向逐层递进逻辑线

心质综合扩散递进逻辑线

心质作用对象之反馈逻辑线

图 2-2　心本（质）管理功效发挥的逻辑机制

其次，心本（质）管理功效发挥的倍扩机制。根据前文分析，心本（质）管理在全部管理学体系中具有源点和元点式的总发动机地位，心本（质）管理的功效发挥，不是一个简单的 $G\pm N$ 式的加减机制，而是有一个强大的 $G^{\pm N}$ 式的

功效倍扩机制。心本（质）基于管理的每一次微不足道的细微提升，将会通过这种单向逐层递进和综合扩散递进的双重机制，在最终的全部管理中产生一个倍扩的正向功效。如果心质的这种微不足道的细微提升能够不断地持续下去，则其在最终全部管理中产生的正向倍扩功效将会是不可想象的巨大。例如，两个个体心质起点相同，A 心质管理良好，每天提升 1‰；B 心质管理不佳，每天下降 1‰，开始的差距微乎其微，但持续一年或者一生，就会形成巨大的甚至不可逾越的鸿沟，具体如图 2-3 所示。特别地，这个基本的功效倍扩逻辑机制虽然尚需要具体的数据予以证实，但现实中大量活生生的案例已经予以了基本的逻辑验证。

图 2-3　心本（质）管理功效发挥的倍扩机制示意图

第五节　心本（质）管理的三个基本维度区分与等级量化

一、心本（质）管理的三个基本维度区分

就心本（质）管理的量化测评而言，在目前相关研究尚不多见的情况下，不宜过早引入复杂的量化分析工具，应以简单实用的指标体系测评方法为主。而要通过指标体系方法实现对心本（质）管理的量化测评，首要的是确定心本（质）管理的测评因素。在这一方面，古人今人均已有所论及。古者如孔子论及"君子之道"时提出的"君子中庸，小人反中庸""君子怀德，小人怀土""君子

坦荡荡，小人长戚戚"等，论及"仁义"标准时提出的"温良恭俭让""仁义礼智信"等。今人如储朝晖①论及孔子之"心"时提出的"完善知性、恢复德性、提高悟性、唤醒志性"四性，以及杨少涵②把孔子"心学"的良知之心和认知之心进行了两个维度的划分等，都一定程度上涉及了心本（质）管理的因素界定。本书认为，就指标体系测评而言，相对于建构复杂的指标体系进行测评，简化的关键三因素研究方法更有借鉴价值。

如前文所述，选择重要性最高的三个关键因素进行重点分析，往往就能对事物发展的基本性质和趋向形成一个清晰的勾勒、本真的把握和基本的共识。相反，如果从事物的发展由着诸多因素所共同决定的认识出发，选择诸多的侧面和因素建构复杂的指标体系进行分析，那么不同研究者往往会有各自不同的问题审视和因素选取，导致即使面对同一问题也会出现见仁见智甚至千差万别的回答，从而失去或者干扰对事物发展的本真把握。

由此，借鉴孔孟尤其是阳明心学论述思想，心本（质）管理最为基本的三个品质因素可以初步界定为：心质正负品质、心质目标品质、心质执行品质。在心本（质）管理研究过程中，选择这三个最重要的因素进行重点分析，就能对心本（质）管理形成一个总体的把握和清晰的勾勒，获得心质有效管理和心力有效提升的良好功效。

首先是心质正负品质因素。对于个体的心质而言，其正负品质显然是最为重要的因素所在。儒学对此有着深刻的论述。"仁"是儒家学说的核心，是儒家进行自我理想人格追求的一种最重要的目标境界，从本质上说就是爱人。孟子"老吾老及人之老，幼吾幼及幼及人之幼"的提出，则将仁推展到了对天下的大爱。孟子对舍生取义的强调，明确了仁爱的正确指向，并提出了良知和性善之说。如果说孔孟有关心质正负品质的论述尚且比较抽象笼统的话，阳明的"致良知，此心光明"对心质正负品质的论述精辟到了极点。这样用阳明的话说，心质正负品质的正向标准应该是源自内心的光明与善良，反向标准则应该是黑暗与邪恶。

其次是心质目标品质因素。心质目标品质，通俗说就是心质的人生定位和理想追求规划。显然，这是除了正负品质因素之外心质的第二重要的品质因素。

---

① 储朝晖. 探析孔子之"心"［J］. 北京大学教育评论, 2004（1）：95-98.
② 杨少涵. 论孔子的"心学"［J］. 江淮论坛, 2010（4）：70-75+175.

《孟子·尽心上》记："王子垫问曰：'士何事?'孟子曰：'尚志.'曰：'何谓尚志?'曰：'仁义而已矣……'"孟子提出了士人应该立志高远的人生指向。《大学》因其"修、齐、治、平"框架的提出，成为士人"为学纲目"和"修身治人底规模"，好像盖房子，读《大学》等于搭好房子的"间架"，可以在将来"却以他书填进去"[1]。也就是说，无论是从做学问研究中国核心的儒家诸多经典出发，还是从实践上修己治人的人生事业出发，《大学》都指明了全局的规模、前进的方向和具体的步骤。受此启发，心质目标品质的基本要求就可界定为是个体具有宏伟远大的目标追求。

最后是心质执行品质因素。心质目标明确之后，其能否实现的关键就取决于能否有效执行，因此心质执行品质可以列为心质第三重要的品质因素。《论语·子罕》言："三军可夺帅也，匹夫不可夺志也。"《孟子·滕文公下》言："富贵不能淫，贫贱不能移，威武不能屈，此之谓大夫也。"这些说的都是心质目标确立之后便自我坚持、恒定不移的意思。心质目标品质的关键，实际上就是要做到阳明提出的"知行合一"。目标一旦确定，即已内化为知，就要坚决执行，拒绝知而不行。避免远离具体的生活实践，使自己沦落为崇尚清玄空谈，导致宏伟目标追求因与具体实践操切之间的阻隔日益加剧而最终失败。

二、心本（质）管理的等级量化

基于三个基本因素的初步选择，可以进行进一步的作为心本（质）管理能效的心质能量（EHQ）或者心力（PHQ）的量化分析和等级区分。就某个基本因素而言，进一步的量化分析需要首先进行等级区分。借鉴层次分析法九等级区分的思路，可以给出心本（质）管理的三个基本因素量化分析图（见图2-4）。可知，整个心质能量（心力）范围就是基于三个基本因素决定的图中ABCD—EFOG的正方体。其中，代表心质正负品质的为X轴上的OG，代表心质目标品质的为Y轴上的OC，代表心质执行品质的为Z轴上的OF，均以原点O为起点，各有高低九个等级。可知，正方体ABCD—EFOG代表基于三个因素的心质能量（心力）最大范围，其中，A点代表三个因素均达到最高第九等级的点，坐标为（9，9，9），心质能量（心力）值达到最大729。

---

[1]　黎靖德等. 朱子语类［M］. 北京：中华书局，1994.

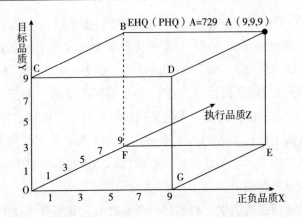

图 2-4 心本（质）管理的三大基本维度与等级量化分析

进一步地，根据正态分布基本规律和一般分布常识，可以进行心质能量（心力）测评的等级划分。根据前面论述，EHQ（PHQ）达到前 10% 区间、前 10%～20% 区间、前 20%～30% 区间、前 30%～40% 区间、前 40% 以后区间的，可分别划属优质、良好、中等、一般、较差等级。具体如表 2-2 所示。

表 2-2 基于九等级区分的心质能量（心力）优良等级界定

等级划分		优	良	中	一般	较差
等级代号		A	B	C	D	E
比例定位		前 10%	前 10%～20%	前 20%～30%	前 30%～40%	前 40% 后
心质能量（心力）区间	三维	656 及以上	656～583	583～510	510～437	437 以下
	两维	73 及以上	73～65	65～57	57～49	49 以下

在当前和平良序时代，将心质正负品质因素予以简略，进行两个因素的简化性应用分析。方便起见，以纵轴 Y 轴之 OB 代表心质之目标品质因素，以横轴 X 轴之 OC 代表心质之执行品质因素，各有高低九个等级，具体如图 2-5 所示。由此，整个心质能量（心力）就是两个因素决定的图中 OBAC 的面积。A 点代表心质两个因素均达到最高第九等级的点，坐标为（9，9），心质能量（心力）达到最大值 81。同理，根据上面各等级之间比例区间的分布界定，可以划定优、良、中、一般、差五等级区间对应的心质能量（心力）量值区间。

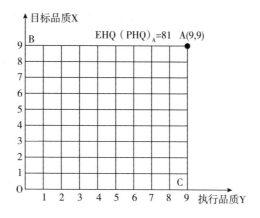

图 2-5　基于两个维度的心本（质）管理等级量化简化

总体上说，上述基于三个（或两个）基本因素的心质能量（心力）量化分析与等级区分，是一种偏重于理论的方法。更为现实而科学的方法应该是，选择合适群体进行大范围的抽样测评，建立三个（或两个）基本因素的心质能量（心力）测评量值原始得分数据库，并进行高低排序和二次等级转化。其中，心质能量（心力）得分量值位居前 10%、前 10% ~ 20%、前 20% ~ 30%、前 30% ~ 40%、前 40% 以外的，分别划属等级。

三、面向在校大学生的心本（质）管理初步问卷分析

笔者基于前期相关研究成果，开发了"中国本土管理概论"课程，并已于所在高校面向管理类大学生讲授了六个轮次。在课程讲授过程中，以授课大学生为研究对象，运用《心质力测度量表》（参见附录 2）进行了初步的心质问卷调查分析。前后共发放调查问卷 284 份，回收有效问卷 268 份。

初步的分析表明（参见表 2-3、表 2-4 和图 2-6、图 2-7、图 2-8）：①全体被测大学生的心质力平均值为 75.78 分，最高 95 分，最低 61 分。②分性别看，女生平均值为 76.02 分，最高 87 分，最低 65 分；男生平均值为 75.49 分，最高 95 分，最低 61 分，即心质水平最高分获得者和最低分获得者均为男生。女生平均值略高于男生，且在心质良善品质和目标品质方面明显优于男生，相对比值分别达到 104.08% 和 102.51%，且波动性明显低于男生。但在心质执行品质方面，女生明显低于男生，只有男生的 96.11%，且波动性明显高于男生。③从失分情况看，心质测度总得分 75.78 分，失分 24.22 分。其中，心质良善品质平均得分

86.67 分，失分 13.33 分，占总失分的比重为 18.35%；心质目标品质平均得分 57.67 分，失分 42.33 分，占总失分的比重为 58.26%；心质执行品质平均得分 83.00 分，失分 17.00 分，占总失分的比重为 23.40%。可见在心质三个基本维度的品质之中，关键性的缺失和制约在于心质目标品质方面，失分占比重接近 60%。具体表现为所谓的平时不知道自己应该做什么的"茫然"，没有发展规划，关键时刻不知道自己应该干什么，没有人生目标。

显然，这个样本统计结果与当前青少年群体的现实情况基本吻合。后面拟进行更大样本和类型更多的问卷调查，并进行必要的量表分析和潜因挖掘。

表 2-3　基于在校大学生的心质力测度得分情况

心质及维度得分			平均	女生	男生	女生比男生（%）
心质良善品质	得分	数值	86.67	88.28	84.82	104.08
		标准差	8.42	7.49	9.04	82.85
心质目标品质	得分	数值	57.67	58.33	56.9	102.51
		标准差	13.88	9.79	17.39	56.3
心质执行品质	得分	数值	83	81.46	84.76	96.11
		标准差	8.62	9.43	7.21	130.79
总得分	得分	数值	75.78	76.02	75.49	100.70
		标准差	8.14	7.16	9.1	78.68

注：本测度结果的测度对象是鲁东大学商学院 2017~2020 届管理类专业本科学生，问卷调查在授课过程中随堂进行，共发放调查问卷 284 份，回收有效问卷 268 份。各项指标及总得分满分均为 100 分。

表 2-4　基于在校大学生的心质力测度失分情况

心质维度与失分		平均	女生	男生
心质良善品质	失分	13.33	11.72	15.18
	占总失分比重（%）	18.35	16.29	20.65
心质目标品质	失分	42.33	41.67	43.1
	占总失分比重（%）	58.26	57.93	58.62
心质执行品质	失分	17.00	18.54	15.24
	占总失分比重（%）	23.40	25.78	20.73
总失分	三项加总失分	72.66	71.93	73.52
	百分折合失分	24.22	23.98	24.51

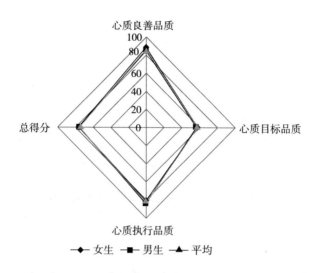

图 2-6　基于在校大学生的心质力测度得分情况

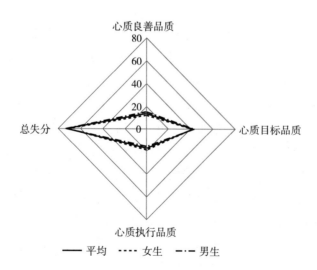

图 2-7　基于在校大学生的心质力测度失分情况

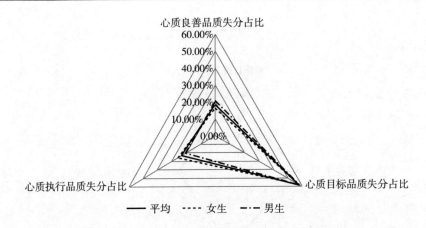

图2-8　基于在校大学生的心质力测度失分原因

第六节　心本（质）管理与提升的实现

《论语·阳货》曰："性相近也，习相远也。"《三字经》曰："人之初，性本善。性相近，习相远。苟不教，性乃迁。"这就是说，人生而心性比较接近，但行为习惯则相去甚远。如果从小不好好教育，善良光明的成分就会日益损失，邪恶阴暗的成分就会日益扩展，长大之后就会出现巨大差别甚至天壤之别。可见，就心质进行后天的有效管理、修炼和提升，很有现实性、普遍性和迫切性。

王阳明对于心本（质）管理与提升的实现有过专门论述。他认为，明镜是人先天具备的东西，但由于受私欲蒙蔽，所以很少人能够感知得到。可以通过实践修行将其擦拭出来，使明镜重新绽放光芒，否则即使体悟到了明镜，得到的也将只是一片虚影。为避免这种情况出现，王阳明教育弟子要坚持"静坐"悟道，以防陷入追逐虚影之境。后来其还专门撰写"明镜"论，告诫大家要像打磨明镜一样去体悟天理之心，要在具体实践上下功夫①。

根据前面分析，心质的三个基本维度分别为正负品质、目标品质、执行品质，三者对于心质总能量的高低均具有重要影响，缺一不可。因此，心本（质）管理与提升就需要三管齐下，并行推进。

---

① 冈田武彦.王阳明大传：知行合一的心学智慧［M］.重庆：重庆出版社，2015.

一、基于三大基本维度的心本（质）管理和提升方案

首先，心质正负品质的管理和提升。

基本目标。简单地说就是做到阳明心学所提倡的"致良知"和"吾心光明"，做一个有良知的心地光明之人。

具体标准。可以用"道、德、仁"三个维度予以表达和衡量。所谓的道，就是要使心之指向与事物发展规律和谐一致，而不违道。所谓的德，就是要使心之指向与社会发展规范和谐一致，而不缺德。所谓的仁，就是要使心之内室恒居仁爱之基因，不少仁，更不多恶。概括说就是：有道，不违道；有德，不缺德；有仁，不少仁。

实现路径。由于心本（质）管理是一种以自我之心志对自我之心质进行的内向循环式管理和提升过程，而不是外界介入式的管理，因此其实现的路径主要是自我持续不断地修养心性。具体说就是通过自我心性持续不断地内省、反思、体悟，逐步达到"去恶欲，存天理"的境界。所谓的"去恶欲"，并不是把自我的私欲全部消灭或者压抑下去，而是指把不符合社会基本规范特别是过于自私的、可能会影响伤害到别人的欲望去除，而对于合理的自我欲望和要求，则应予以保留甚至发扬光大。如果做到了这一点，其实也就达到了内心仁爱之标准。所谓的"存天理"，意指内心修炼得始终与自然和社会发展规律相符合。这里的天理包括两个层次：一是客观事物范围内的天理，即自然规律，做到让自然规律的天理长驻于心，实际上也就是达到了内心有道的标准；二是人类社会范围内的天理，即社会规范，做到让社会规范的天理长驻于心，实际上也就是达到了内心有德的标准。

日常生活中应从两个层面做起：第一层面是做到内心有仁。仁是心质正负品质的内在核心，从本质上说，仁就是爱人。对人之仁爱，不能空谈，首先应做到对身边亲人的孝悌，即对父母之孝、对兄弟之悌；其次应做到对身边他人的忠恕，忠就是"己欲立而立人，己欲达而达人"，恕就是"己所不欲，勿施于人"，或者"推己及人"；最后还应该扩展为对天下凡众的大爱，就如《孟子》所言，"老吾老及人之老，幼吾幼及幼及人之幼"，或者"亲亲，仁民，爱物"。第二层面是做到内心有义。义是心质正负品质的外在呈现，具体又包括三个层次：一是见利思义，即君子爱财，取之有道。正如孔子所言，"富与贵，是人之所欲也；不以其道得之，不处也。贫与贱，是人之所恶也；不以其道得之，不去也。"二

是见义勇为,《论语》言:"见义不为,无勇也。"三是见危授命,在家国民族危亡的关键时刻,能够挺身而出,做到担当大任甚至杀身成仁。

其次,心质目标品质的管理和提升。

基本目标。能够根据自己所处的具体情境和所拥有的主客观条件资源,及时优选确立适合于或者匹配于自我的正向发展目标,做一个基于自我具体情境和主客观条件资源的志向清晰甚至志向远大之人。

具体标准。通俗说就是自我的人生定位和理想追求,应该达到宏伟远大且适衡自我并能持续修正调整的理想态势。宏伟远大,就是不可局促短浅。适衡自我,就是与自我具体情境和主客观条件资源相互匹配。持续修正调整,则是要求具有强大的自我纠偏能力。

实现路径。首先,心质目标品质要有应有的高度,能够支持自我的个人理想追求,同时响应家国社会的呼吁。子路曾向孔子请教什么是君子,"子曰:'修己以敬。'曰:'如斯而已乎?'曰:'修己以安人。'曰:'如斯而已乎?'曰:'修己以安百姓'"。《公治长》对君子的定义是:老者安之,朋友信之,少者怀之。这些经典论述,呈现的都是一种不局促于小我的心怀家国天下的远大抱负和志向。否则,如果仅仅局限于对个人意愿目标的实现,就会降低目标品质的格局,甚至导致心质负面品质的出现。其次,心质目标品质要有良好的自我适衡性,与自身所处的具体情境和所拥有的主客观条件资源具有相符性,而不至陷入目标过于远大而自身条件不足的好高骛远或者自身条件良好而目标过于局促短浅的失衡状态。最后,心质目标品质还应该包括对已经确立的目标能够进行持续性地自我修正和纠偏调整。具体又包括两个方面:一是对于适衡于自我的目标应该坚定不移、持之以恒地去追求实现,而不是朝令夕改、轻易更改。《子罕》言:"三军可夺帅也,匹夫不可夺志也。"《孟子》言:"富贵不能淫,贫贱不能移,威武不能屈,此之谓大夫也!"二是对于原先适衡于自己的目标,如果主客观条件发生变化导致两者之间出现偏差失衡,就应该进行适时的自我修正和纠偏调整,以达到重新的适衡状态。

最后,心质执行品质的管理和提升。

基本目标。用中国传统儒学大家王阳明的话说就是"知行合一",其反面指向则是"知而不行,知而少行"。虽然在心质总能量的决定方面,三个基本维度都极其重要,缺一不可,但在具体实践修炼过程中,最有难度和最具挑战的则是心质执行品质的管理和提升。

具体标准。心质执行品质，实际上体现为两个具体标准。首先是外在行为上的执行力，做到"知行合一"，拒绝"知而不行，知而少行"。其次是归宿于内心的意念坚强度，做到意志坚定、风雨无阻、坚不可摧。

实现路径。首先，确立坚定的理念和态度。任重而道远的理念，"士不可以不弘毅，任重而道远。仁以为己任，不亦重乎？死而后已，不也远乎？"明知不可为而为之的坚毅态度，"子路宿于石门。晨门曰：'奚自？'子路曰：'自孔氏。'曰：'是知其不可为而为之者与？'"其次，确立自力更生、好学自省的行为方式。立足自己，自力更生，"子曰：'君子求诸己，小人求诸人'"。勤学好问，"学而时习之，不亦乐乎""三人行，必有我师焉""有颜回者好学，不迁怒，不贰过，不幸短命死矣，今也则亡，未闻好学者也"。自省体悟，"吾日三省吾身：为人谋而不忠乎？为朋友交而不信乎？传不习乎？""见贤思焉，见不贤而内自省也"。最后，困难面前坚韧前行、捍卫初心。《论语》言："志士仁人，无求生以害仁，有杀身以成仁。"《孟子》言："生，亦我所欲也；义，亦我所欲也。二者不可得兼，舍生而取义者也。"《论语》言："三军可夺帅也，匹夫不可夺志也。"

特别地，人是社会中的人，人是一切社会关系的总和。无论在什么时代，个体在社会中的生存立足和发展前进，还需要与周围环境的友好和谐。在不违反基本原则和底线的情况下，努力实现与周围环境的友好和谐相处，将为个体的发展成长提供一个强大的助力动因。而要做到这一点，还需要做到：且中且庸，致中致和。

二、儒家经典五书①提供的心本（质）管理和提升方案

关于如何进行有效的心本（质）管理以有效提升心质能量（心力），有着诸多不同的方案探索。特别地，儒家经典实际上已经提供了一套相当完善的心本（质）管理提升方案。有学者进行了初步探索，认为孔子"六艺"教学内容的设置，就是一种很好的正心方案，其中"礼"具有抑制人性、规制人心膨胀的意义，"射"具有校正人心偏邪的意义等②。也有学者认为，孟子的"尽心""知

---

① 现实中经常提及的是儒学经典四书，即《大学》《论语》《孟子》《中庸》。这个提法始于宋代朱熹，其之后的明代，又出现了一位儒学大家王阳明，其《传习录》无论在当时还是今天，都有着广泛而深远的影响。因此，将《传习录》补位于朱子原本的儒学四书中，并合称为儒学经典五书是有道理的。

② 张春英．论孔子"正心"的育人观［J］．齐鲁学刊，2000（3）：108-113．

性""存心""养性"，也提供了一种以心证性的修养方法①。

实际上，儒家经典五书，即《大学》《论语》《孟子》《中庸》《传习录》，虽然每一种都各有侧重，难以成系统的体系，然将五种经典组合为一体，就架构出了一套体系完整、逻辑严密的心本（质）修炼和管理提升方案。

《论语》开创了一套以仁爱和忠恕、孝悌思想为核心的以自省和体悟为基本方式的自我心质修炼和管理提升方案。对《论语》进行研读和体悟、践行，可以使心质光明纯璞，实现心质正负品质方面的正大光明、阳光灿烂。

《孟子》全篇贯通的是道义二字。如果说《论语》提倡的仁爱过于宽博广泛的话，对《论语》的研读和践行虽然可以使人获得心质的光明，但面对家国民族、友敌正恶的社会现实，仅拥有泛博的仁爱和光明的心质是不够的，还必须予以道义范畴上的正确指向和引导，否则就会导致滥仁泛爱甚至为虎作伥。对《孟子》进行研读、体悟和践行，可以助力这种泛博的仁爱，得到现实中的落地和正义上的升华，最终将光明纯璞之心质导向天下道义的正确轨道，获得应有的归宿。

《大学》提出了"三纲领"和"八条目"的内圣外王的总体架构，整体上看，逻辑严密、体系完整、指向宏伟。其中"修、齐、治、平"的人生总体目标格局设计尤其深入人心，影响深远。对《大学》进行研读和体悟、践行，首先可以对心质管理在全部人生系统中的源点和元点的关键角色地位获得一个一目了然的清晰把握，进而助力自觉将自我人生发展与国家时代需求有机结合，实现心质品质的高远阔达。

《传习录》特别强调事上磨、事上炼，是一种想即做、知即行的实践哲学，其在致良知、吾心光明的基础上，明确提出了知行合一的思想理念，把"天下靡然争务修饰文词，以求知于世，而不复知有敦本尚实、反朴还淳之行"（《传习录》）的知行分离、清高玄谈，一下子拉回到了经世致用、实干兴邦的现实境界，产生了巨大冲击和影响。对《传习录》进行研读和体悟、践行，可以将自我打造成一个真正的想即做、知即行的具有知行合一优良品质的个体，在获得巨大心质执行品质提升的同时，必能在现实中所向披靡、无往不胜。

特别地，《中庸》提出了一种基于中华国民性的总体的处事态度和行为方法，或者说提供了一套基于目标指向的有效的哲学指导和总体方法，讲求在过和不及之

---

① 余新华．论孟子以心证性的修养方法——兼解"养浩然之气"［J］．东北师大学报，2001（5）：85-90.

间实现均衡，避免过犹不及的状态出现，周全而不偏激，最终达到中正、中和、中时的佳境①。对《中庸》进行研读和体悟、践行，可以将内心慈柔的仁爱与刚烈的道义以及高远阔达的指向，通过一种温雅和谐的外在行为风格予以展现，获得周围人与环境的友好相处和必要支持，确保心质执行品质获得一种亲和力的加持。

总之，儒家经典五书中，《论语》之仁爱忠恕解决的是心质纯朴本性，《孟子》之道义正气解决的是心质正极指向，《大学》之修、齐、治、平解决的是心质目标之高远品质，《传习录》之知行合一解决的是心质执行之坚韧品质，而《中庸》之执其两端取其中实现了对心质执行品质的有效加持。五个方面彼此融结，构筑了一套体系完整、逻辑严密的囊括心质正负、目标、执行诸维品质在内的心质修炼和管理提升方案，具体如图 2-9 所示。这表明，对儒家经典五书进行包括研读、体悟、践行在内的三位一体修炼，可使自我的心质实现从凡人身心向强大内心的华丽转身，获得浴火重生、凤凰涅槃的巨大成效。

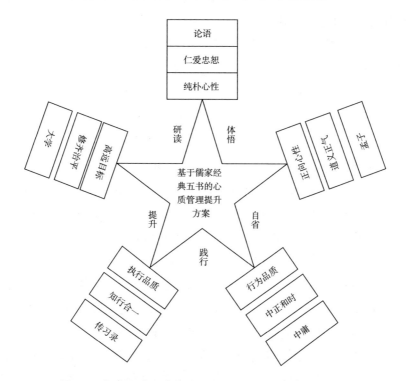

图 2-9　儒家经典五书提供的心本（质）管理和提升方案

---

① 陈晓芳，徐儒宗. 论语·大学·中庸［M］. 北京：中华书局，2011.

在儒学经典五书提供的心质修炼和管理提升方案中，最为关键的是内向的自省和反思。儒学在这方面自有一套成熟的解决方案，即"内省自讼"和"求诸己"。"内省自讼"的论述，如"吾日三省吾身"和"见贤思齐焉，见不贤而内自省也"，即要立足于自己内心的修行标准，正反面参照身边的贤和不贤，经常甚至每天对自己的言行予以内向的反思，求得"苟日新，日日新，又日新"的效果。"求诸己"即"行有不得，反求诸己"，意指遇到了挫折和困难，就要自我反省，从自身而不是身外找原因。在心质修炼和管理提升过程中，内向的自省和反思本身就是心本（质）管理的核心要素，也是关键抓手，只有具备了这种心素，心质水平才能不断提升。相对而言，内省自讼是一种基于自我内心标准的自觉性内审和反思，而求诸己是面对困境主动从自身寻找原因并解决问题，前者侧重于知，后者侧重于行，两者的结合就是内我性知行合一。

特别地，每一个体自呱呱坠地直到长大成人，一般首先处于一个家庭之中。其要想实现良好的心本（质）管理，第一把管理之力往往不可能来自于自我，而只能来源于家庭。对于个体而言，所在家庭特别是父母的教育引导，天然地就担当了第一个管理之力施予者的关键角色，这个第一个管理之力的施加力度、节奏、方向，将在很大程度上决定着个体初始的心质品质和未来的人生走向。因此，在心本（质）管理之中，必须高度重视和有效发挥家庭尤其是父母第一个管理之力施与者的元力。

另外，个体的成长是一个"刺激—反应—进步"的循环往复的能力成长过程。对于成长的个体来说，每一次正视困难和解决克服，都是一次自我实践和学习成长的宝贵经历。适度的困难甚至挫折经历，恰恰能够提供宝贵的面对困难、正视困难、解决困难的成长机会。正如《孟子》所言，"必先苦其心志，劳其筋骨，饿其体肤，空乏其身，行拂乱其所为，所以动心忍性，曾益其所不能"。相反，如果遇到困难总是由父母帮助解决，从实质上说就是父母以爱之名剥夺了个体成长必要的锻炼机会。最终成年之后，将是一个不能很好适应和面对社会的心弱之人。而从哲学角度来讲，人生的目标追求指向幸福，但幸福作为一种主观感受需要在比较中体会。如果成长经历一帆风顺，没有必要的困难与艰难经历衬托，幸福本身也将不是幸福①。由此，初始的家庭教育提供必要的困难甚至挫折

---

① 罗利，周天梅．中学生感恩与主观幸福感的关系：抗挫折能力与社会支持的中介作用［J］．心理发展与教育，2015，31（4）：467-474.

教育，是非常重要的。

研究表明，前文提及的适龄青壮劳动力中普遍存在的应就业未就业或者就业不充分而"啃老"的情况，根本原因就在于家庭对子女的溺爱、父母对孩子过强的责任感导致的子女过于依赖父母、缺乏独立生活能力和意识、缺少吃苦耐劳品质①。结果孩子长大成人步入社会之前，会因缺失了正面参与社会激烈竞争的心质和心志，而处于心无力或者心弱力的状态，成为心质或者心志方面的"穷二代"。

第七节　心本（质）管理研究的时代趋向与当下应对

当前，我国已经迈入了新时代，实现中华民族实现伟大复兴已经成为新的时代使命。要完成这个重大而艰巨的时代使命，从微观层面讲，就必须让一切劳动、知识、技术、管理、资本的活力竞相迸发，让一切创造社会财富的源泉充分涌流。在这种情况下，大量适龄劳动力如果因心质（心志）低下导致出现普遍性应就业未就业或不充分就业、应竞相迸发活力而没有迸发活力的情况，于己于家于国都是严重的闲置和浪费，会加速阻断我国经济社会发展本应延续的人口红利优势，甚至成为影响社会安定的潜在因素。

从宏观层面和更为本质的角度来讲，新时代中国特色社会主义建设的核心和关键，是建构一种不同于西方逐利型的使命型家国社会发展框架。这个框架应该由使命型政党、使命型政府、使命型家庭、使命型公民等子体系构成。就目前而言，受传统儒家文化修、齐、治、平等思想浸染，基于中华民族伟大复兴目标的使命型政党体系、使命型政府体系已经基本建构成型，而受西方资本主义思潮的冲击影响，使命型家庭体系特别是使命型公民体系建构尚任重道远。其中，使命型公民体系建构是全部使命型家国发展体系建构的基础，而使命型心质养成又是使命型公民体系建构的前提。这样，使命型心质体系建设就成为了整个使命型家国体系建设及中国特色社会主义建设推进的元点所在。

由此，推进心本（质）管理以建设和建构使命型公民体系，就成为当前迫

---

① 陈庆滨. 社会排斥视角下的"新失业群体"现象研究［J］. 青年研究，2006（7）：1-9；王燕锋，陈国泉. 城郊农村 NEET 族问题探析［J］. 中州学刊，2010（2）：130-134.

切需要重视和解决的重大时代问题。根据前文分析，可以提出四点具体的政策建议。

第一，充分认识和重视心本（质）管理在个体和家国发展中的元级重要价值。

基于上文，面向激动人心的中华民族伟大复兴战略重任，这里应该可以得出一个基本的研究结论，即欲中华复兴，要在吾国而非外国。欲吾国发达，要在人力而非物质。欲人力致用，要在质优而非多量。欲人力质优，要在心因而非身因，心因之要在心质。质心强心而后身健，而后质以补量，而后全民奋进，而后物尽其用，而后家国发达，而后民族复兴。自垂髫婴幼以至于耄耋翁妪，一皆以质心为本。由之，心质管理，实是管理之元，是元管理。应从管理元的角度出发，切实加强对心本（质）管理的重视。

第二，重视和加强心本（质）管理的实践价值，服务助推新时代社会主义现代化建设事业。

从国家高度系统性建构中国特色的心本（质）管理和提升方案并应用于新时代发展实践，推动劳动力要素市场实现基于心质维度的供给侧结构优化和素质提升，重拾人口红利优势，解决劳动力短缺困难，源源不断提供高心质的社会主义现代化建设者和接班人。

特别地，要强化基于心质提升靶向的国民教育体系改革发展应用研究。青年人是祖国的未来，然而现实中普遍存在着青年人群体因心志低下、进取心不足导致的应就业未就业和"一代啃老""二代啃老"现象，以及精致利己、家国情怀缺失导致的部分优学青年国内学成后赴美不归、服务美国现象，根源正在于包括心质良善品质、目标高远品质、知行合一品质在内的心质教育的缺失和失效。这将直接影响甚至决定青少年长大成人后三观的确立，直接影响甚至决定社会主义合格接班人和建设者的培养成效。

然而就青少年心本（质）教育而言，一方面家庭角色极其重要而现实中却往往缺位，另一方面新时代须着力推进的中华优秀传统文化创造性传承和创新性发展，又是青少年心质教育的基本依据和源力供给。由此，必须立足和发挥学校教育的主体角色担当，基于心质有效提升靶向，挖掘中华优秀传统文化并融入青少年学校教育体系，就显得特别重要。

中华优秀传统文化有着复杂的脉络演变和丰富的层级构成，当前青少年学校教育体系往往多偏重唐诗宋词、文史名著类优秀传统文化，而对修、齐、治、平等元典硬核类优秀传统文化的重视不足①。其虽然也能潜移默化地产生正向效果，却往往难以直接打开人生格局和家国情怀的视野胸怀，一定程度上制约了青少年在关键成长期心质水平的高效提升。由此，基于本书基本理论，强化基于心质提升靶向的国民教育体系改革发展研究就显得特别重要，需要特别推进。

第三，推进心本（质）管理研究向纵深迈进，建构成熟的心本（质）管理理论体系。

鉴于心本（质）管理在个体自我管理及全部管理学架构中的基因和元点的逻辑地位以及总开关和总发动机的关键作用，继续关注并深入研究发掘心本（质）管理的相关内容，以建构一个科学化、系统化、实用化的心本（质）管理体系，无疑是非常必要的。

面向未来，有关心本（质）管理的进一步研究，应该包括但不限于以下几个方面：一是从研究内容角度而言，重点关注以下几个方面问题：心质基本维度的进一步梳理确定，以及各个维度等级量化的进一步规范化、标准化和共识化；心质熵值大小与个体发展成长之间因果关系的实证量化分析；心本（质）管理和提升的具体路径、方式、措施的明确和完善。二是从方法论角度而言，后续可以在心本（质）管理中充分重视和引进数量的和实验的研究方法。所谓数量的研究，就是基于基础性逻辑体系，进一步进行相关因素之间质性关系的精确量化分析。所谓实验的研究，就是基于基础性理论体系，建立心质管理分析实验室等平台，进行相应的实验分析，获取价值数据，探索心质管理科学规律。

第四，推进心本（质）管理理论研究规划，建设心本（质）管理理论和学科体系。

适时从国家层面进行学科规划调整，将心本（质）管理从隐性的伦理道德之学科序列，转换入显性的管理学科序列，让心本（质）管理真正成为全民之学，助推中国成为强心之国。特别地，鉴于儒学体系已经形成了比较成熟系统的心质修炼和管理提升方案，以及儒学在中国先天性的巨大影响，适时编写推出基于儒学视野的心质管理教材，将儒学经典教育有机融入正式的国民教育体系。

---

① 据笔者统计，人民教育出版社出版的小学六个年级共12册语文课程教材，共选用直接性传统文化素材148篇，其中，109篇为以唐诗宋词为代表的古诗词，31篇为包括神话寓言在内的历史故事，8篇为《论语》语录式短句。传统文化中最为核心的修、齐、治、平，知行合一，致良知等内容，没有得到呈现，笔者认为，这表明关键性的小学语文教材在传统文化内容的选用上存在偏软的特征，直接性强心立身的教育内容选用不足。

第三章　我本管理：管理的核心与基础

第一节　从"时间都去哪儿了"谈起

2014 年的中央电视台春节联欢晚会上，歌手王铮亮自弹自唱一曲《时间都去哪儿了》。朴实细腻的歌词、柔缓优美的旋律，引起了全国观众的强烈共鸣，许多观众受到感染当场纷纷落泪。

时间一晃又过去了 9 年，现在重新回过头来审视"时间都去哪儿了"的现象，其实触及的应该是两个层面的问题：一个是表面上的亲情问题，这首歌曲在 2014 年春晚被演唱期间，台下观众受到感染纷纷落泪，实际上就是对亲情的一种浓浓的呼唤。另一个是更深层次引燃的对时间流失、青春易逝、人生苦短的一种发自内心的感慨、叹息和伤感，以及由此引发的怎么做才能不辜负自己大好青春时光的思考。

实际上，我们每个人一生虽然都能拥有或多或少的财富，但其中最为宝贵的并不是金钱、荣誉、地位等身外之物，这些也都可以通过自身后天的努力创造出来，我们每个人一生所能拥有的最为宝贵的财富其实是时间，而宝贵的时间又是那么的短暂易逝！正如《西洋记》所言："可叹一寸光阴一寸金，寸金难买寸光阴。寸金使尽金还在，过去光阴哪里寻？"

既然时间是我们每个个体最为核心的资源所在，那么面对这个如此宝贵的资源，我们每个个体是否需要进行管理，又该如何进行管理，才能做到最大限度的优化配置和充分利用，而不至于浪费虚度？这实际上是每个个体都需要深入思考并给出解决方案的一个重大问题。这就是说，时间对于我们每个个体是如此的重要，对其进行基于自我发展目标的有效管理是极其必要的。然而现实情况却不尽理想，下面借助已有研究文献进行一次梳理。

首先是大学生这类相对高知群体的时间管理利用情况。韩国圣等针对这个群体，以山东大学威海分校本科生为对象，就其可资利用的闲暇时间的有效管理和充分利用情况进行了问卷调查，共发放问卷500份，有效回收455份，具体如表3-1所示。关于闲暇时间待最久的地方，42.9%的人选择了宿舍，2.2%的人选择了网吧，两者合计高达45.1%。关于对闲暇生活的主观感受，64.8%的人选择是一般，6.6%的人选择是空虚无聊，两者合计高达71.4%。关于闲暇时间是否处于盲目状态，13.2%的人选择同意，47.3%的人选择比较同意，5.5%的人选择说不清楚，三者合计高达66.0%。可知高达1/2~2/3的大学生，其可资利用的闲暇时间并没有得到有效管理和充分利用，实际上被浪费闲置了，何其的触目惊心！特别地，本问卷所抽样调查的是山东大学威海分校本科学生，总体上应该归属于相对高知类的群体。全国全部群体，这种对自我时间的管理缺失和闲置浪费当会更加触目惊心了！

表3-1 大学生闲暇时间利用情况调查　　　　　单位:%

调查问题	图书馆	宿舍	校内其他场合	网吧	其他地方	总计
闲暇时间待最长的地方	26.4	42.9	13.2	2.2	15.4	100.0
调查问题	十分充实愉快	充实愉快	一般	空虚无聊	总计	
对闲暇生活的主观感受	4.4	24.2	64.8	6.6	100.0	
调查问题	同意	比较同意	较不同意	不同意	说不清	总计
闲暇时间是否处于盲目状态	13.2	47.3	25.3	8.8	5.5	100.0

资料来源：韩国圣，吴文新，张捷.大学生闲暇时间利用与教育引导初探——以山东大学威海分校为例［J］.华东经济管理，2008（6）：112-116.

其次是全国总体的时间管理利用情况。2008年，国家统计局在北京、河北等10省市组织实施了我国第一次时间利用调查。① 调查抽样了16661个家庭户，调查了15~74岁的家庭成员37142人。调查表明，总体上平均每人每天用于学习培训的时间为33分钟，占一天时间的2%；用于休闲娱乐的时间为3小时52分钟，占一天时间的16%，其中包括看电视2小时6分钟。两相比较，每人每天学习培训的时间只相当于休闲娱乐时间的14%，或者说，每人每天休闲娱乐的时间相当于学习培训时间的7倍，又是一个触目惊心的数据！

实际上，除了时间之外，我们每个个体还拥有许多其他资源，其中先天性的

① 安新莉，殷国俊.一些有趣的时间利用情况［J］.中国统计，2009（1）：18-19.

资源包括有记忆、情绪、目标、健康等，后天性的资源包括有财富、荣誉等。这样，针众多自我资源特别是先天性资源，每个个体如何进行管理，才能做到最大限度的优化配置和充分利用，而不至于浪费虚度，显然需要每个个体都进行深入思考并给出有效的解决方案。而根据上面对时间资源利用情况的抽样调查，社会群体对自我资源的有效管理利用情况不容乐观。

对自我拥有资源进行有效管理，实现基于自我发展目标的资源优化配置和充分利用，极其重要。对个体而言，直接影响和决定着自我人力资源是浪费还是高效利用，进而影响和决定着个体一生的发展水平和价值高度。一个连自己都管不好的个体，如何能够取得成功呢？显然不可能。对家国而言，家国由具体的个体所组成，每个个体自我人力资源是浪费还是高效利用，将直接影响和决定整个家国人力资源是闲置浪费还是高效利用，最终影响和决定着整个家国发展的速度、质量和高度、格局。试想，国家政策再好、社会环境再好，如果社会芸芸众生都是一粒粒浑浑噩噩的沙子，效果又能如何？而如果社会大众都是一粒粒金光灿灿的金子，效果又会如何？

当前，一方面，我们国家人口数量红利在迅速下降；另一方面，大量的社会个体尤其是代表社会未来力量的青年群体相当一部分缺失了自我对自我资源有效管理利用的能力，导致大量人力资源出现严重闲置浪费。所以，就自我对自我资源进行有效管理和利用进行研究，无论于己于家于国，都是很有价值的！

第二节　本土文化有关我本管理的论述

对自我拥有资源进行有效管理，实现基于自我发展目标的优化配置和充分利用，实际上就是我本管理。关于我本管理，中国古代传统文化经典中有着颇为丰富和深入的论述，其中儒家的论述尤其丰富而系统，下面重点从儒家文化角度进行一次梳理。

儒家经典之《大学》是一部博大精深的圣王之学，其立足于修、齐、治、平的总体格局和宏伟视野，从整个管理体系架构的视角，重点就修身层面的我本管理进行了开创性的论述，阐述了修身在整个人生发展体系中的基础性地位和作用。

《大学》言："古之欲明明德于天下者，先治其国；欲治其国者，先齐其家；欲其家者，先修其身……身修而后家齐；家齐而后国治；国治而后天下平。自天子以至于庶人，壹是皆以修身为本。"这一段话的意思是说，自古至今，凡是希望能够彰明大德于天下者，一定要先治理好其所在的国家；希望治理好其所在的国家者，一定要先治理好其家庭；希望治理好其家庭者，一定要先修正其身……修正其身了家庭才能治理好，家庭治理好了国家才能实现大治，国家实现大治了天下才能实现太平。自天子到平民百姓，均是以修身为根本，没有例外。显然，《大学》的这一段话从整个管理体系建构的视角，对以修身为重点的我本管理的重要价值和逻辑地位予以了明确。根据其论述，可以说以修身为重点的我本管理是本义视角管理逻辑体系的核心和基础。之后的家本管理、国本治理等，均是以我本管理为基础和先提的。

那么，我本管理究竟包含有哪些具体内容呢？我本管理的基本过程是什么样的呢？《大学》给出了自己的解释："欲修其身者，先正其心；欲正其心者，先诚其意；欲诚其意者，先致其知；致知在格物。"反过来说则是，物格而后知至，知至而后意诚，意诚而后心正，心正而后身修。这一段话的意思是说，要想修养好自身品德，必须首先端正自己的心念；要想端正自己的心念，必须首先使自己意念真诚；要想使自己意念真诚，必须首先能够明晰事理；要想能够明晰事理，基本的方法就是认真探究万物之规律。只有认真探究了万物之规律，才能使自己认知明晰；认知明晰了，才能使意念真诚；意念真诚了，心念才能端正；心念端正了，自身品德才能修养至善。可知，《大学》以修身为重点的我本管理的具体内容，包括格物、致知、诚意、正心逐层递进的四个环节。其中，格物、致知属于知识修养的范围，其核心是格（学），其目标是知，其体现的是探究明白万物之内在事理和规律，用今天的话说就是面向客观事物和规律进行探索学习，获得基本的技能。诚意、正心属于道德修养的范围，其核心是德，其目标是仁，其体现的是孝、悌、忠、恕、信、礼、义以及温、良、恭、俭、让等，用今天的话说就是面向自我内心进行道德情操的修炼，实现自我品质的提升。知识修养和道德修养齐头并进，最终实现完整的修身目标。

那么再进一步，以修身为重点的我本管理应该坚持的基本方法是什么呢？最终应该达到的境界又应该是什么呢？儒家另一部经典《中庸》给出了中庸之道的总体方法论。所谓中，就是适度、正确、合宜，指向真理，体现了处理事物的正确性。所谓庸，就是平凡、普遍，指向运用，体现了适用于一切事物的普遍性。所谓中与庸结合的中庸，就是理论上的基本原则与实践中的具体运用两者之间的辩证统一，指向正确而普遍适用的真理。具体地说，中庸之道首先表现为

"叩其两端取其中"的中正之意，过犹不及，即过和不及同为中正之对立面，都是不可取的，应该予以反对。这就是说，中庸是科学的辩证，而绝不是折中主义。中庸之道进一步表现为"因中致和"的中和思想，最终指向和谐目标。中庸之道还表现为历史发展视角的因时制宜、与时俱进的"中时"思想，既非随波逐流没有定心，更非顽固不化拒绝改变。中庸之道最后还表现为"执中达权"，即原则性和灵活性的高度统一，既反对没有灵活性的"执一不通"、死守教条，也反对没有原则性的"见风使舵"、任意妄为。更进一步地，在自我品德修养上，中庸之道作为伦理道德的行为标准，要求必须遵循戒其"过"和勉其"不及"的"中行"准则，以期达到"从心所欲不逾矩"的至德境界，而绝不是毫无原则的"老好人"哲学。

《论语》《孟子》习惯性地延续了《大学》《中庸》的逻辑轨迹，重点从仁和善的心性修养角度就我本管理内容进行了探索。仁是孔子思想的核心所在，孔子特别强调要修身成仁。关于什么是仁，孔子说："能行五者于天下，为仁矣。"具体说就是恭、宽、信、敏、惠，"恭则不侮，宽则得众，信则人任焉，敏则有功，惠则足以使人"。孔子认为仁虽然是一种较高的人格要求，但经过追求是可以实现的，即"仁远乎哉？我欲仁，斯仁至矣"。孔子特别提出，对仁要有一种坚决的态度，"志士仁人，无求生以害仁，有杀身以成仁"。孔子认为，内在的仁爱还需要外在的礼体现出来，做到"居处恭，执事敬，与人忠"的温、良、恭、俭、让五种要求。

孟子继承了孔子"性相近也，习相远也"的观点，通过与告子对人性问题的辩论，提出了自己的人性善论，性善论也由此成为孟子哲学思想的核心。孟子认为，人与动物有着本质的区别，人不但有口腹衣食之欲，更重要的是人有善良的本性。其通过"孺子将入井"的故事，说明人与生俱有的"四心"，即恻隐之心、羞恶之心、辞让之心、是非之心。无此四心，人则同禽兽无异，即无恻隐之心，非人也；无羞恶之心，非人也；无辞让之心，非人也；无是非之心，非人也。在此四心之上，人产生了仁、义、礼、智道德意识，称为"四端"，即"恻隐之心，仁之端也；羞恶之心，义之端也；辞让之心，礼之端也；是非之心，智之端也"。孟子认为，这"四端"是人所先天就有的，"人之有是四端也，犹其有四体也"。由此，孟子得出人的善性是先天就有的而不是后天形成的观点，即性善论。但孟子同时提出，"凡有四端于我者，知皆扩而充之矣，若火之始然，泉之始达"。这就是说，人先天拥有的"四端"仅为人提供了向善的可能性，后天则还需要不断地扩充和培养这些善端，才可以把握自己的善性，真正成为具有仁、义、礼、智道德意识的完人，最终达到心、性、天有机统一的最高境界，即"尽其心者，知其性也。知其性，则知天矣"。相反，如果后天不去扩充和培养这些善端，善心就会慢慢失去。为此，孟子提出了"反求诸己""求其放心"等方法，来寻求培养和扩充在各种外界诱惑下有可能失却的善心。总之，人性虽然先天是善良的，但由于后天的环境影响，善心往往会失却或者蒙蔽，所以人们要在后天不断地加强自己的修养和学习，找回失去的良知。

除了仁和善的心性修养外，《论语》《孟子》以修身为重点的我本管理内容还特别强调个体的精神价值和社会价值，重视人格的独立和基于道义的社会责任感。孔子说："三军可夺帅也，匹夫不可夺志也。"孟子在孔子的人格精神基础上，进一步展开了对人格的高扬。孟子首先提出了养气说，"我善养吾浩然之气""其为气也，至大至刚，以直养而无害，则塞于天地之间。其为气也，配义与道；无是，馁也"，他认为这种浩然之气"至大至刚""塞于天地之间"，与道义相结合就不会气馁。一个人有了这种浩然之气，就会产生浩然正气，形成崇高的气节和伟大的人格，巍然屹立于天地之间。孟子特别强调："居天下之广居，立天下之正位，行天下之大道。得志，与民由之；不得志，独行其道。富贵不能淫，贫贱不能移，威武不能屈，此之谓大丈夫。"即一个人不管得志与失意，都要坚定信仰，奉行大道，并能经受得住各种考验。这种顶天立地的大丈夫不仅在权势面前不会低头，"说大人，则藐之，勿视其巍巍然"，而且会以天下为己任，坚信"如欲平治天下，当今之世，舍我其谁也"，有了这种伟大的人格，面对生死抉择，就能以身殉道，做到舍生取义。"生，亦我所欲也；义，亦我所欲也。二者不可得兼，舍生而取义者也！"孟子的这种伟大人格，感染熏陶着亿万中国人。在历次民族危亡的关键时刻，正是孟子的这种人格激励而涌现出无数具有民族气节的志士，从而铸就了我们的"民族脊梁"。

孔孟之后，朱子和王阳明曾就关于修身之格物、致知、诚意、正心的逻辑路径，展开过激烈的争论。四个环节的逻辑路径中，格物是关键的传承环节。朱子认为，格物之格乃推究穷尽的意思，物乃事物规律道理的意思，格物就是认真探究穷尽事物之理。事物不同，其理也各自不同，即所谓的"分殊"。但这不同的理，又都源于一个核心的理，即"一里"。只要先格尽天下万物，穷尽分殊之理，经过累积之后，才能将万理归一，最终悟出大的"一里"，即致知。与朱子不同，王阳明认为格物不是探究事物之规律道理，而是如《孟子》"大人格君心"之意，是去其心之不正，以全其本体之正。因此，格物的过程就是去除私欲而存明德之天理的过程。王阳明认为，致知也不是知晓万物之事理，而是指致良知。也就是说，致知中的知是指对是非的先天性判断。王阳明认为，良知原本存在于每个人的心中，正所谓"个个人心有仲尼，自将闻见苦遮迷。而今指与真头面，只是良知更莫疑"。天生之良知，往往容易在后天的成长过程中被外尘沾染，因此需要经常进行修养擦拭，以彻底清除潜伏在人心中的不善之念。

在上述分析的基础上，朱子认为要先致知，后诚意，这样就将格物、致知和诚意、正心区分成了前后两个阶段，是个二维的问题。进而提出"先知而后行"，认为必须首先认清万物之理，然后才能去实践。否则实践就会变得毫无根据。这样，朱子学就成为了一种"知行二分"背景下的"主知主义"学说。实际上这往往会导致认而不践、知而不行，陷于重知轻行的清高玄谈之境。而王阳明则将格物、致知、诚意、正心当作一个整体的连续事件，是个一维的问题。王阳明从"知之真切笃实处即是行，行之明觉精察处即是知"以及"知而不行，只是未知"的立场出发，阐明了知与行原本只是一个功夫，提出自己的知行合一说。王阳明的知行合一，知即行、行即知，实际上将之前的重知轻行扭转为了重知重行、知行并重，成为一种主行主义。由此，实现了儒学由清高玄谈向身体力行的实践之学的转变。

实践中，朱子学说从先格物后致知的先知后行逻辑出发，尤其强调格物致知的重要性。由此朱子学说逐渐陷入了训诂记诵之流弊，不再重视知识和思索，在逐渐沉迷于故纸堆中的同时，慢慢脱离了与现实生活的结合，最后导致清谈玄高而不切实际。相反，王阳明批评朱子重训诂轻践行之风格，认为其"谩从故纸费精神"，专注于训诂辞章之学是错误的，而特别强调学以致用的实践，认为圣学需要切实的实践工夫，极力强调体验在做学问中的重要性。王阳明一次与弟子陆澄就此展开讨论，"问：'静时亦觉意思好，才遇事便不同，如何？'先生曰：'是徒知静养，而不用克己工夫也。如此，临事便要倾倒。人须在事上磨，方立得住，方能静亦定、动亦定'"。王阳明所谓的事上磨炼，就是通过具体事物来实现克治之功，是一种"行事中进行省察克治"的实践作风。

总体而言，中国古代以儒学为代表的文化流派，始终高度重视以修身为主要内容的我本管理，有着较为丰富和深入的论述。不过就其着眼的重点来看，实际上主要侧重于道德心性修养和逻辑流程两个方面，至于具体如何进行我本管理特别是道德修养之外其他方面的我本管理，虽然孔子等也有过"知者不惑，仁者不忧，勇者不惧"的对智、勇等方面的修炼的论述，但均是一带而过，没有给出具体的可操作性方案。

第三节　我本管理的基本概念及核心特质

一、我本管理的基本概念

目前有关我本管理的定义尚未见到，但与之相关的自我管理则有诸多不同的定义。其中一个自我管理（self-management）的典型定义是：可以视为与自我的关系管理，就是指个体对自己本身，对自己的目标、思想、心理和行为等表现进行的管理，自己把自己组织起来，自己管理自己，自己约束自己，自己激励自己，自己管理自己的事务，最终实现自我奋斗目标的一个过程。另一个典型定义是：自我管理又称自我控制，是指利用个人内在力量改变行为的策略，用来减少不良行为与增加好的行为。还有学者将自我管理定义为一个人对自我教导及约束的力量的注重，亦即行为的制约是透过内控的力量（自己），而非传统的外控力量（教师、家长）。

本书认为，上述定义虽然从不同的侧面揭示了自我管理或者我本管理的内涵，但往往各有侧重，并不严谨，缺乏一个总体的逻辑性概括。由此，本书对我本管理概念界定如下：所谓我本管理，就是自我对自我拥有的稀缺资源特别是先天性稀缺资源，进行优化配置和充分利用以实现自我目标的过程。从内涵上说，其由5个层次的要义组成，分别是自我管理的主体、自我拥有的稀缺资源、自我稀缺资源的优化配置、自我稀缺资源的充分利用、自我稀缺资源配置和利用的目标设置。具体如图3-1所示。

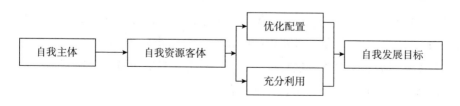

图3-1　我本管理的基本内涵

所谓自我拥有的稀缺资源，是指个体自我拥有的资源，如健康资源、时间资源、人脉资源、财富资源等，可以区分为两大基本类型：一是先天性的资源，即个体一出生就天然地内附于自我身体不可分离的天赋资源，有健康资源、时间资源、情绪资源、记忆资源等。二是后天性的资源，即后天创造取得的外附于自我的可以与自我身体分离的身外资源，有财富资源、人脉资源、声誉资源、学术资源等。先天性资源与后天性资源之间具有创造之源和创造之果的内在逻辑关系，更多时候后天性资源往往是先天性资源的创造成果。由此，这里重点分析自我先天性拥有的天赋性稀缺资源。显然，就先天性拥有的天赋性稀缺资源而言，一方面，个体与个体之间具有先天的起始不平等性，如有人生而聪颖，有人生而愚钝；有人生而健壮，有人生而羸弱；有人长寿百岁，有人短命夭折；有人乐观开朗，有人内向抑郁等。另一方面，起始就并不平等的天赋性稀缺资源，又具有动态的变化和发展特性。先天禀赋不足的天赋性稀缺资源，可以通过后天的自我有效、高效管理，实现逐步提升而达到丰盈充足，进而发潜于外，实现后天成果的极大丰富。先天禀赋优异的天赋性稀缺资源，也可以因为后天的无效、低效管理，逐步下降以至于恶性枯竭，进而发潜于外导致后天成果的极大不足。如此，对自我拥有的先天性稀缺资源进行自我有效管理以实现不断提升优化，就显得极其必要。

所谓自我拥有稀缺资源的优化配置，就是为了更好地实现自己的价值取向和理想目标，而将自我拥有的先天性稀缺资源，尽可能地根据自身特点优化配置于最适合的方向领域，最大限度发挥先天性资源的作用和价值，做到"好钢用在刀刃上"。之所以把自我稀缺资源的优化配置当作我本管理的一个核心，问题就在于现实中一方面自我拥有的先天性资源是稀缺的，另一方面这种先天性的稀缺资源还大量地错配于不合适的方向领域。以时间这种稀缺资源为例来进行说明，对于一个普通的个体而言，虽然学习和工作可以始终交并进行而不分离，然而总体上青少年时期的时间重点用于学习、成年之后重点用于工作是一个基本的规律。如果非生活所迫，个体在青少年时期把时间重点用于工作，在中老年时期把时间重点用来学习，显然就是一种错误的配置。自我先天性稀缺资源的优化配置，其目标可以界定为基于自我发展目标导向和各种先天性资源特点合适配置自我的先天性稀缺资源，做到各尽其用、优化配置。

所谓自我拥有稀缺资源的充分利用，就是为了更好地实现自己的价值取向和理想目标，而将自我拥有的先天性稀缺资源尽可能地充分利用起来，充分发挥每一份先天性稀缺资源的作用和价值，而不出现浪费和闲置。之所以把自我稀缺资源的充分利用当作我本管理的又一个核心，问题就在于现实中一方面自我拥有的先天性资源是稀缺的，另一方面这种先天性的稀缺资源还大量地被闲置浪费，且自我主体日废而不觉。仍以时间这种稀缺资源为例来进行说明，根据本章第一节韩国圣等针对山东大学威海分校本科生群体的抽样调查，有高达1/2~2/3的大学生没能实现对自己可资利用的闲暇时间的有效管理和充分利用，浪费闲置情况可谓触目惊心！自我先天性资源的充分利用，其目标可以界定为基于自我发展目标导向充分使用自我的先天性稀缺资源，做到充分利用。

所谓自我管理的目标，也可称自我发展目标，就是基于自我心质之核心的价值观、人生观、世界观、生活观，结合自己所处的方位、时点和环境、条件，确立的对自己未来发展的期许和定位。自我管理目标是自我管理的根本指向，是全部自我管理的总统领，自我先天性稀缺资源的优化配置和充分利用均须基于自我管理目标而推进实施。缺失了自我管理目标，先天性稀缺资源及其优化配置和充分利用都将不再具有意义。自我管理目标是综合性的目标，是单纯的个体发展目标和组织发展目标、社会发展目标的有机综合。自我管理目标是动态递进的目标，一个目标实现了，新目标又会出现和形成。自我管理目标具有差异性，即使客观环境和条件相同的两个自我，往往也会因个人兴趣、知识、能力、机遇等主客观差异而选择出差异性很大的发展目标，最终走上差异极大的发展路径。所以，对自我发展目标的管理，是我本管理的又一个核心问题所在，其目标可以界定为结合自己的价值取向和客观环境，做到自我发展目标的科学设置。

进一步地，就我本管理的主体、客体和过程而言，自我管理的主体是自我，而不是外我，表现于具体的自然个体形式，更核心地说表现为自然个体的精神思维和心质心志。我本管理的客体是自我拥有的稀缺资源，特别是健康、智力、性格、时间等先天禀赋的稀缺资源。我本管理的过程就是作为我本管理主体的自我，面向自我拥有的稀缺资源特别是先天性稀缺资源进行以优化配置和充分利用为核心的有效管理，以实现自我发展目标的过程。显然，这种我本管理的过程，实际上包括从自我管理主体到自我先天性稀缺资源的管理指令信息的正向过程，也包括自我管理主体对自我先天性稀缺资源的管理态势分析判别信息的分析反馈过程。具体如图3-2所示。

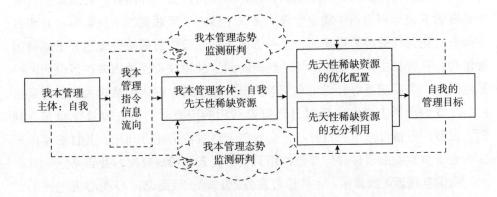

图 3-2　我本管理的要素构成和逻辑过程

二、我本管理的核心特质

我本管理具有悠久的历史渊源，东方儒家的修身管理、西方有关人性宗教戒律的思想，都有着朴素而浓厚的我本管理思想。进入当代以来，泰罗基于科学实验思维创建了现代管理科学体系。不过，其是基于现代资本主义大生产的背景和环境，着眼于企业这种组织的稀缺资源的高效率生产和利用理念而建构的，从一开始就将管理的逻辑定基于了管理者对被管理者进行管理的"我—物（人）"式的外向管理范式，将管理的层级定基于了以企业为重点的组织管理的中观管理层级，而没有将居于管理体系最为基础和核心地位的内管理和元点管理的我本管理纳入其中，直到当代仍然如是。相比之下，我本管理是一种自我对自我的管理，管理者与被管理者、管理主体和管理客体是一个人，具有内在的一致性，实现了管理逻辑从"我—物（人）"外向式管理向"我—我"内向式管理的范式转换，也实现了从中观的以企业为重点的组织管理到微观的我本管理或元管理的指向转换，这是我本管理的核心特质。

我本管理的这个核心特质，可谓是对目前已有管理学架构的一次全新挑战和补充。在缺失了一个世纪之后，将具有如此特质的我本管理正式纳入当代管理体系，从而建构出系统完整和具有科学逻辑的后现代管理学架构，可谓正当其时。具体如图 3-3 所示。

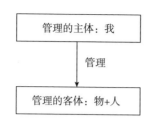

当代管理："我—物（人）"式外向管理　　我本管理："我—我"式内向管理

图3-3　当代管理与我本管理的管理逻辑区别

三、我本管理与相似概念的区别

首先，我本管理与自我管理的区别。自我管理是指自己对自己的管理，与我本管理有一定的相似之处，但实际上两者存在有重大区别。自我管理多划归至思想品德之类的学科范畴，我本管理则直接归属于管理学科范畴。自我管理常常用于职业发展规划和人生发展规划等领域，多见于应用技术层次，我本管理则定位于社会发展本源的层次，是全部管理的核心和基础。自我管理主要限定于时间管理、目标管理等具体内容，我本管理则系统性地全面纳入时间管理、目标管理、健康管理、情绪管理、记忆管理、资源管理等。自我管理的研究方法多为定性论述，我本管理的研究方法则自成体系，涵盖包括哲学思辨、逻辑推理、科学定量和科学试验等研究方法。

其次，我本管理与人力资源管理以及劳动力管理的区别。人力资源管理和劳动力管理是整个管理体系中的一种基于人与物区分的重点着眼于对具有主观能动性的人的管理的一门学科领域，前者多专注于对社会组织如企业、政府等部门中的员工的管理，偏重于中观层级；而后者多专注于对宏观国家、社会、产业等的劳动力的管理，偏重于宏观层级，两者均是整个管理科学体系中的具体分支和组成。而我本管理则不然，一方面我本管理是真正微观角度的人力资源管理或劳动力管理，另一方面我本管理还是整个管理体系的核心和基础。特别地，人力资源管理和劳动力管理从根本上说是一种常规的"我—物（人）"式外向管理，即一个管理主体人对另外一个管理客体人的管理，管理的主体和客体是两个各自独立的存在；而我本管理是一种全新的"我—我"式内向管理，即管理主体与管理客体均是我，具有一致性。

第四节 我本管理的逻辑地位与运行机制

一、我本管理的逻辑地位

我本管理在整个管理理论体系架构中，在个体全部成长发展历程中，在家国整体发展建设过程中，以及在整个人类文明发展进程中，都具有极其重要的逻辑地位和价值意义。

首先，我本管理在整个管理理论体系中具有核心和基础性的逻辑地位和价值意义。在资本主义取代封建主义的初期，一方面自由民主风起云涌，另一方面物质资料的生产也得到了巨大发展。然而，物质资料的生产相对于社会大众刚刚摆脱中世纪落后意识制约而蓬勃释放的巨大物质追求而言，还存在不小的差距。因此，社会发展的重心不可避免地锚定于了以物为本的目标取向。在这种发展观指引下，社会发展的核心任务就是促进生产力的巨大发展和物质产品的极大丰富。由此，现代管理主义自科学管理之父泰罗开始，就定位于了为了提高和促进企业生产效率的管理，并由此自然而然地形成了重点面向工商企业的由计划、组织、指挥、协调、控制等管理流程组成的"我—物（人）"外向式管理模式。然而，当社会发展到今天，对于部分国家而言，社会发展的主要矛盾发生了变化，我国的主要矛盾已经由人民日益增长的物质文化需要与落后的社会生产之间的矛盾，转换为人民日益增长的美好生活需要和不平衡不充分的发展之间的矛盾。在这种情况下，将管理主义从最初狭义的企业管理、组织管理等范畴，及时转向管理主义原本的由我本管理、家本管理、业本管理、国本治理、全球治理等逻辑层级组成的完整的本义体系，就成为时代的迫切需要。而当管理主义实现本位回归之时，我本管理在整个管理主义中的核心和基础地位，也就必然会得到凸显和呈现。总体而言，在整个全要素的管理主义体系之中，我本管理一方面是一个单独而重要的管理层级，另一方面这个单独的管理层级又是全部管理主义的核心和基础。这个层级管理的绩效如何，对于家本管理、国本治理、全球治理，都将产生直接而深远的决定性作用和影响。具体如图 3-4 所示。

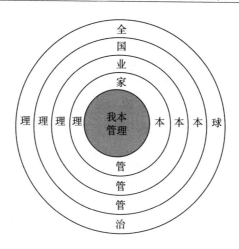

图3-4　我本管理在整个管理学体系中的逻辑地位和价值意义

其次，我本管理在个体全部成长发展历程中具有成长元点的逻辑地位和价值意义。一个个体的成长发展过程，就是一次次设定发展目标并执行实现的持续渐进的过程，最终外向式地体现在身体的安全和健康、知识的学习和丰富、能力的增长和提高、职位的获得和升迁、财富的创造和积累、名誉的提升和维护、心灵的满足和光明等诸多方面。虽然不同个体的发展目标的选择和设置各不相同，有的重在外我的财富、职位、名誉，有的重在内我的健康、快乐、光明，但发展目标的选择和设定后的实现，都需要我本管理的元点支撑。一个基本的逻辑是，在选择设定好适合自我的发展目标之后，如果我本管理能够达到理想状态，则无论是外我的对财富、职位、名誉的追求，还是内我的对健康、快乐、光明的追求，都将可以良好地实现，从而最终实现个体共同意义上的良性成长发展。相反，如果我本管理不能够达到理想状态，则这些外我的或者内我的目标追求都将难以良好地实现，从而最终也将难以实现个体共同意义的良性成长发展。从这个意义上说，我本管理对于个体的成长发展而言，具有成长元点的逻辑地位，价值之重要不言而喻！具体如图3-5所示。

再次，我本管理在家国整体发展建设过程中具有建设基点的逻辑地位和价值意义。一个运行的组织一定是由若干个具体的部门和若干个具体的个体组成，一个发展中的国家一定是由大量的组织部门和更为广泛的社会大众组成。一个个单独的组织成员、一个个单独的社会个体，好像在整个组织体系、国家发展中所起的作用并不太大，即使某个或者若干个个体做不到良好的我本管理也不会产生太

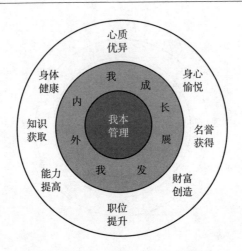

图 3-5　我本管理在个体全部成长发展中的逻辑地位和价值意义

大影响。其实不然，单独个体相对于一个运行中的组织、一个发展中的国家而言，就是整个前进的列车和内部各个车厢与装备这列列车的每一颗螺丝钉的关系。如果每一颗螺丝钉都有着金子般的品质，那么由其组成的各个车厢以及整个前进的列车，就将拥有整体上的优异品质，就可以实现无坚不摧、飞速前行。如果每一颗螺丝钉都只是沙子般的品质，那么由其组成的各个车厢以及整个前进的列车，就可能随时解体崩溃。两个同样的国家均出台良好的发展政策，一个国家面对的是一群拥有金子般品质的社会大众，另一个国家面对的是一群拥有沙子般品质的社会大众，则同样良好政策的落地执行效果将会大为不同，最后两个国家的发展速度和最终成就也将可能出现天壤之别。

最后，我本管理在整个人类文明发展进程中具有终极发展导向的逻辑地位和价值意义。具体来说，在原始氏族时代，由于生产力极度低下，每个氏族的物质生产和产品分配以及族群一切活动的中心，都是指向维持本氏族的生存和发展。这个历史发展阶段的社会发展观，就必然是一种以族为本的社会发展观。到了奴隶社会和封建社会时代，生产力相比于原始社会有了极大的发展和富余，由此阶级产生、国家形成，国家成为统治阶级统治被统治阶级的工具。在这个历史发展阶段，整个社会经济生产以及一切社会活动，都指向和服务于居于社会核心地位的君王或者皇帝。因此这个历史发展阶段的社会发展观，本质上就是一种以王为本的社会发展观。到了近代资本主义社会，一方面自由民主成为一种社会共识的思潮，君权神授逐步退出历史舞台；另一方面生产力虽然得到了极大的解放和发展，但相对于社会大众日益增长的物质文化需求仍然显得极其紧张。在这种背景下，如何推动整个社会的物质生产得到极大丰富，就成为了整个社会发展的核心。因此这一阶段的社会发展观，就历史性地转换为了以物为本的发展观，典型地体现为对 GDP 的重视和追求。进入当代以来，随着社会生产力的极大提高，人类对物质生活的需求得到了极大的满足，但同时两极分化、精神困顿、思想颓废等各种与人本身相关的问题层出不穷甚至日益严重。如何基于物质的极大丰富进一步实现人类自身的幸福和全面发展，就成为社会发展追求的核心。

由此，印度学者提出了以人为本的社会发展观理念，很快得到了全球的响应。不过，以人为本的社会发展观虽然把社会主体的人摆到了历史舞台的中央地位，但是具体的管理实现方式仍然是早期"我—物（人）"外向式被动管理模式，而没有真正转换为自我内在积极性和潜力的主动发挥。因此，这种以人为本的外向的"我—物（人）"式管理模式，其现实效率与潜在效率相比具有较大的距离。由此，在以人为本的基础上，进一步强调和重视人自身积极性和潜力的主动发挥，以期实现自我充分发展和潜力充分涌现，促进社会各种要素和各个群体智慧竞相迸发，就应该成为一种基本的社会发展价值取向。而这里面的核心本质，就是促进从以人为本向以我为本的有效转换。当然，这里所谓的以我为本，并不是没有任何前提条件的对良我和恶我不加区别的展示，而是基于共同的社会良序优法的良我展现和恶我去除。或者说，是一种社会良秩优序在个人身上完全实现了内化于心和外化于形的一种完美状态。由此而言，从整个社会发展的宏观角度着眼，以我为本的模式转变和实现，是古代以族为本、以王为本向近代以物为本、当代以人为本三次革命性转变之后的再一次转变升华，其彻底地将管理的本源设置归位于了内在的自我，从而实现了管理指向由外物及内我和从以外为本到以内为本的质变，实现了管理重心由物及己的一次全新的社会发展观突破。这与马克思倡导的共产主义社会中人的全面发展的实现具有内在一致性，可以认为是一次管理本源意义上的重大转换，是一种社会发展观层级的突破。具体如图3-6所示。

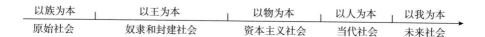

以族为本	以王为本	以物为本	以人为本	以我为本
原始社会	奴隶和封建社会	资本主义社会	当代社会	未来社会

图 3-6　人类社会发展观的历史演进

二、我本管理的运行机制

面向自我拥有的先天性稀缺资源进行我本管理，虽然管理指向各有不同，但其在管理的运行机制上有共同的基本步骤，即物我分析（环境分析+自我剖析）—目标确定—有效计划—组织实施—调整修正—目标实现。具体如图 3-7 所示。

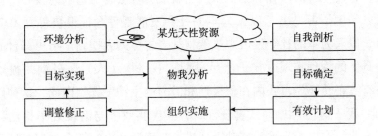

图 3-7 我本管理的运行机制

物我分析。这是在对某一项自我先天性稀缺资源进行管理之前，所必须进行的首要性工作，具体包括两个方面的分析。一是对客观环境条件的分析，包括有利客观环境和条件的分析，也包括不利客观环境和条件的分析，尽可能全面透彻。二是对自我的剖析，包括对自我的本项先天性稀缺资源目前的运行状态的剖析、存在哪些优势地方的剖析、存在哪些不足地方的剖析，以及其基本原因和症结在什么地方的剖析等。

目标确定。即根据前面第一个环节的分析，进一步分析确定自己希望对本项自我先天性稀缺资源进行管理应该达到的理想状态。目标的分析确定有两个基本要求：一是分析要具体明确，二是要形成总目标、阶段目标或者长远目标、近期目标有机结合的自我目标体系或者目标簇。现实中，往往以时间为主轴，区分目标为人生目标、十年目标、五年目标、年度目标、月度目标、周度目标、日目标等。

有效计划。在针对自我先天性稀缺资源进行物我两境深入分析并确定适合的管理目标的前提下，就进入了有效计划环节。有效计划的含义是，面对确定的不同层次和阶段的自我目标，分析研究应该具备的各种物质条件和时间条件保障，并予以切实保证和有效供给。

组织实施。就是根据确定的自我先天性稀缺资源管理目标和相应计划，有效实施，逐步推进，直到最后完成。

调整修正。针对自我先天性稀缺资源制订的管理目标和相应计划，在组织实施过程中往往会因为客观条件或者主观条件的变化，而产生主客观不再一致或者脱节的情况。这就需要及时对管理目标和计划进行调整修正，并形成一种"主客观吻合—主客观脱节—调整修正—主客观吻合—主客观脱节—调整修正—主客观吻合"的自我持续调整纠偏机制。需要注意的是，如果初期制订的管理目标是合适的，这种自我的调整修正就应该在保证目标不改变的前提下，通过对行动计划的修正调整，实现客观条件向主观目标的再度吻合。否则就会变成一遇到客观困难，就调整主观目标以适应客观条件的退缩式调整修正。

特别地，这只是我本管理运行机制的一个完整环节解剖。实际上，每一项我本管理目标实现后，同时将转入另一项我本管理新目标的运行流程，从而形成循环往复、逐步提高的自我良性成长发展过程。

三、我本管理的层次区分与研究重点选择

作为一种典型的自我对自我的内向式管理，我本管理是一个体系完整、内容丰富的管理体系，并呈现出鲜明的层次区分。根据我本管理的基本定义，所有自我拥有的稀缺性资源，都存在着我本管理的要求，对其进行的管理都是我本管理的有效组成部分。概要而言，自我拥有的稀缺性资源及其管理，可以区分为自我拥有的先天性稀缺资源及其管理和自我拥有的后天性稀缺资源及其管理两个基本的层次。

首先，自我拥有的先天性稀缺资源及其对应的管理层级。自我拥有的先天性稀缺资源是与生俱来的天赋资源，但需要后天予以有效管理。这一类稀缺资源及其对应的管理主要有：自我健康资源及其管理、自我情绪资源（性格）及其管理、自我时间资源及其管理、自我记忆资源及其管理等。自我品德资源及其管理（即心质正负品质及管理）、自我目标资源及其管理（即心质目标品质及管理）、自我习惯资源及其管理（即心质执行品质及管理），是先天与后天有机结合而得到的心因性稀缺资源，可以划归更为根本性的心质管理之列，因此这里不再列入。自我知识资源及其管理、自我能力资源及其管理等，实际上是在先天性稀缺资源的良好管理基础上获得的进一步的资源叠加和扩张，并非自我与生俱来的先天性资源及其管理，因此纳入下面的后天性稀缺资源及其对应的管理层级。

其次，自我拥有的后天性稀缺资源及其对应的管理层级。自我拥有的后天性稀缺资源是自我通过对先天性稀缺资源的良好应用和管理而在后天获得的资源统称。这一类稀缺资源及其对应的管理主要有：自我知识资源及其管理、自我能力资源及其管理、自我财富资源及其管理、自我职位资源及其管理、自我名誉资源及其管理、自我人脉资源及其管理等。如上所述，其中的自我知识资源及其管理、自我能力资源及其管理等，实际上是在先天性稀缺资源的良好管理基础上获得的进一步的资源叠加和扩张，并可以通过进一步的良好管理实现自我财富资源及其管理、自我职位资源及其管理、自我名誉资源及其管理、自我人脉资源及其管理等，因此其可以认为是先天性稀缺资源管理与后天性稀缺资源管理的中间承转环节。

其实，如果再将心本（质）管理纳入其中，则我本管理还可以从广义视角区分为三个基本的层次：第一层次是本因层次的我本管理，即心质管理，包括根本性的价值管理（即心质正负品质管理）、核心性的目标管理（即心质目标品质管理）、关键性的习惯管理（即心质执行品质管理）等。第二层次是前置层次的我本管理，即自我先天性稀缺资源的我本管理，包括前提性的健康管理、重点性的时间管理、扩展性的情绪管理和记忆管理等。第三层次是后置层次的我本管理，即自我后天性稀缺资源的我本管理，包括中间传承性的知识管理、能力管理，最终结果性的财富管理、职位管理、名誉管理、人脉管理等。

篇幅所限，这里重点针对第二层次的前置性我本管理，即自我先天性稀缺资源的我本管理，围绕我本管理"自我资源充分利用和优化配置"的基本宗旨，基于哲学思辨、逻辑推理与科学量化的方法进行研究。如前文所述，我本管理面对的自我先天性稀缺资源非常丰富，这里基于关键三因素分析方法的理念，重点选择自我时间资源及其管理、自我情绪资源（性格）及其管理、自我记忆资源及其管理三个方面进行研究。

第五节　我本管理之时间管理

一、我本时间管理的定义与价值

所谓我本时间管理，就是自我本体对自我先天性拥有的稀缺性时间资源，基于自我目标定位，进行优化配置和充分利用的过程。从内容上说，其主要包括三个层次的含义：一是自我拥有的稀缺性时间资源，二是自我基于自我目标定位对时间资源的优化配置，三是自我基于自我目标定位对时间资源的充分利用。

所谓自我拥有的稀缺性时间资源，是指每个个体都拥有的一种最为重要的先天性稀缺资源，其具有三个基本特征：一是时间资源是基于生理健康和生命延续之前提而存在的先天性稀缺资源。缺失了生命的延续，时间资源从数量上说将不再存有。而缺失了生理健康，时间资源从质量上说将难以保证。因此，保持身体之健康、生命之长寿，是时间资源管理和利用的前提。二是每个个体的自我都先天性地拥有稀缺性的时间资源，但客观上不同个体拥有的时间资源数量同时具有先天性的平等和不平等双重属性。所谓不同个体拥有时间资源的平等性，是指就每个独立的时间阶段而言，每个个体拥有的时间总量都是相等的。比如，每一个人的每一天都由 24 个小时组成，每一年都由 365 天或 366 天组成等，不存在任何差异。所谓不同个体拥有时间资源的不平等性，是指从拥有时间总量看，不同个体之间具有差异。有的个体生命历程可以达到 100 岁，而有的个体生命历程可能只有 50 岁，只有前者的一半。显然，这又涉及时间资源中的生理健康和生命延续的基础性支撑问题。三是就自我拥有的时间资源而言，拥有总量很重要，利用效率则更加重要。在特定时间总量的前提下，如何优化配置和充分利用每一部分时间资源，使之实现从无效时间向有效时间转化，重要性不言而喻。

所谓自我基于自我目标定位对时间资源的优化配置，就是根据自我的理想期许和目标定位，将自我拥有的先天性稀缺的时间资源尽可能地优化配置于最适合的领域，最大限度地发挥每一块时间资源的作用和价值，做到"好钢用在刀刃上"。之所以把自我稀缺时间资源的优化配置当作自我时间管理的第一核心问题，就是因为在现实中，一方面，自我先天性拥有的时间资源是极其稀缺和宝贵的；另一方面，这种先天性稀缺宝贵的时间资源往往还大量地错配于不合适的领域，从而导致了严重的浪费。比如，对于一名青少年学生来说，其稀缺宝贵的时间资源本应应用于对知识和技术的学习上，然而如果其沉迷于网络游戏，就是对时间资源的错误配置。

所谓自我基于自我目标定位对时间资源的充分利用，就是根据自我的理想期许和目标定位，将自我拥有的先天性稀缺的时间资源尽可能地全部利用起来，最大限度发挥其作用和价值，而不出现浪费和闲置。之所以把自我稀缺时间资源的充分利用，当作自我时间管理的另一核心问题，就是因为在现实中，一方面自我先天性拥有的时间资源是稀缺的，另一方面这种先天性稀缺的时间资源还大量地被闲置浪费。2008 年，国家统计局采用国际通行的标准和方法，对北京、河北等 10 个省市的 15~74 岁的 37142 人进行了第一次时间利用情况调查。① 调查结果表明，平均每人每天用于睡觉的时间为 9 小时 1 分钟（包括正式睡觉时间 8 小时 5 分钟和小睡休息时间 56 分钟），用于看电视的时间为 2 小时 6 分钟。睡觉和看电视时间合计高达 11 小时 7 分钟，占一天 24 个小时总量的 46%，即一天时间中的一半左右用于床上睡觉和看电视。如果按成年人每天适宜睡眠时间为 8 小时和看电视时间为 1 小时计算的话②，则当前睡觉和看电视的 11 小时 7 分钟中可以节省出 2 小时 7 分钟，反过来说，每人每天平均有 2 小时 7 分钟时间没有得到充分利用而被浪费了。进一步地，按每人每天浪费 2 小时和每年工作 300 天进行标准额度计算，则每人每年浪费的时间为 600 小时，相当于每天工作 8 小时标准额度的 75 天工作总时间。全国按 10 亿人计算，则每天浪费的时间总量高达 20 亿个小时，大约相当于每天工作 8 小时每年工作 300 天标准额度的 83 万劳动力整整一年的工作总时间。无论于己还是于国，仅时间资源的未充分利用和闲置浪费，损失后果就如此的触目惊心！

我本时间管理在整个管理体系中具有非常重要的意义与价值。我本时间管理作为一种关键的先天性稀缺资源的管理，在整个我本先天性稀缺资源的管理体系中与我本记忆管理、我本情绪管理等并列，具有核心地位。同时从全部的管理架构来看，我本时间管理是从基因的心本管理（目标管理）外向扩张作用于内外交界地带的财富、职位等自我后天性稀缺资源管理的关键性中间转承耦合环节，进而扩张作用于外向管理领域的家本管理、业本管理、国本治理、全球治理，实现内外协调、主客一致、知行合一的根本目标。具体如图 3-8 和图 3-9 所示。

二、我本时间管理的运行机制

我本时间管理的运行机制，可以从组成要素、运行流程、目标指向三个方面进行分析。我本时间管理的组成要素，包括我本时间管理的主体、客体和过程三个方面。我本时间管理的主体是自我，而不是外我。我本时间管理的客体是自我

---

① 安新莉，殷国俊. 一些有趣的时间利用情况 [J]. 中国统计，2009（1）：18-19.
② 实际上根据百度百科"睡眠时间"词条解释，18~59 岁成年人的适宜睡眠时间为 7~8 小时，60~70 岁老人的适宜睡眠时间为 5.5~7 小时，平均都在 8 小时以下（https://baike.baidu.com/item/%E7%9D%A1%E7%9C%A0%E6%97%B6%E9%97%B4/9542667? fr=aladdin）。

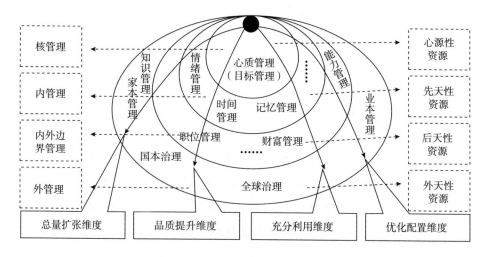

图 3-8 我本时间管理的逻辑地位

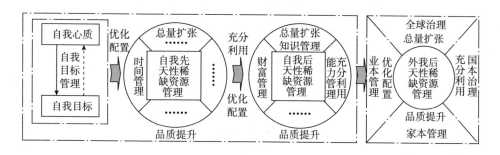

图 3-9 我本时间管理的运行机制

拥有的先天性稀缺的时间资源。而我本时间管理的过程就是作为管理主体的自我面向自我拥有的先天性稀缺的时间资源进行有效管理，以实现自我发展目标的过程。就我本时间管理的运行流程而言，其从自我开始，将自我时间资源指向自我目标方向，最终达到充分利用和优化配置的基本目标。显然，这种自我时间管理的流程，包括有正向的从自我管理主体到自我先天性稀缺时间资源的管理指令过程，以及反向的自我管理主体根据自我主体对先天性稀缺时间资源的管理态势分析判别的信息分析过程。就我本时间管理的目标指向而言，包括三个层次：一是实现时间资源的优化配置、时间资源的充分利用；二是实现时间资源的总量扩张、时间资源的品质提升；三是实现基于目标指向的时间资源获得最优绩效。

三、我本时间管理的等级量化分析

根据上述分析，我本时间管理的重点应该包括以下几个问题：一是我本时间资源的优化配置；二是我本时间资源的充分利用；三是我本时间资源的总量扩张；四是我本时间资源的品质提升。其中，我本时间资源的总量扩张和品质提升，基本衡量标准是有效时间的总量，涉及的是基本的生理和心理健康因素。因此，这两个问题可以合并作为一个问题处理，即我本有效时间的总量。这样，我本时间管理就可以从以下三个基本维度的视角进行量化分析：我本时间有效总量维度、我本时间优化配置维度、我本时间充分利用维度，具体如图 3-10 所示。显然，有效时间总量越多、优化配置程度越高、充分利用效果越好，我本时间管理水平越高。

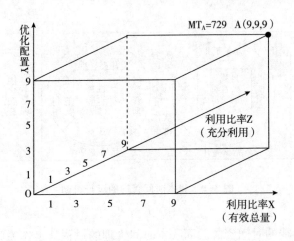

图 3-10　我本时间管理的三个基本维度与等级量化分析

不过，上述我本时间管理的有效时间总量维度从根本上说取决于生理和心理健康因素，可以从生理和心理的健康维护方面进行分析解决。因此，下面的分析将重点从我本时间优化配置、我本时间充分利用两个基本维度进行。特别地，我本时间充分利用情况实际上取决于两个方面的因素：一是可支配时间中投入目标指向的时间数量，即有效投入的净时间数量，并可由此建构一个可支配时间的外在利用比率指标进行分析。二是投入目标指向的有效时间中的净有效利用时间数量，即投入净时间的有效利用效率，并可由此建构一个有效投入时间的内在利用效率指标进行分析。由此，我本时间管理量化分析将重点从利用比率、利用效率、优化配置三个新维度进行。

首先，利用比率维度。主要衡量我本可支配时间中投入目标指向的有效时间所占比率，其衡量的核心实质上是拥有的全部毛时间总量之中用于既定指向目标的净时间的比重，即对基于目标指向进行时间安排的用心和重视程度。每天同样拥有 12 个可支配小时的两个个体，一个将其中的 9 个小时净时间投向目标指向，另一个将其中的 4 个小时净时间投向目标指向，其对各自可支配时间的外在利用比率分别为 75% 和 33%。显然，两个个体虽然各自的目标指向不同，但就其对自己可支配时间利用的用心和重视程度而言，具有明显的差异。国家统计局 2008 年对北京、河北等 10 个省市 15~74 岁的 37142 人进行的时间利用情况调查表明，平均每人每天用于劳动和学习培训以及健身锻炼等方面的时间不足 10 个小时，而用于睡觉、休闲娱乐等方面的时间在 14 个小时以上（其中包括正式睡觉时间 8 小时 5 分钟和小睡休息时间 56 分钟、看电视时间 2 小时 6 分钟、餐饮时间 1 小时 40 分钟和个人卫生时间 46 分钟、业余消遣时间 22 分钟和上网时间 11 分钟，合计 14 小时 6 分钟）。[①] 以此为参考标准，可知平均每个个体每天在正常的睡眠和休闲娱乐时间之外拥有的可支配时间为 9 小时左右。根据个体在这 9 个小时可支配时间中投向目标指向的净时间数量 t 和比率 UR，可以进行九等级划分：8 小时 <t≤9 小时或者 89%<UR≤100% 的，有效利用程度为九等级；7 小时 <t≤8 小时或者 78%<UR≤89% 的，有效利用程度为八等级；……；t≤1 小时或者 UR≤11% 的，有效利用程度为一等级。具体如表 3-2 所示。

表 3-2　以天为单位的个体自我可支配时间有效利用等级区分

可支配小时数量	投入目标指向时间数量	有效利用比率	有效利用等级
9	8<t≤9	89%<UR≤100%	九
	7<t≤8	78%<UR≤89%	八
	…	…	…
	t≤1	UR≤11%	一

注：表中以国家统计局 2008 年的时间利用情况调查结果为参考标准，界定每个个体每天在正常的睡眠和休闲娱乐时间之外可拥有的可支配时间为 9 小时。

其次，利用效率维度。主要衡量投入目标指向的有效时间的内在利用效率，其衡量的核心实质上是个体在该特定的有效投入时间内自我身心与既定目标之间的融切程度，即用心和专注程度。投入目标指向的有效时间相同的两个不同个体，其内在的时间利用效率往往存在有很大的差异。比如，对于学习而言，有的个体能够做到完全沉浸其中，如孔子乐而致学、学而忘老，从而能够达到极高的内在时间利用效率；而另一个个体可能只是把同样的时间表面上用于了既定的指向目标，但实际上却心不在焉，则只能达到极低的内在时间利用效率。可见，有效时间的利用效率是一个非常重要的衡量维度。显然，基于时间利用效率维度进行分析，其根本的目的是实现时间资源的高效利用，避免效率低下情况的出现。同理，根据特定有效时间内自我身心与既定指向目标之间的融切程度高低，可以将其区分为高低九个等级。特定有效时间内自我身心与既定指向目标之间，达到了完全融切即所谓的沉浸其中而物我两忘状态的，时间利用效率可以认为是达到了最优的第九等级；达到了中等融切即所谓的沉浸其中但须有意识的自我不断强化状态的，时间利用效率可以认为是达到了中等程度的第五等级；出现了完全不融切即所谓的心不在焉状态的，时间利用效率可以认为是达到了最差的第一等级。特定有效时间内自我身心与既定指向目标之间的融切度，介于九等级与五等级之间则为六至八等级，介于五等级与一等级之间则为二至四等级。具体如表3-3所示。

表3-3　基于自我身心与既定指向目标之间融切度的有效时间利用效率等级区分

身心与目标的融切状态描述	时间利用效率等级	备注
沉浸其中，物我两忘	九	时间利用效率等级与身心、目标的融切对应状态，介于九与五之间的为六至八等级，介于五与一之间的为二至四等级。
沉浸其中，须有意识自我强化	五	
完全心不在焉	一	

最后，优化配置维度。主要衡量时间分配比例与目标重要程度之间的适衡度。就此维度进行分析，其根本目的是实现基于目标簇群的时间资源的优化配置，有效避免低效配置和错位配置。根据我本目标的重要程度，可以区分为重要目标、中等目标、一般目标三种基本类型。同时根据时间分配占比，可以区分为高比重、中比重、小比重三个基本类型。如果高比重的时间资源分配赋予了重要目标、中比重的时间资源分配赋予了中等目标、小比重的时间资源分配赋予了一

般目标，就达到了时间分配比例与目标重要程度相适衡的理想状态，可以认为时间资源的优化配置程度为最优的第九等级。如果高比重、中比重、小比重的时间资源，分别分配赋予了一般目标、中等目标、重要目标，就出现了时间分配比例与目标重要程度的完全失衡，可以认为时间资源的优化配置程度为最差的第一等级。如果一般目标、中等目标、重要目标分别平均分配赋予中比重的时间资源，可以认为达到了时间分配比例与目标重要程度的适衡与失衡界点，时间资源的优化配置程度为中等的第五等级。时间分配比例与目标重要程度的适衡度，介于九等级与五等级之间则为六至八等级，介于五等级与一等级之间则为二至四等级。参见表3-4。

表3-4 基于时间分配比例与目标重要程度之适衡度的时间资源优化配置等级区分

目标重要程度	时间分配比例			备注
重要目标	高比重	中比重	小比重	时间分配比例与目标重要程度适衡度，介于九与五之间的为六至八等级，介于五与一之间的为二至四等级。
中等目标	中比重	中比重	中比重	
一般目标	小比重	中比重	高比重	
优化配置程度	优	中	差	
优化配置等级	九	五	一	

进一步可以进行三个基本维度的时间管理能效水平等级划分，以及两个维度等级量化的简化分析。具体参见第一章第五节，此处不再赘述。

特别地，关于时间利用比率和利用效率两个维度，有两点需要说明：一是上述对于利用比率和利用效率两个维度的等级区分和量化分析，是基于一般正常健康个体进行的，目的是基于共同的比较标准获得相互之间的可比性。但在实践中，如果面对的是非正常健康的个体，如健康恶化或者某个阶段内健康不佳的个体，那么对其进行自我时间管理利用的等级量化分析，就不应该再按正常健康个体的标准去要求，而是做到相对于自己条件而言的最佳即可。二是利用比率和利用效率两个维度表面上彼此独立，但实际上两者存在有内在逻辑上的紧密关联和相互制约。一般情况下，可支配时间的利用比率太高，往往会导致利用效率的下降，即投入时间虽然很多但利用效率不佳，出现日常所谓的"疲劳战"状态。在图3-11中，A可支配时间的利用比率达到了最高的九等级，但可能会导致身心疲劳，结果对于有效净时间的利用效率只有一等级，则其时间管理综合能效水平只有9。而 B 的可支配时间的利用比率虽然只有五等级，但因为良好的劳逸结合，结果对于有效净时间的利用效率达到了七等级，则其时间管理综合能效水平达到了35。所以，为了获得最佳的时间管理综合能效水平，不同个体应该根据自己的实际情况，选择确定一个与自身条件相匹配适衡的利用比率与利用效率的组合状态，以达到综合能效最优。

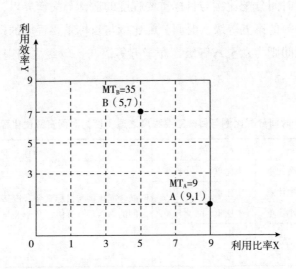

图3-11　利用比率和利用效率交互影响下的时间管理能效情况比较

四、我本时间管理的实现路径

1. 积极扩张有效时间总量

有效时间总量的含义包括两个方面：一是我本时间总体量，二是我本时间有效量，两者合计统称为我本有效时间总量。我本有效时间总量的直接决定因素，除了先天性的遗传因素之外，就是后天的健康保健因素。身体素质相同的两个个体，作息规律和经常锻炼者，其寿命相对较长，生活质量相对较高，即有效时间总量具有优势。相反，作息没有规律也不锻炼身体甚至有吸烟、酗酒等劣习的个体，其寿命和健康可能会受到影响，生活质量也会大打折扣，从而导致有效时间总量处于劣势。这样，对于每一个具体的个体而言，要想实现有效时间总量的扩张，基本的路径就是加强对自我生命健康的有效管理，保证个体首先实现健康长寿和品质生活。具体措施则包括作息规律、经常锻炼、饮食科学、习惯良好，避免晚上过晚入睡、早上过迟起床、长久宅家足不出户、暴饮暴食等不良生活状态的出现。

2. 科学定位发展目标指向

做到了上述第一点，就能够保证拥有相对充足的有效时间可资利用。然而要真正实现这些有效时间的实现高效利用，还必须拥有另一个基本前提，即科学定位自己的发展目标指向。如果自我发展目标指向不能够实现科学定位，即使实现了第一个前提，身体健康、生命长久，其拥有的大把有效时间也将难以真正得到有效利用，而且很可能会出现无所事事、虚度年华的情况。实际上，这种现象在现实中大量地存在，无论是对自我个体还是对家国社会来说，都在事实上造成了一种严重的资源浪费！

而要做到发展目标指向科学定位，首先需要进行自我发展目标指向的概选。具体需要开展四个方面的工作：①内我分析，推云去雾，明晰自我内心的真正兴趣和追求，明确回答我想干什么的问题。②外我分析，即对外我之家庭、知识、能力、特长、财富等基础支撑条件进行分析，明确回答我可干什么的问题。③家国分析，即对所处时代大势、家国大局进行剖析，确保相应的视野高度，明确回答要我干什么或者我应干什么的问题。④将内我、外我、家国三者分析进行结合交叉，三界之交集区域，即是自我发展目标指向应该定位所在。

之后，即可进行自我发展目标指向的精选。这是一个知行体验的过程，其基本流程有三：①基于自己的真正兴趣和追求，从自我发展目标定位的交集区域出发，优选少数几个典型而具体的行业，并予以优先顺序排序；②对于优选的典型具体行业，尽可能全面地进行背景、内容、性质、发展前景等具体知识性了解，并根据了解情况进行优先顺序的适当调整；③在知的前提下，对于其中排序第一的行业，进行必要的参与体验，获得知背景下的真实行业感受。自我体验感觉特别合适者，即可明确定位为自我发展目标指向。自我体验感觉不合适者或不确定是否特别适合者，则依次进行排序第二、第三行业的参与体验。最终比较明确一个相对最为合适的行业，即可定位为自我发展目标指向。具体如图3-12所示。

3. 计量分析时间配置利用实况

在正式制订科学可行的时间计划之前，往往需要对自己目前的时间配置利用情况进行一次真实的计量分析，以获得认识现状、发现问题从而优化计划的动力。具体做法是：从某个周一开始，如实记录自己每天全部时间的实际配置利用情况，持续一周。一周之后，回头整理此周每天时间的实际配置利用记录，分析

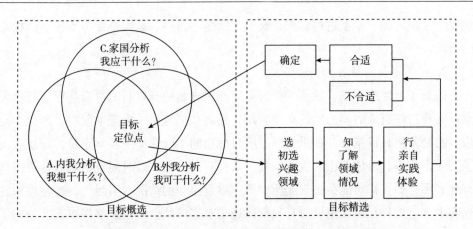

图 3-12　自我发展目标指向科学定位的概选与精选路径

其中哪些档期时间配置合理、利用高效，予以固化处理；哪些档期时间配置合理但利用低效，分析如何实现高效利用或优化他配处理；哪些档期时间配置不合理，分析如何予以优化配置以实现高效利用。对于没有形成时间高效配置利用习惯的个体而言，这种持续一周的时间配置利用实录，可能会真实展现自我存在的触目惊心的时间浪费现象！而在意识到问题并明确根源所在之后，那么后面的时间配置利用有效计划和高效执行，就是水到渠成的事情了。具体如表 3-5、表 3-6所示。①

表 3-5　自我时间实际配置利用情况记录

记录时间		□周一　□周二　□周三　□周四　□周五　□周六　□周日					
序号	时间阶段	所做事情	备注	序号	时间阶段	所做事情	备注
1	：～：	起床		4	：～：		
2	：～：			5	：～：		
3	：～：			6	：～：		

---

①　就此进行统计分析，可得到每个个体对自己最为宝贵时间资源的管理和利用状态。大致可以区分为三种基本类型：第一种是个体对自我时间的管理利用处于一种内心无意识、外在无行动状态，从管理视角对自我宝贵时间的优化配置和充分利用完全没有得到体现，或者通俗地说，这类个体对自己的宝贵时间予以了完全随机和随意的处理。第二种是个体对自我时间的管理利用处于一种内心有意识、意识不清晰、外在弱行动状态，从管理视角对自我宝贵时间的优化配置和充分利用处于一般的不理想状态。第三种是个体对自我时间的管理利用处于一种内心强意识、意识高清晰、外在强行动状态，从管理视角对自我宝贵时间的优化配置和充分利用进行了高度重视和身体力行。

续表

记录时间				□周一 □周二 □周三 □周四 □周五 □周六 □周日			
序号	时间阶段	所做事情	备注	序号	时间阶段	所做事情	备注
7	： ~ ：			18	： ~ ：		
8	： ~ ：			19	： ~ ：		
9	： ~ ：			20	： ~ ：		
10	： ~ ：			21	： ~ ：		
11	： ~ ：			22	： ~ ：		
12	： ~ ：			23	： ~ ：		
13	： ~ ：			24	： ~ ：		
14	： ~ ：			25	： ~ ：		
15	： ~ ：			26	： ~ ：		
16	： ~ ：			27	： ~ ：		
17	： ~ ：			28	： ~ ：	睡觉	

注：①用 24 小时制时间格式进行记录，如下午 5 点记作 17：00。②每一件事情从开始到结束所用时间请精确到分钟。③每天第一件事情是起床，最后一件事情是睡觉，中间设置 28 个表格，可以填写不满。如果 28 个表格填写不够，可以自行增加。④请连续完整地记录自己一周的时间配置利用情况。

表 3-6 自我时间实际配置利用情况分析

记录时间			□周一 □周二 □周三 □周四 □周五 □周六 □周日			
时间配置利用记实			时间配置利用优化分析			
时间阶段	所做事情	配置时长	该档时间于该项工作是否配置合理	该项工作配置时间分析		
				合理配置时长	可节余时间	可节余比率
一周记录分析结论（一周结束后进行）	分类		档期时间	占比		解决对策
	配置合理利用高效					固化处理
	配置合理利用低效					高效利用或优化他配
	配置不合理或者档时错配					优化他配

4. 科学制订时间配置利用计划

在有效时间总量保证和发展目标科学定位的基础上，即可基于目标定位针对自我有效时间制订科学的配置和利用计划，具体涉及以下三个层面的问题：

一是要树立珍惜时间的良好观念。具体说就是要认清时间白驹过隙、流年匆匆的特性，拒绝"明日复明日，明日何其多"的虚度心态，树立只争朝夕、时不我待的心念。在珍惜时间这一点上，明人文嘉的《今日诗》和钱鹤滩的《明日歌》两首诗的表述颇有哲理。文嘉的《今日诗》从正面的视角劝人珍惜时间：今日复今日，今日何其少！今日又不为，此事何时了？人生百年几今日，今日不为真可惜！若言姑待明朝至，明朝又有明朝事。为君聊赋今日诗，努力请从今日始。钱鹤滩的《明日歌》则从反面的视角去告诫人们不珍惜时间的后果：明日复明日，明日何其多！我生待明日，万事成蹉跎。世人若被明日累，春去秋来老将至。朝看水东流，暮看日西坠。百年明日能几何？请君听我明日歌。

二是要明确时间计划的根本目标。针对有效时间科学制订配置利用计划有两个基本目标，即实现有效时间的优化配置和充分利用。对有效时间的充分利用就是根据目标定位，将有效时间尽可能地全部利用起来而不闲置浪费。对有效时间的优化配置就是根据目标定位特别是不同层次目标的轻重缓急，将有效时间予以合理地配置使用，做到重要的目标配置较多的时间和重要的档期，不重要的目标配置较少的时间和次要的档期，急迫的目标配置当期、近期时间档期，缓行的目标配置中期、远期时间档期。具体如表3-7所示。

表3-7　面向不同目标的有效时间优化配置

目标类型	时间数量配置	时间档期配置
轻	少	次要档期
重	多	重点档期
缓	视情况	中期远期
急	视情况	当期近期

三是时间计划要通过合适载体和形式予以呈现。时间计划要自我制订并自我呈现，其呈现载体可以有纸质载体或者电子载体等多种类别，呈现形式可以有表格形式和文字形式等多种类型。不管什么载体或形式，由于目标定位的近期、中

期、远期指向不同，这个自我呈现出来的时间计划，应该是由近期时间计划、中期时间计划、远期时间计划有机组合的时间计划集。一般而言，现实中比较适用的时间计划集，由日计划、周计划、月计划、年计划等组成，其中最为基本的是日计划，所以最重要的是做好当期或者眼下的日计划。对于刚刚开始进行时间计划的个体，其日时间配置利用计划表可以制订得相对比较详细，在将每天的工作区分为重点工作和一般工作的基础上，将每天可资利用的时间和档期予以合理配置，具体如表 3-8 所示。相对熟悉之后，可对日时间计划表进行简化处理，即只将每天工作区分为重点工作和一般工作，写入表中予以明确。在实际工作中，则根据每天主客观情况，自觉地将更多数量和更好档期的时间配置于重点工作，将较少数量和一般档期时间配置于一般工作。具体如表 3-9 所示。

表 3-8　自我每日时间配置详表

工作类型	工作细目	时间档期安排
重点工作		
一般工作		

表 3-9　自我每日时间配置简表

工作类型	工作细目
重点工作	
一般工作	

5. 高效执行时间配置利用计划

在以上工作的基础上，要真正实现对有效时间的优化配置和充分利用，关键是高效执行时间配置利用计划。具体可从三个方面做起：一是想即写，即每天早上（或者每天晚上），对今天（或者明天）应该完成的事情和工作予以简单计划，对于想到的应该开展或者完成的工作，即时记入自我日时间计划表内，做到应写尽写、不留死角，避免虽然想到了但因为没有记录而一转念又忘记从而最后放空情况的出现。二是写即做，即对于拟开展或完成的简单易行的目标任务，想到即写下，写下即行动，当日事当日毕，避免因自我惰性拖沓导致想而不写、写而不为的情况出现。三是志即行，即对于想到并已经记下的需要自我强大毅力克服各种艰难困苦才能完成的重要目标，或者超越自我能力而需要获取外界力量支持才能完成的重要目标，就需要充分发挥自我内心的定力、毅力，不忘初心、不惧风雨、志如磐石、坚毅前行，确保准时完成、高质实现！

第六节　我本管理之情绪管理

一、我本情绪管理的定义和价值

关于情绪的确切定义，心理学家还有哲学家已经辩论了 100 多年。学术界的一个典型定义是：情绪是指伴随着认知和意识过程产生的对外界事物态度的体验，是人脑对客观外界事物与主体需求之间关系的反应，是以个体需要为中介的一种心理活动，是多种感觉、思想和行为综合产生的心理和生理状态。

情绪通常和心情、性格、脾气、目的等因素互相作用，也会受到荷尔蒙和神经递质的影响。情绪构成理论认为，情绪发生时有五个基本元素必须在短时间内协调、同步进行。一是认知评估，即注意到外界发生的事件或人物，认知系统自动评估这件事的感情色彩，并触发接下来的情绪反应。例如，看到心爱的宠物死亡，主人的认知系统把这件事评估为对自身有重要意义的负面事件。二是身体反应，即身体适应情绪波动自动反应，使主体适应这一突发状况。例如，意识到死亡无法挽回，宠物主人的神经系统觉醒度降低，全身乏力，心跳频率变慢。三是自我感受，即个体体验到的主观感情。例如，在宠物死亡后，主人的身体和心理产生一系列反应，主观意识察觉到这些变化，把这些反应统称为"悲伤"。四是表达，即通过面部和声音变化表现出这个人的情绪，向周围的人传达情绪主体对这一事件的看法和他的行动意向。例如，看到宠物死亡，主人紧皱眉头，嘴角向下，哭泣。五是行动的倾向，即由情绪产生动机。例如，悲伤的时候希望找人倾诉，愤怒的时候会做一些平时不会做的事。

那么，什么是情绪管理？肖汉仕教授认为，情绪管理是指用心理科学的方法有意识地调适、缓解、激发情绪，以保持适当的情绪体验与行为反应，避免或缓解不当情绪与行为反应的实践活动，包括认知调适、合理宣泄、积极防御、理智控制、及时求助等方式。另外一个典型的定义是，情绪管理是指通过研究个体和群体对自身情绪和他人情绪的认识、协调、引导、互动和控制，充分挖掘和培植个体、群体的情绪智商，培养驾驭情绪的能力，从而确保个体和群体保持良好的情绪状态，并由此产生良好的管理效果。总之，情绪不可能被完全消灭，所以说情绪管理并非是消灭情绪，也没有必要消灭，而是进行有效疏导、有效管理、适度控制，这就是情绪管理的基本范畴。

由此，可以对我本情绪管理给出一个基本定义：所谓我本情绪管理，就是自我本体对自我先天性拥有的情绪资源，基于自我目标定位，进行优化配置和充分利用的过程。其核心内容是，重点从情绪类型、情绪强烈度、情绪持久度三个维度进行自我察觉、自我调控、适度表达、自我激励。

我本情绪管理具有非常重要的意义和价值。对于个体而言，情绪变化如四季变化般自然发生，一旦情绪产生波动时，个体会具有出愉快、气愤、悲伤、焦虑或失望等各种不同的内在感受，进而对个体的身心健康、人际关系、家庭事业等产生正面或者负面的影响。简单地说，对情绪进行有效管理，使其处于一种常态的正面情绪类型，个体会更有可能得到所在团队组织的认可和接纳，获得更多的发展机会，最终实现身心健康、家庭幸福、事业顺达。相反，不能对情绪进行有效管理，使其处于一种常态的负面情绪类型，个体就会遇到更多的阻力和困境，丧失发展机会，最终出现身心、家庭、事业方面的诸多消极问题，甚至导致整个人生的失败。具体如图3-13所示。从这个意义上讲，对情绪进行有效管理极其重要。[①]

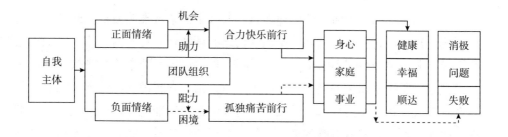

图3-13 积极和消极情绪的影响机制

---

① 曾经位列全美畅销书排行榜的《情绪智慧》（*Emotional Intelligence*）甚至将EQ与情绪管理画上等号，可见情绪与情绪管理的重要性。

二、我本情绪管理的运行机制

首先，情绪管理的逻辑过程。从图 3-14 可以看出，所谓我本情绪管理的逻辑过程，就是一个自我情绪的产生和管理相互交织的一个行为过程。就情绪的产生而言，其本质是自我主体对事物客体的基于特定态度前提的一种认知反应过程。具体说，当自我主体对事物客体进行认知之后，会基于自我特定态度前提而产生一种认知后的心理活动和心理感受，这种心理活动和感受通过外在的自我行为表现出来，最终必然会导致一定的或正或负的行为后果。不过，自我是一个能动的主体，对于从态度认知到心理感受、外在行为、行为后果的情绪产生过程，在每个环节又伴随有自我评估调整的作用与反馈过程，以保证最终的行为后果尽可能地符合自己的心理预期，从而形成了情绪管理的逻辑过程。

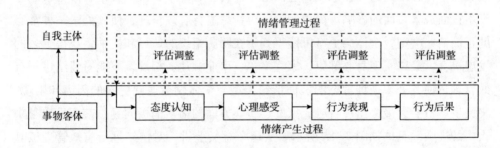

图 3-14　我本情绪产生与管理的逻辑过程

当然，对于不同年龄阶段的个体而言，其我本情绪管理能力是不同的。年龄越小，则这种基于自我态度认知的本我性情绪心理和行为越占据主流，每个情绪产生环节伴随的自我评估调整的反馈越是轻微，意味着其情绪管理能力越是不足。最典型的是刚刚出生的婴儿，其每个环节的情绪表达都是纯粹本我式的，几乎不存在自我评估调整的反馈，即几乎没有任何情绪管理能力，想哭就哭，想笑就笑，均源自本性。随着年龄的增长，每个情绪产生环节伴随的自我评估调整的反馈将日益加强，即情绪管理能力在不断上升。孔子说："七十而从心所欲，不逾矩。"从情绪管理角度说，这实际上表达了七十高龄之后个体的情绪管理能力所能达到的一种极高的境界，能将产生的本我直接性情绪，在不经意中极其自然地实现与外在社会规范和自我心理预期的完美融汇，达到心理认知、心理感受、外在行为以及最终的行为后果诸个情绪环节的和畅、顺达、完美。

其次，我本情绪管理的运行层级。就我本情绪管理的具体运行过程而言，包括自我情绪内管理和自我情绪外管理两个层级。

由图3-15可知，自我主体基于自我心态或者价值观、人生观、世界观、生活观，面向特定事物客体会产生一种心理波动即自我情绪。而情绪一旦产生，就进入了情绪内管理的运行过程。这个过程表现为：首先，自我个体对这种产生的情绪要进行自我的觉察和识别，判断其类型及强烈程度以及正负影响程度。其次，根据与外我环境特别是与所在团队成员建构良好人际关系的目标，对这种情绪进行相应的评估调整，使之达到适度的态势。需要注意的是，这里的评估调整并不是要消除情绪，而只是把其调整到适度的态势。最后，将这种调整之后的情绪，运用适当的形态予以外向展现或者表达，为外界所感知。在这个过程中，对不同类型情绪的内管理，还包括一个极其重要的环节，即对呈现的正、负、强、弱各不相同的情绪进行有效挖掘，提炼扩张其中对自我发展具有积极激励作用的因素，助力自我成长进步的实现。需要说明的是，不仅正面情绪具有自我激励作用，负面情绪如伤心、失落等如果挖掘处理得当，也具有正面的激励效果。比如，因某次考试不理想而产生的失落情绪，本身就蕴含着希望后面努力学习迎头赶上的积极因素，对其进行积极挖掘和发挥，会产生良好的自我激励效果。

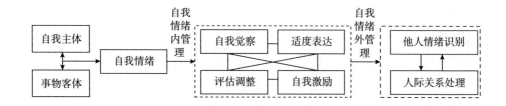

图3-15　我本情绪管理的内外两个运行层级

情绪外管理的运行过程，是指自我情绪外现之后为了实现与外我环境特别是所在团队成员和谐共处的目标，进行的两个外在情绪管理步骤。首先是对他人情绪的识别。实际上，要实现与外我环境特别是所在团队成员和谐共处的目标，仅对自我情绪的识别调整是不够的，还需要对情绪受体的情绪进行有效识别，以做到自我主体和外我主体两个情绪的有效耦合，产生最佳的情绪耦合和共振效果。其次是进行具体的人际关系处理，包括基于适度情绪附着的语言、肢体等行为。而达到了人际关系的良好处理，本身也就实现了情绪管理的最终目标指向。

三、我本情绪管理的等级量化分析

我本情绪管理的等级量化分析应该基于情绪的维度区分理论进行。情绪的维度区分理论，是指根据情绪所固有的某些特征，如情绪的动力性、激动性、强度和紧张度等，进行维度细分的理论。冯特提出的情绪三维理论认为，情绪是由三个维度组成的，即愉快—不愉快、激动—平静、紧张—松弛，每一种具体情绪分布在三个维度的两极之间不同的位置上。他的这种看法为情绪的维度理论奠定了基础。20世纪50年代，施洛伯格根据对面部表情的研究提出，情绪的维度有愉快—不愉快、注意—拒绝和激活水平三个维度，并建立了一个三维模式图。其三维模式图的长轴为快乐维度，短轴为注意维度，垂直于椭圆面的轴则是激活水平的强度维度，三者在不同水平的整合可以得到各种具体的情绪类型。其他的情绪维度区分理论还有普拉切克的情绪强度、相似性和两极性三维度理论，伊扎德的情绪愉快度、紧张度、激动度、确信度四维度理论等。中国的黄希庭则提出了包括强度、紧张度、快感度、复杂度在内的情绪四维度理论。

参考上面文献，从情绪管理的本义出发，本书将情绪分解为三个基本维度进行分析。

首先，情绪的类型维度，即通常意义上的情绪种类，这是情绪最为根本的一个区分维度。关于情绪的类型，我国古代有喜、怒、忧、思、悲、恐、惊的七情说，普拉切克有悲痛、恐惧、惊奇、接受、狂喜、狂怒、警惕、憎恨八型说。虽然众说纷纭、见仁见智，但一般认为情绪可以区分为四种基本类型，分别是喜、怒、哀、惧。基于喜、怒、哀、惧四种基本情绪类型的不同组合，可以有众多细分情绪类型，即复合情绪。20世纪70年代，在因素分析的基础上，勒扎德提出人的基本情绪有11种，分别是兴趣、惊奇、痛苦、厌恶、愉快、愤怒、恐惧、悲伤、害羞、轻蔑、自罪感等。由此产生的复合情绪可以分为三类：一是基本情绪的混合，如兴趣—愉快；二是基本情绪与内驱力的结合，如疼痛—恐惧—怒；三是基本情绪与认知的结合，如多疑—恐惧—内疚。事实上，上述我国七种情绪以及美国心理学家普拉切克八种情绪的划分，也可以认为是复合情绪的类型划分。

其次，情绪的强弱维度，即特定情绪类型展示呈现的激烈程度，这是情绪量化分析的第二个维度。国内外研究按照情绪发生的速度、强度和持续时间不同，将情绪划分为心境、激情和应激三种强弱程度。①心境。心境是一种微弱、弥散和持久的情绪，也即平时说的心情。心境的好坏常常是由某个具体而直接的原因造成的，它所带来的愉快或不愉快会保持一个较长的时段，并且把这种情绪带入工作、学习和生活中，影响人的感知、思维和记忆。愉快的心境让人精神抖擞、感知敏锐、思维活跃、待人宽容。而不愉快的心境让人萎靡不振，感知和思维麻木、多疑。②激情。激情是一种猛烈、迅疾和短暂的情绪，类似于平时说的激动。激情是由某个事件或原因引起的，情绪表现猛烈，但持续的时间不长，并且牵涉的面不广。激情通过激烈的言语爆发出来，是一种心理能量的宣泄，从一个较长的时段来看，对人身心健康的平衡有益，但过激的情绪也会使当时的失衡产生危险。特别是当激情表现为惊恐、狂怒而又爆发不出来的时候，会有全身发抖、手脚冰凉、小便失禁、浑身瘫软等症状。③应激。应激是机体受各种内外环境因素及社会、心理因素刺激时所出现的全身性非特异性适应反应，又称为应激反应，这些刺激因素为应激原。从根本上讲，心境、激情、应激是对情绪呈现强烈程度的一种等级区分。其中，心境对应一般强烈度的情绪，激情对应中等强烈度的情绪，而应激对应高强烈度的情绪。

最后，情绪的持久维度，即情绪从发生到消失持续的时间长度。显然，有的情绪从发生到消失会持续较长时间，而有的只持续很短时间。同样一个情绪的出现，其持续时间的长短不同，最后形成的影响和效果也会大不相同。所以，情绪持续时间的长短是情绪量化分析的又一个重要维度。从绝对时间长短角度看，情绪的持续时间长短具有极大的差异性，长的可能达到几年甚至十几年之久，短的可能一瞬间就结束了。所以，对于情绪持久维度的量化分析，这里不再以绝对持续时间长短进行分析，而转化为以相对持续时间长短进行分析。基于这种考虑，可将情绪持续时间长短简化区分为三个等级，即低持久度、中持久度、高持久度。所谓低持久度，是指情绪从发生到消失持续时间在一天之内。所谓中持久度，是指情绪从发生到消失持续时间在一天至一周之内。所谓高持久度，是指情绪从发生到消失持续时间在一周以上。当然，在这种简单区分之下，各等级内部还可以进行更为细化的等级区分。比如，情绪从发生到消失持续时间仅为一瞬间的可以称为极短持久度情绪，持续时间长达数年之久的可以称为极高持久度情绪等。

由此，可以作出我本情绪管理的三维量化分析示意图（见图3-16）。在该三维量化分析图中，虽然重点是从积极和消极两个方面进行情绪区别的，但实际上包含了各种具体情绪类型。为了进一步量化和方便分析，下面在既定分类的前提下，或者说在某一具体情绪类型确认的情况下，重点针对情绪强烈度和持久度进行等级量化区分。由此可以形成基于正负情绪类型前提的简化的情绪等级量化分析图（见图3-17）。图3-17中，横轴表示情绪的强烈度，纵轴表示情绪的持久度，各有低、中、高三等九级的区分。

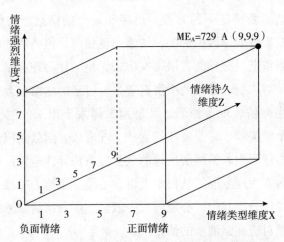

图3-16　我本情绪管理的三大基本维度与等级量化分析

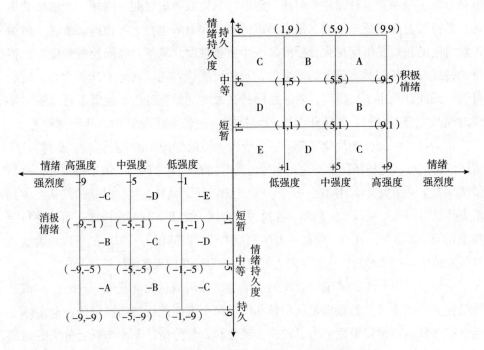

图3-17　面向具体情绪类型的我本情绪管理等级量化分析

针对某一具体情绪类型，其正面呈现的积极性情绪，展示于第一象限；其负面呈现的消极情绪，展示于第三象限。可知，在第三象限的消极情绪中，最不理想的是消极情绪的高强度和高久度的呈现，而最理想的是消极情绪的低强度和低久度呈现。所以，对于该负面呈现的消极情绪，其优化路径是明确的，大体上应该从（-9，-9）向（-1，-1）的界点优化演进，最终达到消极情绪无强度和无久度的原点状态（0，0），即消灭负面情绪。在第一象限的积极情绪中，最不理想的是积极情绪的低强度和低久度同时呈现，而最理想的是积极情绪的高强度和高久度同时呈现。所以，对于该正面呈现的积极情绪，其优化路径也是明确的，大体上应该从（0，0）向（9，9）的界点优化演进，最终达到积极情绪的高强度和高久度的呈现。

由此，可以进一步对量化分析的情绪进行基本等级划分。就负面的消极情绪而言，原点（0，0）为最佳状态的界点。以此为中心，根据与原点距离的远近，可以划分为五个等级，分别为负面情绪的-A等级、-B等级、-C等级、-D等级和-E等级。显然，负面情绪的五个等级中，-E等级是最优，而-A等级是最差。同理，就正面的积极情绪而言，（9，9）为最佳状态的界点。以此为中心，根据与该界点距离的远近，同样可以划分为五个等级，分别为正面情绪的A等级、B等级、C等级、D等级和E等级。显然，正面情绪的五个等级中，A等级是最优，而E等级是最差。

四、我本情绪管理的实现路径[①]

根据上述分析，可以给出我本情绪管理的实现路径，包括以下四个基本步骤：

（1）对情绪的自我觉察，做到某种情绪一出现便能够为自我所察觉。个体对自我情绪及其状态变化的直觉能力，可以说是情绪智力的核心能力所在。如果个体不具有这种情绪的自我觉察能力，或者说不能对自己的真实情绪感受有一个正确的认识，就容易为自己的情绪所摆布和控制，以至于做出许多遗憾的事情。

---

① 具体可参考情绪管理的以下十本经典书籍：奇普·康利：《如何控制自己的情绪》；约翰·辛德莱尔：《情绪自控力》；弗雷德曼·肖普：《别让小情绪害了你》；曾仕强：《情绪的奥秘》；安藤俊介：《不生气的情绪掌控术》；贾毓婷：《我的第一堂情绪管理课》；徐宪江：《哈佛情绪控制课》；理查德·怀斯曼：《正能量》；卡耐基：《每天学一点超级自控力》；莱斯利·卡梅隆·班德勒，迈克尔·勒博：《好情绪，不抑郁》。

（2）对情绪的自我调控，做到有效控制自己的情绪活动并抑制自己的情绪冲动。对情绪的自我有效调控是建立在对情绪状态的自我正确觉察基础上的，其能够帮助个体有效地摆脱因为失败或不顺利而产生的焦虑、沮丧、激动、愤怒或烦恼等消极情绪，并直接影响到个体工作、学习与生活的状态与绩效。当情绪调控能力低下时，自我会经常处于消极甚至痛苦的情绪旋涡中。反之，如果情绪调控能力强大，即使出现了情感的挫折或失败，自我也能迅速摆脱、调整、控制并且重整旗鼓。

（3）情绪的适度表达，实现与外我环境特别是所在团队成员建构良好而正向人际关系的根本目标。特别地，情绪的适度表达不仅包括正向情绪的适度表达，如善意的微笑、友好的回答、轻松的沟通等，也包括负向情绪的适度表达，如生气、愤怒等。情绪适度表达的基本原则应该是：尽可能平和积极，但又与所在特定的场景相适衡。比如，面对在轿车行驶中随意开窗向路面抛弃垃圾的司机，交警可以面带微笑但原则坚定地指出其的错误；但如果面对的是一个穷凶极恶的抢劫罪犯，对其进行怒斥则应该是适度的。

（4）情绪的自我激励，引导或助推自我去达到预定的目的。这就要求个体为服从自己的某种发展目标，有意识地去调动与指挥自己的情绪。现实中，个体要成功完成某项任务，往往需要集中注意力，自我激励、自我把握，尽力发挥出自己的创造潜力。这就需要对情绪不断进行调节与控制，能够对自己的某些需要予以延迟满足，能够对自己的某种情绪冲动予以调节激励。

如果将情绪的管理范畴适当外延，那么，我本情绪管理的实现路径还应该包括以下两个外在步骤：

首先，对他人情绪的识别。这种觉察他人情绪的能力就是所谓的同理心，亦即能设身处地站在别人的立场上去理解别人。愈具有同理心的人，愈容易进入他人的内心世界，也就愈能及时觉察和正确识别他人的情绪状态。

其次，妥善处理人际关系。一般来说，能否处理好人际关系是个体是否被社会接纳与受欢迎的基础。在处理人际关系的过程中，能否正确地向他人展示自己的情绪非常重要，因为个体的情绪表现会即刻对接受者产生影响。如果个体发出的情绪信息能够感染和影响对方，那么人际交往就会顺利进行并且深入发展。

特别地，我本情绪管理是面对某一种具体情绪的具体而微的管理方式。实际上从整体的宏观层面看，情绪的发生往往直接取决于个体的心态，直接取决于个体的价值观、人生观、世界观。同样面对一个不小心打碎杯子的人，有的个体可能表现出强烈的愤慨，而有的个体则可能表现得非常温文尔雅。之所以会差异巨大，根本原因就在于两个个体的内在心态或者价值观、人生观、世界观存在很大的差异。由此，进行我本情绪管理，还应该不断加强深层次心态或者价值观、人生观、世界观的改造，将自我内心修炼成为仁爱之心、宽恕之心。

第七节　我本管理之记忆管理

一、我本记忆管理的定义与价值

记忆是人脑对经验过的事物的识记、保持、再现或再认的过程，它是进行思维、想象等高级心理活动的基础，是学习、工作和生活的基本机能。记忆与大脑海马结构、大脑内部的化学成分变化有关，也和其他心理活动有着密切联系，把抽象无序转变成形象有序的过程是记忆的关键。

在记忆问题上提出重要概念的第一人，当属公元前 4 世纪的思想家柏拉图，他的理论被称为"蜡板假说"。他认为，人对事物获得印象，就像有棱角的硬物放在蜡版上所留下的印记一样，并会随着时间的推移而缓慢地淡薄下去乃至完全消失，就像蜡版表面逐渐恢复了光滑一样。第一个在心理学上对记忆进行系统实验研究的是德国著名心理学家艾宾浩斯，他对记忆研究的主要贡献有二：一是对记忆进行严格的量化测定；二是对记忆的保持规律进行研究并绘制出了著名的艾宾浩斯记忆遗忘曲线。从此，记忆成为了心理学研究的重要领域。"二战"后特别是 1960 年以来，记忆研究越来越得到重视，美国、英国、日本等国或设立记忆法专科学校或开办函授教学，开始进行增进记忆的普及教育。目前有关提高记忆力的方法、技巧以更好服务于人类工作、生活、学习的研究，尚处于一种方兴未艾的态势中。

大脑记忆几乎具有无穷的潜力。现代生物学的研究表明，大脑皮层由 140 多亿个神经细胞组成，每个神经细胞上有 3 万多个突触，脑内突触总数超过 100 万亿个。众多突触建立联系使大脑总存储量可达 1000 万亿个信息单元，相当于 50 个藏书 1000 万册的美国国会图书馆。然而，个体对大脑的开发利用又往往极其有限。科学家估计，普通人一生顶多利用大脑全部能力的 7%，爱因斯坦也只使用了大脑能力的 12%。要想最大限度地开发利用大脑，就需要进行优化管理。对于一台超级计算机而言，若没有安装操作系统就无法正常工作，若安装的是最原始的 DOS 操作系统则只能利用其全部功能的 10%，要让其发挥出更大的功效就需要给它升级更高级的操作系统。假如把大脑比作超级计算机的话，记忆力训练就是全面升级大脑的操作系统。由此，实施记忆管理和挖掘记忆潜力的重要性就不言而喻了！

那么，什么是我本记忆管理？所谓我本记忆管理，就是自我主体作用于自我大脑记忆器官，使大脑记忆器官面对客观事物时，特别是有意识需要记忆的客观事物时，通过改善记忆器官质地和优化记忆方法技巧，加快记忆速度，提高记忆准度，保持记忆长度，最终实现记忆的品质和效率不断提升的过程。

记忆和记忆管理在自我管理和自我成长发展中发挥着基础性的关键作用。从图 3-18 可以看出，大脑记忆器官作用于客观事物，首先形成的是一种本态性质的记忆。通过对本态性质的记忆进行管理实现有效记忆，而基于客观事物与本态记忆结合的有效记忆，会导致知识的获得。记忆和知识的有效结合，进一步会转化为经验和能力，再进一步会升华为思维和创新，最终凝结为最高层级的智慧。只有当自我个体获得了充足的知识、丰富的经验、高强的能力、灵活的思维、高效的创新以及高超的智慧后，个体才能够实现自我的良好成长和发展。作为其中关键起点的知识，其获得的途径是有效记忆，而有效记忆的良好实现必须有赖于良好的记忆管理。如果缺失了基于记忆管理的有效记忆这个前置性环节，后面知识的获得、经验的丰富、能力的提高、思维的升级和创新的长成，以及最后自我的成长和发展，都将难以实现。

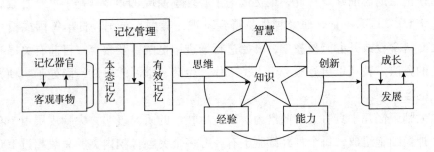

图 3-18 记忆和记忆管理在自我管理和自我成长发展中的基础性关键作用

记忆和记忆管理的基础性关键作用，可以在现实生活中得到生动验证。《纽约时报》的一次调查显示：所谓成功者，96% 记忆力都非常好，所谓失败者，绝大多数记忆力都较差。许多出色的政治家、军事家、文学家都拥有惊人的记忆力。如马克思就拥有超强的记忆力，正是借助超强的记忆力，马克思完成了其鸿篇巨著《资本论》。法国历史上最著名的军事家拿破仑也具有超强的记忆力，据说他能记住每一个士兵的面孔和名字，能将18世纪军事家所重视的一切军事理论全部熟记在心，常常能在大战正酣之际，捕捉到转瞬即逝的战机，不用看地图仅凭记忆就能果断地发布命令，从而改变两军的命运。

记忆和记忆管理的基础性关键作用，还可以从记忆在应试教育中的作用得到验证。从记忆的角度分析各门功课的考试内容，大体可分为四类：①考试题目直接可以在课本中找到答案的，如语文、政治、历史、地理、政治等科目；②需要把课本内容加以组织、概括、总结的，如政治、历史等科目；③考试题目与课本上的例题类似的，如数学、物理、化学等科目；④考试题目是全新的，书上或参考书上没有类似题目的，这种题目往往在语文作文和数学、物理中出现。显然，第一类题目属于纯记忆范畴；第二类题目需要在记忆的基础上加以文字组织；第三类题目需要在记忆的基础上进行思维转换，而且这种思维能力是常规性的；第四类题目考察思维能力。第四类题目分数占高考总分的比例，理科大约为20%，文科只占15%，所以说有80%的理科分数、85%的文科分数直接与记忆力有关。特别地，即使是第四类完全考察思维能力的题目，其思维的运行和灵活程度仍然依赖于对概念、定义、定理、公式等基本知识以及运用这些知识分析解决问题的方法的记忆积累和储存。

古希腊埃斯库罗斯说，记忆乃智慧之母。在如今崇尚自主创新的社会背景下，在智力培养中有种重视逻辑思维能力而轻视记忆能力的趋向，这显然是不正确的。如上所述，所有的创新都是建立在对前人创造的知识与成果的记忆和掌握上。记忆的知识越多，观察就越敏锐，思维推理就越缜密，判断就越准确，就越富有创造力。

二、我本记忆管理的运行机制

我本记忆管理的运行机制，可以从记忆管理的本质机制和记忆管理的过程机制两个层次进行分析。首先，记忆管理的本质机制。由图3-19可知，就面向某一具体刺激进行的记忆而言，首先获得的是瞬时记忆。瞬时记忆并不牢固，可能会很快消失，也可能会因为注意的集中和强化而得到加强，转化为适时记忆。适时记忆同样可能会发生遗忘而消失，也可能会因为复述等强化因素的介入，而进一步升华为长时记忆。所谓记忆管理的本质机制，就是对记忆器官具体记忆某一事物的记忆实现过程进行管理，或者说针对瞬时记忆、适时记忆、长时记忆各个环节介入以记忆方法和记忆措施为代表的记忆管理，实现消失、注意、遗忘、复述、加快检索等相关记忆因素有意识的强化或者弱化，使对该具体事物的记忆在精度、速度、久度三个基本维度方面实现预期的强化效果，最终实现记忆质效的提升优化。

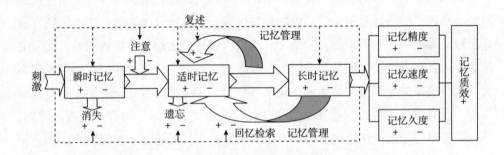

图3-19　基于三级记忆信息加工模式的记忆管理本质机制

其次，我本记忆管理的过程机制。简单地说，记忆管理包括对记忆器官进行品质提升的管理和对记忆过程进行效率提升的管理两个方面（见图3-20）。记忆得以顺利进行的基础是记忆器官大脑，大脑记忆器官品质的高低直接影响着记忆的效率，因此记忆管理的首要内容就是对记忆器官进行品质提升的管理。在记忆器官品质既定的情况下，对记忆对象进行记忆的过程包括识记记忆、保持记忆、回忆再认记忆三个次序递进的环节。识记是指通过对事物的特征进行区分、认识并在头脑中留下一定印象的过程。对事物的识记有些通过一次感知就能达到，而大部分则需要通过反复感知才能实现。根据是否有目的，识记可以分为没有预定目的的无意识记、有预定目的的有意识记两种；根据对材料是否理解，识记可以分为通过机械重复方式进行的机械识记和通过材料内在联系理解进行的意义识记两种。保持是对初步或者瞬间记忆的内容，在头脑中进行固化和维持以实现一定时间长度的持有。从反面角度理解，保持也就是遗忘。按照信息加工的观点，遗忘过程在记忆的不同阶段都存在，遗忘是一种正常而合理的心理现象。再认是过去经历的事物重新出现时，能够被识别和确认的心理过程。在再认过程中，不同个体对不同材料的再认速度会受到原有经验的巩固程度、原有事物与重新出现时的相似程度、个性特征等因素影响。回忆是在一定诱因的作用下，过去经历的事物在头脑中的再现过程。根据有无目的性可以把回忆分为有意回忆和无意回忆，有意回忆是在预定目的的作用下对过去经验的回忆；无意回忆是没有预定目的自然而然发生的回忆，如触景生情等。基于记忆环节的区分，记忆过程效率提升的管理就是针对识记记忆、保持记忆、回忆再认记忆几个环节分别进行管理优化的过程。综合以上分析，我本记忆管理的过程机制就是对记忆器官进行品质提升管理和对记忆各环节过程进行效率提升管理，以获得记忆在精度、速度、久度三个基本维度方面的提升，最终实现记忆质效的不断提升优化。

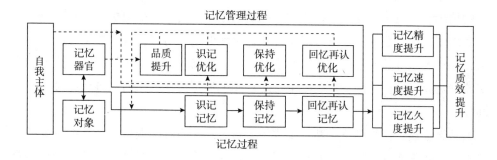

图 3-20　我本记忆管理的过程机制

需要说明的是，上面分析中所说的记忆对象是一般正面意义上的有效记忆对象，所以其目标指向是通过记忆器官品质提升和记忆环节效率提升实现记忆在三个基本维度上的提升优化。现实中，如果面对的记忆对象是负面的，需要尽可能地不被记忆或者遗忘，那么记忆管理中针对记忆器官品质的提升管理，其内涵就转换为了有效遗忘品质的提升。而针对三个记忆环节的优化管理，其内涵也就转换为了尽可能地淡化识记、淡化保持、淡化回忆再认。可见，真正全面的记忆管理，虽然从根本上说可以归结为记忆品质和效率的提升，但这种品质和效率的提升，在面对不同正负记忆对象的时候实际上存在有有效强化和有效弱化两个方面的指向，或者说有效强化和有效弱化两个方面同时具备的记忆，才是真正的质效性记忆。

三、我本记忆管理的等级量化分析

根据上述分析，我本记忆管理的量化分析可以从记忆精度、速度、久度三个基本维度进行。所谓记忆精度，是指记忆器官面对记忆对象进行的记忆与记忆对象本身的符合程度。一般情况下，记忆器官对记忆对象的记忆与记忆对象本身越是符合，记忆的精度品质就越高。需要说明的是，不同记忆器官只有在相同注意时间和范围内对同一记忆对象进行的记忆，其精度才具有可比性。所谓记忆速度，是指记忆器官面对记忆对象进行记忆，完成特定记忆任务需要的时间长度，或者说每一单位时间内能够实现准确记忆的记忆对象数量。一般情况下，记忆器官对记忆对象实现精确记忆的时间越短，记忆的速度品质就越高。需要说明的是，不同记忆器官只有在对同一记忆对象实现完全相同记忆精度的记忆时，所用的时间才具有比较价值；或者不同记忆器官在同样单位时间内对同一记忆对象实现的精确记忆数量，才具有比较意义。所谓记忆久度，是指记忆器官在对记忆对象实现了记忆之后到能够有效保持回忆再认的最大时间长度。这个时间越是长久，记忆的久度品质就越高。需要说明是的，记忆久度高低比较的应该是不同记忆器官对同一记忆对象实现精确记忆之后到能够保持并精确回忆再认的最大时间间隔。

基于上述记忆管理三个基本维度的分析，进一步可以进行三个基本维度的记忆管理能效水平等级划分（见图 3-21），以及两个维度等级量化的简化分析。具体参见第一章第五节，此处不再赘述。

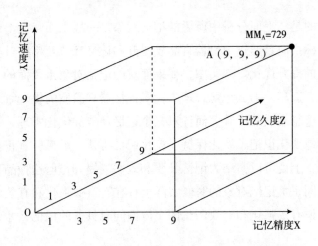

图 3-21　我本记忆管理的三大基本维度与等级量化分析

实践中，为了更好地进行记忆管理的等级量化分析，应开发一个记忆管理能效水平等级量化分析的记忆材料数据库和记忆管理能效水平测评量表及测评量值与等级区分对应表。为了具有较高的区分度，这个记忆材料数据库应该具有较高的记忆难度。这里针对机械记忆构架一个面向一般成年群体的记忆材料数据库，即基于中国常用汉字，去除特别简单和特别繁难的两极化汉字，形成一个基于中国汉字的记忆材料数据库。每次进行记忆管理能效水平等级量化分析时，随机从材料库中抽取 3 次，每次抽取 100 个无规律排列的汉字，各以一个完整页码的形式呈现出来，并冠以 A、B、C 标号来区分，形成具体测试材料。

首先，进行记忆精度品质测试。抽取 A 测试材料，在安静的环境中呈现在测试对象面前，给测试对象 3 分钟充分注意时间。3 分钟结束后，收走测试材料 A，即刻开始对测试对象进行记忆精度的测试。要求测试对象按照 A 测试材料上的汉字进行回忆，并按照既定顺序在一张空白纸上写出，时间是 3 分钟。3 分钟之后将测试卷收走，统计完全按正确顺序写出的汉字数量占 100 个汉字的比例（X/100）再乘以 100，即可表示记忆精度品质的原始得分值。比如，如果这个比例为 37/100，测试对象的记忆精度品质原始得分就是 37 分。

其次，进行记忆速度品质测试。抽取 B 测试材料，在安静的环境中呈现在测试对象面前，给测试对象 3 分钟充分注意时间。3 分钟结束后，收走测试材料 B，即刻开始对测试对象进行记忆速度的测试。要求测试对象按照 B 测试材料上的汉字进行回忆，并在一张空白纸上写出，时间是 3 分钟。3 分钟之后将测试卷收走，统计正确写出的全部汉字占 100 个汉字的比例（Y/100）再乘以 100，即可表示为记忆速度品质的原始得分值。比如，如果这个比例为 51/100，则测试对象的记忆速度品质原始得分值就是 51 分。

再次，进行记忆久度品质测试。抽取 C 测试材料，在安静的环境中呈现在测试对象面前，给测试对象 3 分钟充分注意时间。3 分钟结束后，收走测试材料 C。1 小时后，开始对测试对象进行记忆久度的测试。要求测试对象按照 C 测试材料上的汉字进行回忆，并在一张空白纸上写出，时间是 3 分钟。3 分钟之后将测试卷收走，统计正确写出的全部汉字占 100 个汉字的比例（Z/100）再乘以 100，即可表示为记忆久度品质的原始得分值。比如，如果这个比例为 31/100，则测试对象的记忆久度品质原始得分值就是 31 分。

最后，基于以上测试逻辑，选择合适群体进行大范围抽样测度，建立记忆管理能效测度量值原始得分数据库，并进行高低排序和 I、II、III、IV、V 五个等级的二次等级转化。此处从略。

由此，首先对各具体对象进行记忆品质原始得分测试，然后给出记忆品质的评估等级。

以上只是针对机械记忆进行的一个记忆管理能效水平测评与等级量化对应示例性分析。现实中，记忆材料数据库的构架以及后面大范围抽样测试和原始得分与品质等级对应转换，还可以区分成形象记忆、逻辑记忆、动作记忆、机械记忆等不同类型，并且针对不同年龄群体采取不同的方式方法进行。显然，这将是一个比较艰巨但也很有意义的挑战。

四、我本记忆管理的实现路径

所谓我本记忆管理的实现，就是通过相应管理手段和方式方法的采取，使自我记忆器官的品质得到有效维护和提升，自我记忆能力得到明显加强和建设，自我记忆质效实现显著保障和呈现。要做到这些要求，应该从以下具体路径做起：

1. 维护提升记忆器官品质

记忆器官大脑是整个记忆管理体系的基础。没有大脑的良好基础支撑，要实现记忆能力和记忆质效的建设和提升，将是不可能实现的艰巨重任。由此，记忆管理实现的首要路径，就是对记忆器官大脑进行有效维护，提升这个记忆器官的记忆品质。具体可以从以下几个方面做起：①优生优育与良好遗传。大脑这个记忆器官品质的高低，首先取决于父母的基因遗传。一般情况下，父母素质良好且能做到优生优育者，其子女先天性地具有较高的智力和较好的记忆品质。所以记忆器官的维护与提升，首先是做到优生优育，实现良好遗传。②优营优养与良好发育。大脑这个记忆器官品质的高低，还极大地取决于个体后天发育成长期间的优营优养程度。同等情况下，后天发育成长期间能够得到优营优养的个体，其记忆器官的良好发育程度要明显优于得不到良好优营优养的个体。因此，记忆器官的维护与提升，还要做到优营优养，保证良好发育。③优学优教与良好开发。大脑这个记忆器官品质的高低，进一步取决于个体后天发育成长期间的优学优教程度。同等情况下，后天发育成长期间能够得到优学优教的个体，其记忆器官的良好开发程度要明显优于得不到优学优教的个体。因此记忆器官的维护与提升，还要做到优学优教，保证良好开发。④科学锻炼与良好保持。个体发育成长成年之后，科学的符合自身特点的规律性体育锻炼，有助于记忆器官品质的保持和巩固。因此，记忆器官的维护与提升，还要根据自身特点进行科学性、规律性的体育锻炼，实现良好保持。⑤作息规律与规避损伤。个体发育成长期间以及成年之后，科学的符合自身特点的规律性作息，可有效避免记忆器官品质的损伤和恶化。同等情况下，作息缺乏规律、晚上睡觉太迟、早上起床太晚的个体，其记忆器官品质受到的损伤和恶化程度，要明显高于作息规律的个体。因此记忆器官的维护与提升，还要做到符合自己特点的科学性规律性作息。⑥常学常记与用进废退。在个体记忆器官的维护与提升过程中，还存在着一条明显的用进废退的规律。不管什么年龄阶段，常学常记有利于记忆器官品质的维护和提升，而不学不记反而会使记忆器官品质快速衰减和下降。因此记忆器官的维护与提升，还要做到常用常使、常学常记，以实现不断的用进，避免可能的废退。

2. 良性保持记忆态度和记忆意志

研究表明，一个独立的记忆个体面对一个具有一定记忆难度的记忆对象，当其处于随意消极的状态进行记忆时，有效记忆的效率和品质将很不理想。相反，当其处于积极主动的状态进行记忆时，有效记忆的效率和品质将会有很大的提高。这表明，积极主动还是随意消极的记忆态度，对记忆质效的保障和呈现具有重大的影响和制约作用。积极主动记忆态度进一步的升华，就是良好的记忆意志。由此，要实现记忆质效的有效保障和呈现，还应该保持一份积极的记忆态度，秉持一份良好的记忆意志，而避免随意消极记忆态度甚至负面记忆意志。不过，良好的记忆意志并不是过度的记忆意志，过度的记忆意志反而会使记忆主体产生不必要的负面记忆焦虑，而影响记忆的质效。当然，记忆意志的适可范围多大为佳，尚需要进一步的研究来界定。

3. 科学把握和有效利用记忆规律

记忆过程中的识记记忆、保持记忆、回忆再认环节，均有一定的规律可以把握和利用，这里重点从记忆保持的角度进行记忆规律把握和利用的示例分析。作为记忆全部过程的一个关键性环节，记忆保持的品质从反面讲就是记忆遗忘，记忆保持的实现就是记忆遗忘的避免。遗忘是指识记过的材料不能回忆和再认，或者回忆和再认有错误的现象。遗忘虽是一种复杂的心理现象，但其发生发展是有一定的规律的。德国心理学家艾宾浩斯最早进行了这方面的研究，他用无意义音节为实验材料，以自己为实验对象，在识记材料后每隔一段时间重新学习，以重学时所节省的时间和次数为指标绘制出遗忘曲线，具体如图3-22所示。

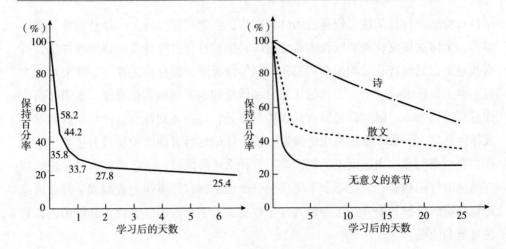

图 3-22　艾宾浩斯遗忘曲线

艾宾浩斯遗忘曲线反映的是遗忘变量和时间变量之间的关系，从中可以发现以下遗忘规律：①遗忘的进程是不均衡的，在识记之后最初一段时间里遗忘量比较大，以后逐渐减小，即遗忘的速度是先快后慢的。②记忆组长度与记忆速度具有内在关系。记忆的音节组长度增加时，诵读到能正确背诵所需的次数就急剧增加。如识记 12 个音节只要诵读 16.6 次就能背诵，而识记 36 个音节就要诵读 55 次才能背诵。③记忆材料的意义性对记忆有正向影响。艾宾浩斯抽取《唐·璜》一诗中的节段，每一段有 80 个音节，发现大约读 9 次能记住一段。然后记 80 个无意义音节，发现完成这个任务几乎需要重复 80 次。由此得出结论，无意义材料的记忆与有意义材料的记忆在难度上几乎相差 9 倍。④保持和诵读次数具有内在关系。诵读次数越多、时间越长，则记忆保持越久。⑤分散学习比集中学习优越。对一个具有 12 个音节的音节组进行集中学习，需要阅读 68 次才能正确背诵，而分散学习只要 35 次就够了。

科学把握和有效利用艾宾浩斯遗忘曲线揭示的遗忘规律，可以有以下具体做法：①必须记住的材料，要在学习后第一时间安排第一轮复习，并及时安排以后的复习。②积极寻找记忆材料之间的联系以实现理解性高效率记忆，拒绝死记硬背。③对看似独立的记忆材料，可以通过编排故事和有效联想等办法实现高效记忆。④努力提高记忆的动力，把记忆材料变成需要的感兴趣的材料。

4. 积极挖掘与高效使用记忆方法

在记忆规律的把握和利用中，还可以挖掘和使用一些有价值的记忆方法。这里重点介绍两种具体的高效记忆方法。

一是联想记忆法。艾宾浩斯研究发现，记忆直接性的图画材料要比记忆间接性的抽象材料快得多，且保持得更加牢固和长久。现实中，同样一个美丽的湖面风景，有现场观察、观看照片、阅读文字、读取编码四种可以接触了解并记忆的方法。同等观察和记忆条件下，四种方式对该同样一个湖面风景所获得的记忆，其精准程度、快速程度、持久程度存在有巨大的差别，其中直接观察湖面所获得的记忆效果最优，观看照片所获得的记忆效果次优，阅读文字所获得的记忆效果一般，读取编码所获得的记忆效果最差。究其原因，直接观察湖面的方式具有直接性的优势，可以充分调动和运用全身心的感觉器官参与记忆，其所得到的记忆内容将是直接的、生动的、立体的。而读取编码感知湖面的方式，直观性、直接性、全感官参与性、联想性均下降到了最低，甚至荡然无存。可见，就记忆的效率和效果而言，记忆对象的直接性、直观性、全感官参与性越好，记忆精准程度、快速程度、持久程度三项品质指标就越高。

这样，当面对的记忆对象非常枯燥抽象时，如果可以通过联想的方法，将其转化为直接性、直观性、全感官可参与性的记忆对象，就可大大提高记忆的效率和效果。由此，联想记忆法或者在记忆中充分运用联想的方式进行记忆，就是一种可以极大提高记忆效率和效果的有效方法。现实中，记忆对象有可能由若干个分散的、无规律的记忆点组成，这个时候联想性记忆就不仅是静态地联想，还应该进行动态联想，将这些分散的无规律的记忆点联想形成一个有趣味的故事或者电影以实现良好记忆。

二是路径记忆法。面对枯燥抽象但数量并不太多的记忆对象时，联想记忆法具有很好的效果。但如果面对的记忆对象不但是枯燥抽象的，而且数量庞大，那么进行联想记忆可能会导致不同内容的记忆彼此发生冲突干扰，最终影响整体的记忆效果和质量，而路径记忆法则可以有效克服联想记忆法的这种局限。所谓路径记忆法，是在联想记忆方法的基础上，通过引入直观生动的记忆路径和路桩设置，将记忆材料中的各有关记忆点，按既定次序挂置于路径的各个路桩上，从而实现大量枯燥抽象记忆对象的条理化、直观化、生动化，最终提高记忆的效果。

相比于联想记忆方法，路径记忆法引入了一个关键性的记忆辅助工具——记忆路径及路径上的若干个路桩。记忆路径及路径上路桩的设置，需要做到三个要点：一是记忆路径的选取一定要紧密联系自己熟悉的生活场景，越熟悉越好，越真实越好。二是记忆路径选取之后，还要在上面选择设置一定数量的记忆路桩，要求是自己经常反复接触的点位，不但非常熟悉，而且有亲近甚至温暖的感觉。三是对于在记忆路径上设置的各个记忆路桩及其顺序要做到烂熟于心，做到不用思考即可随口而出。之所以要选择熟悉的路径和亲切的路桩，本意也是要保证对路径上各个记忆路桩及先后顺序烂熟于心。

记忆路径设计完成之后，面对记忆对象中各个抽象枯燥的记忆词点，根据先后顺序将其依次挂置于各个记忆路桩之上，每个路桩上可以挂置一个记忆词点，也可以挂置两个甚至三个记忆词点。如果该记忆路径上各个记忆路桩用完之后，仍然有剩余记忆词点，则可以再返回记忆路径之初进行第二遍挂置，直到将所有记忆词点在各个记忆路桩上按先后顺序挂置完毕。进而，进行充分联想，使记忆对象直观化、生动化、感性化，再反复通看几遍实现有效记忆。当然，路径记忆方法应用之初，可能不会发挥其所有的潜力。熟悉之后，特别是对自己设计的记忆路径熟悉之后再借助其进行记忆，记忆质效的提升效果就会充分展现。

5. 优选阅读材质与提升日常记忆

需要说明的是，除了目的指向性明确的记忆之外，应对素材积累、知识丰富和视野开阔的个体成长需要，还需要通过阅读渠道补充大量的日常记忆。显然，不同阅读材质的选取会导致差异巨大的记忆品质和效果。

一个简单而有意义的比较性实验就是，在保持同等阅读时间和阅读量的条件下，就两种不同的材料进行阅读，一种是一部完整的古典文学作品《三国演义》，另一种是同等分量的《读者》类系列短文随笔。研究发现，在不施加任何外界干预的情况下，完整阅读《三国演义》的一组测试对象，在一年整、三年整、五年整、十年整的时间节点上，仍然可以很好地对其中的内容和情节进行回忆和再认，回忆和再认的数量、精度均具有良好的保持性。特别地，从阅读完毕至一年整、三年整、五年整、十年整的时间节点上进行纵向遗忘考察，其遗忘发生的速度相当的平缓。相反，完整阅读《读者》系列短文随笔的一组测试对象，在一年整、三年整、五年整、十年整的时间节点上，大多已很难再对其中的内容和情节进行回忆和再认，回忆和再认的数量、精度均呈现劣质的保持性。另外，从阅读完毕至一年整、三年整、五年整、十年整的时间节点上进行纵向遗忘考察，其遗忘发生的速度相当迅速，甚至在一年整的节点上，可以有效回忆和再认的效果就已大大下降了。

《三国演义》是中国古代文学四大名著之一，《读者》类系列短文随笔往往是对真实生活感悟的记载，两者均属于有正面思想性和阅读趣味性的阅读材料。

在分量相当、可读性相似的情况下，对两份阅读材料的阅读呈现出的有效记忆品质和效果为什么会有如此巨大的差异？根本原因就在于两份阅读材料的具体组成具有重大不同，进而在吻合大脑记忆规律方面出现了优劣分化。从图 3-23 可以看出，《三国演义》虽然包含的记忆内容非常丰富，但这些记忆内容均是一个完整故事的有机组成，阅读之后这些丰富的记忆内容会在头脑中形成一个完整的记忆树，各个具体阅读内容会成为这棵记忆树上的有机组成而被挂置于各自适当的位置，从而形成一个全面、系统、精确的记忆定位。而且基于某一具体阅读内容的精确定位，还可以迅速获得其他具体阅读内容的相对定位，即存在有不同阅读内容之间彼此相互促进记忆保持的正向作用，从而能够实现良好的记忆质效。特别地，正是由于完整记忆树的形成，以及不同阅读内容在记忆保持方面彼此的相互支撑机理，这个完整的记忆树一旦形成，将会具有良好的稳固性，随着时间推移而遗忘的速度会非常平缓。

《三国演义》式　　　　　特征　　　　　　《读者》式　　　　　特征
阅读记忆　　　相互关联　有机体系　　阅读记忆　　　相互独立　缺乏关联
方式　　　　精确定位　随时备取　　方式　　　　毫无规则　一盘散沙

图 3-23　《三国演义》和《读者》两类阅读材质的记忆特质与记忆质效比较

相反，阅读过的诸多《读者》文章中，虽然每一篇也均是一个生动有趣的记忆内容，但不同篇章之间相互独立、并无关联。阅读后虽然进入大脑实现了记忆，但呈现的是散点式的记忆格局，各记忆点内容彼此相互独立、缺乏关联、毫无规则，难以在大脑中形成一个完整的可以进行精确定位的记忆树。这些彼此零散、互不关联的记忆内容，虽然均可在大脑中实现记忆保持，但当需要调用相关记忆信息时，却往往很难扫描捕获从而形同虚无，在本质上呈现为一种沉寂性质的记忆保持。而且因为不同记忆点位彼此之间相互独立、互不关联，不同记忆内容之间不存在有彼此相互促进记忆保持的正向作用，从而不能够实现良好的即时记忆质效，记忆的持久度和稳固性也将大大下降，遗忘的速度非常快。

由此，要获得良好的阅读记忆，进行个体成长所需要的素材积累、知识丰富和视野开阔，就应该多选择阅读经典而体系的、有分量的阅读材料，而减少对独立分散性阅读材料的阅读。

第四章　家本管理：全部管理的第一把推力

第一节　悲剧惨剧一再发生的根源在哪里？

家庭的良好管理，是一个国家和社会实现和谐稳定、健康发展的根基所在。然而在现实中，一幕幕家庭悲剧惨剧的发生，不但对所涉家庭造成了重大的甚至无可挽回的伤害，也极大地影响了国家和社会的和谐稳定。究其根源，往往可以追溯到家庭管理的不当不善。

各种典型悲剧惨剧虽然形式各不相同，但造成的后果都是惨重的！究其原因，无论是夫妻之间的家暴悲剧惨剧，还是父母与子女之间的暴溺悲剧惨剧等，均指向了失败的家庭管理。追根溯源，当事人的悲剧惨剧之源，就深藏于其自小成长的家庭环境、家庭氛围和家庭管教之中！

第二节　国内外相关研究进展

基于家庭问题和家庭政策的核心维度进行审视梳理，国外家庭管理研究发展有着相对清晰的演进历程，先后经历了起步、拓展和聚焦三个阶段①。首先，起步阶段（1948~1999 年）以工作家庭关系为起点，这一阶段以零散研究为主，研究文献总体较少。研究重点在于后工业化社会儿童照料、家务负担、家庭工作之

---

① 祝西冰．国外家庭政策研究前沿演进历程与知识架构——基于科学知识图谱视角［J］．山东社会科学，2017（9）：77-88.

间的关系协调等方面，代表性研究成果有《过渡时期：女性当家的家庭成长》《家庭政策研究类型》《综合性家庭政策实施：社会学家之角色》等①。其次，伴随国家转型与社会进步，国外家庭管理研究发展为拓展阶段（2000～2007年），形成了短期兴盛的福利国家主题研究与主题恒定的性别维度研究。福利国家转向研究兴起于2002年，兴盛于2006年以后，代表性的研究成果有《工作中的家庭：工作家庭协调政策》《家庭、国家与劳动力市场：战后福利国家家庭政策的构成、理由与后果》《发达国家中女性的工作与生育关系调整》等②。纳入性别维度的研究，多从性别差异角度诠释生活工作状态不协调之成因与应对，涉及性别、政治与国家等宏观维度，代表性研究成果有《性别与福利国家》《未完成的革命：适应女性新角色》等③。最后，2008年以来的知识聚焦阶段，呈现出社会不平等与家庭政策解构等领域研究同步推进的态势。社会不平等领域的研究涉及性别革命、福利国家照料、孕妇就业中的教育不平等诸方面④，解构家庭领域的研究涉及儿童照料模式、为家庭牺牲职业生涯、跨国视角下的母亲惩罚等方面⑤。总之，国外家庭管理研究在较长的演进历程中已隐约形成一条主线，即围绕"以生育为核心的健康家庭模式"展开，包括由于生育而引发的妇女工作家

① Ross H. L. , Sawhill I. V. , MacIntosh A. R. Time of Transition: The Growth of Families Headed by Women [R] . [S. l.]: The Urban Insitute, 1975; McDonald G. W. Typology for Family Policy Research [J] . Social Work, 1979, 24 (6): 553-559; Tallman I. Implementation of a National Family Policy: The Role of the Social Scientist [J] . Journal of Marriage and Family, 1979, 41 (3): 469-472.

② Gornick J. C. , Meyers M. K. Families that Work: Policies for Reconciling Parenthood and Employment [R] . [S. l.]: Russell Sage Foundation, 2003; Ferrarini T. Families, States and Labor Markets: Institutions, Causes and Consequences of Family Policy in Post-war Welfare States [M] . [S. l.]: Edward Elgar Publishing, 2006; Ahn N. , Mira P. A Note on the Changing Relationship between Fertility and Female Employment rates in Developed Countries [J] . Journal of Population Economics, 2002, 15 (4): 667-682.

③ Mary D. , Katherine R. Gender and the Welfare State [M] . Cambridge: Polity, 2003; Esping Andersen G. The Incomplete Revolution: Adapting to Women's New Roles [M] . Cambridge: Polity, 2009.

④ England P. The Gender Revolution: Uneven and Stalled [J] . Gender & Society, 2010, 24 (2): 149-166; Kremer M. How Welfare States Care: Culture, Gender and Parenting in Europe [M] . Amsterdam: Amsterdam University Press, 2010; Liechti L. Educational Inequalities in Maternal Employment: The Case of Switzerland, 1970-2010 [J] . Zeitschrift Fur Soziologie, 2014, 43 (5): 361-378.

⑤ Szelewa D. , Polakowski M. Who Cares? Changing Patterns of Childcare in Central and Eastern Europe [J] . Journal of European Social Policy, 2008, 18 (2): 115-131; Gash V. Sacrificing Their Careers for Their Families? An Analysis of the Penalty to Motherhood in Europe [J] . Social Indicators Research, 2009, 93 (3): 569-586; Budig M. J. , Misra J, Boeckmann I. The Motherhood Penalty in Cross-National Perspective: The Importance of Work-Family Policies and Cultural Attitudes [J] . Social Politics: International Studies in Gender, State & Society, 2012, 19 (2): 163-193.

庭平衡、生育后子女由谁来照料以及如何照料、不同意识形态下国家对待家庭的态度等问题，涉及生育干预、妇女就业、母亲收入惩罚、托幼服务、父母产假政策、儿童照料方式、妇幼福利等议题，衍生了工作家庭政策、儿童家庭政策、儿童照料政策、家庭友好政策、可持续家庭政策、家庭支持政策、关系支撑政策、综合家庭政策、弹性家庭政策、健康家庭政策等政策指向。

　　国内的家庭管理研究也取得了良好进展。在家庭财富管理方面，李涛和陈斌开（2014）、黄静和屠梅曾（2009）、卢现祥（2003）、张粉霞（2016）等的研究具有代表性，涉及财富效应与居民消费、家庭产权安排、家庭金融知识与财富积累、家庭风险管理等方面①。其中，李涛和陈斌开（2014）基于翔实微观家庭数据的研究发现，家庭住房资产主要呈现出消费品属性，只存在微弱的"资产效应"，不存在"财富效应"。住房价格上涨无助于提高我国居民消费，相反家庭生产性固定资产具有明显的"资产效应"和"财富效应"。在家庭成员管理方面，邓林园等（2020）、武萌等（2018）、蔡蔚萍（2016）、张鑫（2013）等的研究具有代表性，涉及父亲陪伴与母亲情绪影响、母亲控制策略与幼儿顺从行为、母亲对子代社会地位获得的影响、闲散青少年服务管理与家庭关系修复等方面②。其中，邓林园等（2020）基于北京824位小学生母亲进行调查发现，头胎儿童的亲社会行为显著少于独生子女，品行问题显著多于独生子女；父亲陪伴时间、父亲陪伴质量、母亲积极情绪、母亲消极情绪、儿童心理行为适应各维度之间两两显著相关。而蔡蔚萍（2016）采用CGSS2010数据，通过建立三个多元线性回归模型研究发现，母亲的受教育程度与职业地位越高，其子代的教育程度和职业地位相应越高，母亲的职业地位对子代收入和职业地位的影响要大于父亲。在家庭工作关系管理方面，鞠蕾（2016）、刘永强和赵曙明（2016）、马丽和马

　　① 李涛，陈斌开．家庭固定资产、财富效应与居民消费：来自中国城镇家庭的经验证据［J］．经济研究，2014，49（3）：62-75；黄静，屠梅曾．房地产财富与消费：来自于家庭微观调查数据的证据［J］．管理世界，2009（7）：35-45；卢现祥．中国的家庭产权安排、家族式管理与资本积累［J］．世界经济，2003（1）：67-69；张粉霞．高风险家庭的风险研判与风险管理研究——基于风险社会理论视角［J］．天津大学学报（社会科学版），2016，18（3）：278-283.

　　② 邓林园，王小婷，熊玥悦，李毓檀，李蓓蕾．二孩家庭中的父亲陪伴、母亲情绪与小学头胎儿童心理行为适应的关系［J］．中国临床心理学杂志，2020，28（2）：254-260；武萌，陈欣银，张莹，卢珊，王争艳．流动和城市家庭中母亲的控制策略与幼儿顺从行为［J］．心理学报，2018，50（5）：517-527；蔡蔚萍．家庭背景中母亲对子代教育获得和社会地位获得的影响［J］．广州大学学报（社会科学版），2016，15（4）：63-69；张鑫．特大城市中闲散青少年服务管理模式探究：家庭关系修复视角——以北京市海淀区闲散青少年帮扶试点为例［J］．中国青年研究，2013（10）：46-50.

梦媛（2019）等的研究比较具有代表性，涉及了辱虐管理与员工工作—家庭冲突、工作—家庭一体化管理制度的微观绩效与宏观均衡、边界管理匹配与工作满意度等领域①。其中，刘永强和赵曙明（2016）基于"互联网+"时代催生工作—家庭无边界管理情境，研究了管理制度结构及其调整的工作—家庭关系模式，发现由弹性工作制、资助和服务构成的新制度规制维度能缓解冲突、实现平衡。在家庭行为管理方面，石智雷和杨云彦（2014）、王军和詹韵秋（2021）等有关二孩生育意愿、子女数量变动的家庭消费影响等研究颇有价值②。在家庭卫生健康管理方面，周慧珺等（2020）、刘青等（2021）等有关健康状况的家庭资产投资决策、社区家庭医生签约对居民抑郁症的干预等研究③，也都颇有价值，此处不再赘述。

特别地，家庭文化管理和家风家训管理颇有中国传统文化特色。在这方面，郭丛斌和闵维方（2006）的家庭文化资本影响、王茹和朱秋（2021）的家庭教育红色文化基因传承、闫竹和王骛然（2020）的儒家文化对家庭股票投资决策影响④以及张红霞和刘敏（2019）的颜氏家训借鉴、高远（2018）的传统家训与家庭伦理研究⑤都比较典型。其中，闫竹和王骛然（2020）利用中国家庭金融调查（CHFS）微观数据研究发现，儒家文化观念会显著降低家庭的股票市场参与度。高远（2018）研究认为，新时期要发挥家训的积极作用，加强家庭伦理建设，应该吸收传统家训精华，营造新时期良好家风；发挥家训教化作用，推动青少年德性养成；重视"蒙养"的作用，提升家庭道德教育效果；加强新时期孝道教育，

① 鞠蕾. 辱虐管理与员工工作—家庭冲突—组织公正与心理困扰的中介作用 [J]. 财经问题研究，2016（6）：110-116；刘永强，赵曙明. 工作—家庭一体化管理制度的微观绩效与宏观均衡——兼论"互联网+"时代的管理创新 [J]. 江海学刊，2016（1）：79-86+238；马丽，马梦媛. 边界管理匹配与工作满意度—工作—家庭促进的中介作用 [J]. 软科学，2019，33（10）：82-86+92.

② 石智雷，杨云彦. 符合"单独二孩"政策家庭的生育意愿与生育行为 [J]. 人口研究，2014，38（5）：27-40；王军，詹韵秋. 子女数量与家庭消费行为：影响效应及作用机制 [J]. 财贸研究，2021，32（1）：1-13.

③ 周慧珺，沈吉，龚六堂. 中老年人健康状况与家庭资产配置——基于资产流动性的视角 [J]. 经济研究，2020，55（10）：193-208；刘青，黄悦勤，李彩丰，詹晓海，秦军茹. 家庭医生签约管理对社区居民抑郁症状的干预效果 [J]. 中国心理卫生杂志，2021，35（3）：195-199.

④ 郭丛斌，闵维方. 家庭经济和文化资本对子女教育机会获得的影响 [J]. 高等教育研究，2006（11）：24-31；王茹，朱秋. 家庭教育红色文化基因传承研究 [J]. 当代青年研究，2021（2）：27-32；闫竹，王骛然. 儒家文化与中国家庭股票市场参与 [J]. 中央财经大学学报，2020（12）：37-51.

⑤ 张红霞，刘敏. 论颜氏家训对当代家庭教育的涵养价值 [J]. 学校党建与思想教育，2019（4）：92-94；高远. 社会转型期现代家庭伦理建设中传统家训的道德传承 [J]. 江苏社会科学，2018（2）：115-119.

形成良好的家庭伦理氛围。

基于以上分析可知，目前国内外有关家庭管理的研究已经取得了相当成熟的进展。不过，研究中也呈现出一些问题，主要有：①目前的主流研究多是基于西方量化实证范式进行的，多聚焦于一个个具体细小的问题进行，力求深度和精准，然而整体性和宏观性把握却有所不足，再加上统计验证型量化实证范式固有的八大适用性制约及其价值损害的影响（参见第四章第四节论述），有时候会陷入理论—量化—实践的脱节窘境。②部分国内的研究，是基于优秀传统文化进行的，呈现出了中国文化特有的专注于系统性整体性的特征，然而却又往往陷入了微言大义、训诂阐发的相对乏论态势，缺乏了基本的调研数据支撑和科学工具支持，深度不够、精度不足。特别地，综合整个研究来看，聚焦家庭管理范畴，将系统性、整体性研究视角和关键性、重点性影响因素结合起来，并基于适宜的量化分析工具支持进行的机理性理论框架研究以及操作性的治理对策研究还并不理想。

第三节　本土文化有关家本管理的论述

关于家本管理，中国传统文化有着颇为丰富和系统的论述。不过中国传统文化中的家，不仅包括现代意义上的家庭，还包括家族、宗族等，甚至后者是重点所在。

家族一词语出《管子·小匡》："公修公族，家修家族。使相连以事，相及以禄。"可见，家族就是奉祀同一宗庙的家族分支，是以宗庙为中心聚集起来的人群。而若干出自同一男性祖先的家族，又组成宗族。

天生性的血缘关系是家族、宗族存在的前提和基础。血缘的天生性、非选择性，使任何一个个体从出生之日起就置于某个家族、宗族的血缘关系网络中。而家族、宗族则是以血缘关系为纽带建立起来的社会群体，同时也以血缘关系为界线划分出不同家族、宗族的界线。从社会学角度定义，家族、宗族是由家庭内父子轴血缘关系扩展和世代聚居而形成的。世代聚居以及由此产生的经济利益的共同性使其中的各个族员对自己所属的这一血缘共同体具有高度的心理认同，并因此形成鲜明的家族、宗族意识。家族宗族意识是指家族、宗族成员对本家族、宗族的认同感，表现为族员之间的相互信任、亲近及关怀意识，它是同族成员的光荣意识和共同利益意识。

中国传统文化始终对家族、宗族治理予以高度的重视，提出了影响深远的齐家思想。"齐家"一词出自《礼记·大学》：古之欲明明德于天下者，先治其国；欲治其国者，先齐其家；欲齐其家者，先修其身。总体而言，"齐家"之中的齐，有齐整、看齐之意；"齐家"之中的家，其本意不仅包括今天意义上的父母与子女组成的小型家庭，还包括由各个同姓小型家庭组成的家族甚至宗族；而齐家，就是以一个统一的家规标准，由家族或宗族之中年龄较长、辈分较高的人，对全体家族成员和事务进行管理，对内实现整个家族、宗族的稳定、和睦，对外维护家族、宗族的最大利益。这样就从治理整顿家族、宗族事务，使家族、宗族成员和睦相处并齐心协力的角度，把齐家或者家族、宗族管理放置于个体和社会发展的关键环节。

以血缘关系为基础的家族、宗族管理，首先发展出了以宗法制和嫡长子继承制为核心的内部运行体系，以实现对家族、宗族内部各成员进行有效的角色定位和远近区分。所谓宗法制，是指一种以血缘关系为基础，标榜尊崇共同祖先和维系亲情，在宗族内部区分尊卑长幼，并规定继承秩序以及不同地位的宗族成员各自不同的权力和义务的法则。其通过具体的修宗谱、建宗祠、置族田、立族长、订族规等行为，建构出一套适用于封建族权的家族（宗族）制度。宗法制奉行嫡长子继承制，嫡长子享有建立、奉祀历代宗庙的特权，被称为"宗子"。他的弟兄们则被称为"别子""支子"或"庶子"，仍属于原有的家族，到曾孙的后代已满五代，则奉行"五世而迁"规则从宗子之族分出，形成一个家族的分支，并另建祖庙。奉祀支子的庙叫作祖庙，成为这一分支的始祖；支子的后代子孙另立宗庙，以标志这一分支从哪里来，并同祖庙的一支合称做"一族"。宗族实际上是家族的延伸和扩展，《尔雅·释亲》即把由同一高祖父传下的四代子孙称为宗族，实际上有些宗族还可包括更多的世代。所以，家族和宗族密不可分，有时甚至合二为一。

丧葬是古代家族、宗族需要统一处理和应对的大事。古代的家族、宗族以血缘关系为基础，就家族、宗族丧葬事宜设计出了一套完整的"五服"管理制度，以进一步强化家族、宗族内部各成员的角色定位和远近区分，巩固以宗法制和嫡长子继承制为核心的内部运行体系。所谓的"五服"制度，是基于家族宗族"五世而迁"思想发展出来的一种丧葬礼仪。对于一个家庭宗族而言，其亲属范围包括自高祖以下至玄孙共九个世代的男系后裔及其配偶，通常称为本宗九族。

在此范围内的亲属，包括直系亲属和旁系亲属，为有服亲属，死为服丧。亲者服重，疏者服轻，依次递减。服制按服丧期限及丧服粗细的不同分为五种，即斩衰、齐衰、大功、小功、缌麻，称为五服，《礼记·丧服小记》所谓"上杀、下杀、旁杀"即此意。五服本指五种孝服，后来也指代五辈人。比如，在山东胶东半岛一带，有"五服之内为亲"的说法，就是利用上面那句话向上推五代，从高祖开始到曾祖、祖父、父、自己，凡是血缘关系在这五代之内的都是本族，或者说同出自一个高祖的人都是本族。从高祖到自己是五代，就成为五服。一般情况下，家里有婚丧嫁娶之事，都是五服之内的人参加。五服之外因没有了亲缘关系，可以通婚。具体如图 4-1 所示。

特别地，五服的计算方法古今并不完全相同。古代实行一夫一妻制，有时有妾，因此同父又同母的是一服，即所谓"同胞""一奶同胞"。同父不同母的是二服，如《红楼梦》中贾宝玉与贾环。同祖父的是三服，如《红楼梦》中贾宝玉与贾琏。同曾祖父的是四服，如《红楼梦》中荣国府贾政与宁国府贾敬。同高祖父的是五服。现代实行一夫一妻制，除非父亲离婚丧偶后再婚再育，一、二服之间的区别通常消失，因此计算起来往往会错以为五服就是五代，实际上五服只有四代。不过在现实中，许多姓氏聚集村落不但在五服之内被认为是同一家族，就是超出了五服，由于仍然聚集生息于同一村落，因此村落居民仍然在心理上认同本氏族为同一家族或宗族。从这个角度上说，所谓家族或者宗族，是指同一个男性祖先的后代世代聚集的以血缘关系为纽带的社会组织，又可泛指具有血缘关系的人组成一个社会群体，包括同一血统的几代人甚至几十代人。

在中国传统社会里，以血缘关系为基础，以修宗谱、建宗祠、置族田、立族长、订族规为特征的体现封建族权的家族、宗族制度，是最基本的社会组织形式，完全适应了封建统治的需要，从而不断得到发展和完善。其发展历程大致可以划分为三个阶段：第一阶段是春秋以前的宗教式家族、宗族；第二阶段是从魏晋到唐代的世家大族式家族、宗族；第三阶段是宋以后的祠堂族长式家族、宗族。无论在哪个阶段，家族、宗族制度都有着某些共同的管理特征，可以归纳集中为血缘性、聚居性、等级性、礼俗性、农耕性、自给性、封闭性、稳定性等。

以宗法思想观念为核心的家族宗族制度曾经是中国传统文化的重要组成部分，聚族而居、累世同堂曾经是东方社会区别于西方社会的一道独特人文景观，"家国同构""君父一体"等宗法思想在中国古代政治体系和社会生活中也得到了持续传承，在中华文明发展历程中产生了重要影响。这种影响不仅有负面的因

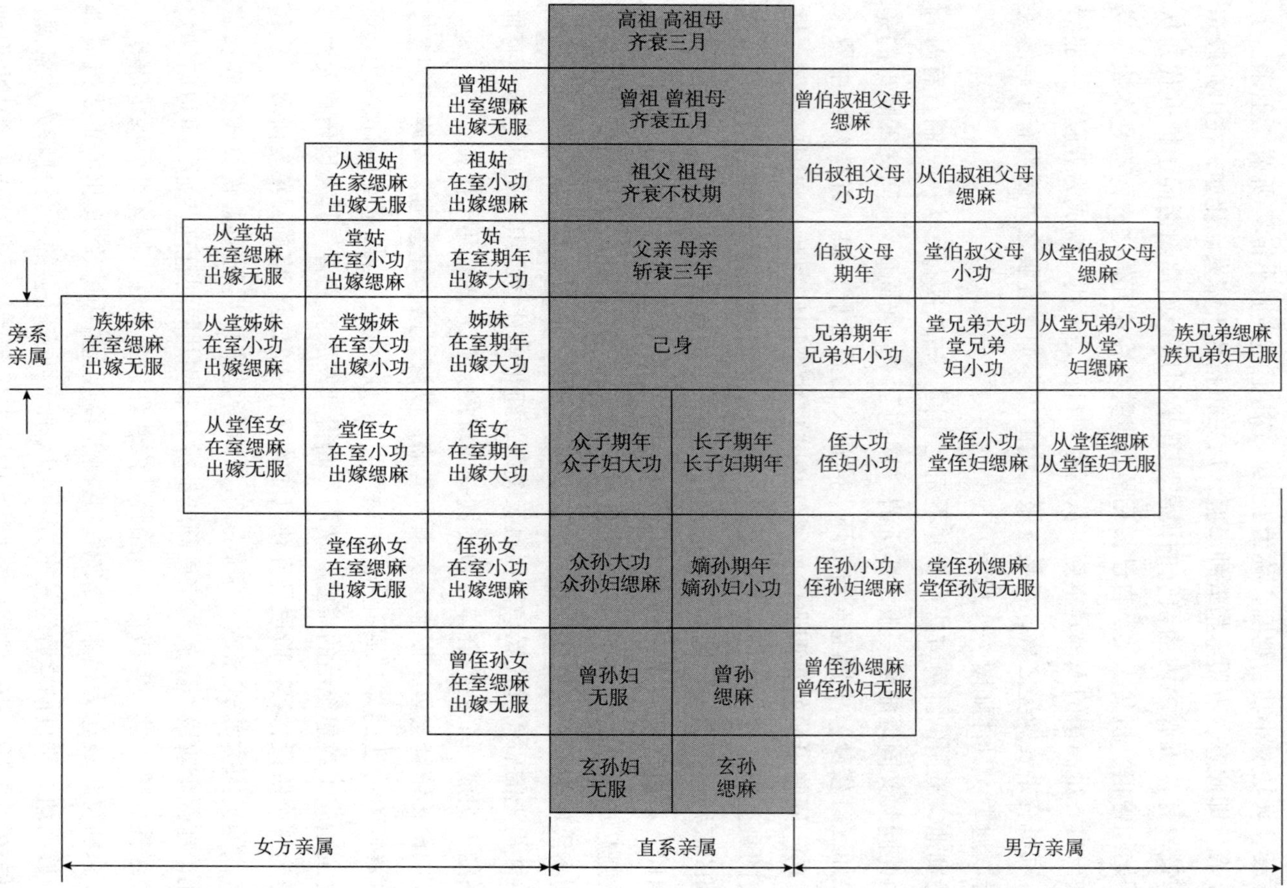

图 4-1 古代家族宗族管理之本宗九族五服正服

女方亲属 L4	女方亲属 L3	女方亲属 L2	女方亲属 L1	直系亲属	男方亲属 R1	男方亲属 R2	男方亲属 R3	男方亲属 R4
				高祖 高祖母 齐衰三月				
			曾祖姑 出室缌麻 出嫁无服	曾祖 曾祖母 齐衰五月	曾伯叔祖父母缌麻			
		从祖姑 在室缌麻 出嫁无服	祖姑 在室小功 出嫁缌麻	祖父 祖母 齐衰不杖期	伯叔祖父母小功	从伯叔祖父母缌麻		
	从堂缌麻 在室缌麻 出嫁无服	堂姑 在室小功 出嫁缌麻	姑 在室期年 出嫁大功	父亲 母亲 斩衰三年	伯叔父母期年	堂伯叔父母小功	从堂伯叔父母缌麻	
族姊妹 在室缌麻 出嫁无服	从堂姊妹 在室小功 出嫁缌麻	堂姊妹 在室大功 出嫁小功	姊妹 在室期年 出嫁大功	己身	兄弟期年 兄弟妇小功	堂兄弟大功 堂兄弟妇小功	从堂兄弟小功 从堂妇无服	族兄弟缌麻 族兄弟妇无服
	从堂侄女 在室缌麻 出嫁无服	堂侄女 在室小功 出嫁缌麻	侄女 在室期年 出嫁大功	长子期年 长子妇期年 / 众子期年 众子妇大功	侄大功 侄妇小功	堂侄小功 堂侄妇缌麻	从堂侄缌麻 从堂侄妇无服	
		堂侄孙女 在室缌麻 出嫁无服	侄孙女 在室小功 出嫁缌麻	嫡孙期年 嫡孙妇小功 / 众孙大功 众孙妇缌麻	侄孙小功 侄孙妇缌麻	堂侄孙缌麻 堂侄孙妇无服		
			曾侄孙女 在室缌麻 出嫁无服	曾孙缌麻 / 曾孙妇无服	曾侄孙缌麻 曾侄孙妇无服			
				玄孙缌麻 / 玄孙妇无服				

旁系亲属 · 女方亲属 · 直系亲属 · 男方亲属

素，也有着很多正面的因素。从维系中华文化不致断裂的角度看，它与中国人的亲缘和血缘关系连在一起，通过祖先崇拜和宗庙等仪式，构成了一种准宗教形式的文化体系和价值体系，将族人凝聚在一起，并使其成为在战乱中保存中国社会基本单位的有效组织形式。若没有中国的家族、宗族制度，中华文化或许已经消亡，或转化为另一种形态的文化与宗教体系了①。

在中国历史上，从春秋时期的晋国六卿即赵氏、韩氏、魏氏、智氏、范氏、中行氏，到隋唐时期的五姓七望即陇西李氏、赵郡李氏、博陵崔氏、清河崔氏、范阳卢氏、荥阳郑氏、太原王氏等，直至明清时代的张居正、陈廷敬、曾国藩等家族，都是颇有名望的家族。不过，就整个中国历史而言，孔子家族历经两千五百余年而不衰，可谓"天下第一家"，在整个中国家族发展史上具有典型意义。孔子家族自汉武帝罢黜百家、独尊儒术以后，始终受到历朝历代统治者的重视和支持。在这样的社会性制度支持下，其家族内部的管理与治理自然具有其他家族不可比拟的优势。但孔子家族自孔子之始至汉武帝独尊儒术之前，并未受到统治者的特殊优待和厚遇，然而其家族管理与治理仍然彰显出了明显不同于其他家族的自觉性和持续性，并形成了良好的家风。特别地，春秋战国时期各种学术流派纷纷著书立说，形成了百家争鸣的局面，表现为以学派为主体的门风，而非以家族为主体的门风。而孔子家族不但体现为以学派为主体的门风，同时也深深嵌入了家族自觉学习传承的独特家族门风。下面重点探讨这一时期孔子家族的管理与治理。

第一，孔子家族之所以能够长盛不衰，关键在于拥有孔子这样一位儒家学派创始人的灵魂人物。孔子虽无侯伯之位，却被称作世家，天下学者宗之。司马贞曰："教化之主，吾之师也。为帝王之仪表，示人伦之准的。自子思以下，代有哲人继世象贤，诚可仰同列国。前史既定，吾无间然。又孔子非有诸侯之位，而亦称世家者，以是圣人为教化之主，又代有贤哲，故亦称系家焉。"汉代之后，孔子更被尊称为万世师表。

第二，孔子家族特别注重家族内部的学习教育与传承。《孔子家语·致思》载："孔子谓伯鱼曰：'鲤乎，吾闻可以与人终日不倦者，其惟学焉。其容体不足观也，其勇力不足惮也，其先祖不足称也，其族姓不足道也。终而有大名，以显闻四方，流声后裔者，岂非学之效也？故君子不可以不学，其容不可以不饬。

---

① https://wenku.baidu.com/view/a32c6d69f524ccbff0218401.html.

不饬无类，无类失亲，失亲不忠，不忠失礼，失礼不立。夫远而有光者，饬也；近而愈明者，学也。譬之污池，水潦注焉，萑苇生焉，虽或以观之，孰知其源乎?'"其实，孔子之学已经不是谋生逐利之小儒之说，而是肩担道义之大儒之学。这种道义之学虽然高远，但本质却往往会导致君子固穷、为社会大众所不屑的窘境。但孔子仍然对儿子循循善诱地讲解这种学习的重要性，不但尽显慈父一面，也彰显出其在家族内部学习教育与传承方面的高度自觉性。

孔子不但重视对儿子孔鲤的学习教育，也特别重视对孙子子思的教育。据《孔丛子》的记载："夫子闲居，喟然而叹。子思再拜，请曰：'意子孙不修，将忝祖乎? 羡尧舜之道，恨不及乎?'夫子曰：'尔孺子安知吾志?'子思对曰：'伋于进膳，亟闻夫子之教，其父析薪，其子弗克负荷，是谓不肖。伋每思之，所以大恐而不解也。'夫子忻然笑曰：'然乎? 吾无忧矣! 世不废业，其克昌乎!'"当子思看到祖父叹气之时，表明愿意替父亲完成未竟的事业，使孔子感到无限的欣慰。子思首先受到祖父的教育，后来又跟随曾子学习，最终阐发了孔子的中庸之道，著成《中庸》一书，成为儒家经典之作。如果说孔子的学说无意中促使家族后人具有了形成大家族的先觉性，是对孔氏家族门风的开创，那子思的成功则是对孔子学说的一种传承，证明了孔氏家族门风开创的成功。

如果把孔子作为孔氏家族第一代，则从第二代孔鲤、第三代孔伋直至第八代孔谦，皆为单传，然而各代之间仍然高度自觉地沿袭了这种家族内部的学习传承之风。《孔丛子·杂训第六》记载了孔伋、孔白父子间的一段对话："子上杂所习，请于子思。子思曰：'先人有训焉：学必由圣所以致其材也，厉必由砥所以致其刃也。故夫子之教，必始于诗书而终于礼乐。杂说不与焉，又何请?'"父亲子思教导儿子子上学习"必始于诗书而终于礼乐"，与其祖父之教导"不学诗，无以言，不学礼，无以立"可谓一脉相承。《孔丛子·居卫第七》还记载："子思谓子上曰：'有可以为公之尊而富贵人众不与焉者，非唯志乎。成其志者，非唯无欲乎。夫锦缋纷华，所服不过温体。三牲大牢，所食不过充腹。知以身取节者则知足矣。苟知足则不累其志矣。'"子思对子上之重德轻物、做高尚人格之教导跃然于纸上。

孔子家族传至孔鲋这一代，改变了单传的局面，后嗣开始繁盛，为孔氏形成大家族提供了客观条件。而孔氏家族在这一时期又代有贤哲，孔氏家学得以发展起来，为孔子家族门风的发扬光大提供了有利条件。

第三，孔子家族涵养有"达则兼济天下，穷则独善其身"的处世门风。《孔丛子·对魏王第十三》载："齐王行车裂之刑，群臣诤之弗听。子高见于齐王，曰：'闻君行车裂之刑，无道之刑也。而君行之，臣窃以为下吏之过也。'王曰：'寡人以民多犯法，为法之轻也。'子高曰：'然，此诚君之盛意也。夫人含五常之性，有喜怒哀乐。喜怒哀乐无过其节，节过则毁于义。民多犯法，以法重无所措手足也。今天下悠悠，士无定处，有德则往，无德则去。欲规霸王之业，与众大国为难，而行酷刑以惧远近，国内之民将叛，四方之士不至，此乃亡国之道……且夫为人臣见主非而不诤，以陷主于危亡，罪之大者也。人主疾臣之弼已而恶之，资臣以箕子比干之忠，惑之大者也。'齐王曰：'谨闻命。'遂除车裂之法焉。"孔穿在政治上有自己的见解，主张君主以仁治国，反对酷刑，与孔子"苛政猛于虎也"道理不谋而合，依靠自己的影响力和智慧，最终实现了对车裂之法的废除。

孔子八世孙孔谦的言行在《孔丛子》之《陈士义第十四》《论势第十五》《执节第十六》三篇有记载："魏王郊迎，谓子顺曰：'寡人不肖，嗣先君之业。先生圣人之后，道德懿邵。幸见顾临，愿图国政。'"魏王聘子顺为相，但"子顺相魏凡九月，陈大计辄不用，乃喟然叹曰：'不见用，是吾言之不当也。言不当于主，而居人之官食人之禄，是尸利也。尸利素餐，吾罪深矣。'退而以病致事"，充分体现了"达则兼济天下，穷则独善其身"而不愿"尸位素餐"的精神境界。希望能对社会有所作为，愿望落空之后宁愿生活贫苦，也不愿碌碌无为。

第四，孔子家族筑建出了自己独特的家风门风。孔子家族从孔子起一直到西汉结束，整整相传 15 代，几乎每代都有博才之士，致力于研究先人孔子的学说。在这种独特的家族文化氛围的熏陶下，孔子家族的后人们逐渐拥有了一种精神财富，并最终转化形成为孔子家族的良好门风。首先，以仁为本、重视礼仪、依礼行孝的家风。如《论语·学而》载："君子务本，本立而道生。孝弟也者，其为仁之本与?"又如"生，事之以礼；死，葬之以礼，祭之以礼"。其次，诗礼传家、儒学为本的学风。诗礼传家语出《论语·季氏》："尝独立，鲤趋而过庭。曰：'学诗乎?'对曰：'未也。''不学诗，无以言。'鲤退而学诗。他日又独立，鲤趋而过庭。曰：'学礼乎?'对曰：'未也。''不学礼，无以立。'鲤退而学礼。"秦统一六国后，下令"非博士官所职，天下敢有藏《诗》《书》、百家语者，悉诣守、尉杂烧之。有敢偶语《诗》《书》者弃市，以古非今者族"，即使在这样的恶劣环境下，孔氏家族仍然没有放弃诗礼传家的家风传承。汉初博士开科，孔氏家族即有 3 人入选。终西汉一朝，孔氏子弟为博士者据可考者不下 8

人，分别是孔腾、孔忠、孔武、孔安国、孔延年、孔霸、孔雟和孔光，足见孔氏家族之学风悠长深厚。最后，志学忠道之仕风，即坚守道义，不唯功利，达则兼济天下，穷则独善其身，拒绝"尸位素餐"，等等①。

第五，孔子家族建成有明确的日常管理文化。①字行辈分的明确。行，即排行，指在宗族中的横向位置；辈，即辈分，指在宗族中的纵向位置。确立行辈的目的是为了"分尊卑，定表字，别长幼"，这是宗族社会里最重要的伦理规则。孔子后裔从第58代开始，创设了统一使用字辈的制度，即先由孔府拟订字辈，再奏请皇帝恩准，然后颁引天下执行。据《孔子世家谱》记载：明初朱元璋赐孔氏8个辈字：公、彦、承、弘、闻、贞、尚、胤，供起名用。后不断扩充，直到"民国"八年第76代衍圣公孔令贻又立20个字咨请当时的北洋政府核准公布，即"建道敦安定，懋修肇彝常，裕文焕景瑞，永锡世绪昌"，供第86~105代所用。②祭祀祖先。祭祀是中国传统文化中重要的内容之一，而祭祀孔子有国祭和家祭之分。家祭是家族和个人祭祀先人先祖，表示"水源之本"之思、"慎终追远"之意。孔子嫡裔子孙，从汉高祖时被封为奉祀君开始，其主要职责便是每年祭祀孔子。国祭是国家政府派员代表皇帝或国家进行释奠礼。在古代，祭孔往往被当作"国之大典"，以示对先贤孔子的崇敬之意。③家规家训。家规家训是传统宗法社会家长垂戒训示子孙后代，用以规范家人行为、处理家庭事务的一种言行准则，是父权与族权的重要表达形式。所谓"国有国法，家有家规"，家规家训实际上是家族层面上的立法，它在中国的传统社会里与国法有着互补的作用。先秦时期形成的《论语》等儒家典籍，不仅是整个国人的为人处世方则，也是孔氏家规家训的直接体现。其基本内容以儒家"修齐治平"为蓝本，以"孝悌、人伦、敬族、尊上、慎婚"为主要内容，从"居家"和"处世"两大方面来规范族人的行为。④续修家谱。续修家谱是家族文化的重要内容之一，所谓"家乘谱牒"是指一个家族的世系表谱，是一种以图表书谱形式记载一个以血缘关系为主体的家族世系、繁衍及重要人物事迹的特殊图书形式，是家族文化中最重要的档案文献。《史记》将孔子列为"世家"，记录了十几代孔氏传人，可谓第一部孔子家谱。从汉代到唐朝，孔子家谱的修订一直是朝廷的一项重要工作，但只载嫡长承袭者一人，抄书传世，很不完整。《民国谱》由孔子七十七代宗子

---

① 汲利楠. 孔子家族门风研究——以公元前5世纪至公元前1世纪为中心［D］. 曲阜：曲阜师范大学，2015.

孔德成主持，始于 1930 年，成于 1937 年。该家谱最大的创举是突破了曲阜地域的限制，首次把家谱修成了"全国谱"，编排得有条不紊。另外，打破旧制，允许孔氏女性入谱，也允许韩国孔氏后裔入谱。⑤族务管理。随着家族人口的繁衍、人丁的兴旺，必然产生家族管理的需要。以孟氏宗族为例，为了便于掌握相互之间的亲疏远近关系，从五十代"克"字辈开始分开了支派，到了五十六代"希"字辈又分开了户，形成了户系于派、统派于宗的联系格局。全族共分十一派、二十户，这就是传统的"分门别户"。以始授世袭翰林院五经博士孟希文为第一派大宗户，统管全族。为了加强各派各户族人的管理，各户设置有户头、户举，全族设族长和举事，以进行对全族的管理。族长和举事是孟氏家族中除宗子外占有重要位置的两个职务，协助或代表宗子（世袭翰林院五经博士，后改称奉祀官）处理族内有关事务。嫡裔宗子可世代承袭，而族长、举事则由宗族间公推选举产生。除特别重大的事务须向宗府请示外，一般问题按族规、家训，由族长、举事酌情处理①。

第四节　家本管理的基本概念及逻辑地位与体系构成

一、家本管理的基本概念

家本管理的首要概念是家。所谓的家，在甲骨文字形中，上面是"宀"（mián），表示与房室有关。下面是"豕"，即野猪。最早的房子是用来祭祀祖先或家族开会所用，而野猪是非常难得的祭品，所以最隆重的祭祀是用野猪祭祀。现代意义上的家，本义是指屋内、住所或者居住的地方。《新华字典》的解释是，共同生活的眷属和他们所住的地方，或者家庭所在的地方。

实际上，家这一概念的含义在不同历史时期呈现出不同层次范畴的区别，是不断动态变化的。一般地，拥有同一高祖的同姓成员，为一相对独立的近支，可谓近族。如果出了共同的高祖，则要移支，形成另一独立的支派。若干个拥有共同高祖的近支家族，则组成了更为宽泛的宗族。而近支中拥有共同高祖的成员，彼此则拥有自己的由夫妻子女组成的小型家庭。可见，古代传统社会中的家，其

① 刘旭光. 家族文化与家族档案研究初探——以孔子家族与孟子家族为例［J］. 档案学研究，2014（6）：27-32.

实是一个综合性概念，由狭义上的各成员自己的小型家庭、拥有共同高祖的各同姓成员家庭组成的近支家族以及拥有共同先祖的各个近支家族组成的宗族三个层级所组成。历史发展到现代，随着市场经济的扩张和个人主义的盛行，家的重点指向呈现出日益缩小的趋势，由夫妻子女组成的小型家庭逐步取代了大型的家族、宗族成为家的主体。下面家本管理分析中的家，将重点针对家庭进行。

由此，家本管理可以定义如下：所谓家本管理，就是以家为管理本位，对家内的各种资源和各个成员进行管理和调节，以实现家内资源的充分利用和优化配置，实现家内成员的为人正派、积极进取、和谐有序，最终完成幸福美满家庭建设目标的实现。

与"我—我"内向管理模式的心本（质）管理和我本管理不同，家本管理已经超越了个体内部性的管理范式，而上升为了面向两个及以上数量外我的管理，已经是一种本义上的组织管理。不过，相比于后面的企业组织、行业组织甚至政党组织、国家组织等组织管理，家本管理也呈现出自己独特的组织管理特征。首先，其是一种以血缘亲情为凝聚核心和连接纽带的组织管理，而其他组织管理则是一种以非血缘亲情的组织发展目标和运行规则为凝聚核心和连接纽带的管理。其次，其是一种以软性精神激励和约束为主，将前置引导和后置督促两种手段有机结合的组织管理，强制惩戒性的约束管理不应该成为家本管理的主导手段和常态手段。而其他组织管理则是一种软性激励和刚性约束有机结合的管理，强制性的刚性约束是其中的重要组成。比如，在企业组织管理之中，强制性约束惩戒手段包括经济惩罚、降级惩罚甚至除职惩罚等；而在政府组织管理之中，强制性约束惩戒手段包括没收经济收入、判处有期徒刑甚至无期徒刑和死刑等。

二、家本管理的管理元力逻辑地位

在整个社会和国家运行体系中，如果说社会和国家是宏观、是整体，家庭就是细胞、是基础。只有每个具体微观的家庭实现了幸福美满的建设目标，国家和社会才可能实现和谐富强，最终达到民富国强的理想境界。如果作为国家和社会基础的家庭问题众多、矛盾丛生，则国家和社会就不可能实现真正的繁荣富强。从这个意义上讲，家本管理相对于整个社会和国家管理具有根基性的逻辑位次和现实价值。

具体到中国，相比于西方文化，中国传统文化对家庭和家族更为重视。在中国传统社会里，以血缘关系为基础的家族、宗族组织曾是最基本的社会组织形式，以宗法思想观念为核心的家族、宗族制度曾经是中国传统文化的重要组成部分，聚族而居、累世同堂曾经是东方社会区别于西方社会的一道独特人文景观，"家国同构""君父一体"的社会治理体系甚至成为维系中华文化一脉相传而不致断裂的重要机制。历史发展到现代，虽然许多封建落后的内容已经不再适合时代发展需要，但这种家庭家族观念已经深深根植于国人内心而坚不可移，家国同构在一定程度上仍然是当代中国的独特符号象征，家本管理在中国当代社会中的深远价值将会日益凸显。

特别地，从最为基本的管理逻辑着眼，家本管理还居于全部管理之第一个推力的关键节点。在整个管理学体系中，家本管理处于心本（质）管理、我本管理之"我—我"内向式管理和业本管理、国本治理、全球治理之"我—物（人）"外向式管理之间，是内外向管理的界点所在。对于内向式的心本（质）管理、我本管理来说，一个独立的个体要想通过对自我人性弱点的不断克服，逐步发掘出良性的自我和优秀的超我，最终实现良好的心本（质）管理、我本管理，将自己修炼打造成为一粒闪闪发光的金子，其第一个管理之推力往往不可能来自于自我，而是需要向外借力。而每一个个体自生命发始直到长大成人，一般首先处于一个家庭之中。所在家庭特别是父母的教育引导，天然地就担当了第一个管理之推力施予者的关键角色，并且这个第一个管理之推力的施加力度、节奏、方向，将在很大程度上决定着这个个体初始的人格品质和人生走向，至关重要。

而对于外向式的管理来说，无论是业本管理、国本治理还是全球治理，其管理主体的组成必然是脱胎成长于具体家庭的诸个体。这些作为管理主体的个体起初受到家庭之爱施加的第一个管理之推力的教育引导状况，对其最终步入社会成长为各层级管理主体后的具体管理行为实施，会产生至关重要的基础性影响。另外，家庭往往由父母、兄弟姐妹、爷爷奶奶等多个角色成员并存，客体上提供了一种多成员共存的组织管理和生活成长模式。这种家庭型的组织模式一方面以血缘和爱为基本组成，可以为幼小个体提供一种温室型的生活成长环境；但另一方面，其中也存有基本的竞争关系，适应了这种竞争关系就可以为之后迈入业本管理、国本治理、全球治理等社会组织管理，提供一个良好的基础。

三、家本管理的基本要素和逻辑结构

根据上述分析和管理学的基本要义，家本管理的组成要素包括家本管理的主体、家本管理的客体、家本管理的过程、家本管理的规则、家本管理的内容、家本管理的手段、家本管理的目标等要素。具体如图 4-2 所示。

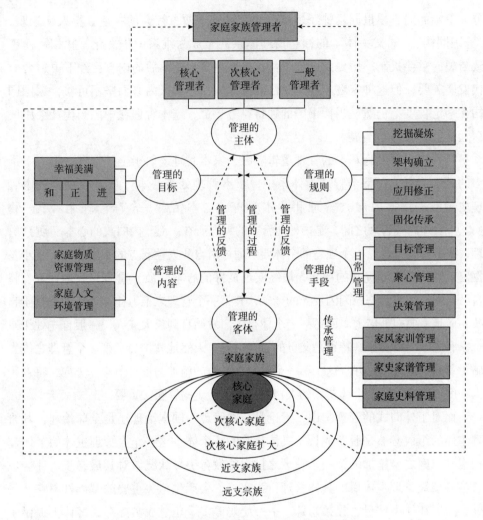

图4-2　家本管理的基本要素组成和逻辑结构

家本管理的主体。不同层次和范围的家庭，家本管理的主体也会有所不同，但一般都不是单独的管理主体，而是多元管理主体有机结合组成的一个综合管理主体。一般来说，家庭中的每个成员首先都需要为了美满幸福家庭建设目标的实现进行自我约束性管理，从这个意义上讲每个家庭成员都是家庭管理的主体。不过，一个完整的家庭由多个不同的成员组成，每个成员均实现自我良性约束并不现实，而且即使各成员均实现了自我良性约束，在面临家庭重大事项进行管理决策时，意见又往往并不一致。由此，就需要一位整个家庭层面上的主导管理者，从而形成家本管理的**核心管理主体**。在核心管理主体和一般管理主体之间，有时候还会存在一些次核心的管理主体，发挥着高于一般管理主体和低于核心管理主体的效能。可见，一般家本管理的主体往往是由核心管理主体、次核心管理主体和一般管理主体共同组成的综合管理主体，共同合力进行管理以期实现幸福美满家庭建设目标。综合管理主体的模式，在中国古代家族管理中表现得最为典型。古代中国的家族管理，核心的管理主体往往由德高望重的族长担任，次核心的管理主体往往由与族长辈分相当的其他长者担任，或者由家族日常事务的管理者举事等担任。比如，古代的孟氏家族为了加强对全族事务的管理，除作为管理核心的宗子外，相应地设置有全族的族长和举事。族长和举事是孟氏家族中占有重要位置的两个职务，代表宗子对全族进行日常管理，可以看作次核心管理主体。而全族之内各派、各户族人的管理，则由各户设置的户头、户举进行，可以看作次次核心管理主体。现代型的家庭中，核心的家本管理主体往往由丈夫或者妻子所担任，或者呈现为丈夫和妻子的双核心管理主体，而祖辈的爷爷奶奶则往往是次核心的管理主体。传统社会中的家族管理，管理主体往往呈现为单核心，具有高度的权威性，但往往也会有独断之嫌疑。而现代小型家庭中，管理主体往往呈现为双核心甚至多核心，成员可以充分发挥各自的优势所长，但有时候也会导致意见相背、互不妥协、缺失效率的结果。

家本管理的客体。所谓家本管理的客体，就是家本管理的指向，包括家庭成员和家庭事务两个基本方面。家本管理的客体指向具有鲜明的时代性，不同时代家本管理的客体指向往往并不相同。一般而言，古代更重视大范围层面的家族、宗族管理，而当代社会受市场经济发展的冲击，家族、宗族的概念和意识已经极大地弱化了，小型的家庭成为主体。所以，当代家本管理的客体指向，重点是小型家庭。

家本管理的过程。所谓家本管理的过程，就是家本管理的主体采取相应的措施方式，对家本管理的客体进行管理以实现管理目标的具体过程。显然，由于管理主体存在有核心、次核心与一般的诸多层级区别，而管理的客体也存在有家庭、家族、宗族的多种层次区分，则家本管理的过程在实践中具有很大的丰富性、层次性和复杂性。在当前时代，小型家庭成为了主体形式，所以当代家本管理过程分析的重点，应该是小型家庭管理的具体过程。

家本管理的规则。在家本管理中，管理的主体和客体以及过程，实际上是一个客观的实然存在，而更为关键和核心的内容则是家本管理规则的架构、确立、应用和固化、传承。只有架构和确立了明晰而系统的家本管理规则，家本管理才具有真正的意义和价值。缺乏明晰而系统管理规则的家本管理，实际上是不成立的家本管理，或者说是无意义的家本管理。家本管理的规则从本质上说应该是正向的，并且符合自己家庭的特定环境条件，具有相对独特的鲜明特色。在实践中，家本管理规则的建构是一个面向家庭优秀文化进行深入挖掘和凝炼的过程，具体包括挖掘凝炼、架构确立、应用修正、固化传承几个环节。所谓挖掘凝炼，就是对自己家庭优秀文化的深入发掘并且不断去粗存精的过程，其基本指向是自己家庭已有文化中的优秀部分。所谓架构确立，就是在对家庭优秀文化进行深入挖掘凝炼的基础上，与时俱进增加补充适应时代要求和面向家庭未来期许的核心要义，最终形成家庭历史优秀文化传统和家庭未来期许追求有机结合的家庭规则。所谓应用修正，就是对架构的家本管理规则，在现实家庭生活和管理中进行具体的应用，并在应用中不断进行细化修正。所谓固化传承，就是将固化成型的家本管理规则，进行有效的传承和弘扬，以期实现优良家庭氛围的代际传递。

家本管理的内容。所谓的家本管理内容，就是家本管理究竟要管理家庭里面的什么事务。这同样是家本管理的关键和核心环节，只有搞清楚这个问题，才能使家本管理真正落到实处。否则，如果家本管理的内容不明晰，家本管理就会形同虚设。

关于家本管理的内容，有着不同的观点。家和业兴教育（集团）提出，家庭管理内容包括五大类型：家庭教育管理、家庭关系管理、家庭健康管理、家庭文化管理、家庭财政管理。家庭教育是家庭生活中由家长（尤其是父母）对其子女实施的教育，包括"四个学会"，即学会学习、学会生存、学会发展、学会与人相处，具体涉及以生命健康为核心的为生之道、以生命价值为核心的为人之道、以生命智慧为核心的为学之道。家庭关系是指基于婚姻、血缘或法律形成的一定范围的亲属之间的权利和义务关系，依据主体标准不同可以区分为夫妻关系、亲子关系和其他家庭成员关系，具体内容包括家庭成员之间关系管理、家庭关系和子女成长管理、婆媳关系管理、夫妻关系管理、邻里关系管理等。家庭健康管理涉及身体和心理两个方面，具体包括饮食营养习惯管理、生活起居习惯管理、闲暇利用方式管理、日常疾病预防管理、心理健康保健管理等。家庭文化管理包括家庭目标规划、家族传统和家法家规，是一个家庭生生不息的源泉。家庭财政管理涉及家庭收入和支出及家务管理，是家庭幸福生活的另一个重要保障，具体包括职业计划、消费和储蓄计划、债务计划、保险计划、投资计划、退休计划、遗产计划、所得税计划等。

本书认为，家本管理最基本的内容应该包括两个方面：一方面是家庭资源管理，包括家庭财务管理、家庭财产管理等，可归属于家庭硬管理，其目标是实现家庭稀缺资源的充分利用和优化配置。另一方面是家庭成员管理，包括家庭成员各自实现良好的自我管理、家庭成员之间的和谐关系架构、家庭成员彼此良好进取精神的培育等，可归属于家庭软管理，其目标是促进家庭家风正派、和谐有序、精神饱满氛围的形成，最终实现家庭的幸福美满。显然，在这两大类的家本管理中，家本资源管理属于物质性的外向管理，在本质上与企业性质的物质管理并没有根本性区别，而且其从根本上说在家本管理的幸福美满总目标中居于第二位的重要程度，其能否取得良好绩效的关键取决于家本人文管理。所以，家本管理的重点应该是家本人文管理，或者说家风管理。

家本管理的目标。家本管理的目标，就是家本管理最终期许达到的完美境界。一个家庭往往由若干个成员组成，不同的成员虽然有着各自不同的价值追求和目标期许，但在对理想家庭的认识方面却有着高度的一致性。这个高度一致性的家庭建设目标期许，就是家庭幸福美满。幸福美满的总目标一般由三个基本的维度架构而成，即正、和、进。所谓正，就是整个家庭有着正面的价值取向，与社会道德和国家法律相向而不相违，通俗地说就是家风正派向上。所谓和，就是在正的基础上，家庭内部各个成员实现亲情友爱、和谐相处。当然，这个和谐相处一定是基于正向规则之下的和谐相处，包括长辈关心后辈、后辈尊重长辈、同辈相互尊重、妯娌相亲相敬等。所谓进，就是在正与和的基础上，家庭具备一种饱满的昂扬向上积极进取之精神，不断实现家庭和家庭各个成员的进步发展。实际上对于不同的家庭而言，一方面虽然有关家本管理的美满目标具有一致性和趋同性，另一方面不同家庭不同成员各自具体而异的价值取向又能体现出家本管理目标的特色性。由此，家本管理的目标应该是一致性和特色性的综合体，终极目标的一致性和具体目标的特色性应该是家本管理目标的两个基本特征。

家本管理的手段。家本管理的手段，就是家本管理的主体作用于家本管理的客体以实现家本管理目标所采用的各种管理方式方法，也可以认为是实现家本管理目标的路径选择。具体内容放于本章第五节，此处从略。

四、家本管理的层次

根据上述分析，家作为家本管理的对象有着不同的层次区别。基于传统家族观念、血缘传承、共同生活、代际延续四个维度的结合，家本管理可以区分为以下几个层次（见图4-2和图4-3）：

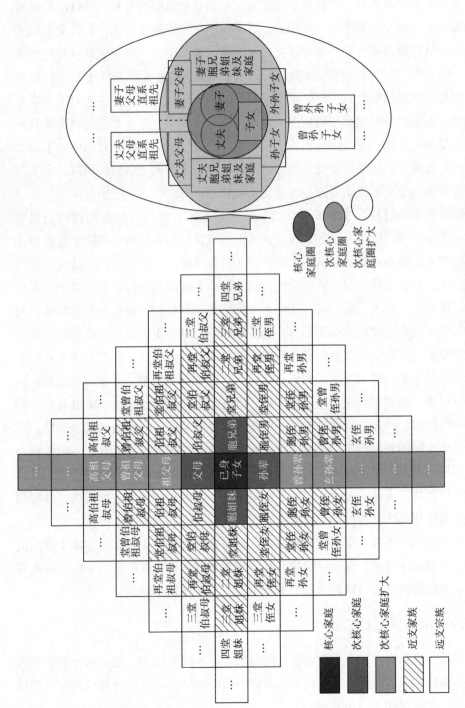

图4-3 基于传统家族观念、血缘传承、共同生活、代际延续四个维度的家族家庭层次区别

首先，最为核心的家庭层次，即小家庭。这个层次的家庭，一般由夫妻和子女共同组成，具有血缘传承、共同生活、代际延续的基本特征。在这样的核心家庭里面，作为重点的家庭人文管理，包括夫妻之间关系的管理、夫妻和子女之间关系的管理两个方面。而根据管理的出发点不同，又可以细分为基于丈夫本位的为夫角色管理和为父角色管理、基于妻子本位的为妻角色管理和为母角色管理、基于子女本位的为子（女）角色管理和为兄（弟姊妹）角色管理。在这样的核心家庭里面，夫妻一般已经达到了成年人的年龄，且是子女的监护人，而子女一般处于婴幼儿或者青少年时期，人生观价值观并未成型，需要得到正确的引导和指导。因此，这样核心家庭的管理虽然也可以充分地发扬民主，但夫妻无疑应该承担家庭核心管理主体者的角色。显然，这个层次的家庭承担着养育子女、代际延续的社会重任，从而奠定了其核心家庭的地位。

其次，次核心家庭层次，即大家庭。次核心的家庭层次，包括了最核心的家庭层次，同时还实现了纵向和横向的适度扩张。纵向扩张包括丈夫的父母即子女的祖父母、妻子的父母即子女的外祖父母，横向扩张包括丈夫的同胞兄弟姐妹即子女的伯父叔父姑母及其家庭、妻子的同胞兄弟姐妹即子女的舅舅姨妈及其家庭。显然，这个层次的家庭实际上包括有两个并列的次核心家庭，一个是丈夫方的次核心家庭，另一个是妻子方的次核心家庭，分别由丈夫方和妻子方的父母家庭加上有着直接血缘关系的同胞兄弟姐妹的若干个核心家庭组成。两个次核心家庭相互并列，各自独立运行，但又通过丈夫和妻子结合形成的核心家庭实现有机关联。无论是丈夫方还是妻子方的次核心家庭，各自的父母均是无可争议的家庭凝聚核心，其一般拥有高度的话语权，是次核心家庭的实际管理主体。不过，当父母因为年迈而体力和健康水平下降时，次核心家庭的实际管理主体也可由某一位兄弟姐妹承担。显然，在次核心的家庭里面，管理的内容虽然是兄弟姐妹各自并列的核心家庭之间的相互关系，但实质上仍然是对次核心家庭之中各个具体成员的管理，特别是对未成年成员的管理。而且，这种管理相比于核心家庭的管理，其血缘传承、共同生活、代际延续的基本特征明显减弱。特别地，由于父母在这样的次核心家庭管理中拥有无可争议的凝聚核心地位，如果父母去世，则这种次核心家庭管理就会因为凝聚核心的缺失而出现疏远。正所谓"父母在是一家，父母不在是亲戚"。

再次，近支家庭层次，即大家族。近支大家族是次核心家庭进一步扩展形成的家庭层次，其范围与中国传统的五服概念有着直接关系。根据传统的五服概念，以自己为核心，向上推算至拥有共同高祖的各同姓长辈成员及其家庭、向下推算至玄孙（女）一代的各同姓后辈成员及其家庭、侧向推算至三堂的各同姓平辈兄弟姐妹及其家庭，都是近支家族的组成。这样，涉及的辈分从最高的高祖到最低的玄孙共有9代，但这9代近支成员一般不会同时在世，而且不同辈分和年龄之间也往往不再呈现正相关关系，有可能辈分很高的成员年龄反而很小、辈分很低的成员年龄反而很大。在传统时代，近支家族是一种极其重要的社会存在。而在市场经济高度发展的今天，虽然近支家族拥有共同的高祖作为凝聚核心，但因为涉及成员范围过大，各个核心家庭之间的居地、家况等差异明显，因此其血缘传承、共同生活、代际延续的基本特征进一步减弱，凝聚力也极大地下降，并呈现出发展不充分不平衡的鲜明特征。发展不充分是指近支家族管理在总体上呈现出明显的弱化态势，发展不平衡则是指近支家族管理在有些地方仍然非常重视，而在另外一些地方则已经近乎消失。

最后，远支家庭层次，即大宗族。远支宗族是近支家族进一步扩展的家庭层次，其范围包括拥有共同祖先的各个五服之近支家族。就管理方式而言，宗族管理一般通过在祖先始居地建立祠堂、编制家谱、弘扬先祖名人、定时不定时组织共同祭祖等方式，实现一种潜移默化的家族精神传承。就管理范围而言，宗族管理既包括拥有共同祖先的同姓族人及其家庭组成的远支家族管理，也包括并无明确共同祖先可考的只须同姓即为同族的远支家族管理。近几年出现的天下刘姓共赴河南祭祖、天下马姓共赴陕西祭祖的情况，其所依据的就是同姓本家的远支家族理念。现实中，一个宗族包括有若干个户派，而且这些户派和具体成员往往不再像传统社会那样聚村而居，而是可能散居在不同的地方。这样，远支宗族管理在某种程度上已经演变成为了一种宗族精神和认宗归族的功能行为，家庭管理的血缘传承、共同生活、代际延续的基本特征下降到了最低限度。

历史发展到当前男女平等时代，城市地区的核心家庭管理、次核心家庭管理基本实现了男女平等，但农村地区的核心家庭管理、次核心家庭管理尚没有完全实现男女平等。而范围再扩大到近支家族管理以及远支宗族管理，则根深蒂固的男权特征仍在延续，女性的应有地位并没有得到体现。因此，在近支家族管理和远支宗族管理以及农村核心家庭管理之中，突出和加强女性成员的主体地位，促进男女平等真正实现，应该是进一步努力的方向。

五、家本管理的重点

根据上述分析，作为家本管理的对象，家有着核心家族、次核心家族、近支家族、远支宗族等不同层次的区别，且都是家本管理的重要组成部分。但从家本管理的基本逻辑架构和功能价值视角来看，核心家庭管理在整个家本管理范畴中居于核心和元点的关键地位。如果每个核心家庭都能管理到位，核心家庭各成员都能各顺其位、各尽其责、尊老爱幼、井然有序，真正实现正、和、进意义上的幸福美满，则由核心家庭扩展而成的次核心家庭、近支家族、远支宗族也都可以实现良好管理。反之，如果核心家庭管理存在诸多缺陷，则其他层次的家本管理效果也就很难得到保证了！

进一步地，就核心家庭管理的内容而言，包括有核心家庭资源管理和核心家庭人文管理两个方面。其中，核心家庭资源管理就其本质而言，与企业和组织意义上的稀缺资源的充分利用和优化配置型管理并无根本性区别。而在当今以人为本的时代，在整个核心家庭管理的幸福美满总体目标实现过程之中，占据核心地位的是家庭的人文环境管理，家庭资源管理只具有第二位次的地位。甚至核心家庭资源能否实现良好管理，在某种程度上也依赖于家庭人文管理。

由此，限于篇幅，本书的家本管理在管理层级上将重点聚焦于核心家庭管理，在管理内容上将重点聚焦于核心家庭的人文管理。

第五节　家本管理的三个基本维度区分与等级量化

不同于心本（质）管理和我本管理，家本管理从本质上说已经上升为了面向两个及以上家庭成员的组织管理。而家本管理的最终绩效又往往取决于家庭内部各成员自我管理的绩效，两者是整体结构和组成元素之间的相互关系。因此，家本管理的维度区分和等级量化，就应该从家庭管理的整体视角和成员管理的个体视角分别进行。

一、整体视角的家本管理三个基本维度区分与等级量化

根据前文分析，家本管理的维度区分和等级量化虽然也可以从家本日常管理方面进行分析，但鉴于家本管理的终极目标是实现家庭幸福美满，而家庭的幸福美满具体又可以从正、和、进三个维度进行细分，即家风是否正派、成员是否和谐、精神是否上进。因此，这里基于整体视角对家本管理的维度区分和等级量化，将主要从家本管理的幸福美满终极目标出发，从正、和、进三个基本维度

进行。

首先，家本管理的正向维度分析。所谓家本管理的正向维度，意即家庭各个成员以及由此组成的整个家庭，是否具有正向的价值取向和相应言行，通俗地说就是家风是否正派。所谓正向的价值取向，是指家庭成员在家庭生活中获得的价值引导或者持有的价值观念，应该符合社会主流的价值取向、道德规范和法律规则。所谓相应的言行，就是不但这种正向的价值取向为家庭成员所认可接受，而且要成为家庭共识，并体现于家庭成员具体的日常言行之中，甚至达到"日用而不觉"的程度。相反，如果一个家庭缺乏正向的价值取向，或者虽然有正向的价值取向，但不能体现于日常言行中，经常出现违背社会公序良俗甚至违法犯罪的情况，那么就是不具有正向维度的家本管理。特别地，家本管理的正向维度在整个家本管理幸福美满终极目标的实现过程中，具有方向性的前置性地位。

其次，家本管理的和向维度分析。所谓家本管理的和向维度，是指家庭各个成员之间是否具有良好的亲情友爱、和谐相处关系。天时地利人和，人和为重，家和万事兴。相反，如果家庭成员之间矛盾重重、冲突频频，或者虽然比邻而居但老死不相往来，这样的家庭就难以获得期待中的幸福美满。可见，家本管理的和向维度在整个家庭幸福美满终极目标的实现过程中，居于内在的核心地位。需要说明的是，家和的本质是家庭各个成员的紧密团结，但这种团结不是没有原则和底线地为了团结而团结，而应该是基于共同正向价值取向基础上的团结。从外在形式上来说，家和背景下的团结并不是表面上一团和气，而是不同成员之间可以进行观点讨论甚至辩论，以最终达成共识和实现团结和谐。

最后，家本管理的进向维度分析。所谓家本管理的进向维度，是指家庭及其各个成员是否具备一种饱满的昂扬向上的积极进取精神，不断实现家庭及各个成员的进步发展。一个家庭即使拥有了正向的价值取向与和谐的成员关系，如果缺乏积极进取的精神面貌，就会处于一种萎靡不振的颓势之中，就难以促使家庭成员开拓进取以实现各自的人生价值，也就难以使家庭在家国民族的发展中作出应有的贡献。所以，家本管理的进向维度在整个家本管理幸福美满终极目标的实现过程中，具有导向地位。需要说明的是，家本管理进向维度的实现，必须以家本管理的正向维度与和向维度的实现为前提，否则家本管理就可能呈现"积极进取"地违法犯罪、为非作歹的态势，也可能出现家庭内部各成员之间钩心斗角甚至相互倾轧的情况。

基于上述家本管理三个基本维度及其彼此关系的分析，借鉴前面章节有关各维度分析的九等级区分思路，可以建构家本管理等级量化分析的三维坐标示意图（见图4-4）。图4-4中，A点坐标为（9，9，9），代表三个维度均达到最高第九等级，其达到的家本管理能效量值为729，为最高水平的家本管理能效点。图中MH代表家本管理能效水平。在实践中，家本管理之价值正向维度虽然处于方向性前置地位，但在当今法治时代，这个维度目标往往能够较好地实现和维护。由此可以对家本管理进行基于和谐友好度和积极进取度两个维度的简化分析。

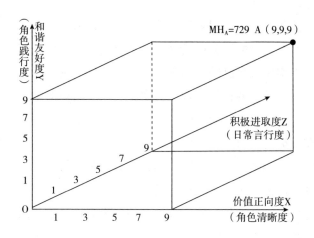

图 4-4　整体（成员）视角的家本管理三大基本维度与等级量化分析

进一步可以进行三个基本维度以及两个简化维度的家本管理能效水平等级划分。具体参见第一章第五节，此处不再赘述。

二、成员视角的家本管理三个基本维度区分与等级量化

成员视角的家本管理维度区分与等级量化，衡量的是家庭成员基于幸福美满家庭建设总体目标的自我管理水平和绩效。显然，从家庭幸福美满的总体建设目标出发，每个家庭成员应该做到或者履行的基本责任和义务应该包括三个方面，分别是：家庭角色清晰度、家庭角色践行度、日常言行合规度。

所谓家庭角色清晰度，是指家庭成员对自己在家庭体系之中本应角色定位的清晰认识程度。对于一个具体的家庭成员而言，其能否实现家庭成员视角的自我良好管理并最终支持整个家庭层面良好管理的实现，首先取决于其能否对自我在家庭体系之中的本应角色定位实现清晰认识。对自我家庭角色认识清晰到位，才

有可能管理好自己的家庭角色，从而实现家庭层面的良好管理。反之，如果家庭成员对自己在家庭中的基本角色认识模糊不清，就不可能管理好自己的家庭角色，也就无法实现家庭层面的良好管理。所以，各成员的家庭角色认识，在成员视角家本管理中具有前提性的重要逻辑地位。需要说明的是，家本管理在实际中有着不同的层次范围，因此所谓的自我家庭角色认识，也就需要在不同家庭层面中进行，如在核心家庭中角色的清晰认识、在次核心家庭中角色的清晰认识、在近支家族中角色的清晰认识等。

所谓家庭角色践行度，是指家庭成员基于自己在家庭体系之中的角色定位的践行程度。对于一个具体的家庭成员而言，在清晰认识自己在家庭中的本应角色定位之后，只有忠实履行自己的家庭角色定位，才能实现自己家庭角色的良好管理，从而实现家庭层面上的良性管理。现实中，家庭角色清晰认识往往比较容易实现，但现实践行却往往存在脱节问题，即所谓知行不一。所以，各成员的家庭角色践行度，在成员视角家本管理中具有核心性的重要逻辑地位。同样，由于家本管理在实际中有着不同的层次范围，因此家庭角色践行度也就可以区分为核心家庭角色践行度、次核心家庭角色践行度、近支家族角色践行度几个层面。

所谓日常言行合规度，是指家庭成员在超越家庭角色本位之外的一般社会人意义上的日常言行合规程度。实际上，家庭各成员不仅生活于自己家庭的小环境之内，还生活于整个社会体系之内，并各自有着社会意义上的角色扮演。因此，家庭各成员在家庭角色认识和践行之外，客观上还有着社会意义的角色定位和扮演。各成员在超越家庭本位角色之外的社会意义角色定位和扮演的日常言行合规程度，在成员视角家本管理中具有保障性的重要逻辑地位。一个家庭成员即使对自己的家庭角色认识清晰并践行到位，但一般社会人意义上的日常言行低俗恶劣，将会对其家庭角色认识清晰并践行到位所获得的成员视角家庭管理能效形成巨大的负面抵销。当然，超越家庭本位角色之外的一般社会人意义上的日常言行合规，其本质是要求家庭各成员尤其是家庭管理主体者的日常言行，要遵循社会基本的道德规范，实现无形之中潜移默化、润物无声地引导和示范的效果。

实际工作中，成员视角家本管理最为核心的两个维度是角色清晰度和践行度。由此可以对成员视角家本管理进行基于角色清晰度和践行度两个维度的简化分析。

进一步的三个基本维度以及两个维度的等级量化划分，参见第一章第五节以及第二章第五节，此处不再赘述。

三、两个视角的家本管理等级量化分析量表初步制作

基于两个视角相关维度区分的家本管理等级量化分析，在实践中需要借助相应的量表调研进行。由于家庭不同成员处于家本管理的不同层次，担任的角色各不相同，为分析简便，这里重点基于次核心层次的家庭，从丈夫成员视角进行家本管理等级量化分析的示例性量表制作。

1. 整体视角家本管理等级量化分析的选项式量表初步制作

整体视角家本管理的终极目标是建设幸福美满家庭，包括正、和、进三个基本维度。因此，等级量化分析将基于幸福美满终极目标和三个维度实现程度的指向进行量表制作。

第一类问题：正向维度的问题。考察内容：爱国、诚信、友善、遵纪守法。

问题1：当你看到祖国美丽山河时、当你看到祖国日新月异时，请问你有什么样的心理体验？考察内容：爱国。考察指向：正向。

问题2：当你想到南京大屠杀等悲惨事件时，请问你有什么样的心理感受？考察内容：爱国。考察指向：反向。

问题3：新中国刚刚成立时，国家几乎一穷二白，经济条件极其落后。在这样的条件下，邓稼先毅然放弃了在美国的高薪待遇和舒适生活，回归祖国。回国后，又克服了各种艰难险阻，隐姓埋名，以主要成员的身份参加并研制成功了"两弹一星"。如果再回到那个时代，而你就是当时身处美国的邓稼先，请问你会怎么做？考察内容：爱国。考察指向：情境检验。

问题4：有一天你开车到市里去，不小心在停车时把路边的一辆车给蹭掉了一块漆，这时被蹭车主正好不在，也没有人看到是你蹭的，你也正好手上有一件急事要办，你会怎么处理这件事？考察内容：诚信。考察指向：正向。

问题5：前几年为了购置新婚房子，你向自己的兄弟姐妹转借了一大笔钱，并说好两年后归还。现在两年到期了，而你手上也刚刚好攒够了还款的钱。不过，妻子马上就要生小孩了，而小孩一出生又要不少的支出，你该怎么办？考察内容：诚信。考察指向：正向。

问题6：前天你和朋友约好，今天下午五点半在新时代大厦门口见面。现在时间快到了，你计划几点钟赶到新时代大厦门口？考察内容：诚信。考察指向：正向。

问题7：前天一位同事把你喜欢的一本小说借走了，说好三天后归还。现在

三天过去了，这位同事突然告诉你说书不小心弄丢了，然后就再无回话。请问你会怎么做？考察内容：友善。考察指向：正向。

问题8：天晚了，你开车去参加朋友的宴会。突然，对面开来一辆打着远光灯的车，刺得你几乎看不清路面，怎么办？考察内容：友善。考察指向：正向。

问题9：前天你和朋友约好，今天下午五点半在新时代大厦门口见面。现在时间到了，你已经准时到达新时代大厦门口，但你的朋友却迟到了足足二十分钟。你会怎么想？考察内容：友善。考察指向：正向。

问题10：你认为在日常言行中，遵循社会道德规范和遵守法律法规两者哪个更重要？考察内容：遵纪守法。考察指向：正向。

问题11：请你仔细回想一下，你近一年来都做过哪些好人好事，写出其中三件。考察内容：遵纪守法。考察指向：正向。

问题12：请你仔细回想一下，你近三个月来都做过哪些好人好事，写出其中三件。考察内容：遵纪守法。考察指向：正向。

问题13：请你仔细回想一下，你的家庭成员中近一年中有没有因触犯法律法规而受到处罚的？如有，请写出其中三件。考察内容：遵纪守法。考察指向：反向。

问题14：请你仔细回想一下，你的家庭成员中有没有因触犯刑法而被判处刑事处罚的？如有，请写出成员姓名及事件概况与判刑情况。考察内容：遵纪守法。考察指向：反向。

第二类问题：和向维度的问题。考察内容：亲情、友爱、言行。

问题1：每当想起你的日渐年迈的父母时，你会有一种什么样的心理活动？考察内容：亲情。考察指向：正向。

问题2：每当想起你操劳家庭的妻子时，你会有一种什么样的心理活动？考察内容：亲情。考察指向：正向。

问题3：每当想起你那尚未长大甚至还是嗷嗷待哺的孩子时，你会有一种什么样的心理活动？考察内容：亲情。考察指向：正向。

问题4：有一天父母帮你打扫屋子时，不小心把鱼缸给打碎了。下班回来后他们为难地告诉了你。请问你会怎么说？考察内容：语言。考察指向：正向。

问题5：有一天妻子做菜时不小心把盐给放多了，你吃了一口咸的不得了，请问你会怎么说？考察内容：语言。考察指向：正向。

问题6：有一天你家孩子和小朋友在家玩，你和妻子上班。晚上下班回到家，一开门发现家里已经被折腾得乱七八糟，几乎无处下脚，请问你怎么对孩子说？考察内容：语言。考察指向：正向。

问题7：你的父母这一阶段和你住在一起，请问你每天会陪伴他们多长时间？考察内容：行为。考察指向：正向。

问题8：每天晚上妻子下班后，匆匆忙忙把饭做好，吃过饭后又得清洗收拾一大堆碗筷。这期间你会怎么做？考察内容：行为。考察指向：正向。

问题9：孩子周末在楼下玩，一不小心摔倒了，并不严重，但他（她）趴在地上不起来，看着你号啕大哭，你怎么办？考察内容：行为。考察指向：正向。

第三类问题：进向维度的问题。考察内容：努力学习（意识、计划、执行）、积极工作（态度、动因、积极改善）、视野开阔（横向、纵向、全局）。

问题1：当代社会和科技发展日新月异，知识更新换代速度很快，活到老必须学到老。你是否认同这一观点？考察内容：学习意识。考察指向：正向。

问题2："活到老学到老"是当代社会发展的一个基本要求，请问你是否有着工作之余继续学习的想法？如果有，你有没有制订具体的学习计划？考察内容：学习计划。考察指向：正向。

问题3：如果你认为继续努力学习很重要，且制订有学习计划，请问你是否不折不扣地执行了这个学习计划？考察内容：学习执行。考察指向：正向。

问题4：你是否喜欢你目前从事的工作或者学习的专业？考察内容：积极工作。考察指向：正向。

问题5：如果你喜欢你目前从事的工作或者学习的专业，请问为什么喜欢？如果不喜欢，请问为什么不喜欢？考察内容：工作动因。考察指向：正向。

问题6：如果你不喜欢你目前从事的工作或者学习的专业，你计划怎么办？考察内容：自我改变。考察指向：正向。

问题7：你是否关注过你目前从事的工作或者学习的专业的相邻工作和专业？考察内容：视野开阔。考察指向：正向。

问题8：你是否分析过你目前的工作和专业或者相邻工作和专业未来五年或十年的发展前景？考察内容：视野开阔。考察指向：正向。

问题9：你是否关心国家政治经济发展大事？考察内容：视野开阔。考察指向：正向。

2. 成员视角家本管理等级量化分析的选项式量表初步制作

成员视角家本管理的核心目标是塑造符合建设幸福美满家庭指向的称职家庭成员，包括角色清晰度、角色执行度、日常言行度三个基本维度。因此，等级量化分析将基于该核心目标和三个维度实现程度的指向进行量表制作。

第一类问题：角色清晰维度的问题。考察内容：角色认识、认识结构。

问题1：请问你在自己家庭中应该承担的家庭角色都有哪些？考察内容：角色总量认识。考察指向：正向。

问题2：请你就自己在家庭中应该承担的家庭角色，按照重要程度从高到低排出顺序。考察内容：角色结构认识。考察指向：正向。

第二类问题：角色执行维度的问题。考察内容：角色执行、执行排序。

问题1：就你认为自己应该承担的排序第一的家庭角色，谈谈平时是怎么做的？考察内容：角色执行和排序。考察指向：正向。

问题2：就你认为自己应该承担的排序第二的家庭角色，谈谈平时是怎么做的？考察内容：角色执行和排序。考察指向：正向。

问题3：就你认为自己应该承担的排序第三的家庭角色，谈谈平时是怎么做的？考察内容：角色执行和排序。考察指向：正向。

问题4：请问你结婚几年了？你与妻子每天聊天时间有多长？考察内容：角色执行实践。考察指向：正向。

问题5：请问你孩子多大了，你每天花在孩子身上的时间有多长？考察内容：角色执行实践。考察指向：正向。

问题6：请问你现在的家庭居住地离你父母居住地有多远？你每年回去看望父母几次？考察内容：角色执行实践。考察指向：正向。

问题7：如果你工作特别忙，而需要承担的家庭角色又如此众多，怎么才能处理好？考察内容：角色综合执行。考察指向：正向。

问题8：很不巧，你的妻子和你的母亲相处并不融洽，甚至在你面前相互指责对方，你很苦恼，请问你该怎么办？考察内容：角色冲突的排解。考察指向：反向。

第三类问题：日常言行维度的问题。考察内容：基本做人品质、诚实、学习、习惯、语言、角色替代。

问题1：假设你开了一家小商店，有一天清点送货员送来的啤酒时，发现多放了一箱。这时送货员已经走远，你也没有他的电话，怎么办？考察内容：日常诚意。考察指向：正向。

问题2：说好的周日下午全家去海边游玩，可到了周日下午，你的铁哥们突然打来电话，邀请你去喝酒，怎么办？考察内容：行为诚意。考察指向：正向。

问题3：请问你最近的一年里完整地阅读了多少本图书、期刊？考察内容：日常学习。考察指向：正向。

问题4：请问你最近的一年里完整地阅读的非期刊性的读物有多少本？考察内容：学习品质。考察指向：正向。

问题5：请问你每周一般做几次饭、洗几次碗？考察内容：家务参与习惯。考察指向：正向。

问题6：请问你办公桌面上的文件资料，是一种什么样的摆放状态？考察内容：日常整理习惯。考察指向：正向。

问题7：有一天，妻子洗碗时不小心把一个盘子掉地上摔碎了，而且声音特别大，把全家人都吓了一跳，请问你会怎么说？考察内容：家人语言沟通。考察指向：正向。

问题8：有一天乘坐公交车去购物中心，车上人很多，一个人不小心狠狠踩了你一脚，很疼很疼，你会怎么说？考察内容：外人语言沟通。考察指向：正向。

问题9：请问你最近一次和别人发生争执，离现在有多长时间了？什么原因引起的？考察内容：语言沟通。考察指向：正向。

问题10：孩子放学回到楼下，你看着他（她）背着沉甸甸的书包，你会怎么做？考察内容：日常角色替代。考察指向：反向。

问题11：周一刚刚上班来到办公室，突然接到孩子从学校打来的电话，说忘记带周末作业了，要你马上送过去，你怎么办？考察内容：紧急角色替代。考察指向：反向。

第六节　家本管理与提升的实现

家本管理与提升的实现，就是面对不同层次的家庭家族，采取具体可行的方法措施，以最终达到建设幸福美满家庭家族的根本目标。需要说明的是，建设幸福美满家庭家族根本目标的实现，总体上可以区分为日常管理实现路径和固化传承实现路径两个层次。下面分别进行分析。

一、家本管理与提升的日常管理实现

家本管理是面向两个及以上家庭成员的外我管理，是一种以血缘亲情为凝聚

核心和连系纽带的组织管理。由此，家本日常管理与提升的实现路径，可以借鉴组织管理的基本模式，从建设目标的共识和践行、家庭成员的凝聚和团结、决策方式的选择和优化、家庭成员的教育和达标几个方面做起，最终建设良好的家风。

首先，建设目标的共识和践行。所谓建设目标的共识和践行，就是要凝聚全部家庭成员，就应该建设一个什么样的家庭，或者理想的家庭应该是什么样的模式，达成基本的共识，并付之于相应的实践。对于一个家庭而言，只有在根本性建设目标上达成了共识，才有可能采取共同的行为，最终实现家本管理的成功。所以，建设目标的共识和践行是家本日常管理的根本性前提。尽管家庭由不同的成员组成，每个成员都有着自己独特的视角和个性，但在家庭的理想模式认识方面却往往有着高度的共识，即家庭的幸福美满。现实中，支撑幸福美满这个根本性家庭建设目标实现的具体可操作的指标或者维度有三个，分别是正、和、进。要践行家本管理的正，就要求家庭各个成员在价值取向和相应言行上自觉符合社会主流道德规范和法律规则。要践行家本管理的和，就要求家庭各个成员基于各自角色定位和相应原则底线相互团结友爱以形成良好和谐的关系。要践行家本管理的进，就要求家庭各个成员在精神面貌和相应行为上都做到积极上进、创造进取。

其次，家庭成员的凝聚和团结。家庭由不同的成员组成，每个成员都有着自己独特的视角和个性，其虽然在建设幸福美满家庭的根本目标上具有高度的共识，但又往往呈现出个体素质、言行风格以及根本性的个人价值观等方面的重大差异。这就意味着，在建设幸福美满家庭的过程中，不同成员往往会着力不同、力向不同，甚至还会相互之间彼此阻碍和相互抵销，最终难以形成有效合力实现预期目标。由此，很有必要探索建构一种基于共同建设目标的有效机制，对不同成员进行规范性引导，以实现家庭成员的凝聚和团结。其中，批评与自我批评是一种经过历史证明的富有价值的凝聚共识和达成合力的有效机制。批评与自我批评中，一是自我批评，重点是自我批评，这就要求学会自我批评，遇到问题首先从自身找问题；二是别人批评，别人帮助自己找问题，找自己看不到的问题，要学会理性看待和接受别人的合理批评。特别地，不管是批评还是自我批评，一个必须坚持的核心主线是实现幸福美满家庭建设目标，否则就会失去本应意义，甚至走入歧途。

再次，家庭决策方式的选择和优化。在家庭这个特殊组织的发展过程中，往往会面临着若干重大发展事项需要进行决策。然而家庭往往由不同的成员组成，彼此在性别、性格、教育、素质、视野等方面各不相同，从而在家庭重大发展事项方面的认识上往往并不一致，甚至差异很大。如何既能充分调动各成员的积极性，同时又能实现科学高效决策，就成为一个重要问题。民主集中制是一种经过历史充分证明行之有效的科学决策方式，其同样适用于家本管理的范畴。所谓民主集中制，就是既有民主又有集中，是民主与集中的有机统一。遇到问题首先要充分发扬民主，让每个成员充分表达自己的意见，以达到集思广益、调动各成员积极性的目的。充分讨论后，如果意见达成一致则可付诸实践。如果意见不能达成一致，就进行集中决策。集中决策的依据不唯人，而是唯方案优劣。现实中，最后优选的决策方案可能是具体某个成员的方案，更可能是多名成员方案的综合。集中决策的方式，可以通过举手投票按少数服从多数的原则进行，也可以由家庭里德高望重的家长做出决策。决策一旦做出，有不同意见可以保留，但要统一服从和执行。如果统一决策做出后各成员仍然我行我素、不管不顾，就失去了集中决策的意义，失去了家本管理的应有效率。

最后，家庭成员的教育和达标。从根本上说，上述第二和第三两个方面只是一种为达到建设目标而实施的一种集思广益、制衡取优的外围运行机制和措施。这套机制和措施能否取得良好的实际效果，根本上还取决于家庭各个成员的基本素质是否达标。家庭成员应该达到的基本素质标准有很多，最主要的是一种心态素质，即做到小事讲风格、大事讲原则。所谓小事讲风格，就是有小利要让、有困难要上、多付出少索取。所谓大事讲原则，就是面临重大事项的时候，要坚持基本的原则和底线，做到在原则和底线面前坚定如山，决不退让。只有家庭成员做到小事面前讲风格、多付出少索取，而在面临重大事项的时候又能够做到在原则和底线面前坚定如山，家本管理才有可能取得实效，否则就有可能落空。

从上述几个方面做起，通过初创、成型和传承、弘扬等几个环节，最终实现优良家风的建设，具体如图4-5所示。

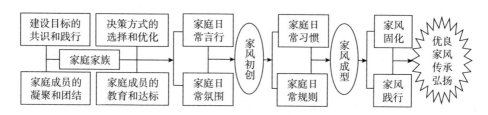

图4-5　家风的初创、成型和传承、弘扬过程

二、家本管理与提升的固化传承实现

通过上述日常管理路径，可以实现家本管理日常意义上的幸福美满目标。在此基础上，还应该进一步促进优良家本管理文化的积累、沉淀和固化、传承，凝结成为家庭的优秀基因，最终使家本管理实现稳定持续。从这个视角看，可行路径包括以下五个方面（见图4-6）：

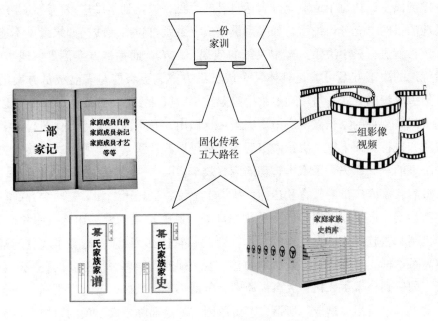

图4-6　家本管理固化传承的五大路径

第一，一份凝炼家风的家训。所谓家训，就是家庭、家族最优秀家风的凝炼和提纯。从根本上讲，家庭、家族的家训是把建设幸福美满家庭、家族的根本目标与各自独特的家庭家族历史现实情境有机结合起来，基于家庭、家族的优良家风家教而高度凝炼和提纯形成。其往往用极少几个字来简洁表达，容易为家庭家族成员所接受和践行，体现出家庭、家族独特的历史印记和精神价值指向。一份良好的家训是在家庭、家族良好家风的长期营造中逐渐形成的，而一旦形成又会成为家庭、家族共同的精神血缘、文化图腾和价值指向，对后世家庭、家族成员的成长发展产生潜移默化的指导功能。从这个意义上说，每个家庭、家族都应该结合自己独特而且具体的家境，抽象凝炼出各自的家训。需要说明的是，家训内容往往指向于家庭人际关系及家庭与社会关系的思考和反应，这种思考和反应在不同的历史时期都具有良好的通适性，所以家训一旦形成，就应该具有特别的稳固性，不应随便予以更改。

第二，一部生动形象的家记。所谓家记，主要面向核心和次核心范畴上的家庭，对其成员的成长历程、日常言行等进行的记录，包括有家庭成员自传、家庭成员杂记、家庭成员才艺展示等。其中，家庭成员自传由各成员自己执笔，就自己生平成长过程进行回忆录式记载，通过这个记载可以以文字形式生动展示家庭成员的形象。家庭成员杂记，则是家庭各成员日常随笔的精选记载，体裁不限，内容不限，通过这个记载可以展现相关家庭成员所处特定时代的历史风貌。家庭成员才艺展示，主要记录家庭相关成员有关才艺方面的相关作品，如家庭成员优秀书法作品精选、家庭成员精美剪纸收录、发表的绘画作品收录以及各种表彰和荣誉证书收录等。家记的核心功能，就是将一个核心家庭的各个成员，以图文的形式就其日常言行风貌予以生动记载，使后代可以获得一个真实的观感。特别地，一部家记的完成应该包括两个阶段：第一阶段从结婚成家开始，中间经历子女出生、上学、成人直到结婚成家；第二阶段从子女结婚成家之后开始，直至自己这一代步入老迈之年。为了保存完好和后世传承，家记可以进行正式出版收藏。

第三，一部与时俱进的家影。所谓家影，就是重点面向核心和次核心家庭，反映记载家庭日常生活和重大事件的家庭影像记录。与图文形式的家记相比，家影主要是借助信息化背景下的现代影像技术进行的记载，更具直观性、可视性。内容包括：家庭成员风采、家庭成员精彩生活、家庭活动记录、家庭成员才艺展示等。其中，家庭成员风采主要记录家庭各成员在不同时期的形象面貌以呈现各自成长变化过程，家庭成员精彩生活主要记录家庭各成员日常生活中的精彩影像，家庭活动记录主要记录家庭集体活动特别是重大集体活动的有关影像，家庭成员才艺展示主要记录家庭各成员的歌唱、书法、绘画、钢琴等才艺展示。

第四，一部严肃认真的家谱（史）。所谓家谱（史），是面向整个家族和宗族进行的一种家族世系演变和历史发展的记载，包括家族谱系记载、家庭历史记载两个有机联系的组成部分。所谓家族谱系记载，就是记录家族的世系演变、族居迁移、支派分脉，清晰呈现家族从哪里来、经历了什么、当代的族态等，通过其可以对整个家族发展演变脉络有一个迅速的总体把握。所谓家族历史记载，就是记录家族发展演变中的重大历史事件、重要家族人物、家族红黑榜单等。重大历史事记，是记载整个家族发展演变过程中所经历的各个重大事件，包括历史上重大天灾人祸对家族的冲击影响，也包括家族获得的各种表彰奖励等，体裁是记事本末体。重要家族人物记，是记载家族各个历史发展时期涌现出来的为家族甚至国家作出重要贡献的家族成员，体裁是传记体裁。家族红黑榜，是面向广泛意义上的家族成员，将其在日常生活中做出的值得表彰提倡的事迹载入家族红榜，以起到入史表彰的正面激励效果。同时将其在日常生活中做出的有违公序良俗甚至违法犯罪触刑入狱的事迹，记入家族黑榜，以起到警戒后世的效果。

第五，一份传承共享的家档。所谓家档，就是收集家庭、家族中重要的相关物品、材料，建设一个小型的家庭、家族史档案库，或者小型家庭、家族博物馆。这个家档既可以是面向核心、次核心家庭的小微型家史档案库，也可以是面向近支家族、远支宗族的家族博物馆。上面的家记、家影、家谱、家史可阅可视，但却不可接触实物，而家庭档案库和家族博物馆的建立，则可以通过收集汇总相关珍贵的家庭家族文物史料，实现可阅可视之后的可触，增强家庭、家族历史的真实感。需要说明的是，面向核心和次核心家庭的家庭史档库，一般收藏内容不必过多，但应确保收藏的稳定性，因此可以通过在银行保管库租借保管箱的方式，定时将从家庭中抽检出的具有珍藏价值的物品收纳其中，以实现良好的建设和保管。而对于家族和宗族而言，由于人数众多、历史悠久，且往往拥有家族共同聚集地，因此家族博物馆的建立，可以设置在家族世代聚集村落之中。在条件具备的情况下，也可以与家族聚集地保存下来的家族祠堂合并。

需要说明的是，优秀家本管理固化和传承的推进，应该坚持两个基本原则：一是必须坚持实事求是原则，不为尊者讳，不因尊者废，才能真正起到抑恶扬善的积极效果；二是无论是家训、家记、家影，还是家谱、家史，都可以充分借助现代技术进行保存和收藏，也只有借助现代信息技术才可能实现更多更好的保存和传承[1]。

第七节　家本管理的时空转换与研究展望

家本管理，小型核心家庭管理和次核心家庭管理是当前的主体所在。但近支家族管理、远支宗族管理，因受到市场经济发展的强烈冲击，再加上当今社会交

---

① 陈涛. 两款手机端家庭图书管理软件的比较研究 [J]. 图书馆学研究, 2016 (15)：63-66；付正刚. 家庭数码照片档案管理的思考与实践 [J]. 档案学研究, 2009 (3)：37-40.

通条件的日益便利和人口流动的日益加速，导致原来的世代聚村而居演变为极大地理范围内的散居，从而在许多地方已经极为式微。

不过与此同时，就某个家族世代聚居的某个村落而言，虽然其开始可能单纯在某一个家族、宗族所聚居，然而在千百年来的社会发展和变革动荡冲击之下，其往往演变成为一个村落同时聚居有若干个不同的家族、宗族。或者一族独大，或者诸族相当，但不管什么情况，彼此相互尊重、邻里守望已经成为时代的必然要求。而且在长期的共同起居当中，不同家族宗族之间往往也已建立了深厚的邻里亲情。这样，基于家本管理的逻辑进行适当扩展，面向共同世居的村落建构不同家族、宗族之间和谐共处、共同发展的新时代乡村文明，就成为历史必然。由此，家本管理就应该适时转换为超越单姓家族、宗族界线的村本管理，包括共同目标管理、批评与自我批评管理、民主集中管理以及更为长远的"五个一"建设，以达到凝心聚力、抑恶扬善、扶弱促强、美化家乡的终极目标，最终促进基于产业兴旺、生态宜居、乡风文明、治理有效、生活富裕五个维度的乡村振兴。具体如图4-7所示。

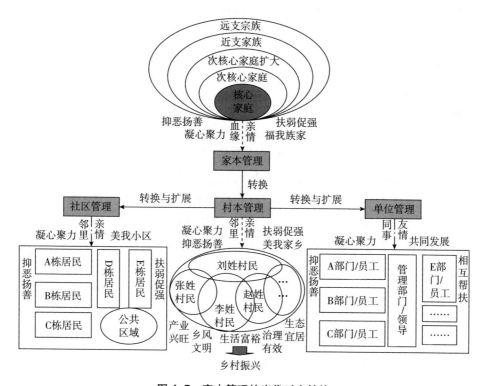

图4-7　家本管理的当代时空转换

也正是在这种时代背景下，随着市场经济的迅速发展和人口流动的日益加速，原先分别聚居于不同地域村落甚至不同民族地区的个体，往往会因工作和生活等原因而迁移聚居于城市中的同一个生活区域甚至同一个居住楼宇，从而形成新时期城市社区的新聚居形式。这种新型社区与原来的近支或者远支家族、宗族相比，在是否拥有共同先祖和同一姓氏上存在不同，除此之外两者在比邻而居、友爱互助等方面并无根本性区别。由此，家本管理和村本管理还应该与时俱进，对原先的近支或远支家族宗族管理以及村本管理进行适当的时空模式转换，变为社区管理，以达到凝心聚力、抑恶扬善、扶弱促强、美我小区的终极目标，最终建构正、和、进意义上的幸福美满的共同生活区域。

进而，由于现代经济发展和行业分工使然，各类现代经济业态迅速发展，在这种背景下，人们不再局限于以自我家庭农耕业态为主的就业形式，而是离开家乡到异乡都市某个行业之内的某个经济单位或者社会管理单位实现就业。由此，在经济和社会发展各类业态之内形成了以各个独立经济或者事业法人为代表的以共同工作性质为标志的新型集聚形态。在这种新型聚集形态之中，人际之间虽然不再拥有血缘亲情，但在长期共同工作过程中会产出同事友情，而且所在单位的健康发展成为彼此共同的目标。由此，家本管理还应该与时俱进，进行适当的时空模式转换，变为岗位管理，包括共同目标管理、批评与自我批评管理、民主集中管理以及长远的"五个一"建设，以实现单位优良风气的营造和有效传承，最终打造出正、和、进意义上的和谐友爱的共同工作平台。

如前文所言，家本管理在全部管理之中具有管理元力的关键作用。在当前"人民日益增长的美好生活需要和不平衡不充分的发展"已经成为社会主要矛盾的新时代大潮之前，在中华民族伟大复兴已经吹响号角的新时代征程之中，进一步加强推进家本管理研究向纵深迈进，建构具有中国本土特色的科学化、系统化、实用化的家本管理理论体系，非常必要而且意义重大。

展望未来，有关家本管理的进一步研究，应该包括但不限于以下几个方面：一是进一步重视和引进量化的和实验的研究方法，进一步梳理明确家本管理的基本维度和影响因素，进一步规范、标准各个维度的等级量化分析范式，进一步加强家本管理效能与各相关影响因素的实证量化分析，进一步挖掘探索家本管理的科学规律。二是将有关家本管理的研究，与培养社会主义合格接班人、建设者，中华优秀传统文化创造性转化、创新性发展，乡村振兴等国家重大发展战略结合，基于家庭基点维度助力国家各项重大战略更好落地和扎实推进。

第五章　业本管理：西方经济管理理论的局限剖析与必要修正

第一节　业本管理的基本概念与研究重点

一、业本管理的基本概念与逻辑地位

业本管理的核心是业，所谓的"业"通俗地说就是日常所言的各种各类事业。显然，这种事业是在家本基础上的一种外向扩展，是一个极其宽泛的领域，包括经济发展事业、文化科教事业、社会人口事业、生态环境事业、军事国防事业、政党建设事业等。由此，业本管理就是各行各业里相应的管理主体对相应的管理客体施加管理措施，以达到管理的目标并最终实现各行各业健康持续发展的过程。

与前面的心本（质）管理、家本管理不同，业本管理从根本上说已经突破了"我—我"内向式的自本管理范式，而是和家本管理以及其后的国本治理、全球治理一起，实现了向"我—物（人）"外向式组织管理的扩张。特别地，家本管理是以血缘亲情为凝聚核心和联系纽带进行的家庭成员之间的管理，可以归属于一种血缘式私我管理，而业本管理以及其后的国本治理、全球治理已经超越了血缘亲情的范畴，发展成为了一种更为宽泛的合作式共事管理。由此，业本管理的根本特征可以归结如下：一是一种外向式的组织管理；二是一种合作式的共事管理；三是一种具体行业层级的管理，已经超越了家本管理的范畴，但尚没有上升到国本治理的层级。

从整个管理体系的逻辑结构来看，业本管理在整个管理体系之中具有从内向式自本管理和血缘式私我管理向更为广泛的外向式合作共事组织管理跨进的逻辑

界点地位，其一方面是心本（质）管理、我本管理和家本管理等基础性自本管理和血缘式私我管理的进一步扩展和升华，另一方面是国本治理和全球治理等高层级管理实现的基础和关键，具有承前启后的关键性逻辑地位。具体如图 5-1 所示。

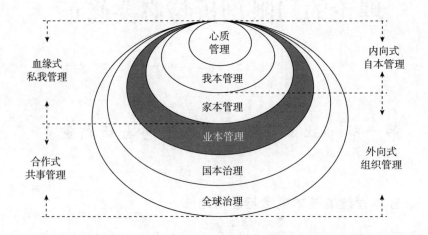

图 5-1　业本管理的价值及其在整个管理体系中的逻辑地位

二、西方业本管理研究的总体态势与研究重点选择

如上所述，业本管理虽然涉及的类型、层级和范畴极其宽泛，研究腹地极其广阔，但不同类型业本管理的研究在当前的西方大都已经得到了比较深入的推进。具体说，自西方文艺复兴以来，特别是自资本主义国家建立以来，在西方理性思维和科学方法的支持下，伴随着西方在科学技术领域的研究进步，西方学者几乎同时在经济管理、文教管理、社会管理、生态管理等各大管理领域进行了卓有成效的研究建构。比如，在经济管理领域，随着 1776 年斯密《国民财富的性质和原因研究》的出版和 1911 年泰罗《科学管理原理》的出版，现代意义上的经济学和管理学分别正式成型。发展到现在，西方的经济管理理论体系建构已经相对或者相当完善。

与此相对，中国古代的业本管理理论存在着先天性的不足。古代的中国是一种家天下的社会，正所谓"普天之下，莫非王土；率土之滨，莫非王臣"。封建社会每一代王朝更替，都只是从一姓天下变更为另一姓天下而已。另外，每个王朝的国家治理，在某种程度上实行的都是一种家国同构的理念和模式。即通过所谓儒学的"君为臣纲、父为子纲、夫为妇纲"，将君臣之国家治理模式与父子、夫妇关系模式并列，而父子、夫妇关系模式实际上就是家庭家族关系模式的核心要义。从这个意义上讲，古代中国的管理实践，虽然基本上具备了从心本（质）管理到我本管理到家本管理再到国本治理、天下治理的层级架构，但其缺失了真正意义上的业本管理环节，是一种从家本管理到国本治理跳跃式迈进的管理模式。具体如图 5-2 所示。

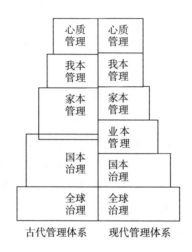

图 5-2　古代中国管理体系逻辑架构对业本管理层级的缺失

再回到西方，虽说西方有关经济、文教、社会、生态等各大类领域管理的研究都已经相对成熟、体系完备，但这并不代表西方在这些领域管理的研究已经臻于完美。恰恰相反，由于以下三个原因的存在，西方已经架构的管理理论体系仍然存在诸多制约甚至基本逻辑缺陷，难称完美：

一是就管理的各研究领域而言，其研究是一个动态的过程，是一个逐渐逼近真理但却难以穷尽真理的过程。从这个意义上说，西方有关管理各领域的研究，从基本的哲学逻辑来说总是存在不足和制约的，需要进行持续不断的补充和修正。

二是就目前西方管理各领域的研究而言，其逻辑体系和知识体系，本身是基于之前历史时期的西方社会相关领域发展情境进行的研究建构，即使完全吻合了当时的产生和创造的时代背景，但时代在进步、社会在发展，而且当代社会和科技进步速度呈现出加速的态势，这种基于过去历史和社会情境建构的管理体系，总有内容与时代发展步伐脱节，需要不断与时俱进和补充修正。

三是就目前西方管理各领域的研究而言，其逻辑体系和知识体系，本身是基于西方特定的历史和社会情境进行研究建构的。但西方之外的其他国家和地区，与西方往往在地理环境、人文历史、人口民族等方面存在巨大差异。在这种情况下，基于西方历史和社会情境建构的西方各领域管理体系，在西方之外的国家和地区往往存在有适用性不足的情况。一些在西方已经得到验证是正确的管理理论，在西方之外的国家和地区可能并不正确，甚至会被实践证明是错误的。由此，基于西方历史和社会情境建构的西方各领域管理体系应用于西方之外的国家和地区时，就需要结合具体情境实践进行持续不断的补充修正。

由此，在西方各管理领域建构的逻辑架构和知识体系基础上，结合时代进步进行相应的局限剖析和补充修正，就成为客观必然。不过，业本管理的层级和类型过于繁多，而经济领域与业本管理的文教、社会等第一层级诸领域相比处于社会发展之基础的重要地位。限于行文篇幅和时间精力，这里将重点选择西方业本管理中的经济管理理论进行局限剖析和必要修正。需要说明的是，西方经济管理理论本身也是一个层级和类型极其繁杂的体系，本书将重点就西方经济管理理论的整体结构、关键内容、量化方法、实践应用四个方面的局限，进行系统剖析和必要修正。

还需要说明的是，对现行西方管理理论体系这四个方面局限性的分析，同时也是本书整体研究体系之"基于中国历史文化情境的本土管理学建构何以必要"的原因所在。由此，本章将围绕这四个方面，重点对其中的关键内容性局限（错误）、量化方法性局限（陷阱）进行重点分析，有关整体结构性局限（缺陷）、实践应用性局限（苍白）的分析已在前文中进行，具体可以参考第一章第一节内容，以形成一个完整体系。

就西方经济管理理论的关键内容性局限（错误）而言，在多个理论领域和环节都有存在。篇幅所限，这里重点选取西方经济管理理论体系中微观层面的产能利用率测度指标、中观层面的市场结构和厂商均衡理论、宏观层面的需求侧经济调控理论进行局限剖析和必要修正。

第二节　西方微观之产能利用率指标的
测度局限与必要修正

进入 21 世纪以来，特别是 2008 年全球金融危机爆发以来，产能过剩问题日益严重，就此进行科学分析和有效治理，已成为当下供给侧结构性改革迫切需要解决的重要课题。而要对此进行科学分析和有效治理，前提是选择合适的测度指标对产能过剩态势进行科学而精确的量化测度。

现实中，学术界有关产能过剩的量化测度，主要是依靠源于西方的产能利用率指标进行的。有关前提性的产能过剩概念内涵，当下尚存一些不同的认识和理解。比如，究竟是产业产能超出市场需求①，还是产业产能超出实际产出②，抑或是产业实际产出超出市场实际需求③，学者的意见并不一致。但就具体的产能利用率而言，一般认为其是反映厂商对投入要素的充分利用程度的量化指标。若产能利用率高，则说明投入要素的利用比较充分；反之，则说明部分生产要素处于闲置状态或其生产链的管理协调没有达到最优，就存在过剩的可能。产能利用率指标的具体测度，一般基于"特定要素投入水平下的实际产出与理论最大产能的比例"的理念④，运用产业"实际产出/潜在产能"的计量逻辑予以衡量⑤。

不过，目前基于产业"实际产出/潜在产能"计量逻辑进行的产能利用率具

---

① 林毅夫，巫和懋，邢亦青．"潮涌现象"与产能过剩的形成机制［J］．经济研究，2010，45（10）：4-19；冯梅，陈鹏．中国钢铁产业产能过剩程度的量化分析与预警［J］．中国软科学，2013（5）：110-116；钟春平，潘黎．"产能过剩"的误区——产能利用率及产能过剩的进展、争议及现实判断［J］．经济学动态，2014（3）：35-47.

② 周劲．产能过剩的概念、判断指标及其在部分行业测算中的应用［J］．宏观经济研究，2007（9）：33-39.

③ 胡荣涛．产能过剩形成原因与化解的供给侧因素分析［J］．现代经济探讨，2016（2）：5-9；任碧云．双过剩条件下中国经济政策协调研究［M］．厦门：厦门大学出版社，2010.

④ 沈坤荣，钦晓双，孙成浩．中国产能过剩的成因与测度［J］．产业经济评论，2012（4）：1-26.

⑤ Kirkley J. E., Morrison C. J., Squires D. E. Capacity and Capacity Utilization in Common-pool Resource Industries：Definition, Measurement, and a Comparison of Approaches［J］．Environmental and Resource Economics，2002，22（1-2）：71-97；韩国高，高铁梅，王立国，齐鹰飞，王晓姝．中国制造业产能过剩的测度、波动及成因研究［J］．经济研究，2011，46（12）：18-31.

体测度应用，实际上存在有一系列的局限，制约了基于该指标测度进行产能过剩分析研判的科学性、精确性和价值性。如前所述，目前有关该指标的相关研究，多为重在应用的实证测度。即使有个别理论审思性的研究，也多是在尊重与维护该指标权威性前提下进行的适当拓展性研究①，真正审思甚至批判性的研究，并不多见。由此，下面专门针对产能利用率指标，进局限性剖析，进而提出修正思路。

如上所言，就产能利用率指标测度而言，学术界已经在"实际产出/潜在产能"的理念逻辑上形成共识。由此，下面有关产能利用率指标测度局限的剖析，将首先从产业潜在产能指标测度的局限、产业实际产出指标测度的局限两个方面分别进行。在此基础上，再从产能利用率指标测度的现实国情适用性不足和短缺情境适用性不足的角度进行进一步剖析，最后提出回归"供大于求"过剩本义的产能过剩测度指标修正思路。

一、产能利用率指标的测度局限分析

1. 产能利用率关于产业潜在产能的测度局限

从基本的概念理解，产业潜在产能就是一个产业基于全部投入所能达到的最大的潜在产出水平，学者对此基本概念的认识并没有多少异议。但问题在于，基于这个基本概念进行产业潜在产能的具体测度时，国内外的学者却有着不同的理念认识和方法区别。

国外有关产业潜在产能和产能利用率的研究测度起步较早，其中代表性的测度思路和方法主要有：卡塞尔（Cassels）② 和莫里森（Morrison）③ 基于短期平均总成本曲线最低点对应的产业潜在产能测度思路和方法；沃顿（Wharton）指数基于产出——资本比和累计净投资前一期峰值之峰值法的产业潜在产能测度思路和方法；弗思（Foss）④ 基于最大可能用电量对产业潜在产能替代的测度思路和

---

① 潘云良. 产能利用率的科学界定与国际比较 [J]. 理论视野, 2017（7）：39-43；袁捷敏. 产能和产能利用率两类测算模型及其比较 [J]. 统计与决策, 2014（20）：79-81；唐志军, 庞景景. 我国产能过剩的测度方法及其优缺点 [J]. 湖南社会科学, 2018（4）：126-134.

② Cassels J. M. Excess Capacity and Monopolistic Competition [J]. The Quarterly Journal of Economics, 1937, 51（3）：426-443.

③ Morrison C. J. Primal and Dual Capacity Utilization: An Application to Productivity Measurement in the U. S. Automobile Industry [J]. Journal of Business & Economic Statistics, 1985, 3（4）：312 -324.

④ Foss M. F. The Utilization of Capital Equipment: Postwar Compared with Prewar [J]. Survey of Current Bussiness, 1963（6）：8-16.

方法；克莱因和普雷斯顿（Klein & Preston）① 基于生产函数法的产业潜在产能测度思路和方法；加罗法洛和马尔霍特拉（Garofalo & Malhotra）② 基于成本函数法的产业潜在产能测度思路和方法；柯克利（Kirkley）等③ 基于数据包络分析和随机生产前沿方法的产业潜在产能测度思路和方法；彬肯和穆杜德（Shaikh & Moudud）④ 基于产能与资本存量长期稳定协同变化之协整方法的测度思路和方法。

就产业潜在产能测度常用的统计调查法、成本函数法、峰值法、前沿面分析法、协整方法等方法而言，彼此之间各不相同，差异很大。统计调查法本质上是一种工程性质的测度方法，优点是测度结果具有直观性、可比性和连续性，缺点是缺乏经济学理论支撑，同时大量调查问卷会导致成本高昂。成本函数法基于利润最大化或成本最小化目标测度，优点是具有坚实的微观经济理论基础，缺点是测度过程复杂，测度假设过多，且对数据质量要求较高。峰值法以产出达到的某个峰值作为产业最大潜在水平，优点是操作相对简单，对数据要求不高，缺点是核心假设缺乏理论支撑，操作上主观性过强。前沿面分析法将最优生产前沿的产出定义为产能，包括以数据包络分析为代表的非参数估计法以及以随机前沿分析为代表的参数估计方法，优点是数据易得、操作简单，缺点同样是缺乏经济理论支撑，且前沿面估计方法所测的是最有效率的产出，而非产业产能。协整方法基于产出与固定资本存量之间存在着稳定而长期协整关系的理念进行，以资本存量作为单一的固定投入要素来确定长期产出趋势，其优点和缺点是对成本函数法与工程法的折中。

综上所述，由于产业潜在产能的测度方法具有多样性，学者们往往各自基于不同的偏好选择不同的方法进行实证研究。如面对相关产业的实证测度，沈利

① Klein L. R., Preston R. S. Some New Results in the Measurement of Capacity Utilization [J]. American Economic Review, 1967, 57 (1): 34-58.

② Garofalo G. A., Malhotra D. M. Regional Measures of Capacity Utilization in the 1980's [J]. Review of Economics and Statistics, 1997, 79 (3): 415-421.

③ Kirkley J. E., Morrison C. J., Squires D. E. Capacity and Capacity Utilization in Common-pool Resource Industries: Definition, Measurement, and a Comparison of Approaches [J]. Environmental and Resource Economics, 2002, 22 (1-2): 71-97.

④ Shaikh A. M., Moudud J. K. Measuring Capacity Utilization in OECD Countries: A Cointegration Method [R]. [S. l.]: The Levy Economics Institute of Bard College Working Paper, 2004.

生①选择的是峰值法，龚刚和杨琳②以及何彬③选择的是用电量与资本服务使用量成固定比例理念下的生产函数法，孙巍等④选择的是成本函数法等。正是由于不同方法的偏好和选择，结果会导致即使面对同一产业测度得出的潜在产能，也会存在有明显甚至巨大的差异。进而，即使作为分子的产业实际产出是既定的，但最后测度得出的产能利用率也必然会呈现出重大差异。如国务院⑤调查测度的2012年底钢铁、水泥、电解铝、平板玻璃、船舶几大产业产能利用率分别为72%、73.7%、71.9%、73.1%、75%，简单平均为73.1%，联合国经合组织（OECD）和世界货币基金组织（IMF）国别报告测度的中国制造业2011年度总体产能利用率分别为86%和60%⑥，而韩国高等⑦调查测度的中国28个行业1999~2008的产能利用率在40%~360%，彼此差异巨大。

特别地，由于产业潜在产能的不同测度方法在理论基础、测度前提等方面各不相同，不同方法测度得出的差异性结果往往不可以进行简单比较。然而，这些基于不同方法测度得出的差异巨大的结果被提交到政策制定者手上进行决策参考时，一些并不具有深厚专业知识背景的政策制定者会有一种真伪难辨、无所适从之感，从而对产业过剩态势的分析研判和过剩调控相关政策的制订实施，产生极大的干扰影响，使测度研究降低或者失去应有的现实价值。

2. 产能利用率关于产业实际产出的测度局限

目前国内外学术界有关产能利用率指标测度局限的分析，大都是从作为分母的产业潜在产能测度的理念和方法差异及其局限的角度进行的。实际上，主要用于产能过剩分析研判的产能利用率指标测度，其局限不仅体现于作为分母的产业潜在产能测度上，还特别体现于作为分子的产业实际产出的界定和应用上。具体来说，在产能利用率指标的测度中，在分母的产业潜在产能被前提性地归置于衡

① 沈利生. 我国潜在经济增长率变动趋势估计 [J]. 数量经济技术经济研究, 1999 (12): 3-6.

② 龚刚, 杨琳. 我国生产能力利用率的估算 [D]. 北京: 清华大学中国经济研究中心, 2002.

③ 何彬. 基于窖藏行为的产能过剩形成机理及其波动性特征研究 [D]. 长春: 吉林大学, 2008.

④ 孙巍, 李何, 王文成. 产能利用与固定资产投资关系的面板数据协整研究——基于制造业28个行业样本 [J]. 经济管理, 2009 (3): 38-43.

⑤ 国务院. 关于化解产能严重过剩矛盾的指导意见 [EB/OL]. http://www.gov.cn/gongbao/content/2013/content2514934.htm.

⑥ 钟春平, 潘黎. 产能过剩的误区——产能利用率及产能过剩的进展、争议及现实判断 [J]. 经济学动态, 2014 (3): 35-57.

⑦ 韩国高, 高铁梅, 王立国, 等. 中国制造业产能过剩的测度、波动及成因研究 [J]. 经济研究, 2011 (12): 18-31.

量供给侧的产业供给能力的情况下，作为分子的产业实际产出则应该充分体现需求侧的市场（有效）需求因素，做到供需两侧同时兼顾，相关测度才能符合产能过剩"供大于求"的本义。然而，产业实际产出本质上仍然是一种衡量产业实际供给的供给侧指标，没有涉及市场需求和收益利润因素，难以有效反映真实的市场需求情况。

具体原因有二[①]：第一，产业的实际产出往往并不会全部转化为市场实际需求，还有一部分会以存货的形式出现，而且有时候存货的比重还相当大。只有首先从产业实际产出中减去存货，才能得到反映市场信息的产业市场需求。否则，即使产业的实际产出正好达到了产业潜在产能水平，所谓的产能利用率达到了100%，但如果产业实际产出中的相当部分没有转化为市场需求，只能以存货的形式出现，那实质上还是存在着严重的产能过剩（见图5-3）。第二，即使产业的实际产出全部转化为了市场实际需求，转化的质量也会有巨大差别。有的可能获得的是合适的价格和利润水平，有的可能获得的是垄断的价格和利润水平，还有的可能获得的是亏损的价格和利润水平。只有在合适的价格和利润水平下将产业实际产出全部转化为市场实际需求，才是有价值和有效的。如果产业实际产出在严重亏损的价格和利润水平下全部转化为市场实际需求，即使产业实际产出正好达到了产业潜在产能水平，所谓的产能利用率达到了100%，也不能掩盖其产能过剩的实质（见图5-4）。

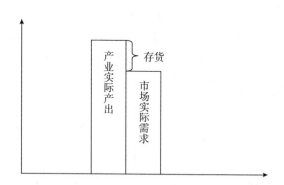

图5-3　产业实际产出与市场实际需求的区别

---

① 马文军.产业最优需求测度与生产过剩预警调控：基理构建与钢铁、水泥产业的实证［M］.北京：经济科学出版社，2014.

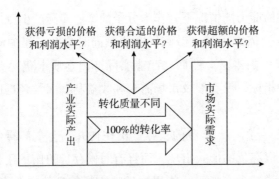

图 5-4　产业实际产出向市场实际需求转化的质量区别

可见，在社会主义市场经济起决定性作用的当前，衡量产业产能是否过剩，不能隔离市场需求孤立进行①，而应该基于"供过于求"的过剩本质，回归市场需求的本义基准，以避免缺乏市场需求下的供给无效②。然而，在"产能利用率＝实际产出/潜在产能"的测度逻辑中，"潜在产能"衡量的本质是供给侧的产业供给能力，"实际产出"衡量的本质是供给侧的产业实际供给，两者衡量的均是生产供给侧，而另一关键的市场需求侧则被有意无意地忽略了。这样，由于对供给侧的偏重和对需求侧的忽视，用该指标对产能过剩进行测度研判，会导致对"供大于求"过剩本义的严重偏离，实际上并不能真正有效反映相对于市场需求基准的产能过剩情况。反过来说，由于对市场需求和收益利润因素的忽视或隔离，从根本上说该指标测度的只是技术层面的生产开工率或者设备利用率。

特别地，根据前面分析，产能利用率高低与产能过剩态势严重程度之间应该具有直接的正相关关系，缓解产能过剩态势的直接途径就是提高产能利用率。而根据"产能利用率＝实际产出/潜在产能"的测度逻辑，提高产能利用率从而缓解产能过剩的最具操作性的"抓手"或者路径取向，往往并不是对具有顽固性的产业潜在产能的压缩控制，而是会有意无意变换为对产业实际产出的激励扩张。然而，在产业潜在产能保持不变的前提下，通过提高产业实际产出虽然获得了表面的产能利用率的提高，但对解决本义上的产能过剩问题则并无任何帮助。恰恰相反，这种表面性产能利用率提高的背后，真正应该压缩控制的产业潜在产能不但不会得到压缩控制，反而会由于产业实际产出不断扩张的反向激励而实现

① 洪银兴. 准确认识供给侧结构性改革的目标和任务 [J]. 中国工业经济, 2016（6）: 14-21.
② 徐康宁. 供给侧改革的若干理论问题与政策选择 [J]. 现代经济探讨, 2016（4）: 5-9.

膨胀扩张，结果在客观上形成对市场机制的人为隔离，同时推动产能过剩步入恶性循环而日益严重。可见，现行的"产能利用率＝实际产出/潜在产能"指标测度导向，在产能过剩调控治理实践中实际上有意无意提供了恰恰相反的路径启示。或者说，产能利用率提高的现实路径选择和产能过剩缓解的本义目标指向，在实践中出现了根本性的取向偏差。

3. 产能利用率的现实国情适用性局限

实际上，基于产能利用率指标测度进行的产能过剩分析研判源于西方。在西方发达国家，政府利用相关统计数据进行产能利用率指标测度，然后面向实际生产企业行业进行公布，提供一种预警和导向帮助。由于西方发达国家市场经济发展比较成熟，政府往往并不会基于对产能利用率指标的测度及相应的产能过剩分析研判，制订实施相应过剩调控治理政策予以"有形之手"的干预①。这样对具体的生产企业而言，在特定的产能利用率信息面前，其具体的生产是收缩还是扩张，将直接由企业根据对市场情况的把握自主决策，政府既不会干预也不会援助。而正是市场机制的成熟完善和政府"有形之手"的自律，市场机制的强大力量就能够得到有效发挥，产业实际产出与市场有效需求之间就自发地形成了内在的一致性。这样，本义上仅局限于反映技术层面生产开工率或者设备利用率的产能利用率指标，实际上就能够借助自发而强大的市场机制，天然地与市场环节实现有效对接，从而获得良好的情境适用性。反过来说，虽然产能利用率指标直接用于衡量相对于市场需求的产能过剩有所不妥，但西方成熟的市场机制天然地提供了联接市场环节的通道，从而最终弥补了原本缺失的市场色彩。由此，基于产能利用率指标测度进行的产能过剩分析研判，在西方成熟市场经济情境下具有逻辑可行性和现实操作性。

不过，中国的情况并不相同。在中国，国有企业在相当多的领域占有重要地位。在这种情境下，面对可能出现的产能过剩，政府的一般的应对逻辑是，首先基于相应的测度理念和方法进行产能利用率指标测度，然后根据测度结果对产能过剩态势进行分析研判，如果认定某个产业存在严重的产能过剩，则发挥政府有形之手的力量，直接制订采取相应的政策措施对认定的过剩产能进行压缩调控，以达到产能与市场有效需求的良性匹配。在政策实践中，即使高度强调尊重市场

① 钟春平，潘黎. 产能过剩的误区——产能利用率及产能过剩的进展、争议及现实判断 [J]. 经济学动态，2014（3）：35-57.

机制的重要地位，但最后往往落脚到以严格的市场准入、项目审批为代表的政府行政行为①，其实就是这个逻辑。

然而，恰恰由于政府"有形之手"的直接参与和强力介入，其有关产能过剩调控的期望效果往往不但不能实现，甚至可能会收获相反的效果。原因至少有二：一是政府对判断得出的产能过剩的企业要进行所谓的过剩产能压缩，一般会予以相应的政策激励，而企业为了获得政府压缩产能提供的激励红利，往往会首先进行产能扩张，结果获得适得其反的后果。正如苏迈拉（Sumaila）② 所言，政府在化解产能过剩中的补贴行为可能会扭曲市场价格信号，产生反向的激励。二是部分企业特别是国有企业，为了避免产能过剩压缩之剑落到自己头上，即使在市场销量不好和利润严重下降的情况下，也可以基于"实际产出/潜在产能"的产能利用率指标，通过不计成本和利润地加大实际产出（而不是压缩产业产能），获得较高的产能利用率指标和表面虚假的产销两旺态势，对实质性的严重产能过剩形成掩盖。③ 这实际上是对市场机制的一种"玻璃门"性质的隔离，最终由于产业实际产出的逆势扩张使过剩的产能不但不会得到压缩控制，反而会受到反向激励而日益扩张，结果同样获得适得其反的后果。

这就是说，政府"有形之手"的完全参与和介入，会造成市场失灵、资源配置扭曲④，限制了市场机制自发力量的有效发挥，阻塞了市场自发机制提供的联接市场环节的天然通道，结果使产能利用率指标与市场环节之间的原本脱节进一步加剧为几乎不可逾越的鸿沟，而只能局限停留于原本的对技术层面生产开工率或者设备利用率的反映。而基于该指标测度进行的产能过剩治理调控，反而会推动产能进一步扩大和过剩，从而陷入越调控越严重的恶性循环中。

现实中，产能过剩情况很早之前就在我国许多行业出现了，我国也很早就基于上述产能过剩调控逻辑通过对产能利用率的测度研判，制订实施了相应的去产能政策进行治理调控。基于产能利用率指标测度进行产能过剩分析研判和治理调控，其逻辑可行性和现实操作性存在争议。

① 杨振. 以供给侧结构性改革化解产能过剩 ［J］. 理论视野，2016（1）：11-13.

② Sumaila U. R. Fuel Price Increase, Subsidies, Overcapacity, and Resource Sustainability ［J］. Journal of Marine Science，2008，65（6）：832-840.

③ 干春晖. 地方官员任期、企业资源获取与产能过剩 ［J］. 中国工业经济，2015（3）：44-56.

④ 刘西顺. 产能过剩、企业共生与信贷配给 ［J］. 金融研究，2006（3）：166-173；鞠蕾. 供给侧视角下的产能过剩治理：要素市场扭曲与产能过剩 ［J］. 宏观经济研究，2016（5）：3-15.

4. 产能利用率的短缺情境适用性局限

对于一个具体的产业而言，其首先经历的是形成、壮大的朝阳产业发展阶段，中间经历成熟的壮年产业发展阶段，进而步入收缩、衰退的夕阳产业发展阶段，其间往往会先后经历产品供不应求的短缺阶段和产品供过于求的过剩阶段。两个阶段不但具有先后传续的外在关系，更具有前因后果的内在逻辑。而就产品供过于求的过剩阶段而言，其出现的前提和原因往往就孕育于产品供不应求的短缺阶段。

如果对产品供不应求阶段的短缺态势分析研判不足，外在企业往往就会在短缺态势导致的行业高利润诱导下群拥而入，在位企业基于同样的原因也会纷纷加速扩张自己的产能，导致潮涌现象和过度进入①，其直接后果就是产业产能以无序的状态迅速扩大膨胀，即使达到供求平衡状态之后，还会由于强大惯性的作用，推动产业生产迅速跨入过剩甚至严重过剩阶段。而如果对产品供不应求阶段的短缺态势能够进行有效测度和科学研判，就能够通过这些有价值信息提供的参考，实现后续外在企业的有序进入和在位企业的理性扩张，从而自初始就对后期有可能发生的产能过剩实现有效预防，有效避免之后过剩状态特别是严重过剩状态的出现。可见，要想实现对产能过剩的有效治理和避免严重过剩状态的出现，实际上相关措施就应该从产业处于产品供不应求的产能短缺阶段抓起，就应该从短缺阶段时的具体短缺状态及短缺程度进行有效测度研判做起。

由此，考虑到短缺阶段往往是过剩阶段的前提，过剩阶段往往根因于短缺阶段，探索一种适用和涵盖产能短缺阶段和产能过剩阶段的全域生产阶段的测度指标，使其不但能够面向产能过剩阶段就其过剩状态和程度进行有效测度和研判，同时能够面向产能短缺阶段就其短缺状态和程度进行有效测度和研判，实现对短缺与过剩两个阶段的有效打通和统一测度，就显得非常必要了。

但问题在于，目前学者研究常用的产能利用率指标，其测度多用于对产能过剩态势和程度的分析研判，用于对产能短缺态势和程度分析研判的则并不多见。而从产能利用率指标的内在逻辑机理来看，其适用的重点显然也限于对过剩状态和程度的测度研判，而不是对短缺状态和程度的测度研判。这表明，现行常用的产能利用率指标测度，对包括产能短缺阶段、产能过剩阶段在内全域生产阶段的

---

① 林毅夫，巫和懋，邢亦青. 潮涌现象与产能过剩的形成机制［J］. 经济研究，2010（10）：4-19；吕政. 竞争总是有效率的吗？——兼论过度竞争的理论基础［J］. 中国社会科学，2000（6）：4-14.

把涉涵盖幅度有限，从而影响了其适用的范围和效度。遗憾的是，可资利用的合适的测度指标目前尚未见到。

5. 分析结论

综上所述，产能利用率指标测度及基于此进行的产能过剩分析研判，存在的局限主要有：①产业潜在产能测度方法不一、结论迥异、互不通用、难成共识，干扰影响政策决策。②在市场经济起决定性作用大背景下，产业潜在产能和实际产出测度衡量的分别是供给侧的产业供给能力和实际供给，而另一关键的市场需求侧被有意无意地忽略了，从而导致产能利用率指标的测度不能有效反映相对于市场需求基准的本义产能过剩情况。③政府"有形之手"的直接参与和强力介入，使市场自发机制提供的通向市场环节的天然通道被阻塞，产能利用率指标测度进一步固化于对技术层面生产开工率或设备利用率的反映。④过剩阶段往往缘于短缺阶段，产能利用率指标测度对包括短缺阶段和过剩阶段在内全域生产阶段的涵盖有限。

鉴于产能过剩问题的重要性，在现行产能利用率指标测度存在明显制约和降低政策价值的情况下，回归供求结构失衡下的"供过于求"本义，同时兼顾供需两侧，基于"最优需求/供给能力"的原义逻辑（而不是现行产能利用率指标测度的"实际供给/潜在供给"逻辑），修正建构更为科学合理的过剩测度指标，就显得重要而迫切了。目前，虽然已有学者进行了初步探索，但更为系统的研究则还需要深入推进。

二、纳入最优市场需求的生产过剩（短缺）指标建构与测度实现

基于上述分析，从测度指标建构的简洁实用指向出发，将"最优需求/供给能力"的原义逻辑具体化为"实际供给/市场需求"的现实逻辑，选择建构生产过剩的测度指标。一方面，产业实际供给就是产业实际的产出，可以直接采用国家有关部门的统计数据，具有统一性。另一方面，生产过剩和产能过剩两者虽然存在差异，但具有本质上的一致性，实用且更为简洁。

由此，修正建构的生产过剩率新型测度指标，就是从生产供给相对于市场需求的视角，就产业实际产出相比于市场需求的超出过剩部分之比率进行测度。特别地，该指标也可同时就产业实际产出相比于市场需求的不足短缺部分之比率进行测度。这样，拟建构的新型测度指标实际上既可以测度生产过剩比率，也可以测度生产短缺比率，实现对短缺与过剩阶段的全程覆盖，其准确的名称可以称之

为生产过剩（短缺）率。可得：

$$生产过剩（短缺）率 = \frac{产业供给过剩（短缺）量}{产业市场需求量} \times 100\%$$

$$= \frac{（产业实际供给 - 产业市场需求）}{产业市场需求} \times 100\%$$

式中，涉及产业实际供给和产业市场需求两个关键指标。如上所言，产业实际供给可以直接采用国家有关部门的统计数据，而产业市场需求不应该是一般泛义上的市场实际需求，而应该是产业的最优市场需求，即由企业技术成本和市场需求收益双侧共同作用下达到的相应最优效率目标的市场需求。

由此，上述公式就可进一步修正表达为：

$$生产过剩（短缺）率 = \frac{（产业实际供给 - 产业最优市场需求）}{产业最优市场需求} \times 100\%$$

上式的逻辑意义是，如果产业的实际供给超出了产业的最优市场需求空间，就意味着一定比例的实际供给缺乏相应的市场需求空间支撑，就是一种生产过剩，其超出的比率就是生产过剩率。相反，实际供给产出小于了最优市场需求，就意味着有一定比例的市场需求得不到满足，就是一种生产短缺，其不足的比率就是生产短缺率。

由此，生产过剩（短缺）率指标的建构应用，最优市场需求及其科学测度就成为了关键。关于产业最优市场需求，目前微观学界多指向有支付能力的购买力[1]，宏观学界则指向包括消费需求、投资需求在内的凯恩斯意义上的总需求，也有学者从马克思和卡莱茨基角度予以了探索[2]，本质上均是实际市场需求。也有学者提出了基于真正效用或者基于高质量产品需求[3]的有效需求，耳目一新。但同时考虑合理价格和收益利润的有效需求，其概念虽早已提出[4]，但后续基本内涵、内在机理、测度方法的研究则未能见到。

① 邓亚平，任小江．有效需求不足的定义、成因及对策［J］．金融研究，2000（3）：66-70；黄桂田．买方市场、有效需求与宏观调控［J］．金融研究，1998（12）：1-7.

② 陈样，靳卫萍．有效需求：马克思、凯恩斯与卡莱茨基经济学［J］．南开经济研究，2004（2）：51-56.

③ 黄枫，甘犁．过度需求还是有效需求？——城镇老人健康与医疗保险的实证分析［J］．经济研究，2010（6）：105-119；范红忠．有效需求规模假说、研发投入与国家自主创新能力［J］．经济研究，2007（3）：33-44.

④ 沈佳斌．"有效需求"辨误［J］．经济学家，2002（2）：116；曹建海．重在完善产能过剩的防范机制［J］．求是，2015（8）：35-37.

特别地，从产业组织角度看，产业最优市场需求不是一个孤立的指标，而是与有效企业数量、有效企业规模等指标一起，均是产业最优组织体系彼此紧密联系、不可分割的一组多维衡量指标。所以，有关产业最优市场需求的测度，须纳入产业组织的完整体系中进行系统性审视优化。然而在目前相关的理论研究中，产业最优市场需求指标大都是独立测度的，缺乏与企业最优规模、企业最优数量等相关指标的必要关联。实践中，以《钢铁产业调整和振兴规划》和《钢铁行业化解产能过剩实现脱困发展的意见》为代表的相关调控政策，虽然将产能过剩调控与企业规模、数量以及产业集中度、市场竞争度等调控放在一起，进行了通盘表述，实质上却缺乏产业组织视角的内在逻辑分析和系统把握。

特别地，有关产业最优需求的具体测度，将在本章第三节予以具体的论述和图示，从而使纳入最优市场需求的生产过剩（短缺）率指标建构与测度得到实现。

基于本理论研究的实证应用分析，可以参见本章第三节的分析，此不作赘述。

第三节　西方中观之市场理论的局限剖析与必要修正

一、市场理论在西方经管理论中的重要性及局限剖析

1. 西方市场理论的重要性及其影响与争议

西方微观经济理论体系，主要由价格理论、消费理论、生产理论、市场理论、要素理论等几部分组成，市场理论是其中关键和核心部件之一，占有重要篇幅。以高鸿业先生主编的《微观经济学》教材为例，不包括绪论，总共由 10 章内容组成，其中直接的"市场理论"有 2 章内容，而"生产要素价格决定""市场失灵与微观经济政策"2 章内容又以市场理论为基础，这样与市场理论直接和间接相关的篇幅占比高达 2/5[①]。特别地，西方经济管理理论就其总体结构而言，是消费者行为理论与生产者行为理论基于市场理论平台的链接和综合，以及该逻辑在生产要素领域的适用，才得以形成一个完整甚至完美的西方体系。可见，市

场理论确实是西方经济管理理论中的关键内容之一。

微观经济理论中的市场理论，具体说就是通常意义上的市场结构与厂商均衡理论，是指行业中厂商在数量、份额和规模上的关系以及由此决定的厂商利润最大化对策理论。从根本上说，市场理论研究的是竞争与垄断的关系及其效率比较问题。

作为西方经济管理理论的重要组成部分，市场理论是在斯密自由竞争理论的基础上逐步发展形成的。新古典经济学时代，经瓦尔拉斯、帕累托、马歇尔、瓦依纳等的努力，形成了一套关于完全竞争的系统的理论体系和分析方法，得出了完全竞争最有利于资源配置和社会福利的一般结论。20 世纪 20 年代后，经济学家开始关注不完全竞争问题。1933 年爱德华·张伯伦和琼·罗宾逊分别出版了《垄断竞争理论》《不完全竞争经济学》①，将不同行业的市场结构按垄断与竞争程度不同划分为完全竞争、垄断竞争、寡头垄断、完全垄断四种基本类型，研究了各类型市场中的厂商均衡问题，形成了不完全竞争理论。不完全竞争理论坚持完全竞争理论的分析逻辑和方法，仍然把完全竞争当作最具效率的理想市场结构形式，把完全垄断当作最不具效率的市场结构形式，并认为不完全竞争本身具有向完全竞争方向发展演进的必然趋势②。以张伯伦和罗宾逊的研究为主体，现代意义上的市场理论或者说市场结构与厂商均衡理论正式成型。

西方市场理论得出的完全竞争最有效率、完全垄断最差效率的结论，或者说越垄断效率越差、越竞争效率越高的结论，在经济社会发展中产生了深远影响。世界银行和经济合作发展组织有关报告称："一百多年来，虽然竞争政策的有些具体目标发生了很大变化，但是几个主要的目标没有改变，竞争政策最一般性的目标是维持竞争过程或自由竞争。"③ 欧洲经合组织则认为："多年以来，在欧洲经合组织中，竞争被认为是导向经济效率的基本环节。"④ 特别指出，为了防止垄断导致资源配置效率的降低，许多国家制订并采取了一系列旨在促进竞争和反对垄断的产业政策。比如，美国于 1890 年、1914 年、1968 年先后颁布了《谢尔

① 爱德华·张伯伦. 垄断竞争理论 ［M］. 上海：三联出版社，1958；琼·罗宾逊. 不完全竞争经济学 ［M］. 北京：商务印书馆，1961.

② Viner. Cost Curves and Supply Curves ［C］. Illinois：Irwinlnc，1952.

③ World Bank－OECD. A Framework for the Design and Implementation of Competition Law and Policy ［M］. Paris：OECD Publication，1997.

④ OECD. Competition and Economic Development ［M］. Paris：OECD Publication，1991.

曼法》《克莱顿法》《兼并准则》等，并于 1945 年判决了"美国铝公司垄断案"[1]。可以说到目前为止，各国反对垄断、促进竞争的具体政策已经发生了很大的变化，但促进竞争和反对垄断的根本目标没有改变。目前国内外许多经济管理相关教材介绍的市场结构和厂商均衡理论，也均属于上述理论体系[2]。这表明，竞争富有效率、垄断缺乏效率的结论影响是何其根深蒂固！

然而，西方这套看似华美的市场理论，实际上在结论和逻辑上均存在有明显的问题。首先，研究结论存在明显的问题。完全竞争最有效率是该理论的关键结论所在，这个结论如果成立，实际上意味着行业市场中厂商彼此同质且数量非常多的时候最有效率。对于任何一个现实的行业而言，由于行业的市场空间必然是有限的，厂商彼此同质且数量非常多的时候最有效率就意味着厂商规模越小越有效率、厂商规模最小最有效率，显然这是不能成立的。其次，研究逻辑存在有明显的问题。西方这套市场理论之所以得出如此偏离现实的结论，根源就在于该理论体系存在着明显的逻辑问题。

2. 完全竞争市场理论的回顾梳理与局限剖析

完全竞争市场理论的分析是在以下四个前提条件的基础上进行的：市场上有无数的买者和卖者、厂商产品都是同质的、资源具有完全流动性、信息是完全的。该理论认为，完全竞争市场中厂商的市场需求曲线是由既定价格引发的一条水平线，其边际收益曲线和平均收益曲线与市场需求曲线重合，即 $P = MR = AR$。该理论研究的结论是，厂商短期均衡点是厂商边际收益与短期边际成本相等且大于等于厂商平均可变成本最低处的点，即 $MR = SMC$ 且 $P \geq AVC$。而厂商长期均衡点是厂商边际收益（也是其平均收益和市场需求曲线）与短期边际成本、长期边际成本、短期平均成本、长期平均成本均相等的点，即 $P = MR = AR = SMC = LMC = SAC = LAC$。

完全竞争市场理论为自由竞争的市场经济描绘了一个完美的境界，但许多学者认为，用这样一个高度抽象的理想经济模型来概括市场经济的现实情况并不能令人信服[3]。

首先，完全竞争市场的假设条件是很抽象的，如市场上的产品完全没有差

① 吴汉洪. 西方寡头市场理论与中国市场竞争立法 [M]. 北京：经济科学出版社，1998.
② 保罗·萨缪尔森，威廉·诺德豪斯. 经济学（第 16 版）[M]. 北京：华夏出版社，1999；高鸿业. 西方经济学（第 4 版）[M]. 北京：中国人民大学出版社，2007.
③ 高鸿业. 西方经济学（第 3 版）[M]. 北京：中国人民大学出版社，2004.

别，厂商可以没有任何障碍地自由进入或退出一个行业，市场上的大量交易者中任何一个人都完全掌握与自己决策相关的所有信息，等等。学术界认为，如果以上述条件作为根据，除了证券市场能比较接近这种模式外，完全竞争市场在现实经济生活中是根本不存在的。

其次，完全竞争市场理论始终坚持的一个重要假定是，任何一个厂商都是按照 MR＝MC 的利润最大化均衡条件来安排生产的。事实上，在现实的生产经营活动中，厂商并不一定遵照这一准则来安排生产，甚至完全不按照这一准则来安排生产。西方经济学者赖斯特写道：西方国家的学生向他们的老师提出抗议，因为他们作为企业主的爸爸并不像老师们所说，按照边际收益等于边际成本安排生产来求得最大利润。

再次，即使厂商按照 MR＝MC 的条件来生产经营，我们也不能保证厂商达到了利润最大化的目标。因为，短期利润与长期利润并不是相互独立无关的，有的时候短期利润的增加可以减少长期利润。在我国和西方的经济实践中，存在着大量的厂商"短期行为"损害其长期利益的事例，其原因即在于此。

最后，在现实经济生活中，消费者是否真正进行"统治"很值得怀疑。这是因为，消费者统治的基础是他的货币选票，在收入悬殊的情况下，作为消费者的富人才是真正的皇帝，而穷消费者不过是一个居于次要地位的统治者。另外，能够自己独立进行决策的人才是真正的统治者，然而厂商为了拓宽产品销路进行的大规模广告宣传，往往会影响改变消费者的决策，许多时候消费者往往会成为被生产者牵着鼻子走的"统治者"。美国经济学家加尔布雷恩把这种情况称为"生产者统治"。

实际上，学者们有关完全竞争市场理论的上述几点评析，其核心点在于说明完全竞争市场理论的分析与经济现实情况之间存在很大差距。事实上，由于现实经济生活非常复杂，一个经济理论的形成往往首先要对面临的许多因素进行分析，放弃其中不关键、不重要的因素进行，而只保留最关键、最重要的因素，并进而对最关键的因素进行分析形成经济理论。这样形成的经济理论主要用来解释最关键因素之间的关系，用来反映最本质的原理。反过来说，这样分析形成的经济理论几乎都不可能和经济现实完全一致，都存在差距。而这些不一致或差距的存在，并不影响经济理论的价值和作用。从这个意义上讲，从理论分析与经济现实之间存在差距的角度来批判完全竞争市场理论，并不具有很大的说服力。正是由于这个原因，完全竞争市场理论批而不倒，并且其所得出的竞争越充分效率越高的结论，不但在理论上为许多经济学者所认可，也为各国的经济实践界所支持和拥护。

除学者们已有的相关研究批判外，该理论其实还存在有基础性的体系逻辑问题，直接影响了其严谨性和可靠性。这里所谓的体系逻辑问题，就是其表面上将产业总体市场需求与单个厂商的市场需求进行了有机结合，但在具体分析过程中却将两者进行了简单的割裂，表现为只关注单个厂商的市场需求，而忽略了产业总体的市场需求。通俗地说，这是一种"只见树木不见森林，只重微观个体却忽略宏观总体"的逻辑错误。

表现之一就是市场中单个买卖者对市场价格无任何影响力和单个厂商市场需求曲线为既定价格引发的水平线的前提分析存在问题。市场中有大量买者和卖者，每一个在整体中所占比重都非常小，正确的理解应该是，任何一个买者或卖者轻微的买卖量变动，对市场价格水平只能产生轻微的影响，但不是没有影响。反过来说，每一个消费者或厂商对市场价格的控制力量都很小，但肯定不是零。这样，该理论关于任何一个买者或卖者买卖多少都不影响市场价格的结论、每一个消费者或厂商都对市场价格没有任何控制力而只能被动接收既定市场价格的结论、完全竞争厂商市场需求曲线为一条由既定价格引发的水平线的结论、完全竞争厂商的边际收益曲线和平均收益曲线与市场需求曲线重合的结论，便统统存在问题了。

表现之二就是完全竞争厂商均衡分析结论与分析前提自相矛盾。该理论分析的一个基本前提条件是市场中厂商数量为无穷多个[①]，而该理论得出的结论是厂商长期均衡产量为长期平均成本最低点对应的特定产量 Q_0，两者自相矛盾。因为，任何现实产业的市场需求空间 Q_T 都是有限的，如果市场中厂商数量为无穷多个，则单个厂商的均衡产量一定是无穷小量，与厂商长期均衡产量为长期平均成本最低点对应的特定产量 Q_0 的结论相矛盾，也与现实情况相冲突。而如果厂商长期均衡产量为长期平均成本最低点对应的特定产量 Q_0，则由厂商无穷多个数量可以推断产业市场需求空间 Q_T 为无穷大，与任何市场需求空间都是有限的现实相矛盾。

---

① 有学者认为，完全竞争市场理论对于厂商数量的假设是有非常多，而不是有无穷多个。实际上不是这样的，根据完全竞争厂商彼此同质、每个厂商对市场的影响力无穷小的前提假设，可以反向推断，该理论对厂商数量的假设必然是无穷多个。否则如果只是非常多个，则每个厂商对市场的影响力只能说很小，但一定不能是无穷小。

表现之三就是这种分析只能适用于 U 形的厂商平均成本（LAC）曲线情况。这时，厂商长期均衡分析才能在 P＝MR＝AR＝LAC＝LMC 处得到厂商长期均衡点，即厂商长期平均成本最低点。然而，现实中许多产业的 LAC 曲线是 L 形或者单调下降型的。当产业的 LAC 曲线呈现 L 形时，厂商只有达到很高的产量规模 Q_0 后，才能达到 LAC 曲线的最低点，但之后的各点都是同样的最低，即只能找到厂商的最小均衡规模点，而无法找到厂商唯一的长期均衡规模点。当产业的 LAC 曲线单调下降时，厂商无论生产规模多大，都无法达到 LAC 曲线的最低点，即厂商的长期均衡点将不存在。

3. 垄断竞争市场理论的回顾梳理与局限剖析

该理论认为，垄断竞争厂商同时面临着 d 需求曲线和 D 需求曲线。d 需求曲线是厂商调整自己的产品价格而其他厂商保持不变时，该厂商产品的价格与理想需求量之间的对应关系曲线。D 需求曲线是厂商调整自己的产品价格而其他厂商随之跟进调整时，该厂商产品的价格与实际需求量之间的对应关系曲线。垄断竞争厂商短期均衡条件可表达为 MR＝SMC。长期均衡条件有二：一是厂商长期和短期均实现利润最大化而均衡的条件 MR＝SMC＝LMC；二是产业长期和短期均实现正常利润而均衡的条件 P＝AR＝SAC＝LAC。这里的 P、MR、AR 是厂商 d 需求曲线及对应的边际收益曲线、平均收益曲线。均衡条件的公式表达并不复杂，然而其动态均衡调整的图示分析却非常复杂。以短期为例，厂商从不均衡向均衡的调整进发，每次都是以 d 需求曲线决定的理想均衡点为目标而开始，却以 D 需求曲线决定的实际均衡点为结果而结束，直至理想均衡点与实际均衡点最终实现一致。

在有关垄断竞争市场理论的批判性研究中，Triffin[1]、李晓鸣和汪良忠[2]直接针对其体系逻辑，从竞争组概念、垄断竞争适用对象、检验方法、超额能力等方面进行了批评，颇有价值。比如，针对竞争组（Competition Group）概念，研究认为该理论一方面以产品之间存在异质性特征为基本前提，另一方面又假设全部厂商的成本和需求曲线都相同，彼此自相矛盾。研究还认为，即使忽略这一逻辑上的不一致，也得不到该理论关于厂商只能得到正常利润的均衡解释。因为如果

① Triffin R. Monopolistic Competition and General Equilibrium Theory［M］. New York：Harvard University Press，1941.

② 李晓鸣，汪良忠. 关于垄断竞争模型的若干争论［J］. 郑州航空工业管理学院学报，1992（1）：44-44.

产品存在不同，就没有什么理由认为存在潜在的竞争者使生产者只能得到正常利润。又比如，针对该理论的适用对象，研究认为其可以用于分析全部厂商的一般均衡，但却不能用于分析一组厂商的局部均衡。

除上述研究外，本书认为该理论还存在有以下五个方面的体系逻辑问题：

第一，该理论的分析实际上有一条暗含的基本前提假设，即厂商信息不完全。正因为如此，厂商从不均衡向均衡的调整迸发，每次都是以 d 需求曲线开始，却以 D 需求曲线结束。作为一种经济理论，基于信息不完全的基本前提进行分析应该说更加符合实际。然而就该理论而言，其不完全信息的基本前提，不但没有使理论分析更加贴近实际（详见下面几点分析），反而使这种情况下的分析与该理论所属的以完全信息为基本前提的微观经济理论体系以及市场结构与厂商均衡理论体系，难以很好地融合成一个严密的体系，显得非常突兀和孤立。

第二，该理论认为厂商理想的 d 需求曲线和实际的 D 需求曲线同时并存，厂商在信息不完全的情况下仅仅按照自己理想的 d 需求曲线及相应的边际收益曲线，来调整价格和产量以期获得由 d 需求曲线决定的理想均衡，但每次调整的最终结果却是由 D 需求曲线决定的实际均衡。整个分析在理想与实际之间往返，却既不理想又不实际。

第三，在理想的 d 需求曲线和实际的 D 需求曲线同时并存的情况下，厂商均衡条件 MR＝MC 中的 MR 选择了与 d 需求曲线对应的 MR 线，这也意味着对 D 需求曲线对应的 MR 线的放弃，至于为什么，缺乏必要的原因解释。

第四，在这种既理想又实际的理论中，分析过程和所得结论都极其抽象和晦涩难懂，且很难与经济现实符合，几乎是一种纯粹的理论游戏。

第五，垄断竞争厂商均衡理论，与其他完全垄断、完全竞争等不同类型市场厂商均衡理论完全不同，纯粹是另起炉灶，不利于促进彼此间的内在关联和系统整合及优劣比较。

4. 寡头垄断市场理论的回顾梳理与局限剖析

该理论认为，寡头垄断市场上每个厂商的产量都会在产业总产量中占一个较大的份额，从而每个厂商的产量和价格变动都会对其他竞争对手以至整个产业的产量和价格产生举足轻重的影响。因此，每个寡头厂商在采取某项行动之前，必须首先推测或掌握自己这一行动对其他厂商的影响以及其他厂商可能作出的反应，然后才可采取最有利的行动。也就是说，每个寡头厂商的利润都要受到产业中所有厂商决策的相互作用的影响。寡头厂商行为之间这种相互影响的复杂关系，使寡头垄断市场理论复杂化。可以说，有多少关于竞争对手反应方式的假定，就有多少寡头垄断厂商的分析模型，就可以得到多少不同的分析结果。在众多的寡头垄断厂商均衡模型中，古诺模型和斯威齐模型等的影响相对较大。

除学者们已有的相关研究批判外，该理论还存在有以下四个方面的体系逻辑问题：

第一，作为该理论最具代表性的分析模型，古诺模型和斯威齐模型等本身存在一定的问题。比如，古诺模型是基于市场中只有两个厂商且厂商生产的成本为零等前提进行分析的，这些前提很难与现实相符。还比如，斯威齐模型为寡头垄断市场中较为普遍的价格刚性现象提供了一种解释，但该模型却没有说明具有刚性的价格本身是如何形成的。

第二，博弈论是一种纯数学分析方法，其本身的正确性是不容置疑的，它在寡头垄断市场理论中的广泛应用已经取得了大量成果。然而，这些成果基本上仅限于解释方面，对于如何解决寡头弊端这一问题，却没能提出有效的方案和对策。研究的根本目的归根到底还是在于提供解决问题的方案，对现实问题提出有效解决方案和对策的不足也就成为博弈论应用中的一大问题。迄今为止，博弈论方法在寡头垄断厂商均衡理论应用领域所取得的真正有实效的成果，可以说仍然是很有限的。

第三，该理论最致命的问题是缺乏一个通适可比的基本理论模型。该理论认为，每一个寡头都在市场中占据重要的分量，寡头厂商之间会彼此因为对方采取行动而采取反应，由此有多少关于竞争对手反应方式的假定，就有多少寡头垄断厂商均衡模型，就可以得到多少不同的分析结果。这种认识虽然具有一定的现实性，但基于竞争对手反应方式的不同假定而得出的各种寡头垄断厂商分析模型，彼此之间虽然都是在研究同一个问题，却因研究前提各不相同，形成的理论和所得出的结论往往很不相同，每一种理论往往只适用于特定的前提，却不能通适于整个寡头垄断市场。正是因为该理论缺乏一个通适的基本理论模型，而完全竞争等厂商均衡理论却有各自通适的基本理论模型，结果进一步影响了该理论与其他市场厂商均衡理论的可比性和系统性。

第四，市场结构与厂商均衡理论研究的根本目的，就是要在对各种市场厂商均衡进行分析的基础上，最终通过相互的效率比较，寻找出最高效率的市场类型所在，为相关政策制定提供支持。寡头垄断厂商均衡理论与其他市场厂商均衡理论的不可比性，使这种重要的比较难以进行，影响了寡头垄断市场理论的应用价值。事实上，市场结构与厂商均衡理论的学者们在分析完四种基本类型市场的厂商均衡后，还是就不同类型的市场进行了效率比较，并得出了完全竞争最有效率、完全垄断最差效率、其他市场效率居中的基本结论。然而，这种效率比较主要是基于完全竞争和完全垄断两种市场理论进行的，至于寡头垄断以及垄断竞争市场的情况，则简单地认定其介于完全竞争与完全垄断之间，完全没有涉及对上述寡头垄断各种模型的运用。

5. 完全垄断市场理论的回顾梳理与局限剖析

完全垄断市场是指整个产业中只有一个厂商的市场组织。由于只有一个厂商，该理论认为垄断厂商的市场需求曲线与产业的市场需求曲线重合，是同一条右下倾的曲线。垄断厂商的平均收益曲线与其市场需求曲线重合，但边际收益曲线位于平均收益曲线下方。完全垄断厂商短期均衡的基本条件是 MR = SMC，即厂商边际收益与短期边际成本相等的点为短期均衡点。长期均衡的基本条件为 MR = SMC = LMC，即厂商边际收益与短期边际成本和长期边际成本均相等的点为长期均衡点。该理论研究得出的结论是，厂商实现均衡条件 MR = MC 时的价格 P_0 高于边际成本 MC_0，表明在厂商实现均衡之后，消费者愿意为增加额外一单位产品所支付的价格大于生产该单位产品引起的成本，即厂商的均衡没有达到帕累托最优，因此垄断是低效率的。

整体而言，完全垄断市场理论建构的基本前提——行业市场只有一个厂商和行业的右下倾市场需求曲线就是垄断厂商的市场需求曲线，无论在理论上还是在实践中都是不存在争议的，而基于此前提分析得出的完全垄断厂商短期和长期均衡的结论（完全垄断市场的效率理论例外），也就具有很强的理论价值和实践价值。然而西方学者还是提出了以下两点批评意见[①]：

第一，完全垄断市场理论把与垄断关系很少甚至完全没有关系的"产品差别"当做导致垄断的决定性因素，这种对垄断形成原因的分析在很大程度上是违反事实的。例如，服装产品具有很大的差别，而服装行业的垄断现象却很轻微。另外，不同品种石油之间的差别较小，然而在世界范围内石油行业几乎毫无例外地为垄断集团所控制。因此，强调"产品差别"导致垄断的说法至少起着误导的作用，使人们对垄断产生的真正原因形成错觉。正如一位西方学者所说："确实，阅读了垄断竞争经典著作的读者必然会感觉到，我们社会所面临的垄断问题

---

① 高鸿业. 西方经济学（第3版）[M]. 北京：中国人民大学出版社，2004.

主要是由街头上的小杂货店而不是由大钢铁公司造成的。"

第二，完全垄断市场理论将研究主要局限在纯粹的经济领域，对于垄断在政治上的作用却闭口不谈。事实上，在现代市场经济体系中，垄断集团凭借着它们巨大的经济实力，已经在许多方面特别是政治领域施加重大的影响。如果把垄断集团当做一个国家，而把它的销售额看成是它的国内生产总值 GDP，那么 20 世纪 80 年代末埃克森和飞马石油公司的实力和墨西哥、韩国不相上下。雄厚的经济实力使它们能够控制新闻媒介、研究机关、社会组织、政治团体、院外集团，并通过这些机构来施加政治影响。完全垄断市场理论主要局限于纯粹经济领域，西方学者往往以科研领域的分工进行辩解。然而无论如何，完全垄断市场理论规避垄断的政治作用的研究，至少表明其研究成果是不全面的。

虽然以上两点批评并不影响完全垄断市场理论的价值，但是完全垄断市场理论关于完全垄断效率分析的体系逻辑和研究结论却存在重大局限。

首先，该理论关于完全垄断效率分析的体系逻辑是有局限的，这可以从以下两个方面进行说明：一是关于完全垄断厂商均衡时没有达到帕累托最优分析的逻辑局限的说明；二是四种类型市场厂商均衡效率比较的逻辑局限的说明。本部分将重点分析第一点逻辑局限，第二点逻辑局限放到后文进行分析。

完全垄断厂商的均衡条件是边际成本等于边际收益 $MR = MC$，其对应的均衡产量和价格可以分别表示为 Q_0 和 P_0，这种状态下其实际上已经达到了帕累托最优。因为达到了 $MR = MC$ 条件，厂商利润就达到了最大。如果消费者以均衡价格 P_0 购买了均衡数量 Q_0 后，让垄断厂商再多生产一单位产量，让消费者以低于均衡价格 P_0 但大于边际成本的某种价格购买，则消费者可以从中得到好处，消费福利进一步提高，因为他实际上对最后一单位产量的支付低于他本来愿意的均衡价格 P_0。然而，垄断厂商却不但不能从中得到好处，其利润还会因为偏离 $MR = MC$ 条件而绝对下降。具体说，当厂商产量增加一单位时，虽然其销量增加了一单位，但其整体价格却会因产量的增加而下降，结果增加后的销量与下降后的价格综合决定的利润会下降。

该理论之所以认为在 $MR = MC$ 产量水平上再新增一单位产量可以使厂商利润也增加，是只看到了新增一单位产量带来的收益大于支出的成本，而没有看到新增一单位产量会使之前产品的价格也下降，从而使原先产量所得总收益也下降，而新增的利润与下降的利润相抵之后，总利润减少。

其次，由于该理论关于完全垄断效率分析的逻辑是局限的，其得出的完全垄断低效率的结论不成立。

6. 不同类型市场效率比较理论的回顾梳理与局限剖析

在分析四种基本类型市场厂商均衡之后，市场理论首先就完全竞争和完全垄断两种边界市场的效率进行了比较。图 5-5 中 LMC 和 LAC 为厂商的生产成本线，D_1、AR_1、MR_1 分别为完全垄断市场中单个厂商的市场需求曲线（同时是产业的市场需求曲线）、平均收益曲线和边际收益曲线，D_2、AR_2、MR_2 分别为完全竞争市场中单个厂商的市场需求曲线、平均收益曲线和边际收益曲线。可知，完全竞争厂商的均衡产量 Q_2、平均成本 C_2 均低于完全垄断厂商的均衡产量 Q_1、平均成本 C_1。而从消费者角度看，完全竞争厂商的均衡价格 P_2 低于完全垄断厂商的均衡价格 P_1。这样，无论是从生产角度还是从消费角度来说，完全竞争总是优于完全垄断。

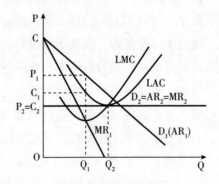

图 5-5　完全竞争与完全垄断效率比较

基于社会福利视角的研究表明，完全竞争市场中厂商均衡时达到 $P = MC$ 的帕累托最优，能够保证实现社会福利最大。而完全垄断市场中厂商均衡的条件是 $MR = MC$，没有达到帕累托最优，社会福利没有实现最大，小于完全竞争。特别地，根据塔洛克的垄断寻租理论，在完全垄断市场中，厂商为了维持其垄断地位，往往还需要付出最大为厂商所得利润部分的寻租成本。所以，从社会福利角度看，完全竞争也优于完全垄断。而从技术创新的角度看，由于完全竞争市场中厂商之间竞争最为激烈，而完全垄断厂商则不存在竞争，所以完全竞争市场的技术创新程度也优于完全垄断。

市场理论进而将垄断竞争厂商的市场需求曲线界定于完全竞争厂商与完全垄

断厂商之间，由此可得完整的比较结论如下：完全竞争最有效率、完全垄断最差效率、其他类型市场效率居中，或者说越竞争效率越好、越垄断效率越差，并进而演化为竞争富有效率、垄断缺乏效率的根深蒂固的结论。

上述不同结构市场效率比较的理论，看上去俨然一个完美的体系，其得出的完全竞争最有效率、完全垄断最低效率的结论也得到了广泛的接受和认可，然而除学者们已有的相关研究批判外，该理论实际上还存在有以下四个方面的体系逻辑问题，影响了其严谨性和可靠性：

第一，完全竞争市场与完全垄断市场分析比较的逻辑思路不科学。上述理论中，有关完全垄断厂商均衡理论的分析，是在假设厂商的市场需求曲线与右下倾的产业市场需求曲线重合的前提下进行的，具有较好的现实性。有关完全竞争市场理论的分析，是在假设厂商的市场需求曲线是一条由既定价格引发的水平线的前提下进行的，现实性较差。上述理论最后将这两种完全不同前提假设下的理论进行同台比较，就如同将"三国"时期的诸葛亮与宋朝的穆桂英进行比较，是违反基本比较逻辑的。

第二，垄断竞争（寡头垄断）市场分析比较的前提假设不成立。由于完全竞争厂商的市场需求曲线为一条由既定价格引发的水平线，完全垄断厂商的市场需求曲线为一条与产业市场需求曲线重合的右下倾线，西方学者在分析垄断竞争（寡头垄断）市场的效率时，顺其自然（亦是不得不）地将垄断竞争（寡头垄断）厂商的市场需求曲线界定于上述两者之间，进而得出了其最终的研究结论。然而，这种界定与"产业市场需求曲线是全体单个厂商市场需求曲线的水平加总"基本规律（见图 5-6）相背，因而是局限的。具体分析参见后文，此处从略。

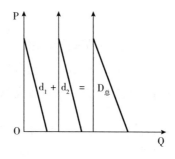

图 5-6　产业总体市场需求曲线等于所有单个厂商市场需求曲线水平加总的基本规律

第三，上述理论将产业市场需求空间与厂商生产规模割裂起来的分析思路不正确。对于一个特定的产业而言，其市场需求空间与厂商生产规模是紧密联系、相互对应、不可割裂的。如果该特定产业是完全垄断的，则厂商生产规模就等于整个市场规模；如果该特定产业是完全竞争的，则厂商由于数量无穷多，其生产规模就必然无穷小。然而该理论的分析，实际上割裂了产业市场需求空间与厂商生产规模。比如，在完全竞争市场理论中，其一方面设定市场中厂商数量无穷多①，另一方面却得出了厂商均衡生产规模是平均成本最低点对应的特定规模的结论，与任何产业的市场需求空间都必然是有限的基本事实相冲突。

第四，研究结论与现实明显冲突。上述理论认为，完全竞争最具效率，完全垄断最不具效率，不完全竞争本身具有向完全竞争发展的必然趋势，显然这与现实完全不符。以 CR_8 指标为例，我国国民经济中既有集中度超过70%的石油天然气开采等产业，也有集中度介于20%~40%属于低集中竞争型的石油加工及炼焦等产业，更有集中度低于20%属于分散竞争型的塑料制品等产业，但完全竞争产业在现实中根本不存在②。进一步地，完全竞争意味着行业中存在有无数个厂商，由于任何一个现实的行业都是空间有限的，完全竞争从另一个层面讲就是行业中厂商规模无限小的状态。由此，完全竞争最具效率在本质上就是厂商规模最小、最具效率，显然这是错误的。

特别指出，根据该理论，在完全竞争厂商均衡时经济利润铁定为零的情况下，如果完全垄断厂商均衡时经济利润为正值，则从追求利润最大化目标出发，厂商会最终走向完全垄断。如果完全垄断厂商均衡时经济利润为负值，则厂商会最终走向完全竞争。无论如何，最终形成的完美经济王国应该由若干完全竞争市场和若干完全垄断市场组成，绝不应该出现不完全竞争市场。这与不同类型市场同时并存的实际不符。

7. 市场理论存在的两大基础性局限剖析

特别地，上述市场理论还存在两个基础性局限。

一是上述市场理论实际上涉及产业集中、市场竞争与厂商规模三个有机结合紧密联系的最优度问题，然而却是分别独立进行研究的，没有将三者有机结合起

---

① 这里再次重复说明，根据完全竞争厂商彼此同质、每个厂商对市场的影响力无穷小的前提假设，可以反向推测，该理论对厂商数量的假设必然是无穷多个。否则如果只是非常多个，则每个厂商对市场的影响力只能说很小，但一定不能是无穷小。

② 王庆功，杜传忠. 垄断与竞争：中国市场结构模式研究 [M]. 北京：经济科学出版社，2006.

来进行系统研究。实际上，产业集中与市场竞争最优度关注的核心是厂商数量问题，厂商最优规模度关注的核心是厂商规模问题。对一个具体的产业市场而言，厂商规模大往往对应着厂商数量少，厂商数量多往往对应着厂商规模小，也就是说产业集中和市场竞争的最优度，与厂商规模最优度是同一个问题的两个彼此制约的侧面，应该基于系统的视角进行关联性分析。否则，没有产业市场的高度，研究得出的厂商最优规模度很难同时是产业市场全局角度的最优。没有厂商的基础，研究得出的产业集中与市场竞争最优度很难做到精确化。只有将厂商与产业市场结合起来，基于宏观产业市场框定微观的厂商最优规模度，基于微观厂商量化宏观的产业最优集中度与市场最优竞争度，才能得到全局角度的厂商最优规模度和精确程度的产业集中与市场竞争最优度。

二是上述市场理论在涉及产业总体市场需求曲线与单个厂商市场需求曲线的基本关系时，基于"市场只有一个厂商、厂商即是全部市场"的理念，将完全垄断厂商的市场需求曲线界定为等同于整个行业的市场需求曲线，基于"完全竞争市场中厂商同质且数量过多、单个厂商影响极小可以忽略不计"的理念，界定完全竞争厂商的市场需求曲线是一条由既定价格引发的水平线。

然而，根据"产业总体市场需求曲线等于所有单个厂商市场需求曲线水平加总"的基本规律（见图5-6）可知，对一个具体的产业市场而言，产业市场为完全垄断（市场中只有1个厂商）时，单个厂商的市场需求曲线等同于产业总体市场的需求曲线；产业市场为完全竞争（基于市场中有很多厂商且彼此同质无差异的相同分析前提）时，单个厂商的市场需求曲线将是一条非常逼近于纵轴的陡峭下倾线（见图5-7）。显然，这个基于基本规律的逻辑推论，与西方市场理论出现了重大冲突，然而却更有科学性和说服力。

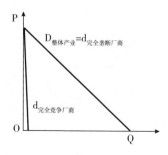

图5-7　基于基本规律的完全垄断与竞争厂商市场需求曲线的基本形态修正

不同类型市场中厂商市场需求曲线基本形态的界定，是西方整个市场理论的基本逻辑起点。西方市场理论从一开始就在这个基本逻辑起点上出现了方向性偏差。由此，其得出的结论也就存在有明显的局限了。

8. 市场理论的局限存在对西方经济管理理论体系的重大制约

特别地，市场理论是西方经济管理理论体系的集成平台和关键"抓手"性理论，这种由于不同类型市场中单个厂商市场需求曲线基本形态界定的逻辑起点的偏差而导致的西方市场理论的局限，进而对整个西方经济管理理论体系产生重大制约。

首先，市场理论是西方经济管理理论体系的集成平台理论。

简单地说，西方现行主流的经济管理理论，认为完全竞争市场是最有效率和最为理想的市场类型，现实中各种其他类型的市场，都会有一种向着"完美"的完全竞争市场自发演进的趋势。进而，西方经济管理理论基于"完美"的完全竞争市场理论平台，将消费者行为理论和生产者行为理论进行了系统性集成（生产要素供给和需求理论同样适用），从而形成了西方市场的或微观的经济管理理论总体系。

可以借助图 5-8 就消费者行为理论和生产者行为理论的系统性集成进行简单说明。图 5-8 中，基于基数效用论或序数效用论推导出的单个消费者的市场需求曲线 d_i，彼此水平加总就形成了市场总体的需求曲线 D_T。另外一侧，市场总体的供给曲线 S_T 可以由完全竞争市场理论推导得出。推导方法有二：一是短期角度的基于各完全竞争厂商短期边际成本曲线 SMC 平移得出的厂商短期供给曲线 s_i，再彼此水平相加即是总体的市场供给曲线 S_T；二是长期角度的基于普遍性的成本递增行业推导出的右上倾的市场总体供给曲线 S_T。

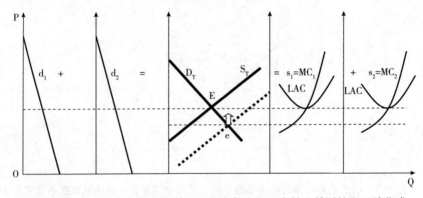

图 5-8 西方消费与生产理论基于完全竞争市场平台的无缝对接和系统集成

当行业总体的市场需求曲线和总体的供给曲线形成之后，整个行业的均衡状态也就得到了实现，其是由完全竞争厂商长期平均成本曲线 LAC 最低点决定的图 5-8 中均衡的 E 点。这个长期均衡的 E 点具有长期稳定性。如果一开始没有达到该长期均衡的 E 点，而是达到了短期均衡的 e 点，市场就会有一种自发的力量推动自发调节，最终回归稳定于长期均衡的 E 点。由此，前面的消费者行为理论与生产者行为理论，就基于完美的完全竞争市场平台，实现了完美性的无缝对接和系统集成，西方整体的市场理论体系由此得以成型。

其次，市场理论是西方经济管理理论体系的关键"抓手"理论。

从最为简单的角度讲（见图 5-9），西方经济管理理论体系实际上是一个基本的供需分析框架，其基本原理同时适用于消费品和生产要素。以消费品为例，在整个西方体系的供需分析框架中，需求曲线背后的支撑是消费者行为理论，供给曲线背后的支撑是生产者行为理论。无论是消费者行为理论还是生产者行为理论，虽然在市场经济中两者都有一定的政府管理调控需求，但就其根本来说，则是一种自主调节系统，并不需要过多的外部力量的干预。比如，对于一般的非公共商品而言，一个消费者应该消费什么、应该消费多少、每个商品应该出价多高，一个企业应该生产什么、应该生产多少、每个产品应该定价多高，一般不需要外界力量的干预，消费者和生产者各自自主决策即可。

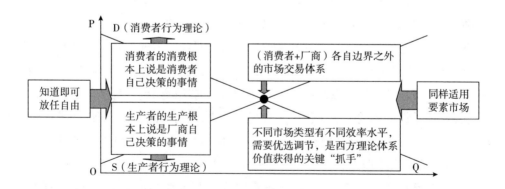

图 5-9　市场理论在西方经济管理理论体系中的关键"抓手"地位

然而消费者和生产者各自在自我体系之外彼此的相互链接，形成了市场体系。在这个市场体系中，一方面，西方新古典理论提出，因价格可以自由升降调节而促成自由交易的高效完成，也不需外在干预调节；另一方面，稍后出现并占据主流的张伯伦和琼·罗宾逊等的不完全竞争理论，认为现实中市场存在有完全竞争、完全垄断等多种不同类型，每种市场的效率赋予也各不相同。因此，需要分析探索和比较优选出最高效率的一种市场类型，而且因为市场的自发选择有可能无法达到理想的最高效率市场类型，因此就需要外在的必要干预以促成迈进高效率的理想市场状态。具体说就是，如果出现垄断就会导致低效，就应该采取促进竞争的调节措施。

这就是说，在目前西方主流的经济管理理论体系之中，实际上消费者行为理论和生产者行为理论，是一种"知道即可"的理论，行为方主体有自主调节能力，并不需要过多的外在干预。只有消费者理论和生产者理论中间的市场理论，是一种需要认知学习且随时准备出手干预调控的理论。由此，市场理论实际上在西方整个经济管理理论体系中，就获得了面对经济运行体系的关键性抓手的地位。

最后，市场理论局限存在对西方经济管理理论体系的重大制约。

市场理论是西方经济管理理论体系的集成平台和关键抓手性理论，然而西方市场理论由于不同类型市场中单个厂商市场需求曲线基本形态界定的逻辑起点存在偏差和明显局限。由此，整个西方经济管理理论体系（包括基于现行市场理论将消费者行为理论和生产者行为理论有机链接起来形成的整个西方消费品供需均衡理论体系，以及将生产要素的供给理论和需求理论有机链接起来形成的整个西方要素品供需均衡理论体系）实际上就会出现抓手抽缺和平台塌陷的问题。

抓手抽缺是说，西方经济管理理论原本的消费者行为理论和生产者行为理论（以及生产要素供给理论和需求理论）是一种各自主体自发调节的"知道即可"理论，现在市场理论这个重点的、可以作为抓手的理论如果出现了问题，就失去了对经济体系最重要的抓手价值。平台塌陷是说，西方经济管理理论如果由于市场理论这个平台出现了成立性问题，原本的消费者行为理论和生产者行为理论（以及生产要素供给理论和需求理论）就难以基于原本的完美竞争市场平台进行无缝对接和系统集成，整个西方经济管理理论将面临着一种能否成立的重大考验。

9. 相关理论的进一步补充修正及芝加哥学派的困惑

继20世纪30年代张伯伦和琼·罗宾逊的不完全竞争理论之后，"二战"后以Mason、Bain、Scherer等为代表的哈佛学派继承了不完全竞争理论，从实证角度进行全新研究，提出了SCP分析框架和"集中度—利润率"假说。这些学者从厂商间共谋、市场进入壁垒等角度着眼，认为市场中厂商数量越多（少），市场竞争（垄断）程度越高，资源配置效率也就越高（低），并提出对经济生活中的垄断和寡头厂商采取分割措施，对厂商之间的兼并采取规制措施，以维持最优的市场结构和保持最佳的市场效率①。

与此同时，许多学者也开始关注垄断的正面效应。马歇尔在《经济学原理》中指出，垄断具有降低竞争活力的后果，同时垄断厂商大规模使用生产技术又可降低成本、增加消费者福利。哈维指出："垄断者在恰当的市场产量上，有可能取得比在完全竞争条件下更低的生产成本。"

其后许多产业组织学派从不同的角度论述了产业集中和市场垄断程度提高的效率性。芝加哥学派是对垄断的正面效应论述较多的一个流派，该学派的 Stigler、Demsetz、Brozen 等通过大量实证研究，批驳了哈佛学派 SCP 分析框架中的"集中度—利润率"假说，认为竞争是一个优胜劣汰的过程，竞争促使许多低效率的厂商破产，使市场逐步走向垄断，但垄断市场中的厂商都是在竞争中取得成功的高效率的厂商，其获得的超额利润是其高效率的结果；只要是通过自由竞争形成的市场结构，不论是竞争性的还是垄断性的，都是有效率的；反垄断政策没有存在的必要②。新制度学派的 Coase、Williamson 等引入交易费用概念，认为现实中生产的不断集中和大企业的不断兴起，实质是厂商与市场两种手段基于节约交易费用原则不断相互替代的结果，厂商规模扩大、产业集中度上升和市场垄断因素增加往往是效率提升的标志③。

动态竞争理论学派是对垄断正面效应论述较多的又一个流派，该学派的 Schumpeter、Nelson 等重点关注竞争的过程和竞争过程中厂商的行为，其在评价市场运行绩效时，并不特别重视配置效率、技术效率和公平等静态指标，而是更

① Mason Edward S. Price and Production Policies of Large-scale Enterprise [J]. American Economic Review, 1939, 29 (Sep): 61-74; Bain Joe S. Relation of Profit Rate to Industry Concentration: American Manufacturing 1936-1940 [J]. Quarterly Journal of Economics, 1951, 65 (3): 293-324; Bain Joe S. Industrial Organization [M]. New York: Harward University Press, 1959; Scherer F M. Industrial Market Structure and Economic Performance [M]. Boston: Houghton Mifflin, 1970.

② Stigler George J. The Organization of Industry [M]. Homewood: Irwin, 1968; Demsetz H. Industry Structure, Market Rivalry and Public Policy [J]. Journal of Law and Economics, 1973, 16 (1): 1-9; Brozen Yale. The Antitrust Task Force Deconcentration Recommendation [J]. Journal of Law and Economics, 1971, 13 (October): 279-292.

③ Coase Ronald H. The Nature of the Firm [J]. Economics, 1937, 4 (March): 386-405; Williamson Oliver E. Innovation and Markets Structure [J]. Journal of Political Economy, 1965 (73): 67-73.

强调效率和公平的动态方面，如产品多样性、产品质量、技术进步等；认为只要不是因为行政干预，垄断厂商实际上是经历了市场激烈竞争而生存下来的最有效率的厂商，其在提供新产品、引入新技术等方面的贡献远大于其可能造成的社会福利损失；明确反对企业分割、禁止兼并等结构主义的产业政策①。

还有一些学派从另外的角度论述了不同产业集中度和市场竞争度都是富有效率的。可竞争市场理论学派的 Baulmol、Willing 和 Panzar 等从市场自由进入及沉没成本等角度分析，认为只要保持市场进入的完全自由，且不存在特别的进出市场成本，潜在的竞争压力会迫使任何市场结构中的厂商采取高效率的竞争行为，包括自然垄断在内的高垄断集中度产业市场是可以与效率并存的。新奥地利学派从企业家创业精神入手，认为只要确保自由进入的机会，充满旺盛创业精神的市场就能形成充分的竞争压力，不同垄断集中度的产业市场都能获得高效率的资源配置②。

在以上有关垄断正面效应论述的几种理论中，动态竞争理论实际上是在总体认可张伯伦和琼·罗宾逊关于不同类型市场结构效率优劣排序的前提下，从垄断可带来产品的多样性增加、产品质量提高、技术进步等方面论述了垄断的独特价值，得出了垄断存在的必要性和合理性，这实际上是基于现实情况对张伯伦和琼·罗宾逊理论的一种有益补充。可竞争市场理论由于"市场进入完全自由"等分析前提的不现实性，影响了其对现实经济问题的解释信度。可行性竞争理论主要是采用一些判断性标准进行分析，理论上缺乏严谨性，在可操作性上也存在较大的难度。比较之下，芝加哥学派对不同类型市场进行了重新比较分析，认为只要是通过自由竞争形成的市场结构，不论是竞争性的还是垄断性的，都是有效率的。这种结论体现的是一种存在即合理的理念和应该对市场采取自由放任政策的思想。

特别地，就张伯伦与琼·罗宾逊的不完全竞争市场理论而言，已经被学界质疑存在有一系列问题，与客观现实相距甚远，而以芝加哥学派为代表的其他学派

① Schumpeter Joseph A. Capitalism, Socialism, and Democracy ［M］. New York：Harper and Brothers Publishers, 1942；Nelson Richard R., Peck M. J., Kalachek E. D. Technology, Economic Growth and Public Policy ［M］. Washington, D. C.：Brookings Institution, 1967.

② Baulmol William J., Willing Robert D. Fixed Cost, Sunk Cost, Entry Barriers and Sustainability of Monopoly ［J］. Quarterly Journal of Economics, 1981, 96 (3)：405–431；Baulmol William J., Panzar John C., Willing Robert D. Contestable Markets and the Theory of Industry Structure ［M］. New York：Harcourt Brace Jovanovich, Inc, 1982.

不完全同意其理论观点，有的在一定程度上批判了其理论体系存在的不足，并且这些学派提出的观点往往更加符合实际。遗憾的是，张伯伦和琼·罗宾逊的市场结构和厂商均衡理论提出的竞争越充分市场运行效率越高、垄断越明显市场运行效率越低的结论，不但没有从根本上被终结，反而依然大行其道，至今仍然被奉为主流的市场理论。目前国内外微观经济学、管理经济学等经济管理相关教材介绍的市场结构和厂商均衡理论，仍属于上述理论体系[①]。而芝加哥等学派至今也没有登堂入室占据主流教科书中的主流地位，芝加哥学派的困惑也由此得以形成。

　　基于上面"市场理论的局限存在对西方经济管理理论的重大制约"分析，实际上这个芝加哥学派困惑就得到了解决。即：芝加哥学派困惑之所以出现，原因当在于现行西方包括微观经济学、管理经济学等在内的经济管理理论总体系，实际是消费者行为理论与生产者行为理论（也包括生产要素供给理论和需求理论），基于"张—罗"市场理论体系的平台才得以实现了总体集成。如果舍弃了"张—罗"理论，整个西方经济管理理论体系有可能会失去集成平台而被彻底打乱，陷入空前的危机中，甚至出现"雷锋塔倒掉式"的剧变。当然从另一个方面讲，其他学派关于最有效率市场结构的界定相比于张伯伦和琼·罗宾逊以及此后的哈佛学派较笼统和模糊，均缺乏一套清晰的可以作为平台集成的模型体系，从而限制了其在西方经济管理理论体系中平台集成作用的发挥。

二、西方市场理论的必要修正

1. 研究的前提

　　根据以上分析，本部分拟基于厂商与产业市场双重效率目标诉求的系统视角[②]，以及产业市场不同竞争集中度下平均型厂商市场需求曲线变化规律的科学界定，将产业最优集中度、市场最优竞争度与厂商最优规模度有机结合起来，示

---

　　①　国外如萨缪尔森版《经济学》，国内如高鸿业版《西方经济学》，均是如此。

　　②　之所以要基于厂商与产业市场双重效率目标诉求进行分析，是因为市场理论研究的根本目标是追求整体市场效率如何实现最优，是一种全局性综合效率的追求，本身就需要包括微观厂商和整体市场在内的综合系统的分析视角。有学者会担心，加上对市场全局性的效率目标追求后，可能意味着需要对市场运行进行管理调节，就失去原本自由放任的市场本义了。其实，西方"张—罗"的市场理论也没有放弃对市场运行的管理调节，只不过其原本的模型内生分析是基于厂商自由调节的分析模式，而之后基于完全竞争最有效率结论的政策调节，是需要后续诸多市场管理和企业拆解的管理手段来维护的。本理论则是把市场管理部门的追求因素，前提性地纳入了分析框架之内而已。

　　　　　　　　　　　　　　　　　　　　　　　　　　　　　　　·227·

例性修正建构市场结构与厂商均衡理论体系和优化模型,实现对产业市场中厂商最优数量、厂商最优规模、产业最优产量等关键指标的精确测算,并明确相应的优化调控机理。

首先就厂商与产业市场双重效率目标诉求进行分析。

第一,厂商经营的基本效率目标诉求是利润最大,利润最大的基本条件是边际收益等于边际成本,即 MR=MC。其他衡量标准如市场份额最大、平均成本最低等从根本上说要服从于厂商利润最大的基本标准。由此,利润最大为厂商经营的基本效率目标诉求。

第二,产业市场管理部门属于公共管理部门,其效率目标诉求是多元化的,其中社会福利最大、总体利润最大、平均成本最低、总体产量最大、产品价格最低五个常规目标诉求比较常见。社会福利最大往往被认为是产业市场资源配置效率最高的表现,是社会效率目标诉求的基本体现。总体利润最大常常被理解为对产业中的厂商发展最有利,是厂商效率目标诉求的宏观体现。平均成本最低常常被理解为生产效率最高和竞争力最强,是厂商效率目标诉求和社会效率目标诉求的综合体现。总体产量最大和产品价格最低常常被理解为对消费者最有利,是消费者效率目标诉求的主要体现。

鉴于本部分分析主要以图示的方式进行,这里重点选择平均成本最低、总体产量最大、产品价格最低三个目标诉求作为产业市场的代表性效率目标诉求进行示例性分析,具体如图 5-10 所示。

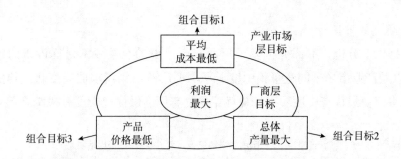

图 5-10 厂商和产业市场双重效率目标诉求的组合

其次就厂商技术成本情况与产业市场需求情况进行分析。方便起见,这里借用西方现行市场理论体系完全竞争理论的分析前提,用平均型厂商作为产业市场中单个厂商的代表进行分析。

第一，厂商平均成本曲线和边际成本曲线一般呈现先下降再上升的"U"形趋势，其中两线交点处一定是平均成本最低处。特殊情况下，厂商边际成本线和平均成本线也可同时呈单调右下倾趋势（见图5-11、图5-12）。

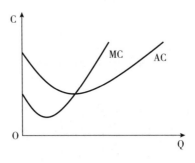

图5-11　厂商 U 形成本线

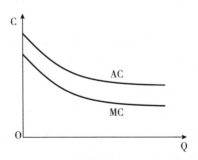

图5-12　厂商单调下降成本线

第二，产业总体市场需求曲线是一条右下倾的线。根据"市场总体需求曲线等于所有单个厂商市场需求曲线水平加总"的基本规律可知，对一个具体的产业市场而言，完全垄断时单个厂商的市场需求曲线等同于产业总体市场需求曲线；完全竞争时产业市场中有无穷多个厂商，单个厂商所占产业市场份额极小，其市场需求曲线是一条逼近于纵轴的垂直右下倾线；垄断竞争时厂商数量介于两者之间，单个厂商的市场需求曲线右下倾程度也介于两者之间，且产业市场垄断程度越高厂商的市场需求曲线越平坦，产业市场竞争程度越高厂商的市场需求曲线越陡峭（见图5-13）。

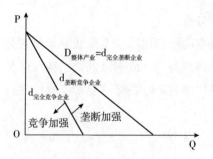

图 5-13　不同垄断集中度下单个厂商市场需求曲线

2. 市场理论静态优化分析模型建构

从系统的眼光审视，将产业市场需求情况和产业内厂商技术成本情况结合起来，可区分为四种典型对应情况。下面以图示的方式就各典型情况分别进行模型建构和分析。

（1）第一种典型情况下的模型建构与分析。本部分就厂商边际成本线和平均成本线相对于产业总体市场需求曲线呈一般"U"形态的情况进行分析。这种情况如图 5-14 所示，横轴表示需求量 Q，纵轴表示价格 P 和成本 C；AC 和 MC 表示厂商的平均成本曲线和边际成本曲线；D_T 为产业总体市场需求曲线，也是完全垄断时单个厂商的市场需求曲线 $d_{完全垄断}$。当该产业属于完全竞争状态时市场中存在无数个厂商，单个厂商的市场需求曲线 d_0、边际收益曲线 MR_0、平均收益曲线 AR_0 均相等且与纵轴重合。d_1 为该产业市场属于特定的垄断竞争结构之一时单个厂商的市场需求曲线，其对应的单个厂商边际收益曲线为 MR_1，MR_1 与 MC 相交的均衡点 E_1 正好是 AC 的最低点，显然这时整个产业市场由 Q_T/Q_1 个厂商组成。d_2 为该产业市场属于特定的垄断竞争结构之二时单个厂商的市场需求曲线，其对应的单个厂商边际收益曲线为 MR_2，其与 MC 相交的均衡点 E_2 正好是 MC 的最低点，显然这时整个产业市场由 Q_T/Q_2 个厂商组成。

首先分析产业市场属于垄断竞争结构之一时的情况。在该结构的产业市场中，单个厂商的市场需求曲线 d_1 决定的厂商边际收益曲线 MR_1 与 MC 相交的均衡点 E_1 正好是 AC 的最低点 C_1，说明这种情况下 E_1 点不但是满足利润最大目标诉求的厂商均衡生产点，也是满足平均成本最低目标诉求的产业市场均衡生产点。这时整个产业市场由 Q_T/Q_1 个厂商组成，说明就厂商利润最大与产业平均成本最低组合目标而言，该产业市场中保持有 Q_T/Q_1 个厂商时，其产业集中度和市场竞争度达到最优。这时单个厂商的最优生产规模为 q_1，所有厂商产量之和占整个产业市场最大需求量 Q_T 的比重为 AP_1/AO[①]。具体如表 5-1 所示。

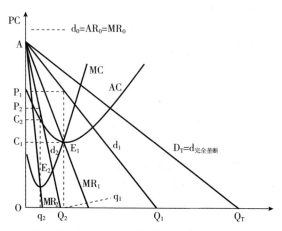

图 5-14 厂商技术成本曲线和产业市场需求曲线一般对应下的市场优化分析静态模型

表 5-1 基于图 5-14 的市场静态优化分析结果

目标诉求组合	最优厂商数量	最优厂商规模	最优产业产量（需求）
厂商利润最大+产业平均成本最低	Q_T/Q_1	Q_1	AP_1/AO
厂商利润最大+产业产品价格最低	Q_T/Q_2	Q_2	AP_2/AO
厂商利润最大+产业总体产量最大	Q_T/Q_2	Q_2	AP_2/AO
综合组合目标	介于两者之间	介于两者之间	介于两者之间

注：这里以产业市场中所有厂商总产量占整个产业市场最大需求量的比重来代表总产量，其实际上也是产业最优需求量，下各表同。

其次分析产业市场属于垄断竞争结构之二时的情况。在该结构的产业市场中，单个厂商的市场需求曲线 d_2 决定的厂商边际收益曲线 MR_2 与 MC 相交的均衡点 E_2 正好是 MC 的最低点。可以证明，E_2 点不但是这种情况下满足利润最大目标诉求的厂商均衡生产点，其对应的均衡价格 P_2 也是产品价格最低点[②]，均衡

---

① 可借助图 5-14 证明如下：均衡点 E_1 对应的单个厂商的均衡产量为 q_1，产业市场中共有 Q_T/Q_1 个厂商，所有厂商总产量为 $q_1 Q_T/Q_1$，其占整个产业市场最大需求量 Q_T 的比重为 q_1/Q_1，相当于 AP_1/AO。

② 可证明如下：令厂商的市场需求曲线为 $P=A-BQ$，则其边际收益曲线为 $MR=A-2BQ$。令厂商的边际成本曲线为 $MC=MC(Q)$。

厂商生产决策的目标是利润最大化即符合条件 $MR=MC$，则：$A-2BQ=MC(Q)$

得：$Q=[A-MC(Q)]/2B$ 进一步得：$P=A-BQ=[A+MC(Q)]/2$

这表明，当 MC 达到最低点时，产品价格达到最低点。

价格 P_2 下整个产业市场的产量也达到最高。[①]这时整个产业市场由 Q_T/Q_2 个厂商组成，说明无论是从厂商利润最大与产业产品价格最低组合目标着眼，还是从厂商利润最大与产业总体产量最大组合目标着眼，该产业市场中保持有 Q_T/Q_2 个厂商时，其产业集中度和市场竞争度达到最优。这时单个厂商的最优生产规模为 q_2，所有厂商产量之和占整个产业市场最大需求量 Q_T 的比重为 AP_2/AO。

这样，对该特定产业市场而言，基于厂商利润最大与产业平均成本最低、产品价格最低、总体产量最大各双重效率目标诉求组合的产业集中和市场竞争最优区间，就是产业市场中厂商数量保持在 Q_T/Q_2 至 Q_T/Q_1，对应的厂商最优规模区间则在 q_1 至 q_2，所有厂商产量之和（实际上同时也是产业最优需求量，下同）占整个产业市场最大需求量 Q_T 的比重则在 AP_1/AO 至 AP_2/AO。

（2）第二种典型情况下的模型建构与分析。本部分就厂商边际成本线和平均成本线相对于产业总体市场需求曲线呈特殊"U"形态的情况进行分析。这种情况如图 5-15 和表 5-2 所示。图 5-15 中，D_T 为产业总体市场需求曲线，也是完全垄断时单个厂商的市场需求曲线 $d_{完全垄断}$，其对应的单个厂商边际收益曲线为 $MR_{垄断}$。$MR_{垄断}$ 与 MC 相交的均衡点 E_1 正好是 AC 的最低点。可知，这种情况下 E_1 点不但是满足利润最大目标诉求的厂商均衡生产点，也是满足平均成本最低目标诉求的产业市场均衡生产点。这时整个产业市场由一个 $Q_T/Q_{完全垄断}$ 厂商组成，说明就厂商利润最大与产业平均成本最低组合目标而言，该产业市场为完全垄断时其产业集中度和市场竞争度达到最优。这时单个厂商的最优规模为 q_1，所有厂商产量之和占整个产业市场最大需求量 Q_T 的比重为 AP_1/AO。

d_2 为该产业市场属于特定的垄断竞争结构时单个厂商的市场需求曲线，其对应的单个厂商边际收益曲线为 MR_2，其与 MC 相交的均衡点 E_2 正好是 MC 的最低点，这时整个产业市场由 Q_T/Q_2 个厂商组成。根据上面证明可知，这种情况下 E_2 点不但是满足利润最大目标诉求的厂商均衡生产点，也是满足总体产量最大和产品价格最低目标诉求的产业市场均衡生产点。这时整个产业市场由 Q_T/Q_2 个厂商组成，说明无论是从厂商利润最大与产业产品价格最低组合目标着眼，还是从厂商利润最大与产业总体产量最大组合目标着眼，该产业市场中保持有 Q_T/Q_2

---

① 可借助图 5-14 证明如下：均衡点 E_2 对应的单个厂商的均衡产量为 q_2，产业市场共有 Q_T/Q_2 个厂商，所有厂商总产量占整个产业市场最大需求量 Q_T 的比重为 AP_2/AO。由于在产业市场需求曲线既定从而 AO 既定情况下，P_2 是最低价格点，AP_2 最大，从而所有厂商总产量占产业市场最大需求量的比重 AP_2/AO 达到最大。

个厂商时，其产业集中度和市场竞争度达到最优。这时单个厂商的最优规模为 q_2，所有厂商产量之和占整个产业市场最大需求量 Q_T 的比重为 AP_2/AO。

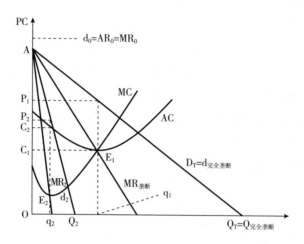

图 5-15　厂商技术成本曲线和产业市场需求曲线特殊对应下的市场优化分析静态模型

表 5-2　基于图 5-15 的市场静态优化分析结果

目标诉求组合	最优厂商数量	最优厂商规模	最优产业产量（需求）
厂商利润最大+平均成本最低	1	q_1	AP_1/AO
厂商利润最大+产品价格最低	Q_T/Q_2	q_2	AP_2/AO
厂商利润最大+产业产量最大	Q_T/Q_2	q_2	AP_2/AO
综合组合目标	介于两者之间	介于两者之间	介于两者之间

这样，对该特定产业市场而言，基于厂商利润最大与产业平均成本最低、产品价格最低、总体产量最大各双重效率目标诉求组合的产业集中和市场竞争最优区间，就是产业市场中厂商数量保持在 Q_T/Q_2 至 1，对应的厂商最优规模区间则在 q_1 至 q_2，所有厂商产量之和占整个产业市场最大需求量 Q_T 的比重则在 AP_1/AO 至 AP_2/AO。

（3）第三种典型情况下的模型建构与分析。本部分就厂商边际成本线和平均成本线相对于产业总体市场需求曲线呈另一种特殊"U"形态的情况进行分析。这种情况如图 5-16 和表 5-3 所示。图 5-16 中，D_T 为产业总体市场需求曲线，也是完全垄断时单个厂商的市场需求曲线 $d_{完全垄断}$，其对应的单个厂商边际收

益曲线为 $MR_{垄断}$。$MR_{垄断}$ 与 MC 相交的均衡点 E 正好是 MC 的最低点。根据上面证明可知，这种情况下 E 点不但是满足利润最大目标诉求的厂商均衡生产点，E 点对应的均衡价格 P_1 也是产品价格最低点，均衡价格 P_1 下所有厂商产量之和占整个产业市场最大需求量 Q_T 的比重 AP_1/AO 也达到最高。特别地，E 点对应的平均成本 C_1 还是本产业市场空间所允许达到的 AC 最低点。这时整个产业市场由一个 $Q_T/Q_{完全垄断}$ 厂商组成，说明无论是从厂商利润最大与产业平均成本最低组合目标着眼，还是从厂商利润最大与产业产品价格最低组合目标着眼，还是从厂商利润最大与产业总体产量最大组合目标着眼，产业集中和市场竞争的最优度都是完全垄断。这时单个厂商的最优生产规模为 q_1，厂商产量之和占整个产业市场最大需求量 Q_T 的比重为 AP_1/AO。

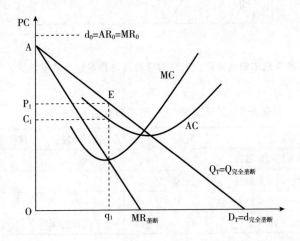

图 5-16 厂商技术成本曲线和产业市场需求曲线另一特殊对应下的市场优化分析静态模型

表 5-3 基于图 5-16 的市场静态优化分析结果

目标诉求组合	最优厂商数量	最优厂商规模	最优产业产量（需求）
厂商利润最大+平均成本最低	1	q_1	AP_1/AO
厂商利润最大+产品价格最低	1	q_1	AP_1/AO
厂商利润最大+产业产量最大	1	q_1	AP_1/AO
综合组合目标	1	q_1	AP_1/AO

（4）第四种典型情况下的模型建构与分析。本部分就厂商边际成本线和平

均成本线相对于产业总体市场需求曲线呈单调右下降形态的情况进行分析。这种情况下厂商规模越大平均成本和边际成本越低，具体如图 5-17 所示，D_T 为产业总体市场需求曲线，也是完全垄断时单个厂商的市场需求曲线 $d_{完全垄断}$，其对应的单个垄断厂商边际收益曲线为 $MR_{垄断}$。$MR_{垄断}$ 与 MC 相交于 E，E 点即为均衡点，对应的平均成本和产品价格分别为 C_1、P_1。平均成本 C_1 是本产业市场空间所允许达到的 AC 最低点，对应的均衡价格 P_1 是本产业市场空间所允许达到的最低价格，均衡价格 P_1 下整个产业市场的产量达到本产业市场空间所允许的最高点。这时产业市场中只有一个 $Q_T/Q_{完全垄断}$ 厂商，可知无论是从厂商利润最大与产业平均成本最低组合目标着眼，还是从厂商利润最大与产业产品价格最低组合目标着眼，还是从厂商利润最大与产业总体产量最大组合目标着眼，该产业市场保持为完全垄断状态时，其产业集中度和市场竞争度达到最优。这时单个厂商的最优生产规模为 q_1，厂商产量之和占整个产业市场最大需求量 Q_T 的比重为 AP_1/AO。

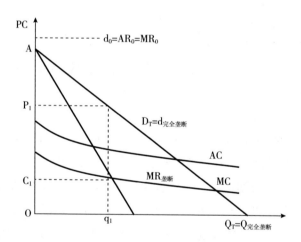

图 5-17　厂商技术成本曲线单调下降情境下的市场优化分析静态模型

（5）静态研究结论。综合以上四种情况，可得以下一般结论：①基于厂商利润最大和产业平均成本最低、总体产量最大、产品价格最低的双重效率目标诉求，着眼产业集中、市场竞争与厂商规模的市场优化分析是可以得到精确测量的。②就产业集中和市场竞争而言，当厂商 AC 和 MC 相对于产业总体市场需求曲线呈现上述一般"U"形变化时，特定的垄断竞争是最优的；当厂商 AC 和 MC 相对于总体市场需求曲线呈现上述特殊"U"形变化时，从特定的垄断竞争到完全垄断是最优的；当厂商 AC 和 MC 相对于产业总体市场需求曲线呈现上述另一种特殊"U"形变化时，以及当厂商 AC 和 MC 单调右下倾时，完全垄断是唯一最优。从模型可知，完全竞争肯定不是最优的。这就从根本上推翻了完全竞争最优的传统结论，具体如表 5-4 所示。

表 5-4　四种典型对应情况下的市场静态优化分析结果比较

典型情况	产业集中与市场竞争的最优度	典型情况	产业集中与市场竞争的最优度
厂商 AC 和 MC 相对产业总体市场需求曲线呈一般"U"形	特定的垄断竞争度	厂商 AC 和 MC 相对产业总体市场需求曲线呈特殊"U"形	从特定的垄断竞争度到完全垄断
厂商 AC 和 MC 相对产业总体市场需求曲线呈另一特殊"U"形	完全垄断	厂商 AC 和 MC 单调下倾	完全垄断

3. 市场理论动态优化分析模型建构

从动态角度看，行业的市场需求空间是在变动的，厂商的技术成本条件也是在变动的。两者中任何一个发生变化，都会导致最合适的市场结构发生变化。下面分别从厂商技术成本条件变化、市场需求条件变化、厂商技术成本和市场需求同时变化三个角度进行分析。

首先分析厂商技术成本条件变化情况下行业最有效率市场结构的动态演化规律。厂商技术成本条件变化往往意味着科技进步和生产效率提高，这会导致厂商的长期平均成本线和长期边际成本线向右下方移动，表现在 LAC 线上，其最低点不断右下移，生产的适度规模不断扩大。在市场需求条件不变时，厂商适度规模的不断扩大意味着市场中最适合的厂商数量不断下降，最适的市场结构将呈现向垄断不断演变的趋势。分析方便起见，下面以成本效率为主要目标进行示例性比较分析。图 5-18 中，市场需求曲线为 $D_{总}$，厂商最初的平均成本线和边际成本线分别为 LAC_0 和 LMC_0。从成本效率目标出发，当市场中厂商数量为 $Q_{总}/Q_0$ 个时，单个厂商的市场需求曲线和边际收益曲线分别为 D_0 和 MR_0，MR_0 与 LMC_0 的相交点即厂商利润最大化的均衡点正好通过 LAC_0 的最低点，即厂商长期均衡时平均成本达到最低，生产效率达到最高。所以，这种情况下最有效率的市场是厂商数量为 $Q_{总}/Q_0$ 个的市场。

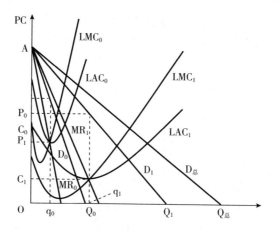

图 5-18 基于厂商技术成本变化的市场优化分析动态模型

随着科技进步，厂商边际成本线和平均成本线分别向右下方移动为 LMC_1 和 LAC_1。从成本效率目标出发，这种情况下当市场中厂商数量为 $Q_总/Q_1$ 个时，单个厂商的市场需求曲线和边际收益曲线分别为 D_1 和 MR_1，MR_1 与 LMC_1 的相交点即厂商利润最大化的均衡点正好通过 LAC_1 的最低点，即厂商长期均衡时平均成本达到最低，生产效率达到最高。所以，这种情况下最有效率的市场是厂商数量为 $Q_总/Q_1$ 个的市场。可见随着科技进步，为保持市场处于最有效率水平，最佳厂商数量需从 $Q_总/Q_0$ 下降为 $Q_总/Q_1$，即最有效率的市场结构呈现向垄断的不断演化趋势。

现实中行业可以区分为资本密集和劳动密集两大类型，其各自的情况并不相同。对于资本密集型行业而言，随着科技进步，厂商生产成本线呈现快速的右下移趋势，适度规模迅速扩大。在市场需求不变的情况下，为保持市场的最高效率，行业中厂商的适合数量快速下降。对于劳动密集型行业而言，随着科技进步，厂商生产成本线呈现缓慢的右下移趋势，适度规模缓慢扩张。在市场需求不变的情况下，为保持市场的最高效率，行业中厂商的适合数量缓慢下降，最有效率的市场将长期保持竞争比较充分的态势。

其次分析市场需求条件变化情况下行业最有效率市场结构的动态演化规律。市场需求条件变化往往意味着市场需求曲线的扩张或收缩，在厂商技术成本条件不变情况下，市场需求曲线扩张或收缩，为保持市场的最高效率，行业中最适合厂商数量须增加或下降，即最有效率的市场结构将呈现向竞争或垄断的演进趋势。下面以成本效率为主要目标进行示例性比较分析。图 5-19 中，厂商的平均成本线和边际成本线分别为 LAC 和 LMC，最初市场总体需求曲线为 $D_{总0}$。从成本效率目标出发，当市场中厂商数量为 $Q_{总0}/Q_0$ 个时，单个厂商的市场需求曲线和边际收益曲线分别为 D_0 和 MR_0，MR_0 与 LMC 的相交点即厂商利润最大化的均衡点正好通过 LAC 的最低点，即厂商长期均衡时平均成本达到最低，生产效率达到最高。所以，这种情况下最有效率的市场是厂商数量为 $Q_{总0}/Q_0$ 个的市场。随着国民收入水平提高，市场需求曲线外扩为 $D_{总1}$。从成本效率目标出发，当市场中厂商数量为 $Q_{总1}/Q_0$ 个时，单个厂商的市场需求曲线和边际收益曲线分别为 D_0 和 MR_0，MR_0 与 LMC 的相交点即厂商利润最大化的均衡点正好通过 LAC 的最低点，即厂商长期均衡时平均成本达到最低，生产效率达到最高。所以，这种情况下最有效率的市场是厂商数量为 $Q_{总1}/Q_0$ 个的市场。可见随着市场需求的扩张，为保持市场处于最有效率水平，最佳厂商数量从 $Q_{总0}/Q_0$ 上升为 $Q_{总1}/Q_0$，即最有效率的市场结构呈现向竞争的不断演化趋势。

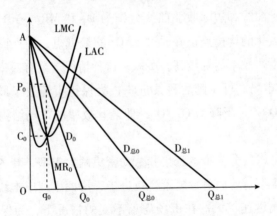

图 5-19　基于市场需求条件变化的市场优化分析动态模型

最后分析厂商技术成本条件和市场需求条件同时变化情况下行业最有效率市场结构的动态演化规律。厂商技术成本和市场需求同时变化，实际上是上面两种情况的综合。一个行业从诞生开始都要经历导入期、增长期、成熟期和衰落期的演变历程，这个演变历程实际上是市场需求和厂商技术成本条件同时变化的过程。行业处于导入期时，新产品刚刚被发明和生产出来，市场规模扩张有限，技术进步迅速，常常会出现市场需求扩张与适度规模扩张相当的情况，结果市场中适合的厂商数量相对比较稳定，最有效率的市场结构将呈现比较稳定的竞争态势。行业步入增长期时，市场规模迅速扩张，往往会超过技术进步导致的适度规模扩张速度，结果市场中适合的厂商数量迅速增多。最有效率的市场结构将呈现向竞争的演进态势。行业步入成熟期时，市场规模相对稳定，厂商技术进步继续加速，常常会出现市场扩张滞后于适度规模扩张，结果市场中适合的厂商数量逐步减少，行业步入衰退期时，市场规模开始收缩，厂商技术进步继续推进，常常会出现市场不断收缩与适度规模继续扩大的局面，结果市场中适合的厂商数量进一步下降。可知，对于任意行业而言，为保持其市场的最高效率，其市场结构最初一般应该呈现比较稳定的竞争态势，其后逐步向竞争方向演进。

以上只是对行业最有效率市场结构演变规律的一般性分析。具体到现实中，行业可以区分为资本密集和劳动密集型两类，其各自最有效率市场结构演变的历程并不相同。在市场需求变化相同的情况下，资本密集型行业的厂商随着技术进步，适度规模迅速扩大，其最适的市场结构会快速集中演进。在市场需求变化相同的情况下，劳动密集型行业的厂商随着技术进步，适度规模缓慢扩大，其最适的市场结构会缓慢集中演进。

4. 研究的总体结论及其实证检验

总括上面分析，可得以下四点结论：

一是完全竞争一定不是最有效率的市场结构，适度竞争才是最有效率的市场结构。特别说明，由于成本效率目标和价格产量目标的不同选择，上述适度竞争是一个特定的市场结构选择区间，而不只是一种具体的市场结构。

二是现实中存在着各种各样的行业，每个行业的市场需求条件与厂商技术成本条件都不相同，从而现实中不同行业的最适市场结构不应该是单一结构，而必然是各种结构市场同时并存的。

三是从行业发展动态角度看，资本密集型行业最有效率的市场结构呈现快速集中的演进趋势，劳动密集型行业最有效率的市场结构呈现缓慢集中的演进态势。

四是从国民经济发展动态角度看，随着社会发展和科技进步，资本密集型行业和劳动密集型行业都呈现集中演进趋势。

三、钢铁生产过剩测度和调控的实证应用

钢铁产业是国民经济发展的重要支柱产业，改革开放以来发展成就巨大。据

中钢协的数据，2019年我国粗钢产量9.96亿吨，占全球总产量的50%以上，已连续24年位居世界第一，是名副其实的钢铁生产大国。然而我国钢铁产业长期粗放发展积累的矛盾也日益突出，其中产能过剩问题尤其严重，20世纪90年代以来我国先后经历了3次大规模性产能过剩，都涉及到了钢铁产业。钢铁产业每次出现大面积产能过剩，中央都高度重视。据不完全统计，仅2009年以来中央出台的钢铁产能调控政策文件就有《钢铁产业调整和振兴规划》《钢铁工业"十二五"发展规划》《关于化解产能严重过剩矛盾的指导意见》等。

2015年，供给侧结构性改革被提出。2016年，《钢铁行业化解产能过剩实现脱困发展的意见》等政策先后出台，钢铁过剩调控的政策向度、力度、重点都发生了重大变化。那么，供给侧结构性改革实施以来钢铁产能过剩调控的绩效究竟如何？之前越调控越发普遍、严重和顽疾的态势仍在延续，还是已经取得了良好的成效？本书重点以2018年为基准年份，就供给侧结构性改革实施以来的钢铁产能过剩调控问题，借助本修正理论模型进行了一次阶段性绩效测评①。

结果表明，2018年我国钢铁产业最优产量（需求）为107845万吨。据国家统计局数据，2018年我国钢铁产业实际产量为110552万吨。在当年钢铁产能数据没有公布且具体测度存在较大困难的情况下，以当年的钢铁实际产量数据替代钢铁产能数据进行分析，则可知钢铁实际产能（产量）超出最优产量（需求）2707万吨，超出率为2.51%。具体如表5-5所示。

表5-5　2018年钢铁产业实际产能（产量）与最优产量（需求）比较

指标类型	最优产量（万吨）	实际产能（万吨）	超出率（%）	过剩态势研判
指标数量	107845	110552	2.51	基本适衡　无过剩

注：由于当年产能数据没有公布，这里以产量数据替代产能数据进行分析。实际产能（产量）数据来自《中国统计年鉴》（2019）。

关于产能或者生产过剩，实际上并不是产能产量超过最优产量（需求）就会出现过剩，只有产能超过达到某种界限时才会成为真正意义上的过剩。有学者基于产销率指标研究提出，当该指标低于95%（即过剩率高于5%）时，过剩出现。大部分学者基于产能利用率指标研究认为，设备利用率的正常值在79%~83%，设备闲置率达到21%之上才会真正出现过剩。也有学者指出，在欧美等国

① 马文军. 供给侧改革背景下钢铁行业去产能绩效评价——基于"十三五"期间钢铁行业供给侧结构性改革成效的分析［J］. 价格理论与实践，2020（7）：53-56.

的产业发展实践中，当产能利用率低于 90%（即产能过剩率高于 10%）时，一般程度的产能过剩出现；当产能利用率低于 81%（即产能过剩率高于 19%）时，较为严重的产能过剩出现①。根据以上过剩判断标准，就 2018 年度钢铁产业而言，产供或供需已经基本实现平衡，产能或生产过剩态势基本得到消除。

上述研究得出的有关 2018 年度钢铁产业产供或供需基本实现平衡和产能过剩态势基本上消除的结论，得到了资产、收入、利润相关指标的支持。从大中型钢铁企业主营业务收入年度增长率指标来看，2012~2015 年这个指标除了 2013 年为正向的 4.10% 外，其他年份均是负值，且呈现从 -2.98%~-21.13% 的波动趋势。2016 年以后该指标掉头向上，从 2015 年的 -21.13% 收缩到 2016 年的 -5.67%，2017 和 2018 两年则先后达到了 37.41% 和 13.57% 的高度，企稳态势明显。而从更为关键的资产利润率和收入利润率两个指标来看，自 2012 年起这两个指标均掉头向下，步入了 1% 以下的低速发展阶段，其中 2015 年两个指标分别下探到了 -1.86% 和 -3.15% 的历史低位。2016 年该两指标均掉头向上，分别扭负为正实现了 0.53%、0.94% 的增长速度。2017 年和 2018 年该两个指标继续向好，其中资产利润率先后达到了 4.02% 和 5.77% 的高位，收入利润率先后达到了 5.47% 和 7.20% 的高位。具体如表 5-6 所示。

表 5-6　2011~2018 年大中型钢铁企业相关指标

年份	资产总计（亿元）	主营业务收入（亿元）	主营业务收入年增长率（%）	利润总额（亿元）	资产利润率（%）	收入利润率（%）
2011	39221	35454	—	858	2.19	2.42
2012	41410	33762	-4.77	-6.72	-0.02	-0.02
2013	43257	35147	4.10	225	0.52	0.64
2014	45121	34098	-2.98	186	0.41	0.55
2015	45416	26894	-21.13	-847	-1.86	-3.15
2016	44904	25369	-5.67	238	0.53	0.94
2017	47445	34860	37.41	1906	4.02	5.47
2018	49397	39590	13.57	2851	5.77	7.20

注：资产利润率=利润总额/资产总计×100%，收入利润率=利润总额/主营业务收入×100%。

资料来源：《大中型钢铁企业常用财务指标手册（2018 年度）》。

---

① 张茉楠. 去产能化和制造业升级是中国的"两道坎"[N]. 每日经济新闻，2012-11-02.

这说明 2015 年底供给侧结构性改革实施以来，其中包括"三去一降一补"在内的产能过剩调控政策，实施指向应该是正确的，实施效果应该是卓有成效的，总体上应该予以充分的肯定。不过需要指出，产供或供需之间的均衡总是在变动的，钢铁发展态势始终存在反向恶化的趋势。如何在已经取得良好成效的基础上，稳定和巩固这个态势并实现长效化，值得深入思考。

特别指出，笔者聚焦钢铁生产或产能过剩问题，借助本修正理论模型进行了长期跟踪性的研究。稍早前针对 2007 年钢铁产业的测度分析表明，当年我国钢铁产业的最优产量（需求）为 49500 万吨，而实际产量为 56460 万吨，超出量为 6960 万吨，超出率为 14.06%，生产处于过剩状态①。

第四节 西方宏观之需求侧经济调控理论的过时与供给侧转换

一、大危机的爆发与凯恩斯需求侧宏观调控理论的形成

事实上就基本的经济理论而言，在 1929 年世界经济大危机之前，推崇的是以斯密和马歇尔等为代表的自由市场经济理论。这种自由的市场经济理论基于萨伊的供给自动创造需求定理，否认生产普遍过剩可能性的存在，认为每种上市的商品都会创造出其相应的需求。基于这种理念，斯密和马歇尔等建立了以自由放任为中心的经济学体系，把农业、制造业等一切生产部门都看作国民财富的源泉，以"经济人模式"作为研究出发点提出了"看不见手的理论"，认为市场在"看不见的手"的价格指引下，每个人追求自己的私利行为，必定会同时增进社会整体福利。反过来说，社会经济体系的运行发展，完全可以基于市场价格自发的引导和指挥，而不必进行人为的干预。由此，其提出的政策主张就是，消除国家对贸易的一切管制和干预，废除对自由运用资本获利的所有限制，对内自由放任，对外自由贸易。与此对应，其对政府在促进经济增长中的认识定位是"管的最少的政府就是最好的政府"。也就是说，在实现经济增长这个核心目标过程中，

---

① 马文军. 我国钢铁产业最优产能的系统性测算：基于 2007 年度数据的实证 [J]. 产业经济评论, 2013 (1)：58-73.

政府的最佳定位应该是"守夜人"，最佳策略应该是"无为而治"。

1929 年，资本主义经济史上最持久、最深刻、最严重的周期性世界经济危机爆发。在此大危机的影响和冲击之下，供给自动创造需求的萨伊定理失效，市场经济的完美性无可厚非地遭到质疑，传统的自由经济理论面临着有史以来的第一次危机。在这种时代背景下，英国经济学家凯恩斯于 1936 年出版了其划时代的巨著《就业、利息和货币通论》。凯恩斯立足于 20 世纪 30 年代经济大危机的时代背景，抛弃了萨伊定理理念下的自由经济理论，从总需求的角度分析国民收入的决定，用有效需求不足来解释失业存在和经济危机爆发的原因，建立了包括消费倾向递减、资本边际效率递减、流动性偏好三大基本规律在内的国民收入决定理论。

凯恩斯认为，市场机制不能完全保证经济均衡发展，市场经济在其运行过程中会导致有效需求不足，从而产生危机与失业。要避免危机与失业，国家必须干预经济。干预的基本方式是需求管理，即通过财政政策与货币政策调节社会需求，使社会总需求与社会总供给均衡，保证经济均衡发展。具体说，当社会总需求小于社会总供给，即总需求低于充分就业产量而导致失业扩大时，政府就实行扩张性的财政政策，减少财政收入，增加财政支出，扩大财政赤字；同时实行扩张性的货币政策，即增加货币供应量以降低利率的宽松货币政策，以刺激社会需求特别是投资需求，使需求与供给均衡，消除失业和危机。

可见，凯恩斯理论的核心是着眼有效需求，通过财政和货币等手段，重在从需求侧进行刺激或者抑制性调控，以达到供求适衡和经济均衡发展，因此该理论可以称为是需求侧宏观调控理论。

二、凯恩斯理论与短缺经济的适配及其错配过剩经济的恶果

凯恩斯主义提出之后，被许多国家所采用，也取得了良好的成效，其中，美国的罗斯福新政最具代表性。需要指出的是，凯恩斯需求侧宏观调控理论的出现和适用是与其当时所处的经济发展态势相匹配的。如果缺失了作为历史舞台和土壤环境的这个大的经济态势，那么凯恩斯需求侧宏观调控理论也就会失去其存在的历史价值。这个支撑凯恩斯需求侧宏观调控理论适用的大的经济态势，就是社会生产力发展水平极度低下的短缺经济时代。

从 17 世纪资本主义制度正式确立一直到 20 世纪 80 年代，人类社会生产力实现了突飞猛进的发展，用马克思的话说就是，"资本主义三百年所创造的生产

力超过了人类历史上所有生产力的总和"。不过,这种突飞猛进的发展只是相对于生产力极其落后的奴隶和封建时代而言的。相对于这个时代人们随着"天赋人权、天下为公"思想解放而释放出的对物质经济的巨大而旺盛的需求而言,相对于 20 世纪 80 年代以后更为先进发达的社会生产力而言,这个时代的生产力发展水平还是相当低下的。物资短缺或者短缺经济,是这个时代特别是"二战"之前的资本主义时代的根本特征。尽管自 1825 年以来几乎每隔十年就有一次资本主义的过剩性经济危机爆发,但这只是总体短缺经济中暂时性的供大于求的供求失衡,并不影响其总体的短缺经济态势。

在这种背景下诞生的凯恩斯需求侧宏观调控理论,天然地与其产生时所处的总体短缺经济时代形成了逻辑上的高度吻合性和适用性。在常态性短缺的经济时代,社会大众日益增长的物质文化总需求,要远高于其所处时代中社会所能提供的总供给,两者之间存在有一个巨大的供给缺口。正常态势下,决定社会经济长期增长的生产供给,就会在超额的总需求的强力拉动下,在既定的经济轨道上向前发展,并呈现出供给自动创造需求的表象。由于引导社会经济前进的动力体系已经具备,政府则没有必要在其中发挥作用。相反,如果政府强行在其中发挥作用,反而会形成多此一举的不必要干扰。不过,在这种总体短缺的经济态势之下,往往可能会由于收入分配两极分化等原因,造成占据社会多数的大众的收入和购买力下降,而导致特定短期之内社会旺盛的总需求被大大压抑,低于当时社会实际的总供给能力,从而形成一个短期阶段性的需求小于供给的缺口,即短期阶段性的供大于求。虽然是阶段性的短期现象,但毕竟出现了供大于求,生产出的产品出现滞销,导致厂商降低工资、裁员甚至停工,并进一步导致社会大众的收入和购买力下降。由于社会总体的供给能力难以压缩,结果会不断加剧这个短期阶段性的需求缺口,经济危机由此形成。在这种情况下,借助凯恩斯的理论,由政府出面运用财政和货币政策工具刺激形成相应的需求增量,弥补这个短期阶段性的需求缺口,帮助促进暂时性供需失调的经济体系摆脱危机重回供求平衡的良性发展轨道。进而社会经济体系恢复常态,重新回归实际供给低于实际需求的短缺经济状态,经济体系将在旺盛的社会总需求的拉动下,重新回归供给自动创造需求的发展轨道,不须借助政府外力即可实现在既定轨道上的稳步健康发展,直到下一个短期阶段性的需求抑制和需求不足出现,再开始新一轮的循环往复。可见,凯恩斯需求侧宏观调控理论与短缺经济态势之间呈现出一种几乎完美吻合的态势,其逻辑是完全行得通的。具体如图 5-20 所示。

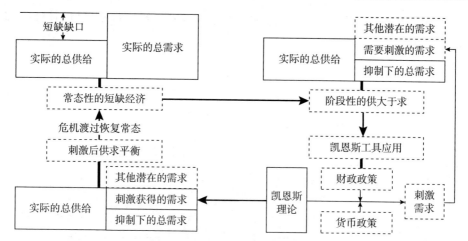

图 5-20 凯恩斯需求侧宏观调控理论与短缺经济态势的适配逻辑

不过，20 世纪六七十年代之后，尤其是进入 21 世纪以来，随着第三次科技革命的推进和生产力的极大发展，无论是在发达国家如美国、英国、德国、日本，还是在发展中国家如中国，世界主要国家和经济体的生产能力从整体上已经达到和超过了相应的社会总需求，短缺经济时代步入了过剩经济时代。供不应求的情况已经很少再现，更多的和普遍的是大量生产出来的产品出现销售困难。在经济发展态势发生重大转变的背景下，凯恩斯基于短期阶段性有效需求不足，通过财政、货币手段刺激总需求扩张从而推动需求与高度的供给能力再度匹配以实现经济良性发展的逻辑路径已经不再行得通。然而，许多国家和地区并没有意识到凯恩斯理论适用场景的变化，面对过剩的经济态势仍然习惯性地沿用适用于短缺经济态势的凯恩斯需求侧宏观调控理论和工具，就其逻辑而言就如同饮鸩止渴，后果只会越来越严重，甚至会导致经济体系的崩溃。

由图 5-21 可知，当经济态势转换步入常态性过剩之后，发展形势就演变为实际总供给超过实际总需求，供给超过需求的部分就形成为了供给过剩的部分。一方面，虽然同为供求失衡，但这种过剩经济态势下的供过于求的供求失衡与短缺经济态势下的供不应求的供求失衡有着本质性的不同。另一方面，就表象而言，这种过剩经济态势下的常态性供过于求的供求失衡，与短缺经济时代因总需求受到阶段性抑制而出现的总需求低于总供给的暂时性供过于求的供求失衡，却呈现出高度的相似性，并且同样会导致产品滞销及厂商降低工资、裁员甚至停工等问题出现。由此，面对过剩态势下的供过于求及其产生的经济问题，在路径惯性或者路径依赖作用下，政府往往会继续挥起凯恩斯大旗，运用财政和货币工具手段，以实现理想中的供求平衡和良性发展，而完全忽视了这个缺口的供过于求的过剩本质。

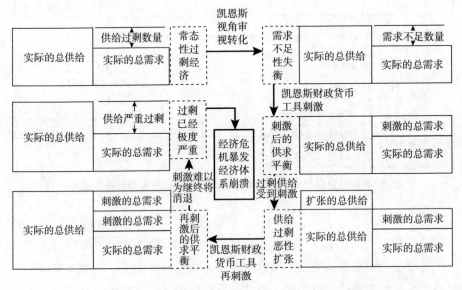

图 5-21　凯恩斯需求侧宏观调控理论与过剩经济态势错配之严重后果逻辑

问题的严重性在于，当习惯性沿用凯恩斯需求侧宏观调控手段进行需求刺激实现新的供求平衡之后，本已严重过剩应该刹车的供给侧，却因为不当需求刺激之后的供需暂时性平衡实现而得到强有力的错向激励，结果反而会加大"油门"扩张其总供给，导致供给过剩的进一步恶性扩张，并再度出现供给超出需求的需求不足假象。于是继续基于凯恩斯财政和货币工具路径进行需求侧刺激，以达到再度的供求平衡。如此循环往复，结果导致本应逐步控制压缩的供给侧过剩供给，不但没有得到控制压缩，反而会日益扩张膨胀，而社会的总需求却仍然维持在相对稳定的水平上，只是政府逐轮加码的财政和货币政策刺激出的越来越多的额外需求弥补或者遮掩了越来越严重的需求缺口而已。然而，这种依靠外力强行刺激需求以适衡于越来越严重的过剩供给的做法，终将难以为继。当刺激达到尽头而消退，最终露出供求失衡的供过于求真实态势之时，会发现原本并不严重尚能控制的供给过剩态势，已经在一轮轮的需求侧刺激中一步步陷入了越来越严重的不可回逆之泥潭。由此，经济危机爆发，甚至经济体系崩溃。本应匹配适用于短缺经济态势的凯恩斯需求侧理论和工具，在错配于过剩经济态势之后，将起初轻微性的供给过剩一步步推向不可回逆的恶性供给过剩困境的逻辑路径，由此一览无余。

三、过剩经济时代的宏观调控理论：从需求侧向供给侧转换

1. 过剩经济态势的本质和应有路径取向

在当前常态性过剩经济态势之下，经济健康可持续发展的基本要求同样是供求适衡。不过，由于经济发展总体上告别短缺而步入了过剩，甚至某些行业过剩态势还相当严重，由此宏观经济调控就主要体现为对普遍过剩性各行业产能的过剩调控。其基本的逻辑路径是：认清和把握过剩的经济态势本质，从供给侧入手进行压缩性调控，使供给收缩之后与最优的需求相适衡。当然，由于行业种类的繁多和分工的细化，不同行业的过剩表现和严重程度各不相同甚至差异巨大。这样，对过剩行业的基于过剩产能压缩的宏观调控，就不但是总量意义上的过剩调控，更重要的是结构性的过剩压缩调控。

需要指出，人的需求是层级递进的，一种需求得到了满足就会有另一种新的需求产生，而且这种需求的层级递进永无尽头。在经济过剩的大势之下，一方面，相对于人类基本需求而言的社会生产供给能力达到了极大的丰富和过剩；另一方面，总会有新的高端需求产生或者潜在孕育，而这种新产生或孕育的高端需求往往并没能得到满足，从而形成面向新型高端需求的供不应求。由此，经济过剩态势的本质，就是总体生产过剩和高端生产短缺的并存。只是由于人类生存和发展的基本需求都得到了满足和过剩，而称之为过剩而已，但这并不能也不应该掩盖高端生产短缺的存在。

对于这类始终如影相随的短缺性高端生产领域的宏观调控，相关研究已经很多，其调控的基本逻辑路径，就是积极运用市场自发的调节力量和政府财政税收、科技的诸端力量，形成合力进行有效刺激，以实现短缺的供给不断增加，逐步缩小与最优需求的缺口，最终实现从供不应求的失衡步入供求平衡的适衡，具体如图 5-22 所示，此处不再赘述。

图 5-22　过剩经济态势的本质内涵

不过，就过剩经济态势下的各过剩行业而言，虽然其通过压缩供给以获得供求适衡的基本逻辑已经明确，然而具体实施的路径选择却仍然存在问题。目前主要有两种路径取向，它们表象相似本质却不同，非常容易混淆，需要进行辨析。一是基于凯恩斯需求不足理论，把常态性供给过剩态势下的供给超出需求，混同于短缺经济态势下暂时性需求不足的供给超出需求，运用财政和货币工具进行调节，刺激有效需求以达到需求向供给看齐。最典型的表现就是 2008 年世界金融危机期间，美欧相关国家经济本来就已经处于普遍性生产过剩状态，再加上金融危机导致的有效需求下降，供过于求矛盾更为突出。于是采取了以财政投入为代表的经济刺激计划，其实质就是要通过财政刺激拉动需求，以达到需求向供给的看齐适衡。显然，这种逻辑路径是存在问题的，而且会引起逐轮加重的更加严重的供给过剩问题。二是认识到过剩经济下的供过于求，与短缺经济下暂时性需求不足的供过于求虽然呈现出相似的供给过剩表象，但两者具有本质性不同。由此，放弃从需求侧入手进行刺激以拉动需求适衡供给的逻辑路径，转向从供给侧入手进行供给压缩以适衡最优需求的路径。在 2008 年世界金融危机期间，我国采取的一些政策如有关钢铁产业调整和振兴规划等，也多少涉及从供给侧入手进行供给压缩以求得供给适衡需求的内容。

就目前而言，随着时间演变和认识深入，面对经济过剩态势进行凯恩斯式需求刺激以求得供求适衡的逻辑路径，已经逐步被认为不可取，而从供给侧入手进行供给压缩以求得供求适衡的逻辑路径已经逐步得到重视和接纳，这是一个巨大的进步。不过进一步的问题是，面向供给侧入手进行的供给适衡需求的压缩，具体应该如何操作？这显然是问题的核心和关键，下面将进行进一步分析。

2. 基于供给侧结构性改革逻辑的过剩经济调控框架建构

基于上述分析，基于供给侧结构性改革逻辑进行过剩经济调控框架建构的基本理念和逻辑应该是，围绕产业最优需求，确定合适产量产能，调控过剩产量产能，实现供需均衡适衡。这样，对产业最优需求进行科学而精确的测度，就成为解决问题的前提和关键。

由此，基于供给侧结构性改革逻辑进行过剩经济调控，首先需要做的就是根据产业最优需求关键指标的测度，确定产业最优的产量产能，并比对产业实际的产量产能，确定产量产能过剩调控数量的核心目标。产业最优需求关键指标的测度，在相关研究并不多见的情况下，显然可以直接借助本章前面建构的模型进行分析测度。①

需要强调的是，生产过剩态势的出现往往与产业内企业的数量、企业的规模指标是有机联系的。以钢铁产业为例，《钢铁产业调整和振兴规划》表明，在产业产能方面，2008 年底我国粗钢产能达到 6.6 亿吨，已超出实际需求约 1 亿吨；在企业规模方面，我国粗钢生产企业平均规模不足 100 万吨，排名前 5 位的企业钢产量仅占全国总量的 28.5%，远低于世界先进国家水平；而在企业数量方面，当年我国共有各种类型的钢铁企业家 8012 家。我国钢铁企业数量过多和钢铁企业平均规模过小，这是我国钢铁产业生产过剩的原因之一。这样，对产业最优需求的测度，就应该与企业最优数量、企业最优规模两个指标的测度关联到一起，统一放置于产业组织的大体系中进行。

事实上，本章前面建构的模型和进行的分析，已经从内在逻辑上证明了产业最优需求（产业最优产出）、企业最优数量、企业最优规模三个指标是彼此紧密联系不可分割的，都可以纳入最优产业组织体系的范畴予以审视，可以认为是最优产业组织的一组三维衡量指标。伴随着产业最优需求（产业最优产出）关键指标的测度，同时测度出的还有企业最优数量、企业最优规模两个产业组织关联指标。这样，基于产业最优需求关键指标测度确定的产量产能过剩核心调控目标，就可以从产业最优需求（产业最优产出）、企业最优数量、企业最优规模三个产业组织指标相互统筹匹配和协同优化的角度，进一步分解为基于企业最优数量、企业最优规模两个关联指标的产业组织分解调控目标。

一般情况下，产业生产过剩态势下的企业数量是偏多的，企业平均规模是偏低的。这样，要实现基于企业最优数量、企业最优规模两个关联指标的产业组织分解调控目标，进而最终实现基于产业最优需求关键指标的产量产能过剩核心调控目标，应该采取的直接调控手段就是促进企业的兼并重组，以减少企业数量和提升企业规模。在当前科技革命进程如火如荼的时代，技术创新已经毫无疑问成为了企业发展壮大和产业发展升级的第一推动力。由此，产量产能过剩核心分解调控目标实现所应采取的直接调控手段，还包括技术创新。

采取企业兼并重组和技术创新的直接调控手段，以减少企业数量和提升企业规模，还必须有具体的配套调控措施支撑，这些具体的配套调控措施包括金融调

---

① 参见本章第三节。也可参见：马文军. 产业最优需求测度与生产过剩预警调控：基理构建与钢铁、水泥产业的实证［M］. 北京：经济科学出版社，2014；马文军 . 最优产业组织研究与反垄断规则启示：基于厂商数量、规模与产业产量三指标［J］. 产业经济评论，2017（1）：20-38.

控政策、财税调控政策、土地调控政策、环境监管政策、科技调控政策以及其他调控政策。对于生产过剩的产业而言，这些配套调控措施实施的基本原则应该是控制和压缩。在有些情况下，总体应采取控制压缩性的调控措施，同时局部采取促进支持性的结构优化政策。

当然，在具体实践工作中，这种有关产业生产过剩的调控，还应当结合国民经济发展规划和具体产业发展实践，以及美、欧、日等发达国家调控的经验教训，坚持市场有效调节和政府科学调控有机结合的基本理念，按照"产量产能合理控制、企业规模合理优化、企业数量合理调整、三个指标匹配协调，配套保障措施到位"的总体原则进行。上述生产过剩测度与调控逻辑机理如图5-23所示。

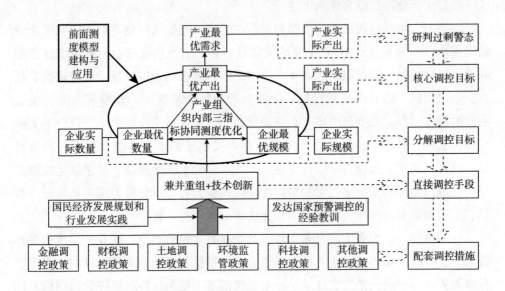

图5-23　基于产业最优需求相关指标测度的供给侧过剩调控机理

进一步地，在经济过剩态势下，无论是常规产品的供过于求的压缩过剩和减少供给，还是高端产品的供不应求的刺激短缺和增加供给，其着力点都是供给侧而不是需求侧，其目标都是追求供求适衡情况下的健康发展。不过，无论是常规过剩产品的过剩压缩，还是高端短缺产品的生产刺激，具体的动力来源都由市场的自发力量和政府的调控力量合力而成。其中，就市场的自发力量而言，其机理都是通过需求不足或需求旺盛的引导以及厂商竞争不足或者竞争过度的引导，促进过剩产能的收缩和短缺产能的扩展。而就政府的调控力量而言，其机理也都是通过财政政策、货币政策、税收政策、科技政策等的实施，直接刺激供给或者压抑供给，以促进供给侧过剩产能的收缩和短缺产能的扩展，而不是需求侧的刺激或者抑制。具体如图 5-24 所示。

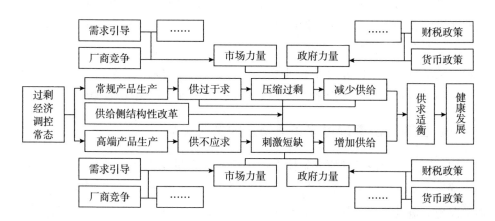

图 5-24　过剩态势下基于供给侧结构性改革的宏观调控整体机理

第五节　经济管理量化实证方法的适用制约、价值损害及优化改进

就整个经济管理学科而言，其研究方法有着哲学思辨、逻辑推理、实证分析等多种层次和类型的划分。这些研究方法彼此之间曾经相辅相成、并行共用，共同推动了整个经济管理学科的快速发展。然而受实证主义泛滥的影响，西方在 20 世纪 60～70 年代后、我国在 21 世纪初期，经济管理研究整体迈入了以量化实证为主流的发展阶段。近年来对量化实证的过度推崇，引起了国内外学者的警惕。美国著名经济学家 Romer[①] 以其恩师卢卡斯两篇文章中的模型推导错误和结论背离经典结果为例，批判了经济管理研究中比较严重的"数学滥用"现象。国内李志军和尚增健[②]则对"不分情况、不分场合地使用数学方法和模型"的过

---

① Romer P. M. Mathiness in the Theory of Economic Growth [J]. American Economic Review, 2015, 105 (5): 89-93.

② 李志军, 尚增健. 亟需纠正学术研究和论文写作中的"数学化""模型化"等不良倾向 [J]. 管理世界, 2020 (4): 5-6.

度"数学化""模型化"不良倾向表达了深深的担忧,引起了强烈反响。

实际上,源于西方的量化实证是一种基于数据挖掘和统计分析的研究方法,有着宽泛的细类划分。那么,究竟是其中的哪种细类导致了让人担忧的问题?其导致问题出现的机制竟究是什么?又是如何一步步损害研究的价值的?如何有效优化改进?在相关研究并不透彻的情况下,本节基于李志军和尚增健等学者纠正过度"数学化""模型化"等不良倾向的倡议,针对当前经济管理领域主流应用的量化实证研究,首先界定导致问题出现的具体量化细类;其次就其应用存在的适用制约及对研究价值的损害进行系统研究;最后提出优化改进对策。

一、当前经济管理量化实证研究的主流态势

如上所述,经济管理研究整体上已经迈入了以量化实证为主流的发展阶段。一项统计表明,《美国经济评论》(AER)从 2006 年以来发表的研究论文,已经很难发现一篇没有公式和模型的论文,而且越来越多的论文开始使用政府和企业授权的非公开数据,其比例从 2006 年的不足 10% 增长到 2014 年的接近 50%[1]。李永刚和孙黎黎[2]的研究发现,1969~2015 年获得诺贝尔奖的 76 位经济学家中,3/4 的获奖成果运用了数学方法,13 位得主的成就和贡献得益于计量经济理论或模型的建构与应用。李爽等[3]分别通过对国际顶尖的两份旅游管理研究期刊和四份公共管理研究期刊的分析,验证了上述结论。

国内,王庆芳和杜德瑞[4]选取四大国内经济管理权威期刊 2012~2014 年的1126 篇论文进行分析,发现数学的应用愈加普遍,甚至可以说经济管理"对量化研究的推崇到了无以复加的地步"[5]。余广源和范子英[6]对"海归"学者 1984~2015 年发表的英文论文研究发现,2005 年以后量化实证研究已经超过了理论研

① Einav L., Levin J. Economics in the Age of Big Data [J]. Science, 2014, 346 (6210): 715-721.

② 李永刚, 孙黎黎. 诺贝尔经济学奖得主学术背景统计及趋势研究 [J]. 中央财经大学学报, 2016 (4): 95-101.

③ 李爽, 黄福才, 饶勇, 魏敏. 计量经济分析方法在国外旅游研究中的应用——基于 ATR 和 TM 所载文献的统计分析 [J]. 旅游科学, 2006 (5): 1-7+25; Groeneveld S., Tummers L., Bronkhorst B., Ashikali T., Van Thiel S. Quantitative Methods in Public Administration: Their Use and Development Through Time [J]. International Public Management Journal, 2015, 18 (1): 61-86.

④ 王庆芳, 杜德瑞. 我国经济学研究的方法与取向——来自 2012 至 2014 年度 1126 篇论文的分析报告 [J]. 南开经济研究, 2015 (3): 140-153.

⑤ 马亮. 实证公共管理研究日趋量化: 因应与调适 [J]. 学海, 2017 (5): 194-201.

⑥ 余广源, 范子英. "海归"教师与中国经济学科的"双一流"建设 [J]. 财经研究, 2017 (6): 52-65.

究，成为了主流的研究趋势。傅广宛等①关于 30 种公共政策期刊的统计分析也支持了上述结论。特别地，钱颖一②很早就评论指出，"现代经济（管理）学的一个明显特点是越来越多地使用数学（包括统计学）""几乎每一个经济（管理）学领域都用到数学，有绝大多数的经济（管理）学前沿论文都包含数学或计量模型。"

为了解量化实证研究在近期的经济管理研究领域究竟占据了多大主流地位，本节基于《经济研究》《管理世界》两份经济与管理各自领域的领头期刊，就各自 2019 年第 12 期的论文发表情况进行了统计分析，统计情况如表 5-7 所示。结果表明，《经济研究》发表的 12 篇论文中，全部有量化实证，占比 100%；《管理世界》发表的 13 篇论文中，9 篇有量化实证，占比 69%；两者合计的 25 篇论文中，21 篇有量化实证，占比 84%。由此，量化实证在经济管理研究中的主流地位得到了清晰揭示。③

表 5-7　《经济研究》《管理世界》量化实证论文发表及比例分析

序号	论文题目（来源期刊）	方法使用	方法判断
1	用地管控、财政收益与土地出让：央地用地治理探究（经济研究）	双重差分法和工具变量法的假设—检验	量化实证
2	中国式家族企业管理：治理模式、领导模式与公司绩效（经济研究）	假设—检验	量化实证
3	中国就业系统的演进、摩擦与转型——劳动力市场微观实证与体制分析（经济研究）	基准回归和工具变量回归	量化实证
4	交通基础设施通达性与非中心城市制造业成长：市场势力、生产率及其配置效率（经济研究）	假设—检验	量化实证
5	资本市场配置效率与劳动收入份额——来自股权分置改革的证据（经济研究）	双重差分的基准回归和工具变量回归	量化实证

①　傅广宛，韦彩玲，杨瑜，杜文强. 量化方法在我国公共政策分析中的应用进展研究——以最近六年来的进展为研究对象［J］. 中国行政管理，2009（4）：109-113.

②　钱颖一. 理解现代经济学［J］. 经济社会体制比较，2002（2）：1-12.

③　进一步分析可知，两份期刊的量化实证呈现有不同的特征。《经济研究》2019 年第 12 期 100% 的论文涉及了量化实证，具体而言均为"模型（假设）给出—数据收集—量化实证"的纯量化实证模式。《管理世界》2019 年第 12 期的论文在量化实证为主的同时，还兼顾了案例分析、逻辑推理等方法应用（涉及 8 篇论文，占比 62%），呈现出明显的方法多元化特征。特别地，其部分涉及量化实证的论文还呈现出与逻辑推理方法结合性应用的特征（涉及 4 篇论文，占比 31%）。

续表

序号	论文题目（来源期刊）	方法使用	方法判断
6	房价收入比与家庭消费——基于房产财富效应的视角（经济研究）	基准回归和工具变量回归	量化实证
7	客观相对收入与主观经济地位：基于集体主义视角的经验证据（经济研究）	基准回归和工具变量回归	量化实证
8	社会资本可利用度及其影响因素研究——来自内蒙古农牧民的经验发现（经济研究）	基准回归和工具变量回归	量化实证
9	农户信息水平、精英俘获与农村低保瞄准（经济研究）	基准回归和工具变量回归	量化实证
10	僵尸企业的负外部性：税负竞争与正常企业逃税（经济研究）	基准回归和工具变量回归	量化实证
11	中国创新型货币政策如何发挥作用：抵押品渠道（经济研究）	三重差分法的假设—检验	量化实证
12	时变乘数效应与改革开放以来中国财政政策效果测定（经济研究）	借鉴型算法模型（借鉴模型和参数）	逻辑推理+量化实证
13	群团改革对企业创新的影响（管理世界）	假设—检验	量化实证
14	团队差序氛围如何影响团队成员的工作表现？一个有调节的中介作用模型的构建与检验（管理世界）	假设—检验	量化实证
15	"能做"和"想做"：基于内驱力的双元创业即兴对双创绩效影响研究（管理世界）	假设—检验	量化实证
16	风险投资具有咨询功能吗？——异地风投在异地并购中的功能研究（管理世界）	假设—检验	量化实证
17	跨学科性与团队合作对大科学装置科学效益的影响研究（管理世界）	假设—检验	量化实证
18	重大航天工程整体性、复杂性及系统融合：北斗卫星工程的实践（管理世界）	案例研究	案例分析
19	数字技术、BOP商业模式创新与包容性市场构建（管理世界）	案例研究（扎根编码）	案例分析
20	互联网时代的危机管理：演变趋势、模型构建与基本规则（管理世界）	定性的逻辑推理	逻辑推理定性
21	论ICO的证券属性与法律规制（管理世界）	定性的逻辑推理	逻辑推理定性

续表

序号	论文题目（来源期刊）	方法使用	方法判断
22	数字经济时代下新金融业态风险的识别、测度及防控（管理世界）	机理理论建构—统计检验	逻辑推理+量化实证
23	资源配置效率改善的空间有多大？——基于中国制造业的结构估计（管理世界）	机理理论建构—统计检验	逻辑推理+量化实证
24	产业链纵向价格形成机制与中间产品市场垄断机理研究——兼论原料药市场的垄断成因及反垄断规制（管理世界）	机理理论建构—仿真分析—实践讨论	逻辑推理+量化仿真
25	"降杠杆""稳杠杆"和"加杠杆"的区域定位——传统杠杆率指标修正和基于"双重"杠杆率测度体系确立结构性杠杆率阈值（管理世界）	借鉴型算法模型（借鉴模型和参数）	逻辑推理+量化实证

注：①本统计基于《经济研究》《管理世界》两份经济与管理各自领域的领头期刊，就各自 2019 年第 12 期的论文发表情况进行统计分析。②《经济研究》2019 年第 12 期共发表文章 15 篇，其中 3 篇分别是会议综述、博士后流动站介绍、人才招聘文章，这里重点分析其余 12 篇论文性质的文章。《管理世界》2019 年第 12 期共发表文章 16 篇，其中 1 篇是资助计划简介，而《新中国 70 年城市规划理论与方法演进》《新中国对外开放 70 年：赋能增长与改革》2 篇是庆祝新中国成立七十周年的历史回顾性专稿，这里重点分析其余 13 篇论文性质的文章。

为什么量化实证在经济管理研究领域会如此迅速扩张，成为研究的主流所在？学界主要从两个角度进行了原因探源：

一是从经济管理研究获得像自然科学研究一样的客观性、精确性和科学性、可靠性的目标追求角度进行探源。20 世纪 50 年代后期，受卡内基基金会和福特基金会猛烈抨击商学院研究缺乏现代科学素养触动，经济管理研究从 20 世纪 60~70 年代开始大量借鉴引入自然科学严谨和规范的数理方法，以期提高自己的科学水平并获得更好的认可。国内王大用[①]的观点很有代表性，他认为数学方法在经济管理研究领域的应用，能够"保证学术研究的逻辑严谨，保证最大限度地降低研究中思维逻辑上发生错误的概率"。金碚[②]转述的只有量化实证研究"才可以达到精致、严谨和没有概念歧义的高水平境界，而如果不用数学形式来表达，则几乎任何经济概念都被认为是不严谨的，即其内涵都是难以精确定义的"，

---

① 王大用．我看数量经济学［J］．数量经济技术经济研究，1999（3）：67．
② 金碚．试论经济学的域观范式——兼议经济学中国学派研究［J］．管理世界，2019（2）：7-23．

则是对该目标追求的一个高度概括。

二是从经济管理研究对量化实证的内生需求角度进行探源。钱颖一[①]指出，现代经济（管理）学由视角、参照系、分析工具三个主要部分组成，其中"分析工具"多是各种图像模型和数学模型，从而将数量工具定位于了经济管理研究的内生性必备。钱认为，运用数学和统计方法做实证研究，可以减少经验性分析中的表面化和偶然性，得出定量性结论并分别确定它在统计和经济意义上的显著程度。稍后的田国强[②]则强调经济管理研究中"引入数学分析工具是促进其科学化的一种手段"，是现代经济学的基本分析框架与研究方法的必需。

与此同时，有学者就经济管理量化实证研究存在的问题提出了质疑。国外的学者分别从不可信识别条件使用导致得出的政策建议不可靠[③]、统计相关性分析滥用因果关系[④]、回归研究使用不合理假设[⑤]、不同量化方法会导致研究结论大相径庭[⑥]、回归分析中的 p 值应用并不可靠[⑦]等角度；国内的学者则分别从量化实证存在片面求深求精误区[⑧]、研究选题存在"实证价值取向"和实证程序方法过于僵硬简单[⑨]、因果关系揭示机制无力和有限样本推断结论不可靠[⑩]、可控实验缺乏引致内性性数据噪音和传统量化实证缺乏对异常点的关注[⑪]等角度，对量化实证研究中的诸多乱况进行了批评。其中，孔茨（Koontz）[⑫]的批评可谓一针见血，他说："数量或管理科学……似乎完全被那些在情境仿真和特定问题解决中所开发的优美数量模型所占据……他们很大程度上只是在运用精致的数量模型

① 钱颖一．理解现代经济学［J］．经济社会体制比较，2002（2）：1-12.
② 田国强．现代经济学的基本分析框架与研究方法［J］．经济研究，2005（2）：113-125.
③ Sims C. A. Macroeconomics and Reality［J］．Econometrica，1980，48（1）：1-48.
④ Hendry D. F. Econometrics：Alchemy or Science［J］．Economica，1980，47（188）：387-406.
⑤ Leamer E. E. Let's Take the Con out of Econometrics［J］．American Economic Review，1983，73（1）：31-43.
⑥ LaLonde R. J. Evaluating the Econometric Evaluations of Training Programs with Experimental Data［J］．American Economic Review，1986，76（4）：604-620.
⑦ Nuzzo R. Scientific Method：Statistical Errors［J］．Nature，2014，506（7487）：150-152.
⑧ 顾海兵．经济研究中定量分析的两个误区［J］．数量经济技术经济研究，1999（3）：67.
⑨ 朱元午，朱明秀．实证研究的先天不足与"后天"缺陷——兼论实地研究及其应用［J］．财经理论与实践，2004（4）：76-80.
⑩ 王俊杰．实证经济学方法研究的进展与困境［J］．统计与决策，2016（9）：18-22.
⑪ 杨华磊．计量经济学研究范式：批判与超越［J］．社会科学战线，2015（5）：56-63.
⑫ Koontz H. The Management Theory Jungle Revisited［J］．The Academy of Management Review，1980，5（2）：175-187.

和符号而已。"而陆蓉和邓鸣茂[1]从理论模型假设偏离现实、数学模型过度运用、实证研究与经济理论脱节、实证过程不规范等方面就"数学滥用"现象进行的批评，更具系统性。其批评指出，"数学滥用"会扭曲学者思考问题的思维模式，使学者"失去对问题的创新性见解和敏锐的洞察力，研究越来越脱离实际"。

至于如何解决量化实证研究中存在的问题，不同学者有着不同的解决方案，如增加敏感性分析和加强可控性实验提高研究的可靠性[2]、规范研究和实证研究协作应用[3]、扩充研究疆域实现对传统计量研究的范式超越[4]等。特别地，全国哲学社会科学规划办就此曾牵头先后于 2012 年、2013 年、2015 年开展了 3 轮较为广泛的专题性讨论，并先后发表了倡议思想性优先的代表性观点[5]或倡议[6]，以期能够纠正"数学滥用"的现状。

综上所言，一方面，源于西方的量化实证成为了经济管理研究的主流模式且地位仍在继续提升，已为学界所共识；另一方面，量化实证研究中存在的问题也得到了学界的重视和警惕，学者从不同角度予以了细化分析和药方开具。不过整体上来看，已有研究多为相对零散、碎片、随机性的分析，系统性、集成性分析不够。特别地，研究中存在的以下两个问题，值得特别关注：一是量化实证研究范围相当宽泛，导致问题较多的只是其中某一个或几个具体细类，而不是整体性的量化实证，已有研究多没有进行明细区分，在精准靶向定位上还有所不足。二是现有研究多把问题置于量化实证研究外生性和表层性角度进行分析，对于内在根源和发生机制的分析有所不足，内生性或内源性审视不够，对于研究价值的损害分析尤其不够彻底。由此，导致不能清晰地揭示这种经济管理研究方法追求科学性、可靠性的美好初衷与非科学、不可靠性的最终结果之间的逻辑对立，以及对其的过度滥用对经济管理研究有限资源产生了配置扭曲和方向误导，最终也就不能开出真正的可以彻底解决问题的有效药方。

①　陆蓉，邓鸣茂. 经济学研究中"数学滥用"现象及反思［J］. 管理世界，2017（11）：10-21.

②　Leamer E. E. Let's Take the Con out of Econometrics［J］. American Economic Review, 1983, 73 (1)：31-43.

③　朱元午，朱明秀. 实证研究的先天不足与"后天"缺陷——兼论实地研究及其应用［J］. 财经理论与实践，2004（4）：76-80.

④　杨华磊. 计量经济学研究范式：批判与超越［J］. 社会科学战线，2015（5）：56-63.

⑤　李金华. 经济学论文：重思想还是重模型［N］. 光明日报，2012-10-28（5）.

⑥　郑红亮，等. "经济新常态下发挥经济学期刊引领作用研讨会"专题报道［N］. 光明日报，2015-05-21（16）；倡议者. 坚持"思想性优先"的选稿原则——五家经济学期刊倡议书［J］. 经济理论与经济管理，2013（10）：5-6.

本书认为，量化实证一般可以区分为描述性量化实证和推断性量化实证两大类。由于"描述性统计方法所涉及的数学知识相对较少"，往往被认为"比之推断性统计方法低级"而受到轻视①。当前，基于统计验证的以"相关回归拟合"和"假设给定—假设检验"等为特征的推断性量化实证模式，在经济管理研究领域大行其道。在其万丈光芒之下，原来相辅相成、并行共用的哲学思辨、逻辑推理等研究方法则呈现出日益边缘化的预势。所以准确地说，当前经济管理研究整体上迈入了以统计验证型量化实证为主流的发展阶段，对其的过度运用导致出现了让人担忧的问题。

本书进一步认为，这种以"回归拟合"和"假设检验"为代表的统计验证型量化实证研究，实际上是孔德、瓦尔拉斯等对牛顿物理学实验方法在经济管理研究领域的借鉴和移植②，有着让经济管理研究获得像物理学研究一样的客观性、精确性和科学性、可靠性的美好期待。然而实际上，这种研究方法在经济管理领域的主流应用，往往会因为天然内生的八个方面的适用制约，而对这种美好期待形成了巨大阻碍。八大制约彼此叠加，又会使原本单一的制约效应发生巨大倍扩，最终导致原本希望加持科学性和可靠性的经济管理研究，可能恰恰背离初衷而走向科学性和可靠性的对立面，极大地损害研究的价值。

二、数据存在性和获得性制约及价值损害

本部分重点就量化实证的数据存在性制约、获得性制约两个方面进行分析。

所谓数据存在性制约，是指经济管理量化实证需要的大量数据，其是否存在和具备本身就是一个大问题。实际上对于整个主客观世界而言，其发展变化的所有方面均可以实现数据化的存在和呈现，也就是说面向整个世界的发展变化，可以存在有一种全面对应映射的应然型数据。然而受收集技术以及成本制约，实际上只有极少部分应然型数据能够得到收集，转化呈现为一种可资利用的实然型数据。相对而言，应然数据是一种无穷规模和边界的数据，而实然数据是一种极其有限规模和边界的数据，实然数据相对于应然数据而言，以一种微不足道的比例存在。无穷的应然型数据与相对极其渺小的实然型数据的中间部分，则是占比极大的空白的虚然型数据。如果量化实证研究所需要的数据处

---

① 郝娟. 社会科学领域中定量分析方法的应用误区 [J]. 统计与决策, 2007 (8): 1.

② 马国旺. 批判实在论与经济实证研究深层化问题初探 [J]. 现代财经（天津财经大学学报），2008 (4): 7-11.

于中间空白部分，是一种虚然型数据，根本就不存在、不具备，那么量化实证研究就不可能进行。

所谓数据获得性制约，是指经济管理量化实证需要的大量数据，即使已经存在和具备，呈现为了一种实然型数据，但因各种原因，这些数据往往不能有效公开提供，而始终处于内部保管箱中，那么量化实证仍然不可能进行。笔者曾经长期研究中国钢铁产业发展问题，研究所需的诸多钢铁产业和企业发展数据，一方面其确实是存在的，另一方面真正获得这些数据为研究所用往往很不容易甚至不可能。

按照正常逻辑分析，数据不存在或者存在但不能获得，可以暂时绕开转向其他数据相对充足的主题开展研究，而对于数据不太充足的主题，也可以运用其他方法推进研究，所以不会产生太大影响。其实不然，在当前量化实证已经占据主流并且地位日益提升的背景下，经济管理研究获得了一种内生的向着量化实证推进的强大驱动力。一种思想或者理念似乎只有得到了量化实证，才能获得必要的科学可靠性通行证从而进入主流的经济管理体系，而不能量化实证的研究就会逐步远离主流体系而被边缘化①。

这样，在整体应然型数据被区分为实然数据和虚然数据两种类型的情况下，经济管理研究就自然而然地呈现出了对实然型数据的研究路径依赖。由此，经济管理虽然需要研究的问题有很多，但在具体研究问题的选择上，如果一个问题研究具有充足的数据支撑，往往就会成为研究的重点选择取向，即使这个问题本身在全部研究体系中的价值并不重要，甚至是个伪问题。相反，如果一个有待研究的问题在整个研究体系之中非常重要，是个真正的价值型问题，但如果没有充足的数据支撑，往往就不会得到研究者的重视和选择。

进一步地，由于可资利用的实然型数据相较于应然型数据，数量微不足道，可知实然型数据只能映射全部待研究问题中的极小一部分，由基本的概率分析可知，更多和更重要的问题往往只能映射于虚然型数据。由此，数据存在性和获得性制约下的数据路径依赖导致的严重后果，就是极大地诱导研究偏离本应的问题导向，只要数据充足、要件具备即可，研究问题是否真正具有价值的重要性下降，致使经济管理研究从一开始就可能偏离经世致用的本义和服务实践的初心而

① 莫志宏. 经济学研究中"唯定量化"的误区：以交易成本为例［J］. 天津社会科学，2005（3）：69-71.

步入研究方向性歧途,极大地损害研究的价值。具体如图 5-25 所示。

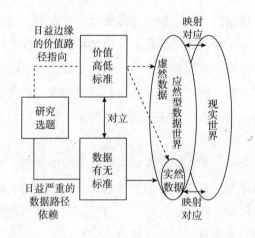

图 5-25 数据路径依赖下的研究方向性歧途

下面以 Guünther 等①在《美国经济评论》新近刊发的 *Seasonal Liquidity, Rural Labor Markets, and Agricultural Production* 一文进行示例分析。论文选择在饥饿季节向贫困农民提供补贴贷款的经济效应问题,面向赞比亚 53 个行政街区随机抽取了 175 个村庄的 3701 户作为样本进行量化实证,得出的主要结论有:①在饥饿季节向贫困农民提供补贴贷款,可以改善粮食安全,提高农业产出。②在饥饿季节提供补贴贷款的福利改善效应,对贫困家庭更为明显。③补贴贷款会推高当地劳动力市场的工资。④流动性约束加剧了农村经济的不平等。

显然,这些研究结论的价值性值得商榷。就研究结论①而言,在饥饿季节向贫困农民提供补贴贷款,其中一部分可以直接用来购买粮食和食物解决饥饿问题,当然可以促进粮食安全态势的改善,剩余贷款用于农业生产投入,当然可以促进农业产出增加。就研究结论②而言,贫困家庭是一个生活和生产资料禀赋相对更为薄弱的群体,其在饥饿季节面临的饥饿温饱和农业生产问题更为突出,那么在饥饿季节向这些贫困家庭提供补贴贷款,当然可以获得更为明显的福利改善效应。就研究结论③而言,普惠性补贴贷款是一种资金的规模性注入,在其他条

① Guünther F. , Kelsey J. B. , Masiye F. Seasonal Liquidity, Rural Labor Markets, and Agricultural Production [J]. American Economic Review, 2020, 110 (11): 3351-3392.

件没有明显变动的情况下，其推高当地劳动力市场的工资水平应该是一个必然的事件。可见，在论文得出的几条主体结论中，至少前面3条都是显而易见的结论，实际上是一种"糖是甜的"不证自明式的结论，缺少价值含量。

基于《美国经济评论》和《管理科学》（MS）刊发论文的进一步分析发现，Crouzet 和 Mehrotra[①] 研究得出的规模最大的公司比其他底层公司更具周期抗击性；Deryugina 和 Molitor[②] 研究得出的行为更健康、收入更高的目的地的移民死亡率较低；Li 和 Zhan[③] 研究得出的产品市场威胁更多的企业更容易出现股价崩盘，都可以归置于此类"糖是甜的"证明结论。特别地，上述提及的虽然并非各论文的全部研究结论，但都是主体性的结论。

上面是随机抽取高水平的国际经济管理研究期刊进行的解剖分析，经管类其他层次学术期刊情况如何可由此大概得知。量化实证的数据路径依赖导致的对有数据支撑但低价值含量的"糖是甜的"式问题的如此青睐，对缺少数据支撑的真正问题和重要价值的极大偏离和损害，可谓是触目惊心。有学者尖锐批评，太多的实证研究不能关注最重要的问题，不能回应理论关切[④]。

三、数据品质性和应用性制约及价值损害

本部分重点就量化实证的数据品质性制约、应用性制约两个方面进行分析。

根据 Wang 和 Strong[⑤] 的定义，数据的品质即数据的质量，可以从用户、生产者和被调查者三个角度进行审视，包括有适用性、准确性、及时性、有效性等11个维度，其中绝大部分以真实准确性为核心维度所在。从数据的真实准确性核心维度进行审视，经济管理量化实证需要的大量数据，即使是存在且可得的实然型数据，这些统计和收集而来的数据是否是真实准确从而可靠的，本身也是个问题。

数据真实性问题反过来说就是数据造假问题，西方安然、世通、安达信的财

① Crouzet N., Mehrotra N. R. Small and Large Firms over the Business Cycle [J]. American Economic Review, 2020, 110 (11): 3549-3601.

② Deryugina T., Molitor D. Does When You Die Depend on Where You Live? Evidence from Hurricane Katrina [J]. American Economic Review, 2020, 110 (11): 3602-3633.

③ Li S., Zhan X. Product Market Threats and Stock Crash Risk [J]. Management Science, 2019, 65 (9): 4011-4031.

④ 马骏. 公共行政学的想象力 [J]. 中国社会科学评价, 2015 (1): 17-35+127.

⑤ Wang R. Y., Strong D. M. Beyond Accuracy: What Data Quality Means to Data Consumers [J]. Journal of Management Information Systems, 1996, 12 (4): 5-34.

务及审计数据造假丑闻都是典型案例。数据的准确性问题则更为普遍。在科研数据方面，情况也丝毫不能令人乐观。

实际上，数据的真实准确性品质除了受到上面提到的包括统计制度、指标设计、统计主体博弈、官员业绩博弈在内的外在人为因素的影响外[1]，还会受到一种基于学科性质的内生因素影响，即相对于物理等学科基于可控实验得出的纯朴型数据，经济管理是面向社会科学的学科，其数据的获得过程往往渗透着不可控制剥离的人的主观能动性和其他多种社会因素的影响，从而天然地内生一种噪声干扰性质，是一种噪声性数据。

如果得到的数据是不真实或不准确的，后续的量化实证再科学精致，得出的结论又有多大价值？朱元午和朱明秀[2]就曾经质疑，以值得怀疑的信息运用科学的方法进行认真的实证，其意义和结果到底在哪里？更遑论现实中，大量经济管理的量化实证研究，往往对"宝贵而难得"的数据拿来即用而不问其是否真实准确，甚至为了得到自己理想的研究结果而对数据进行主观的"修改"或"调整"，其情况当更为普遍、影响当更为深远。

就数据的应用而言，一般应服从于科学研究的"目标提出—概念明晰—指标建构—数据配套"基本逻辑程序。为了一个科学研究目标的实现，首先需要把关键概念清晰而准确地抽象表达出来，然后建构准确对应于清晰而准确概念的分析框架和指标体系，进而精准选择能够配套支撑分析框架和指标体系的批量数据，这样进行的量化实证才是科学合理而又精确可靠的。然而事实上，经济管理的量化实证往往很难严格遵循上述基本逻辑，导致出现数据的应用性制约。所谓数据的应用性制约，具体说是指在经济管理量化实证中，首先对于建构的分析框架和指标体系来说，往往找不到直接对应和精准匹配的理想数据，而只能替代以存在一定程度甚至严重程度偏差的现实数据，导致第一层级的数据应用出现制约；进而又会由于建构的分析框架和指标体系往往不能与抽象出的关键概念实现准确对应，以及抽象出的关键概念往往不能与研究目标实现准确对接，导致第一层级出现的数据应用制约，出现第二和第三层级的扭曲强化。这样，科学研究从目标提

① 赵学刚，王学斌，刘康兵. 中国政府统计数据质量研究——一个文献综述［J］. 经济评论，2011（1）：145-154；张维群，耿宏强. 区域宏观经济统计数据质量定量诊断方法及应用研究［J］. 统计与信息论坛，2010，25（9）：34-37.

② 朱元午，朱明秀. 实证研究的先天不足与"后天"缺陷——兼论实地研究及其应用［J］. 财经理论与实践，2004（4）：76-80.

出到概念明晰再到指标建构再到数据配套的三个逻辑环节，每一个环节的对接实现，都可能出现理想与现实之间不同程度甚至严重程度的偏差，而三个环节偏差的叠加又会导致偏差出现倍扩效应。具体如图 5-26 所示。正如郝娟[①]指出的，量化实证研究"对概念化过程的忽视"，虽然花费了很大精力收集数据，但所建指标往往很难体现相应概念的准确含义，得出的分析结论则不能令人信服。前面的 Romer 认为，正是这种"在文字和数学符号之间、理论表述和实证内容之间故意留有一些可操纵的空间"，导致了"数学滥用"的后果。

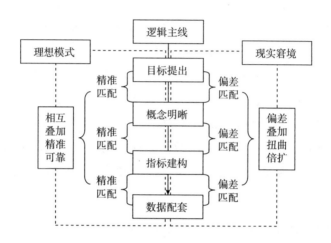

图 5-26　量化实证逻辑的理想模式和现实窘境

下面以 Mahlamäki 等[②]围绕供应链数字化背景下销售配置器对卖方和买方的有用性问题的研究为例，基于"目标提出—概念明晰—指标建构—数据配套"的逻辑，进行数据品质性和应用性制约的示例性分析。该文着眼于感知有用性，建构了包括三个一级因素和进一步下探的四个二级因素的结构分析模型。从感知有用性着眼，如果说感知易用性、感知有效性、感知愉悦性三个一级因素选取对感知有用性的逻辑涵盖比较完整的话，则下探到格式配置、导航易用、信息质量、系统适应的四个二级因素补充选取，对感知有用性的逻辑涵盖就有所不足

①　郝娟. 社会科学领域中定量分析方法的应用误区［J］. 统计与决策，2007（8）：1.

②　Mahlamäki T. , Storbacka K. , Pylkkönen S. , Ojala M. Adoption of Digital Sales Force Automation Tools in Supply Chain: Customers' Acceptance of Sales Configurators［J］. Industrial Marketing Management, 2020, 91（Nov）：162-173.

了，一些显然的重要因素如点位布局、应用安全、创新迭代等并没有在二级因素中得到体现。进一步的统计分析虽然运用了模型信度效度测量、模型本身评估和PLS-SEM 统计检验等方法，但 115 份有限样本的量表问题的设置存在一定的模糊性①，会影响量表问卷数据的质量。可知该研究至少在"概念明晰—指标建构"和"指标建构—数据配套"两个环节存在继续提升的空间。特别地，国内的研究在这方面存在的问题更为普遍和严重，许多高水平期刊论文也不能幸免，此处不再赘述。

数据的品质性制约与应用性制约两个方面共同作用和彼此叠加，会使经济管理量化实证所用数据的内生噪音得到极大强化，数据的应用品质受到极大损害，可能出现"精确可靠"的原本期待与"不精确、不可靠"最终结果之间的常态性巨大鸿沟和严重对立，从而使本来因数据存在性和获得性制约导致的在选题环节就出现的偏离经世致用本义和服务实践初心的方向性歧途，进一步因数据品质性和应用性制约导致研究的科学可靠性打折，再度损害研究的价值。杨华磊②曾批评指出，经济系统数据噪声的内生性，减弱了量化分析的有效性，致使社会行为变得更加不可预测，分析结果很多时候在实践中站不住脚。

四、数据碎片性和内耗性制约及价值损害

本部分重点就量化实证的数据碎片性制约、内耗性制约两个方面进行分析。

所谓数据的碎片性制约，是指存在数据路径依赖的情况下，即使经济管理量化实证没有偏离本应的问题导向，选择进行研究的是真正有价值的问题，但如果将其放置于整个学科研究体系的逻辑大厦中审视，就会发现这种主要根据数据是否充足进行的研究问题选择，往往是随机的和缺乏必要规划的，不同问题的研究至少在初期彼此之间往往难以形成一个具有内在逻辑关联的有机整体，致使研究呈现出严重的碎片化态势，从而极大地损害研究的应有价值。显然，数据的碎片性制约是数据路径依赖引发的一个延伸性制约。

---

① 如论文所用量表在感知有用性（perceived usefulness）指标下，设置有提高工作绩效（improve work performance）、提高生产率（increase productivity）、提高工作效率（improve effectiveness in work）、提高工作质量（increase the quality of work）四个细化指标，四指标彼此间的边界区分比较模糊，不容易让被调查人有一个清晰的判断，从而会影响数据的质量。

② 杨华磊. 计量经济学研究范式：批判与超越［J］. 社会科学战线，2015（5）：56-63.

所谓数据的内耗性制约，实际上是经济管理量化实证数据的证我性制约引致的必然结果。所谓数据的证我性制约，是指经济管理研究即使获得了一批真实可靠的数据，但由于数据本身内附有经济管理作为一种主要是社会科学性质的非纯朴性噪声干扰，再加上研究往往是基于有限样本数据进行的，以及可用的具体方法多种多样但各有侧重，以此为基础进行量化实证得出的结论，从本质上讲仅是对这一批数据自我内在某项关系和规律的历史回溯性证明，也即仅仅是证我而已。由这批数据得出的结论，严格意义上讲不一定可以适用于这批数据之外的其他数据，即存在逻辑上的非证他性。正如孔茨认为的，经验或案例的观点很可能是一种可疑的甚至危险的观点，因为过去发生或没有发生的事情，并不必然有助于解决大多数情况下肯定是不同的未来问题。

由此，数据的内耗性制约，是指在经济管理总体上属于社会科学和其数据的量化实证具有证我性制约的情况下，即使多个学者基于数据路径依赖选择同一个碎片化问题进行量化实证，甚至就是基于同一批数据对同一个碎片化问题进行量化实证，各自得出的研究结论往往也并不一致，轻则仁者见仁、智者见智，重则迥然不同、截然相反①，只能呈现为各自不同的研究观点，而难以形成为学界共识和转化为科学知识，致使不同学者的量化实证天然地呈现出相互的抵消性、彼此的内耗性、最终的低效性。

有学者②认为，经济管理研究"观点不同未必一方有错误"，"6个经济学家，7个不同答案"也可以是常态。其实对一个经济管理问题而言，在特定目标诉求下，真理或者最优往往只有一个，唯一性的最优应该就是追求的目标和解决的方案，其可以因现实条件不支持被多个次优目标替代，但唯一性的最优目标应该是基本的参照标杆。反过来说，面对同一个问题，如果听凭见仁见智甚至激烈的对立并存，而不能通过融汇走向共识，从观点转化为知识，其实就是一种对科学背离的彼此内耗。正如Romer所述："科学是人们对事物形成一致性认识的过程，当理论模型或实证能够准确地解释研究对象时，就形成了一致性结论。"

特别地，由于不同研究结论往往各有道理而难以明辨真伪，会进一步导致后续研究者在同一问题上的继续跟进、加量投入。而受经济管理研究的社会科学性质和只能证我性制约影响，后续研究的加入和相应结论的得出，往往不但不能促

---

① 冯蕾，周晶. 政府统计数据准确性评估方法述评［J］. 统计研究，2013，30（6）：78-84；郝娟. 社会科学领域中定量分析方法的应用误区［J］. 统计与决策，2007（8）：1.

② 黄有光. 经济学何去何从？——兼与金碚商榷［J］. 管理世界，2019（4）：61-69.

进其成为学界共识和转化为科学知识，反而可能会进一步加剧升级同一问题研究的内耗纷争，进而进一步降低研究的效率。

相反，包括理学和工学在内的自然科学具有明确的客观性，其面向某一问题进行的量化分析一旦成立，规律一旦得到揭示，往往就获得了可重复检验性而成为学界共识，转化为科学知识，而无须后来者继续在该问题上投入过多的无效研究。这样，即使其受数据路径依赖的影响，在初期的研究问题选择上出现与经济管理同样的随机化、碎片化情况，但每一个碎片化问题的量化实证研究一旦成立，就天然地可以以共识和知识的形式相互叠加累积，有效汇入整个自然科学知识大厦的逻辑体系中，并推动其实现不断地扩充延展。

下面以政府研发补贴是否促进了企业创新问题的量化实证为例，进行内耗性制约说明。就这个问题研究，陈玲和杨文辉[1]、邵慰等[2]、夏清华和何丹[3]的结论是"对企业自主研发支出产生显著的激励作用"，属于显著正向促进的研究结论。任跃文[4]、周应恒等[5]的结论是"对企业创新效率存在显著抑制作用"，属于显著负向抑制的研究结论。范寒冰和徐承宇[6]、杨晓妹和刘文龙[7]、王彦超等[8]的结论是"总体上对企业创新存在一定程度的激励作用"，属于不显著正向促进的研究结论。再以产品感知易用性和感知有用性之间的关系问题为例，先期Davis[9]的研究表明，感知易用性通过感知有用性可以间接影响人们的行为意图。后续

① 陈玲，杨文辉. 政府研发补贴会促进企业创新吗？——来自中国上市公司的实证研究 [J]. 科学学研究，2016，34（3）：433-442.

② 邵慰，孙阳阳，刘敏. 研发补贴促进新能源汽车产业创新了吗？[J]. 财经论丛，2018（10）：11-18.

③ 夏清华，何丹. 政府研发补贴促进企业创新了吗——信号理论视角的解释 [J]. 科技进步与对策，2020，37（1）：92-101.

④ 任跃文. 政府补贴有利于企业创新效率提升吗——基于门槛模型的实证检验 [J]. 科技进步与对策，2019，36（24）：18-26.

⑤ 周应恒，张蓬，严斌剑. 农机购置补贴政策促进了农机行业的技术创新吗？[J]. 农林经济管理学报，2016，15（5）：489-499.

⑥ 范寒冰，徐承宇. 我国政府补贴促进了企业实质性创新吗？——基于中国企业—劳动力匹配调查的实证分析 [J]. 暨南学报（哲学社会科学版），2018，40（7）：1-13.

⑦ 杨晓妹，刘文龙. 财政R&D补贴、税收优惠激励制造业企业实质性创新了吗？——基于倾向得分匹配及样本分位数回归的研究 [J]. 产经评论，2019，10（3）：115-130.

⑧ 王彦超，李玲，王彪华. 税收优惠与财政补贴能有效促进企业创新吗？——基于所有制与行业特征差异的实证研究 [J]. 税务研究，2019（6）：92-98.

⑨ Davis F. D. Perceived Usefulness, Perceived Ease of Use, and Acceptance of Information Technology [J]. MIS Quarterly, 1989, 13（3）：340-391.

Venkatesh 和 Davis[①]、Venkatesh 和 Bala[②] 的研究进一步证明易用性和感知有用性之间的显著关系。然而 Adams 等[③]和 Hu 等[④]的研究发现，易用性和感知有用性之间不存在显著关系。不同学者就同一个问题进行研究得出的结论如此大相径庭，其彼此鲜明对立性内耗特征清晰可见。

现实中更为普遍的是在指标体系定量测评方法的应用中，即使面对同一问题，不同学者甚至同一学者在不同时期往往在指标选择、指标赋权、安全等级映射体系建构等方面都会各不相同[⑤]，结果必然导致更为严重的难成共识的内耗性。

从根本上说，数据的证我性制约及其引致的数据内耗性制约，是数据噪声、有限样本、方法多样三种情况共同影响决定的必然结果。数据噪声、有限样本、方法多样三种情况的影响是彼此叠加的，其中决定性影响因素是数据噪声，后两者是基于数据噪声而发挥功效倍扩效应的。而经济管理之所以有数据噪声干扰出现，根本上取决于其社会科学的学科属性。从这点来说，数据噪声及有限样本、方法多样导致的数据证我性和内耗性制约，具有不可根除的内生性质。

这样，数据碎片化制约与数据证我性和内耗性制约一起共同作用，就形成了经济管理量化实证的数据结构混乱性制约。如果说前面的数据路径依赖制约导致研究的问题选择指向低价值、数据应用品质制约拉低了研究的精确性和可靠性价值，那么数据碎片化和内耗性的结构性制约，就会导致经济管理的量化实证止步于一个个零碎的研究观点上从而无效或低效空转，而不能转化进入知识的体系大厦之中，难以实现对社会实践的高效指导，从而可能沦落为一种自娱自乐的游戏而再度损害研究的价值。这种现象也可以称为经济管理量化实证研究的知识转化性堵塞。

---

① Venkatesh V., Davis F. D. A Theoretical Extension of the Technology Acceptance Model: Four Longitudinal Field Studies [J]. Management Science, 2000, 46 (2): 186-204.

② Venkatesh V., Bala H. Technology Acceptance Model 3 and a Research Agenda on Interventions [J]. Decision Sciences, 2008, 39 (2): 273-315.

③ Adams D. A., Nelson R. R., Todd P. A. Perceived Usefulness, Ease of Use, and Usage of Information Technology: A replication [J]. MIS Quarterly, 1992, 16 (2): 227-247.

④ Hu P. J., Chau P. Y., Sheng O. R. L., Tam K. Y. Examining the Technology Acceptance Model Using Physician Acceptance of Telemedicine Technology [J]. Journal of Management Information Systems, 1999, 16 (2): 91-112.

⑤ 马文军. 产业安全水平测评方法研究——系统性评述与规范性重构 [J]. 产业经济评论, 2015, 14 (4): 1-16.

五、方法适用性和解决艰巨性制约及价值损害

本部分重点就量化实证的方法适用性制约、解决艰巨性制约进行分析。

随着时代进步，许多更为精确可靠的量化实证研究方法不断涌现，有力支持了量化实证的纵深推进和现代经济管理的研究进展。然而，量化实证研究方法本身存在有一些内生的不可消除性制约，影响了其科学价值的有效发挥，从而形成了量化实证的方法适用性制约。主要表现在两个方面：一是相对于物理等自然科学可以通过可控实验获得纯朴型数据进行科学性、可靠性的研究而言，经济管理体系中的数据大多数与人文社会有着密切关系，是一种多因素共同影响且难以有效分割控制的噪声型数据。无论方法如何进步，只要经济管理数据的这种人文社会来源路径不变，其缺乏可控实验导致的内生性数据噪声特征就不会消失，而会始终极大地影响方法的功效发挥。二是传统量化实证方法自身仍然存在有一些不可克服的固有软肋，如统计拟合存在陷阱、缺乏对异常点的警觉、忽视对内在机制的寻找和动力分析、滥用统计检验等。

以缺乏对异常点的关注为例进行说明。现实中，微观层面上的不同个体往往存在有一定的差异性，这种个体间的差异往往会导致"宏观经济及微观单元的经济性状都会不同程度地呈现出不规则的跳跃或间歇"①，这往往正是宏观体系的魅力突变所在，也往往预含着未来的发展趋势。正如哈耶克②所言："经济（管理）学打算加以解释的活动，涉及的不是自然现象，而是人……人类的独特成就，即导致他的其他许多突出特性的成就，就在于他的差异和多样性。"然而当前的经济管理量化实证研究，采取代表性主体的方法，其假设全部个体具有相同的目标、偏好和规则策略，基于数学中的统计和平均方法进行量化分析，以获得总体性的审视结果。这样，传统的量化实证研究往往会把数据组中可能最为宝贵的异常点当作特殊点加以剔除或者平均化处理，结果导致整体的研究对象成为一种同质化的平均体，内部的结构、层次、个性、特征等被抹平，失去原有的差异化和个性化魅力。

再以滥用统计检验为例进行说明。量化实证中的统计检验，是一种基本的数学程序，目的是保证分析结果的严谨性。如果检验通过，就认为命题在统计上是

① 杨华磊. 计量经济学研究范式：批判与超越 [J]. 社会科学战线，2015（5）：56-63.
② 弗里德里希·奥格斯特·冯·哈耶克. 致命的自负 [M]. 冯克利，胡晋华，等译. 北京：中国社会科学出版社，2000.

成立的。也就是说，经济管理的量化实证不可能基于社会情境或可控实验进行真实性检验，结果中间逻辑层次的统计检验就成为了判断理论猜想能否成立的最终"裁判官"。然而通过统计检验是否一定能够通过终极逻辑层次的真实性检验，却不是必然的事实。一份基于近两万个样本数据的研究显示，通过网恋结合的夫妻的幸福指数显著高于非网恋夫妻，p 值高达 0.001，结论似乎相当可靠。实际样本显示，网恋和非网恋夫妻的平均幸福感指数分别为 5.64 和 5.48，两者差异微乎其微①。

所谓解决艰巨性制约，是方法适用性制约的进一步延伸。数量方法的应用受经济管理的社会科学学科属性制约，本身具有内生性的适用性制约。针对这些内生性的适用性制约，虽然可以通过后续的方法性进步得到不断的克服，但不能从根本上得到解决，具有内生性的解决艰巨性。

针对经济管理量化实证中存在的方法适用性制约，目前学界有观点认为，通过可控实验、大数据应用、计算机仿真模拟等方法的推广应用，将有效克服不足。其实这几种方法的进步和应用是否可行，关键是看能否克服传统量化实证存在的前文所说的八个制约。如果能够克服则可以，如果不能够克服就不可以。实际上，研究方法的这些进步不能从根本上克服这几个制约。

首先，大数据的应用虽然可以使研究的数据样本得到极大的扩展，但相对于应然数据的无限性，大数据属于已然型数据，仍然是有限的。有限对于无限，总是微不足道的，导致大数据方法只能在极有限的可以大数据化的领域得到适用，更多的不可以大数据化的领域则不能得到适用。这样，前面论及的数据存在性与获得性制约及其导致的研究问题选择的低价值性制约仍然不能被克服。另外，大数据从本质上说仍然是一种历史型数据的样本分析，一方面，样本数量大大增加和扩展，但往往并不能穷尽全部；另一方面，历史型数据的分析往往只能说明过去，不能完全解释未来。由于经济管理研究学科没有改变，大数据在对数据品质性、应用性、碎片性、内耗性等制约的克服方面，显然也并不能获得质的突破。更重要的是，大数据仅是以一种数量统计型的方法存在，往往缺乏内在机理的推演，不一定能揭示经济变量之间的因果关系。仅基于概率上的相关关系推导出的经济结果往往是值得商榷的，其预测和结论事后几乎都被证明是错误的②。

① 王俊杰．实证经济学方法研究的进展与困境［J］．统计与决策，2016（9）：18-22.
② 约翰·梅纳德·凯恩斯．就业、利息和货币通论［M］．北京：商务印书馆，1997.

其次，计算机仿真和可控实验方法。其共同的理念是，基于科技的发展和支撑，把经济管理研究逼近自然科学研究情境，甚至实现与自然科学在研究逻辑、研究过程、研究结果和研究的科学性和可靠性上的完全重合。就像有学者①曾经信心满满期待的那样，把行为主体放在一个事前设定好的规则系统内，并把有关规则告诉各主体，各主体就都应该按照规则行事，就可以预测这个规则系统中主体的行为。然而经济管理毕竟属于与自然科学具有本质性不同的社会科学，人不可能全部成为按规则行事的机器人，量化实证的数据噪音永远不可能消失甚至不能减弱，从而永远不可能等价于自然科学的纯朴型数据。由此，计算机仿真也好，可控实验也好，都不可能在数据的品质性、应用性、碎片性、内耗性等制约方面，实现根本性的突破。特别地，相对于应然数据的无限性，受成本制约，计算机仿真和可控实验可得的已然型数据，仍然总是有限的，仍然不能克服存在性和获得性制约导致的数据路径依赖下的研究选题低价值化。

Brodeur 等②采用多种方法对发表在 25 家主要经济学期刊上的逾 2.1 万个假设检验进行研究发现，虽然经济学中的可信度革命通过随机控制试验（RCT）、双重差分（DID）、工具变量（IV）和回归不连续设计（RDD）促进了因果识别进展，但"p-hacking"和"发表偏倚"的程度因方法而有很大差异，其中 IV 问题尤其严重。而且没有证据表明前 5 名期刊发表的论文与其他期刊不同、期刊"修改和重新提交"过程减轻了问题。特别地，也没有证据表明随着时间的推移情况会得到改善。

这样，方法适用性制约与解决艰巨性制约一起，导致的工具支持无力下的外援救助性失效，会让经济管理量化实证的研究价值受到进一步损害，甚至成为压垮骆驼的最后一根稻草。

六、制约叠加的价值损害倍扩与优化改进对策

上文论及的当前经济管理量化实证的八大制约，均是单一性的制约。实际上，在具体的量化实证中，分布于数据收集、挖掘、应用等各个环节的这些单一性制约，具体说就是数据存在性和获得性制约共同导致的数据路径依赖下的研究方向性歧途，数据品质性和应用性制约共同导致的数据品质降低下的科学可靠性

---

① 杨华磊. 计量经济学研究范式：批判与超越［J］. 社会科学战线，2015（5）：56-63.

② Brodeur A, Cook N, Heyes A. Methods Matter: p-Hacking and Publication Bias in Causal Analysis in Economics［J］. American Economic Review，2020，110（11）：3634-3660.

打折，数据碎片性和内耗性制约共同导致的数据结构混乱下的知识转化性堵塞，方法适用性和解决艰巨性制约共同导致的工具支持无力下的外援救助性失效，往往会若干个甚至全部同时出现。那么这些单一性制约就会相互影响并产生叠加效应，致使量化实证研究的总体制约呈现几何级的放大，最终可能使基于量化方法的本应科学可靠的实证研究，绑架了思想，阉割了创新，走向恰恰相反于本意的逻辑扭曲和本质失真的窘境。具体如图 5-27 所示。

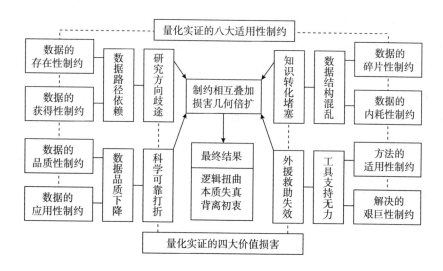

图 5-27　经济管理量化实证的八大适用性制约及价值损害

　　这样，经济管理研究目前主流性应用的以数据收集、挖掘、应用为基础的统计验证型量化实证，固然可以从表面上提升研究的"科学性"，但因其内生性存在的诸多适用性制约，它可能无法解释纷繁复杂和变幻莫测的现实管理世界[①]，实际上更可能是个娇艳美丽的方法性陷阱。稍不留意或者自制力稍有不足，经济管理研究就可能被诱离本应的康庄大道，而偏轨至人迹罕至的荒郊野外不知所终。本应致力于经世致用的经济管理研究者，也可能就此沦落为山中隐士，"不知有汉，无论魏晋"，其执着于自掘一窿抑或弹琴复长啸的所谓个性研究，虽然也可偶尔赏之，但因自弃了连向人间烟火的通道小口，终究只是一场游戏一场梦

　　① Raadschelders J. C. N. The Future of the Study of Public Administration：Embedding Research Object and Methodology in Epistemology and Ontology［J］. Public Administration Review, 2011, 71（6）：916-924.

式的"没有长久生命力的"的自娱自乐！

由此，有必要回归经世致用的本义和服务实践的初心，高度尊重经济学管理学的应用学科本质，睁开眼睛，把脉现实，以"假设的世界"对应于"观察的世界"的问题和实践为导向①，切实扭转现实中研究主题选择的数据路径依赖倾向，扭转对数据支撑性"糖是甜的"式问题的青睐，确保经济管理研究始终行走在崇尚价值的光明大道之上，把经济管理的科研论文真正写在祖国大地上。

具体说，就是要坚持经济管理学的范式承诺，改变单一主打和过于推崇量化实证的研究现状，回归"哲学思辨+逻辑推理+量化实证"的经济管理研究方法组合体系，特别要重拾哲学思辨和逻辑推理的研究方法。只有如此，才是对经济管理学本质性不同于自然科学的学科属性的充分尊重，也才能铺就一种"思想火花—理论建构—知识形成—实践应用"的科学进阶之路和价值发现之旅，最终回归经世致用和服务实践的本原目标，推进经济管理知识大厦和"中国学派"不断取得蓬勃进展。

关于"哲学思辨+逻辑推理+量化实证"的经济管理研究方法组合体系的优化改进分析，参见第一章第五节，此处不再赘述。

---

① 金碚. 经济学：睁开眼睛，把脉现实！——敬答黄有光教授［J］. 管理世界，2019（5）：9-14.

第六章　尾声：究竟什么是管理？

即将"鸣金收兵"之际，让我们再回到这个原点的问题：究竟什么是管理？究竟什么是管理，这个最为基本的问题已经被赋予了太多的定义。现在看来，这些已经给出的诸多定义其实颇有盲人摸象之感，虽各有所是，但终难全貌。如果超越自我限定的组织管理或者工商管理等狭义管理范畴，如果真正回归包含心本（质）管理、我本管理、家本管理、国本治理等各个层级管理在内的本义管理，这里似乎可以给出一个极其简洁的管理定义，即管理是对稀缺资源的优化配置与充分利用，或者说，管理是管理者基于特定情境对拥有的稀缺资源进行优化配置和充分利用以实现理想管理目标的行为过程。

管理是对稀缺资源的优化配置与充分利用，这个定义简洁明了地给出了管理的三大要件：首先，资源的稀缺性是管理的前提。如果拥有的资源不是稀缺的，而是无限的，取之不尽，用之不竭，则就不存在资源的优化配置和充分利用的问题了，管理也就没有存在的必要了。其次，对稀缺资源进行优化配置是管理的首要核心问题，通俗地说就是将好钢用在刀刃上，而不是用在刀背上。比如，经理将擅长会计业务的员工安排在会计岗位上，将擅长文案业务的员工安排在文秘岗位上，将擅长人际沟通的员工安排在营销岗位上，就是一种基本的优化配置，就能发挥每个人的优势并取得比较理想的绩效。相反，如果将擅长会计业务的员工安排在文秘岗位上，将擅长文案业务的员工安排在营销岗位上，将擅长人际沟通的员工安排在会计岗位上，就是对优化配置原则的一种背离，就难以发挥每个人的优势和取得好的绩效。最后，对稀缺资源进行充分利用是管理的另一核心问题，其目标是不出现闲置浪费。比如，一个国家拥有有效劳动力5000万人，实际上只有3500万人参加了工作，剩下的1500万名劳动力因非自愿性的原因没有找到工作而赋闲在家，那么这1500万名没有得到充分利用的劳动力对国家而言就是一种巨大浪费。

管理是管理者基于特定情境对拥有的稀缺资源进行优化配置和充分利用以实

现理想管理目标的行为过程，这个定义在明确给出管理的三大要件之外，进一步给出了管理过程的完整要素组成。首先是作为管理主体的管理者，其是发出管理指令和进行有效管理的主体所在。作为管理主体的管理者，虽然在不同的情境下可以以物的方式存在，如机器人对物流、物品的管理控制，但从最根本的角度上讲，管理的终极主体是人，具有能动性的人才是管理的真正主体。其次是作为管理客体的稀缺资源，也就是管理指令实施的对象，其既可以是人，也可以是物；既可以是身外之人与物，也可以是自我之身与心。比如，上级对下级的管理，下级作为管理对象就是以人的形式存在；而员工管理机器，机器作为管理对象就是以物的形式存在。再比如，自我之心质管理，心质作为管理对象就是自我内部之身心资源。再次是作为管理指向的管理目标，其在整个管理过程之中，居于一种极其重要的总领地位。稀缺资源的优化配置和充分利用，是基于管理目标的优化配置和充分利用。如果管理目标本身出现了问题，稀缺资源的优化配置和充分利用就必然会出现问题。最后是作为管理场境的特定情境。所有的管理都是在一定的场境下进行的，而不可能在真空中进行。管理必须随着管理情境的改变而相应改变，做到具体问题具体分析，始终与所在具体情境相适衡。

此外，管理还涉及三个重要的要素构成，分别是管理的层级（领域）、管理的规律和管理的工具。所谓管理的层级（领域），简单地说就是基于传统修、齐治、平而扩展演变形成的心本（质）管理、我本管理、家本管理、业本管理、国本治理、全球治理共六个层级的管理，每个层级的管理各自又包含有丰富的内容。所谓管理的规律，就是不同领域发展运行具有各自内在的特征和规律，彼此不同甚至差异极大，只有深入探索挖掘各个领域运行发展的客观规律，才能进行科学高效的管理实践，取得良好的管理效果，这是管理成败的关键所在。所谓管理的工具，就是基于对不同领域管理规律的把握进行具体管理时，可以应用进行干预调整的工具手段。管理领域不同则管理规律不同，适用的管理工具也就不同。这样，面向不同的管理领域探索挖掘和积累整理相关管理工具，并界定各种管理工具的适用范围和适用效度，就成为管理的另一个关键所在。

相比于管理的主体、客体、目标等一般管理范式的要素组成，管理的规律、工具、目标取决于所在具体领域的具体情境，需要进行具体问题具体分析。从这个意义上讲，管理规律的探索和挖掘、管理工具的整理和积累、管理目标的分析和清晰，实际上就成为决定管理成败的三个关键因素。面对管理的这"三驾马车"，需要予以重点关注。具体如图 6-1 所示。

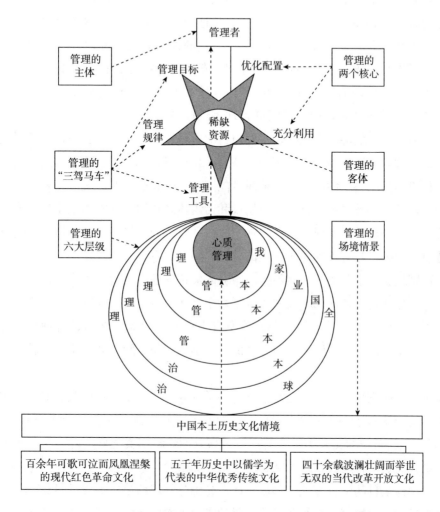

图 6-1 基于中国本土历史文化情境的本义管理学体系基本逻辑架构

本框架的完成，应该有助于推进管理理论从丛林并生走向统一完善。如前文所述，目前的管理理论主流体系是西方的已然型体系，其从泰罗的科学管理开始，基于西方文化和社会情境，以问题导向为范式在工商管理和公共管理领域内开展研究，是一种经验归纳型逻辑路径，最终走入了管理理论丛林的泥潭。20 世纪 80 年代以来的量化工具特别是统计实证工具在管理研究领域的大量应用，则进一步使这种西方管理理论与管理实践之间出现了巨大的鸿沟。在这种情况下，本书基于中国本土情境和管理学本义体系标杆，研究挖掘出了一套立足管理本义内涵和演绎逻辑路径的包含六个管理层级的应然型体系，更加逼近管理理论体系本应的面貌和模式。从这个角度讲，这种本义应然型管理理论体系的建构，有助于以其整体化、系统化的优势有效弥补西方已然型体系碎片化、零散化的不足，并通过归纳性逻辑路径与演绎性逻辑路径的结合，将工商管理、公共管理向修、齐、治、平诸领域扩展，形成相辅相成、相得益彰的更为统一完善的兼纳东西方元素的管理理论体系。

从另一个角度讲，管理学是一种通行的学科和学术体系，普适性应该是其本质特征，过于强调区域和特色并不合适。西方管理学是一种经验实证的范式体系，目前仍然深陷个性的理论丛林而没能实现一个完整体系的统一架构。本书的中国管理学，虽旨在本土自主知识挖掘和话语体系建构，却根本地指向于本义应然管理学体系建设，实现对管理学本应面貌和模式的初步勾勒，这恰恰是对本土和特色的超越，是对管理学普适性的一种回归和尊重。

特别地，一个萦绕于心而不得不面对的尖锐问题，至此也可以给出一个正式回答了。那就是，在回归本义并包含了六个具体层级之后，在管理学的领域地盘得到了极大扩展（几乎扩展到了其他所有学科领域内部）之后，管理学的边界究竟在哪里？或者说，管理学与并列的其他学科门类之间，究竟是一种什么样的关系？

按照一般逻辑，管理学是与工学、理学等并列的一个学科门类，其与其他学科门类间应该有着清晰的边界划定。实际上，管理学与工学、理学等共 13 个（这里不包括新增的交叉学科门类）并列划分的学科门类之间，并不是简单的并列关系，而是一种层级与并列结合的关系。如果说哲学是当今科学体系中最高层级的统领性学科的话，其他学科就是面向各细分领域的第二层级的具体学科，而管理学科则是承接第二层级各具体学科的指向现实应用的实践学科。或者说，哲学是形而上学的哲理思辨学科，其他学科是形而中学的理论建构学科，管理学则是形而下学的实践应用学科，从而深度融汇嵌入了各具体学科内部。一句话，管理和管理学与其他活动和学科本就是一种深度融汇嵌入的关系，而不是彼此并列关系，其边界本就应扩展到各学科内部，而不是坚守"独立的管理王国"。具体如图 6-2 所示。

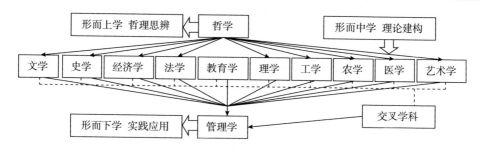

图6-2 管理学与其他学科门类的关系结构

最后，让我们再回到2500多年前的孔子时代吧！在那个战乱频繁、天下激荡的时代，当天下士人都埋首于礼、乐、射、御、书、数六艺，为着食果腹、衣锦裘而天下奔波之时，一个年仅15岁的名叫孔丘的少年却坚定地写下"君子不器"四个大字，进而勇敢地调转行向，志于学，志于道，为着天下苍生，"祖述尧舜，宪章文武"，肩负道义，担当天下，开创出了一门以仁爱为核心的全新儒学。由此，大儒与小儒，道义儒与职业儒，正式分道扬镳。此后，孔子及其弟子——一群颠沛流离却执着于安贫乐道的知识分子，坚定地守卫着自己心中的理想与激情，决绝前行。即使"陈蔡绝粮"，却也笑言"君子固穷"。在悲壮与崇高之间，"为天地立心，为生民立命，为往圣继绝学，为万世开太平"，创造和构筑出了中华民族元点性的文化基因，成为那个漆黑时代的一盏耀眼明灯，并穿越数千年的历史迷雾，最终生生不息地塑造定型出了中华民族的价值观和国民性，传承和发展出了中华民族辉煌而玫丽的元文化和新气象！

那么管理学呢？在挥手告别了"人民日益增长的物质文化需要同落后的社会生产"的主要矛盾的时代之后，在"人民日益增长的美好生活需要和不平衡不充分的发展"成为新的主要矛盾之际，在AI（人工智能）正以摧枯拉朽之势把所有可以标准化、程序化处理的管理事务统统收入囊中的新时代大潮面前，是时候把管理学从西方原本的谋生谋职之小学，回归本义管理范畴，向着包括心本（质）管理、我本管理、家本管理、国本治理在内的指向幸福的管理之大学，勇敢而坚定地转向了！

参考文献

［1］ Bain Joe S. Industrial Organization ［M］. New York: Harward University Press, 1959.

［2］ Bain Joe S. Relation of Profit Rate to Industry Concentration: American Manufacturing 1936-1940 ［J］. Quarterly Journal of Economics, 1951, 65 (3).

［3］ Baulmol William J., Panzar John C., Willing Robert D. Contestable Markets and the Theory of Industry Structure ［M］. New York: Harcourt Brace Jovanovich, Inc., 1982.

［4］ Baulmol William J., Willing Robert D. Fixed Cost, Sunk Cost, Entry Barriers and Sustainability of Monopoly ［J］. Quarterly Journal of Economics, 1981, 96 (3).

［5］ Bikker J. A., Haaf K. Competition, Concentration and Their Relationship: An Empirical Analysis of the Banking Industry ［J］. Journal of Banking & Finance, 2002, 26 (11).

［6］ Brozen Yale. The Antitrust Task Force Deconcentration Recommendation ［J］. Journal of Law and Economics, 1971, 13 (October).

［7］ Coase Ronald H. The Nature of the Firm ［J］. Economics, 1937, 4 (March).

［8］ Cortes Bienvenido S. Trends in Industrial Concentration in Japan, 1983-1992 ［J］. International Review of Applied Economics, 1998, 12 (2).

［9］ Demsetz H. Industry Structure, Market Rivalry and Public Policy ［J］. Journal of Law and Economics, 1973, 16 (1).

［10］ Koontz H. The Management Theory Jungle Revisited ［J］. The Academy of Management Review, 1980, 5 (2).

［11］ Mason Edward S. Price and Production Policies of Large-scale Enterprise

［J］. American Economic Review, 1939, 29（Sep）.

［12］Nelson Richard R. , Peck M. J. , Kalachek E. D. Technology, Economic Growth and Public Policy［M］. Washington, D. C. : Brookings Institution, 1967.

［13］Romer P. M. Mathiness in the Theory of Economic Growth［J］. American Economic Review, 2015, 105（5）.

［14］Scherer F. M. Industrial Market Structure and Economic Performance［M］. Boston: Houghton Mifflin, 1970.

［15］Schumpeter Joseph A. Capitalism, Socialism, and Democracy［M］. New York: Harper and Brothers Publishers, 1942.

［16］Stigler George J. The Organization of Industry［M］. Homewood: Irwin, 1968.

［17］Williamson Oliver E. Innovation and Markets Structure［J］. Journal of Political Economy, 1965（73）.

［18］《〈中共中央关于全面深化改革若干重大问题的决定〉辅导读本》编写组. 《中共中央关于全面深化改革若干重大问题的决定》辅导读本［M］. 北京: 人民出版社, 2013.

［19］爱德华·张伯伦. 垄断竞争理论［M］. 郭家麟, 译. 北京: 生活·读书·新知三联书店, 1968.

［20］保罗·萨缪尔森, 威廉·诺德豪斯. 经济学（第18版）［M］. 萧琛, 译. 北京: 人民邮电出版社, 2008.

［21］曹建海. 过度竞争论［M］. 北京: 中国人民大学出版社, 2000.

［22］曹祖毅, 谭力文, 贾慧英, 伊真真, 赵瑞. 中国管理研究道路选择: 康庄大道, 羊肠小道, 还是求真之道?——基于2009~2014年中文管理学期刊的实证研究与反思［J］. 管理世界, 2017（3）.

［23］陈晓芬, 徐儒宗. 论语·大学·中庸［M］. 北京: 中华书局, 2015.

［24］成中英, 晁罡, 姜胜林, 岳磊. C 理论、C 原则与中国管理哲学［J］. 管理学报, 2014（1）.

［25］成中英. C 理论: 中国管理哲学［M］. 北京: 东方出版社, 2011.

［26］稻盛和夫. 活法［M］. 曹岫云, 译. 北京: 东方出版社, 2012.

［27］稻盛和夫. 心: 稻盛和夫的一生嘱托［M］. 曹寓刚, 曹岫云, 译. 北京: 人民邮电出版社, 2020.

［28］方勇，李波．荀子［M］．北京：中华书局，2015.

［29］方勇．孟子［M］．北京：中华书局，2017.

［30］冈田武彦．王阳明大传：知行合一的心学智慧［M］．重庆：重庆出版社，2015.

［31］高鸿业．西方经济学（微观经济学）（第5版）［M］．北京：中国人民大学出版社，2011.

［32］高良谋，高静美．管理学的价值性困境：回顾、争鸣与评论［J］．管理世界，2011（1）．

［33］郭丹，程小青，李彬源．左传［M］．北京：中华书局，2016.

［34］郭重庆．中国管理学界的社会责任与历史使命［J］．管理学报，2008（3）．

［35］韩国高，高铁梅，王立国，等．中国制造业产能过剩的测度、波动及成因研究［J］．经济研究，2011（12）．

［36］韩巍，曾宪聚．本土管理的理论贡献：基于中文研究成果的诠释［J］．管理学报，2019（5）．

［37］韩巍．从批判性和建设性的视角看"管理学在中国"［J］．管理学报，2008（2）．

［38］黄如金．和合管理［M］．北京：经济管理出版社，2006.

［39］黄有光．经济学何去何从？——兼与金碚商榷［J］．管理世界，2019（4）．

［40］纪宝成．中国大学学科专业设置研究［M］．北京：中国人民大学出版社，2006.

［41］贾良定，尤树洋，刘德鹏，郑祎，李珏兴．构建中国管理学理论自信之路——从个体、团队到学术社区的跨层次对话过程理论［J］．管理世界，2015（1）．

［42］金碚．经济学：睁开眼睛，把脉现实！——敬答黄有光教授［J］．管理世界，2019（5）．

［43］金碚．试论经济学的域观范式——兼议经济学中国学派研究［J］．管理世界，2019（2）．

［44］李宝元，董青，仇勇．中国管理学研究：大历史跨越中的逻辑困局——相关文献的一个整合性评论［J］．管理世界，2017（7）．

［45］李非，杨春生，苏涛，吕智宇．阳明心学的管理价值及践履路径 ［J］．管理学报，2017（5）．

［46］李怀祖．管理研究方法论［M］．西安：西安交通大学出版社，2004.

［47］李志军，尚增健．亟需纠正学术研究和论文写作中的"数学化""模型化"等不良倾向［J］．管理世界，2020（4）．

［48］林毅夫，巫和懋，邢亦青．"潮涌现象"与产能过剩的形成机制 ［J］．经济研究，2010（10）．

［49］蔺亚琼．管理学门类的诞生：知识划界与学科体系［J］．北京大学教育评论，2011（2）．

［50］陆蓉，邓鸣茂．经济学研究中"数学滥用"现象及反思［J］．管理世界，2017（11）．

［51］吕政．竞争总是有效率的吗？——兼论过度竞争的理论基础［J］．中国社会科学，2000（6）．

［52］罗珉．管理学范式理论研究［M］．成都：四川人民出版社，2003.

［53］马建堂．结构与行为：中国产业组织研究［M］．北京：中国人民大学出版社，1993.

［54］毛泽东．毛泽东选集［M］．北京：人民出版社，1991.

［55］齐善鸿，曹振杰．道本管理论：中西方管理哲学融和的视角［J］．管理学报，2009（10）．

［56］齐善鸿．道本管理：精神管理学说与操作模式［M］．北京：中国经济出版社，2007.

［57］钱穆．从中国历史来看中国国民性及中国文化［M］．香港：香港中文大学出版社，1982.

［58］钱穆．中国文化史导论［M］．北京：生活·读书·新知三联书店，1988.

［59］钱颖一．理解现代经济学［J］．经济社会体制比较，2002（2）．

［60］琼·罗宾逊．不完全竞争经济学［M］．北京：商务印书馆，1961.

［61］邵显侠．王阳明的"心学"新论［J］．哲学研究，2012（12）．

［62］石磊．商君书［M］．北京：中华书局，2018.

［63］司马迁．史记［M］．北京：中华书局，2014.

［64］斯蒂芬·P. 罗宾斯，蒂莫西·贾奇．组织行为学（第7版）［M］．

孙健敏，李原，译．北京：中国人民大学出版社，1997.

［65］斯蒂芬·P. 罗宾斯，玛丽·库尔特，戴维·A. 德森佐．管理学：原理与实践（第7版）［M］．毛蕴诗，译．北京：机械工业出版社，2010.

［66］苏东水．东方管理学［M］．上海：复旦大学出版社，2005.

［67］苏东水．中国古代经营管理思想——《孙子》的经营和领导思想方法［J］．管理世界，1985（1）.

［68］汤漳平，王朝华．老子［M］．北京：中华书局，2014.

［69］田国强．现代经济学的基本分析框架与研究方法［J］．经济研究，2005（2）.

［70］托马斯·库恩．科学革命的结构［M］．金吾伦，胡新知，译．北京：北京大学出版社，2012.

［71］王俊豪．现代产业组织理论与政策［M］．北京：中国经济出版社，2000.

［72］王庆功，杜传忠．垄断与竞争：中国市场结构模式研究［M］．北京：经济科学出版社，2006.

［73］王阳明．王阳明全集［M］．北京：线装书局，2012.

［74］魏后凯．市场竞争、经济绩效与产业集中［M］．北京：经济管理出版社，2003.

［75］魏后凯．中国制造业集中与市场结构分析［J］．管理世界，2002（4）.

［76］吴甘霖．心本管理——管理学的第三次革命［M］．北京：机械工业出版社，2006.

［77］习近平．决胜全面建成小康社会　夺取新时代中国特色社会主义伟大胜利——在中国共产党第十九次全国代表大会上的报告［M］．北京：人民出版社，2018.

［78］习近平．习近平谈治国理政（第一卷）［M］．北京：外文出版社，2018.

［79］习近平．习近平谈治国理政（第二卷）［M］．北京：外文出版社，2017.

［80］习近平．习近平谈治国理政（第三卷）［M］．北京：外文出版社，2020.

［81］席酉民，尚玉钒．和谐管理理论［M］．北京：中国人民大学出版社，2002．

［82］席酉民，汪应洛，李怀祖．和谐理论［J］．系统工程学报，1989（2）．

［83］徐淑英．求真之道，求美之路：徐淑英研究历程［M］．北京：北京大学出版社，2012．

［84］伊姆雷·拉卡托斯．科学研究纲领方法论［M］．兰征，译．上海：上海译文出版社，1986．

［85］余秋雨．中国文化课［M］．北京：中国青年出版社，2019．

［86］曾仕强．中国式管理［M］．北京：中国社会科学出版社，2003．

［87］张佳良，刘军．本土管理理论探索 10 年征程评述——来自《管理学报》2008~2018 年 438 篇论文的文本分析［J］．管理学报，2018（12）．

［88］张永雷，刘丛．汉书［M］．北京：中华书局，2016．

［89］植草益．产业组织论［M］．东京：筑摩书房，1982．

［90］中共中央文献研究室．十一届三中全会以来重要文献选读［M］．北京：人民出版社，1987．

［91］中国共产党章程［M］．北京：人民出版社，2017．

［92］周劲波，王重鸣．论管理学在当代科学体系中的学科地位和意义［J］．科学学研究，2004（3）．

［93］庄子［M］．北京：中华书局，2015．

附录一　中华文化的源缘流变与根本精神

文化是重要的。小到一个人，中到一个单位、一个城市、一个地区，大到一个国家，无不浸润于特定的文化之中，日用而不觉。党的十九大报告就文化的重要性进行了直截了当而又生动精准的阐述："文化是一个国家、一个民族的灵魂。文化兴国运兴，文化强民族强。没有高度的文化自信，没有文化的繁荣兴盛，就没有中华民族伟大复兴。"早在 2014 年 5 月 4 日，习近平总书记在北京大学师生座谈会上论及中华优秀传统文化时，更是特别强调指出，"中华优秀传统文化已经成为中华民族的基因，植根在中国人内心，潜移默化影响着中国人的思想方式和行为方式"。

正是因为文化是如此的重要，一方面党的十八大提出的"三个自信"基础上，党的十九大创造性地拓展补充了文化自信，形成了完整意义上的"四个自信"话语体系，即道路自信、理论自信、制度自信、文化自信；另一方面又明确而特别地强调，要"推动中华优秀传统文化创造性转化、创新性发展"。党的二十大报告和新党章更是进一步阐述，"只有把马克思主义基本原理同中国具体实际相结合、同中华优秀传统文化相结合……才能正确回答时代和实践提出的重大问题，才能始终保持马克思主义的蓬勃生机和旺盛活力"。由此，基于中华文化尤其是中华优秀传统文化的"文化自信"和"两创""两结"，就正式成为新时代国家发展的重大战略，被放置于治国理政根目录的基石位置。

文化的重要性还可以通俗地从文化、民族、文明、模式、管理等几个重要概念之间的内在逻辑关系来进行说明。以中华民族和美利坚民族为例，两者之所以呈现为各不相同的两大民族族群，根本的区别不在于人种基因或者外貌肤色的差异，而在于两个民族分别有着东方文化和西方文化的内涵沉淀。正是东方文化和西方文化在两个民族族群之中的深度沉淀，才使中华民族和美利坚民族呈现为两个不同类型的民族。进一步地，中华民族和美利坚民族在各自长期的历史演进中，因文化性不同，民族性具有重大差异，从而分别发展形成了东方文明和西方文明两种差异极大的人类文明类型。东、西方这两种不同的文明类型在未来的进一步发展中又会产生不同的发展模式，并需要不同的管理方式来响应。归根到底，一个国家、一个民族、一种文明、一种模式，之所以不同于其他，根本的决定因素就是深层次的文化因素，甚至对于一个人、一个家族、一个国家而言，当面临一个个关键的发展关口需要进行重大决策时，正是因为各自内在的文化沉淀或者文化属性不同，从而产生了不同的应答和响应，最终必然导致不同的走向和结果。

就如面对个人和集体，东方文化坚决地选择了集体的一端，西方文化则坚定地站在了个人的一端。就如面对义和利，东方文化坚决地选择了义的一端，正如《大学》所言，"国不以利为利，以义为利也"；而西方文化则坚定地站在了利的一端，正如《资本论》所言，"有300％的利润，它就敢犯任何罪行，甚至冒绞首的危险"。

以上所言，可以用一句话来概括，即文化至柔而至刚，文化至虚而至实！

下探到管理，文化对管理同样至关重要。可以说，文化是管理的基础和土壤，管理是文化的结晶和升华。由此，探索建构自主知识体系的中国管理学，前置性的首要任务其实并不是直接进行中国管理学的本体建构，而是对作为中华民族灵魂的中华文化，尤其是对作为中华民族基因的中华优秀传统文化，进行一次源缘流变的系统梳理与根本精神的深度挖掘。

然而，中国传统文化源远流长，丰富灿烂，其五千年发展是怎么源缘流变的？它的根本和主脉是什么？浓缩和沉淀出的文化基因有哪些？下面就进行一次抽丝剥茧般的思想探索、一次根本精神的极简提炼。

一、从蒙昧到轴心（先秦诸子）

中华文明首先进入的是蒙昧时代。在那个时代，日出而作、日落而息是基本的生活范式，茹毛饮血、灾战频繁仍是世间常态。其实，一些流传至今听起来颇为恢宏壮阔或颇具美感的寓言及神话故事，其背后反映的恰恰是那个时代人类生存的艰难。比如，大禹治水背后反映的实际上是那个时代频发的洪涝天灾，夸父逐日、后羿射日背后反映的实际上是那个时代经常出现的烈日炎炎、干旱灾荒，愚公移山、精卫填海更是直白地反映了那个时代人类生存的地理和环境的困境。如果说流传下来的寓言或神话故事还不能作为确证的话，那么司马迁《史记》

第一篇《黄帝本纪》，开篇即有"诸侯相侵伐，暴虐百姓"以及黄帝"阪泉三战，得胜炎帝""涿鹿之野，禽杀蚩尤"等记载，认真琢磨，字里行间都透露出一股浓浓的血腥杀气。

特别地，那个时代几乎是没有文化可言的，整个人类和整个地球实际上就处于一种蒙昧无知、文化缺位的状态之中，呈现出一种灰蒙蒙的文化底色。从这个角度讲，那个时代的人类至少在表面上看起来，与其他动物并没有什么质的区别。

然后，人类就进入了轴心时代。轴心时代的概念是德国思想家卡尔·雅斯贝尔斯首先提出的。在这个时代发生了一件令人感到不可思议的事情，即在公元前800～公元前200年的大约600年间，在北纬30度左右的地区，以苏格拉底、柏拉图、佛陀、孔子、老子等为代表的一群文化先哲，似乎是相互约好了似的，一齐出现，共同揭开了人类文化发展的大幕，人类文明发展由此就获得了重大突破。

在东方的中国，这一时期被称作先秦诸子的百家争鸣时代，最为代表性的人物当然是老子和孔子。然而就这个时代的诸家文化流派而言，在当时影响力最大的则是儒墨两家，正如《韩非子·显学》所言，"世之显学，儒、墨也"。

墨家的代表人物是墨子，他可以说是平民之代表和科技之鼻祖。墨家学派的思想主张有很多，其中，兼爱非攻是最重要的一个。所谓兼爱，就是面对天下苍生的平等大爱。民国时期孙中山先生提倡博爱思想，墨家思想当是其重要来源之一。非攻就是拒绝战争，呼唤和平。关于这一点，《墨子·公输》记载了一个有趣的故事：

"公输盘为楚造云梯之械……将以攻宋。子墨子闻之，起于鲁，行十日十夜而至于郢，见公输盘（攻守论战）……公输盘九设攻城之机变，子墨子九距之……公输盘诎……楚王曰：'善哉。吾请无攻宋矣。'子墨子归，过宋。天雨，庇其闾中，守闾者不内也。"

一场几乎就要降临到宋人头上的血雨腥风的战争，被墨子化于无形，然而墨子归程路过宋国时，在宋国城门洞中避雨的小小要求却被拒绝了。墨子应该是无怨无悔并不在意的。这恰恰反过来映射了墨子极致利他的高尚人格。所以《孟子·尽心上》对墨子和墨家予以了极高评价，即"墨子兼爱，摩顶放踵利天下"。

特别需要说明的是，墨家有着极其典型的侠义刚烈之风。墨子派首领称为巨子，墨家第三代巨子叫孟胜。孟胜和楚国阳城君是好友，承诺替阳城君守卫城池。有一次，阳城君犯下大事，楚国国王将发兵征讨。大祸临头，作为墨家巨子的孟胜手边只有不到 200 人，不可能守得住阳城君的城池。这时的他有两种选择：一是临阵逃脱，反正不可能守得住，逃脱也未尝不可，至少可以避免不必要的牺牲。不过，这种选择显然不符合墨家的理想信念或教派信条。二是坚决守城，战死至最后一人，以死明志。不过，这种选择的结果是一目了然的，可用人手太少，城池肯定是守不住的。孟胜最后选择自杀明志，既坚守了一诺千金的墨家信义理念，又避免了其他不必要的牺牲。然而意外的是，孟胜自杀之后，其手下 181 人全部追随孟胜自杀，无一例外。更为意外的是，孟胜自杀之前，外派两人到宋国传递巨子转传新人的指令，指令传达完毕之后，两人又毅然决然集体返楚自杀，前后自杀者共 183 人。《淮南子·泰族训》对墨家予以了如此的评价："皆可使赴火蹈刃，死不还踵。"

墨家的侠义刚烈精神在后世融入了中华民族的整体精神理念之中，成为中华民族伟大精神气节的重要内涵之一。中华民族在数千年历史长河的发展中，每到生死存亡的关键节点，总会有一批人前赴后继地站出来，为中华民族而顶天立地、舍生取义，这就是墨家精神的体现。

先秦时代的另一显学是儒家。儒家代表人物是孔子，被后世评价为"世之木铎"和"至圣先师"。就其身世而言，孔子可谓是家世显赫。有史可证，孔子的先祖是商代开国之君商汤。纣王灭国后，微子被封至宋国（今天的商丘），中间身世演变，到孔子父亲叔梁纥时，已经移居鲁国，从贵族没落为了武士阶层。叔梁纥 60 多岁时，迎娶不到 20 岁的颜征在，不久生下了孔子。

但孔子早年的岁月又是极其艰难的。孔子三岁时父亲去世，孤儿寡母移居阙里，靠母亲缝缝补补勉强为生。到孔子十七岁时母亲又去世了，可以想象孔子早年的生活是多么的艰难，所以孔子后来长大后回忆起早年的生活岁月时，常常感慨"吾少也贱，故能多鄙事"，即小时候做了许多粗活重活。特别需要说明的是，从三岁丧父到十七岁丧母，可以说作为一代文化巨人的孔子，其关键的成长期是在母亲的陪伴和谆谆教导下度过的。可以说，孔子之所以能够成长为一代文化圣人，关键是他背后这位名叫颜征在的母亲，这是一位伟大的母亲。

尽管孔子早年的生活是极其艰难的，但长大后的孔子并不穷困。孔子可以说是"知识改变命运"的第一人。孔子有弟子三千人，其中，贤者七十二。每位弟子向孔子求学，往往"自行束脩以上"。"束脩"是一捆干肉，由 10 条干肉组成，这个拜师的学费还是相当可观的。何况，孔子的弟子当中，还有不少大富大贵之人。比如子贡，据说子贡是当时天下之首富，他到南方吴越等国访问，"国君无不分庭与之抗礼"。分庭抗礼这一成语实际上就是源自子贡，而子贡之所以能受到国君们的高规格接待，当然与其天下首富的身份密不可分。以上这些，足以支撑孔子较高水平的生活。《论语》记载孔子的日常生活，"食不厌精，脍不厌细……色恶，不食……失饪，不食……割不正，不食……不得其酱，不食"。在那个缺衣少食、艰难求生的时代，对日常生活能做到这种精致的要求，足以说明孔子成年之后的生活还是相当富足的。

然而，孔子一生的抱负是出仕为官、造福苍生。从这一点上说，孔子终其一生都是郁郁不得志的。孔子其实是做过官的，而且政绩还很好。据记载，鲁定公九年，任中都宰。次年，任小司空（负责建筑、农业）。不久，任大司寇（鲁国最高司法长官）。后来，摄行相事（副宰相）。然而在鲁定公十三年，孔子去职，开始周游列国。满打满算，孔子一生正式为官也就四年左右，虽然经历了多个职位，最后做到了副宰相，但毕竟时间太短，要说做出了什么丰功伟绩，也还不至于。

孔子周游列国，总体上说是希望自己的理想抱负能在其他国家得到实践的机会，但所至之处却处处碰壁，整个周游历程可以说是常态性的艰难和落魄。据《史记·孔子世家》记载，孔子在去郑国的路上与弟子走失，子贡四处寻找打听，郑国有人曰："东门有人，其颡似尧，其项类皋陶，其肩类子产，然自要以下不及禹三寸，累累若丧家之狗。"居然用"若丧家之狗"的词语来形容孔子。更为严重的是陈蔡绝粮之际，据《论语》记载，"从者病，莫能兴。子路愠见曰：'君子亦有穷乎？'子曰：'君子固穷，小人穷斯滥矣'"。处境之艰难，已至于极限。但孔子和弟子关于"君子亦有穷乎"和"君子固穷"的一问一答，又恰恰映射出孔子为了天下苍生而信念坚定、决然前行的伟岸人格！

孔子一生活了七十三岁，就当时的时代而言，是相当的长寿了。正因为有着足够长度的生命历程体验，孔子才得以在晚年对自己不同人生岁月阶段的经历给出了一个高度的审视和概括，即《论语·为政》所记载，"吾十有五而志于学，三十而立，四十而不惑，五十而知天命，六十而耳顺，七十而从心所欲，不逾矩"。显然，这已经成为后世几乎每个中国人对自己人生各个成长阶段予以评价的基本对照标杆。

二、罢黜百家与佛教入华

中华历史发展到两汉时代，发生了两件对中华文化发展演进具有重大影响的事件。其中，发生在西汉时期的重大事件是"罢黜百家、独尊儒术"。当中华历史发展跨过先秦时代进入西汉初期之后，当时社会的意识形态和思想观念大致仍然停留在诸子百家自由争鸣时的状态，用董仲舒《举贤良对策》的话说就是，"今师异道，人异论，百家殊方，指意不同……法制数变，下不知所守"。这种状态显然不利于封建帝王的统治。到了汉武帝时期，董仲舒正式上书《举贤良对策》，提出"《春秋》大一统者，天地之常经，古今之通谊也……诸不在六艺之科孔子之术者，皆绝其道，勿使并进"。武帝欣然采纳。由此，正式开启了"罢黜百家、独尊儒术"的文化时代。

　　另外一件重大事件发生在东汉时期，即白马之梦和佛教入华。据晋代袁宏《后汉纪·明帝纪》记载："初，明帝梦见金人，长大，项有日月光，以问群臣。或曰：'西方有神，其名曰佛，其形长大，陛下所梦，得无是乎？'"于是遣使天竺，西去寻访佛法，并延请摄摩腾、竺法兰二僧，连同抄写佛经，用白马驮负东归洛阳。为译经方便，于洛阳西雍门外修建佛寺一座，使二胡僧居中专事译经，取名白马寺。佛教自此正式进入中国，之后迅速扎根生长、发展壮大，成为中华文化中的一种重要流派组成。

　　需要说明的是，虽然在《举贤良对策》之后，中华文化发展呈现出"罢黜百家、独尊儒术"的发展趋势，总体上"罢黜百家"是实现了，但"独尊儒术"却没有立即成型，整个中华文化的发展实际上呈现出一种"三家并重、佛道为主"的格局。具体而言，东汉之后魏晋南北朝时期的动荡时期，不可能给推崇秩序、伦理、仁爱的儒家留有太多施展挪腾的空间。而这一时期的"魏晋风骨"，显然更非儒家之本格呈现和追求，两者之间有着不小的距离。关于"魏晋风骨"，可以以"竹林七贤"之一的刘伶来说明。刘伶嗜酒如命，常常坐着鹿车带一壶酒独行，让仆人在后面扛着锹跟着，扬言说："如果我醉死了就把我随地埋了吧。"还曾发出"我以天地为栋宇，屋室为裈衣，诸君何为入我裈中"的酒后豪言（《世说新语·任诞第二十三》），这哪是儒家的风格呈现？

　　即使到了盛世大唐，"三家并重、佛道为主"应该仍然是主流的文化格局，"独尊儒术"仍然没有实现。这可以从李唐家世予以说明。从世系血缘上看，李唐开国皇帝李渊有着 1/4 的匈奴母系血统，其妻窦皇后有着 1/2 的鲜卑母系血统，而李世民有着 3/8 的少数民族血统。从环境习性上说，正如陈寅恪在《李唐氏族推测之后记》中所言，"李唐一族之所以崛兴，盖取塞外野蛮精悍之血，注入中原文化颓废之躯……遂能别创空前之世局"。而从国教尊崇上说，李渊、李世民父子利用道教祖师老子姓李的巧合，尊老子为唐王室祖先，尊崇道教为国教。在这种境遇之下，儒学要获得独尊之地位，又谈何容易？

实际上佛道文化对李唐的影响，确实深入到了方方面面。以唐代女性为例，唐代的女性以肥为美、开朗奔放，婚姻上又往往颇为自由，即使是皇室公主多次离婚再嫁也多有记载，并不为奇。女性从政在唐代也达到了一个高潮，武则天、太平公主、韦皇后、上官婉儿都在唐代集体出现，即使是中国历史上唯一的民间起义女皇帝陈硕贞，也出现在唐代。

三、三家并重与独尊儒术

中华文化发展到两宋时代，才真正转型进入了"三家并重、独尊儒术"的发展阶段。这一阶段的代表人物当属"二程"和朱熹，其中，"二程"就是北宋时代的程颢、程颐。朱熹是"二程"的学生，生活在南宋时代，是著名的理学家、思想家、哲学家、教育家、诗人，世称朱子，是孔孟以来最杰出的儒学大师。

这一时期最核心的代表人物无疑当首推朱子，其对儒家学说在这一时期转型发展的贡献至少有二：一是对儒家经典文献进行了重新梳理和界定，把《大学》《论语》《孟子》《中庸》四本儒家经典单独抽取出来，分别予以章句集注式的注解诠释，形成了《大学章句》《中庸章句》《论语集注》《孟子集注》，合称《四书章句集注》，即我们现代意义上所说的"四书"，作为儒学最最重要的经典所在，并与之前儒家最为核心的五部经典《诗》《书》《礼》《易》《春秋》即"五经"，并称为"四书五经"。显然，从儒家经典的代表性和重要性讲，"四书"的地位已经超越了"五经"。二是将儒家的核心代表人物，从宋代之前识别界定的周公，转换为了孔子。孔子作为儒家的核心标志性人物，实际上是在朱熹之后才得到认可的。

宋以后元明清三代科举兴盛，都以朱熹的《四书集注》为学官教科书和科试标准答案，甚至被捧到了一句一字皆为真理的高度。正是有着学优则仕和科举正典的强力加持，中华文化在元明清三代就正式形成了儒、释、道三家并重与儒术独尊的基本格局，儒家文化脱颖而出成为中华文化的主导所在。

需要特别补充的是，宋元之后的明代又诞生了一位文化巨儒，即王阳明。儒家对历史人物的功绩评价往往持有三大标准，即立德、立言、立功。中华文化在数千年的历史发展长河中，真正能达到这"三立"之标准者屈指可数。即使是作为儒家创始人和代表人的孔子，实际上也只是做到了立德和立言的两立标准。至于立功，需要借助出仕从政的渠道完成，孔子虽然也有一段出仕为官的经历，但毕竟时间较短，很难说做出了多大功绩。相比之下，明代的王阳明可谓是做到了"三立"之标准，成为响当当的"三立"之大儒。立德毋庸多言，立言方面，阳明有《传习录》等巨著留世，并开创了心学一派，致良知、知行合一等思想理念传承留世，影响深远。就在其他儒家人物所普遍缺失的立功一项，阳明先生也可谓有着丰功伟绩的加持。阳明进士出身，终其一生大部分时间都在出仕从政，其中有江西赣州剿匪、平定宁王朱宸濠之叛、广西边疆戡乱等。《明史》评价说："终明之世，文臣用兵制胜，未有如守仁者也。"

阳明先生直至生命终结之时的最后留世之言，也给人以极大的心灵震撼。据《阳明先生年谱》，阳明先生晚年身体不佳，从广西戡乱之边疆辞官归乡，过程中船驻洞庭湖。早上时分，阳明先生的弟子登船来见，先生已经大限将至。学生半扶起重病之中的阳明先生，问曰："老师，您还有什么话要交代我们的吗？"阳明先生侧身看了一眼窗外，湖面波光粼粼，万道金光。先生曰："此心光明，亦复何言！"然后溘然长逝！

朱熹对儒家文献的重新审视界定和注解诠释，实际上始终是在原儒的内框范围内进行的，突出的贡献当在梳理和继承。"四书"从根本上来说其原来就存在，并非朱熹原创。朱熹对《大学》之"格物致知诚意正心"先后次第关系的认识，仍然是儒学原本的从格知到诚正的层层递进，对格物致知的认定仍然是儒学原本的对外在事物机理知识的探究学习，对"四书"的章句集注从根本上说其实就是一种追求原儒意境的后天诠释。

相比之下，阳明的心学则实现了对原儒之学的重大创新开拓。

第一，阳明心学对《大学》八条目的理解，虽然仍然坚持格致诚正的逻辑进阶之序，但其对格致的认识已不再锚定为对外在事物机理知识的格致，而转型为了内在的格心。而格致之后的诚意正心，显然更是直接指向了内向的格心。由此，阳明眼中《大学》八条目之前四条的格致诚正，就全部锚定于了内向格心的范式。这就与原儒对《大学》八条目的理解有了元点性的重大不同，使中华文化作为一种内向自省之格心文化的典型特征更为突出。

第二，阳明先生在此基础上进一步提出了"心外无性""心外无理"等理念，直接把心性的修炼放置于了人生第一位的元点地位，呈现出与原儒思想以及朱熹思想的重大差异。有一篇流传甚广的小文章《心之力》，开篇即言"宇宙即我心，我心即宇宙，细微至发梢，宏大至天地，世界、宇宙乃至万物皆为思维心力所驱使"，这实际上正是对阳明心学精华的典型传承。从现代管理学的角度审视，这实际上是将正心的心质养正放置于了全部管理的源点和元点位置，实现了对管理源点、元点的彻底聚焦。

第三，阳明先生直白白地提出了知行合一的理念，实现了在之前儒家认知实践理念基础上的重大进阶。儒家原本的知行理念，实际上就是《大学》中的格致诚正修齐治平，即先格致获得知识，然后才能诚正和修齐治平，它们是一种前后相联、层层递进的关系。从理论上讲这当然是成立的，但在实践中会导致知行分离的重大问题出现。即先学习获得知识，然后才能实践致用，结果往往导致知而不行、知而慢行、知而小行。反映在儒学发展演进过程中，儒学会经常性地陷入坐而论道、宏远迂阔却不切实际、缺失行动的尴尬境地，使儒学呈现出一种重理论重气节却少实践的气质。阳明先生的知行合一，即是知即行、行即知，知行两者合一，须臾不可分离。就如行孝，只知孝而没有行动，就不是真孝。如此一来，儒家学说就实现了从重理论轻实践到理论实践并重的重大转型，就转身步入了高知力行、实践精进的全新境界。

由此而言，阳明心学实际上极大地突破了原儒的内框范围，实现了重大的开拓和创新，并在后世产生了巨大的积极性影响。晚清以来以至于近现代的许多风云人物，很多都受到了阳明心学思想的重大影响。

由此，从更为全面表达儒家经典和思想角度着眼，在知识学习和实践操切领域，"知识传授—读书学习—知识获得—行动实践"应四位一体并行推进，不可少一个。从经典文献呈现角度来说，在原朱熹"四书"抽取界定的基础上，应另外专门增补《传习录》一书，从而把儒家最为经典的代表性文献，推向"《大学》《论语》《孟子》《中庸》《传习录》"的"五书"层面。

四、道佛两家的根本精神

现在开始对作为中华文化三大主体组成的道佛两家文化，就其各自的根本精神分别予以挖掘和提炼。

首先是道家及其根本精神。道家的核心代表人物显然是老子，最为经典的著作当属《道德经》。就老子的《道德经》而言，总体呈现出了浓郁的辩证法思想，大致可以归类为形而上学的哲学巨著。《道德经》的思想在不同的篇章表达并不相同，单就积极与消极指向而言，其许多章节往往呈现出明显的消极态度。

如第八十章言："使有什伯之器而不用，使民重死而不远徙，虽有舟舆无所乘之，虽有甲兵无所陈之，使民复结绳而用之。甘其食，美其服，安其居，乐其俗，邻国相望，鸡犬之声相闻，民至老死不相往来。"显然，这是一种向往原态、回归自然、小国寡民的消极理念表达。

不过就通篇而言，《道德经》最最核心的根本精神，应该可以概括为道法自然，为而弗争。"道法自然"源自第二十五章，意即做事干事都要按照事物本身的内在规律进行，而不能违背事物的内在规律去逆势强行推进，否则就会受到惩罚。"为而弗争"源自最后的第八十一章，意指该做的事要认真做，该干的事要好好干，不管什么事什么活，都要踏踏实实、认认真真地做实做好。在此过程中，不要过于争究我能得到什么、我会失去什么等，概括为一句话就是"做好自己、拒绝争究"。特别要说明的是，"为而弗争"四个字不但是《道德经》最后一篇即第八十一篇所言，而且是全书最后收尾的画龙点睛的四个字，应该最能代表《道德经》的根本精神。

实际上，极度推崇大自然的道家，其在对宇宙万物进行比对考量之后，果断地把水这种自然物质锚定为了天地宇宙之间最为理想的标的物。正如《道德经》第八章所称颂，"上善若水，水利万物而不争"。实际上，作为道家眼中的理想标的物，水这种物质正是道家之"道法自然、为而弗争"根本精神的实物呈现。

这样，站在整个道家的角度，其最为核心的代表当为老子和《道德经》，"道法自然"和"为而弗争"当是其根本的精神所在。

其次是佛家及其根本精神。佛家的核心代表人物是释迦牟尼，代表性经典文献则有很多，以《金刚经》《心经》等最为典型。总体上看，佛教内容非常丰富，思想相当深邃，不过就其核心要义而言，是要求现世的俗人虔诚向佛，在自我内心世界主动放弃对现世苦难的抗争，通过自我身心苦难的修历以达到来世幸福。

站在整个佛家的角度，其最为核心的代表当为释迦牟尼和《金刚经》诸经，"缘起性空"和"无常无我"当是其根本的精神所在。

五、儒家的根本精神

自汉代"罢黜百家、独尊儒术"，尤其是宋代朱熹修定"四书"并成为科举正典之后，儒家文化就逐渐成为中华文化中的主导文化。

关于儒家文化在中华文化中的主导地位，习近平总书记在纪念孔子诞辰 2565

周年国际学术研讨会上曾特别讲话指出，"儒家思想在中国思想文化领域长期取得了主导地位……其中最核心的内容已经成为中华民族最基本的文化基因"。

关于儒家文化在中华文化中的主导地位，还可以通过儒家文化理念对全球的影响力情况进行判断。据余秋雨的《中国文化必修课》，联合国大厅正中央悬挂着一副牌联，上面的文字翻译过来就是"己所不欲，勿施于人"。这句话传递出了一种儒家文化的基本理念，已经成为当代人与人、国与国、民族与民族之间打理基本关系的根本价值遵循，而这句话就出自《论语》。这就是说，这句来自《论语》的大白话，在穿越了几千年的历史时空之后，今天已经成为中华民族的全球价值观，成为全球共同认可遵守的金科玉律。

关于儒家文化在中华文化中的主导地位，还可以通过孔子相对于中华诸子的影响力来进行判断。以千古一帝的秦始皇为比对标杆，将孔子与老子等一众文化巨人放置于一起，按照他们在"二十四史"中出现的频次进行影响力的简单比对，结果令人大吃一惊。孔子出现的频次为1152次，位居第一且遥遥领先。秦始皇出现的频次为202次，只有孔子的1/5不到。无量纲转换后，孔子的影响力指数获得100的满分，而秦始皇只得到17.5分，离及格线也还有很远的距离。具体如附表1-1所示。遥想当年，秦始皇是多么的威风凛凛、不可一世，而孔子是多么的潦倒落魄、四处碰壁！然而几千年之后，孔子以其文化和思想的魅力穿越时空，逐渐成为中华民族的巨人。

附表1-1　中华诸子的文化影响力

序号	诸子	量值	指数	序号	诸子	量值	指数
1	孔子	1152	100.0	5	墨子	82	7.1
2	老子	364	31.6	6	韩非	47	4.1
3	孟子	308	26.7	7	荀子	42	3.6
4	庄子	264	22.9	8	秦始皇	202	17.5

注：表中的量值根据诸子在"二十四史"中的检索频次进行度量，指数方面，最高频次的指数为100，其他指数根据最高频次的指数折算而得。

无论从哪个角度来说，儒家的核心标识和代表人物无疑就是孔子，孔子在中华文化体系中具有极高的地位。柳诒徵《中国文化史》对孔子有一个极其精准的评价："孔子者，中国文化之中心也。无孔子则无中国文化。自孔子以前数千年之文化，赖孔子而传。自孔子以后数千年之文化，赖孔子而开。"

整体来看，儒家文化极其博大精深、丰富灿烂。其中，最核心的代表人物可以称为"五子"，即孔子、孟子、荀子、朱熹、王阳明；最核心的论著可以称为"五书"，即《大学》《论语》《孟子》《中庸》《传习录》；最核心的思想，则体现在仁义、义利、君子、小人、善政、知行合一、修齐治平、致中和等系列关键的概念之中。

那么，儒家文化的根本精神何在？首先，界定儒家最核心的经典文献。虽然儒家核心的经典文献有多种不同界定，比如"十三经""七经"等，但"四书五经"无疑是最核心的经典。而就"四书"与"五经"而言，最核心的显然应该是"四书"。特别地，朱熹界定"四书"之后，在明代出现的《传习录》，亦有重大影响，也应当并入其中，从而成为经典"五书"。其次，挖掘儒家最核心经典的根本精神。从儒家五本最为核心的经典中极简地挖掘提炼出各自最为核心和最有影响力的一个字句，作为其根本精神的表达。由此，《论语》当可以挖掘提炼为一个"仁"字，《孟子》当可以挖掘提炼为一个"义"字，《大学》当可以挖掘提炼为"格致诚正修齐治平"的八条目，《中庸》当可以挖掘提炼为"致中和"，《传习录》虽然有"致良知、人人皆可以为尧舜"等高价值的思想表达，但最为核心和最有影响力的当属"知行合一"。

在《大学》"格致诚正修齐治平"的八条目中，"格致诚正"为"修齐治平"之根本前提，其本意在于知识技能学习和心质品质养正。而从整个儒家遇事内省自讼理念出发，心质品质养正的"诚正"相较于知识技能学习的"格致"更为核心和重要。而阳明心学更是直接把原本朱熹理念中知识技能学习的"格致"，转换为了内向修心的"格心"。由此，《大学》中的"格致诚正修齐治平"，可进一步精练为"执心诸己修齐治平"，当更能贴近儒家文化的根本元点。其中，"执心"意指以修心为本，经常拂拭擦洗自己之心，不使沾染半点尘埃，始终保持光明亮达。"诸己"源自《论语》之"君子求诸己，小人求诸人"，意指遇到事情和问题时，要像君子一样从自身内向寻找原因，而不要像小人那样总是怨天尤人地从外在寻找原因。

《中庸》挖掘提炼为"致中和"。根据《中庸》所记，"致中和，天地位焉，万物育焉"，即如果达到了"致中和"的状态，天地之间万山万水就会各得其位、有条不紊，人世之间花草兽鸟乃至灵猴人类，就会各得其所、和谐共生，这是一种多么值得向往的美好境界呀！那么，究竟什么是"致中和"呢？其包含有若干层含义，仅从字面理解有两个层面的含义，即"致中"与"致和"。"致中"就是致力于把事情做对。这里的"中"本意是面对一个事物时，要"执其两端取其中"，取中间的合适之点，避免"过犹不及"。当然，这个合适的"中"点，并不是机械的物理中位之点，而是把事情做对的正确之点。一句话，就是把事做对。"致和"是指不但要把事做对，还要把更多的成员团结起来，把更多的条件利用起来，形成一种合力共进的积极趋向。只"致中"而不"致和"是不可以的，这往往会导致把事情完成了，却得罪了周边一众的同事，把本来一个战壕的同事硬生生地变成了自己的敌人。不"致中"只"致和"，显然也是不可以的，这往往会导致为团结而团结、没有原则地团结情况的发生，最后的结果也一定会走向反面，把事情搞得更糟。

由此，可以把对儒家文化根本精神的深度挖掘和极简提炼，通过喜闻乐见的楹联形式予以生动的表达，即"门""心"两字分别为源自《论语》《孟子》的"仁"和"义"，上下联为源自《大学》的"执心诸己观天下"和"修齐治平凿人生"，横批为源自《传习录》的"知行合一"，再加一个"门旗"，就是源自《中庸》的"致中和"。具体如附图1-1所示。

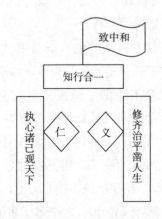

附图1-1　楹联形式呈现的儒家文化根本精神

六、中华文化的根本精神及当代意义

对中华文化的源缘流变进行一次极简梳理，即中华文化源起于先秦时代的儒墨道等诸子百家，至西汉武帝时罢黜百家和东汉明帝时佛教传入，中华文化开始呈现儒释道三家并重的发展趋势和格局。至北宋"二程"尤其是南宋朱熹，三家并重、儒术独尊格局正式成型。其间明代阳明心学出现并融入，更为儒家主导地位增添了相当的分量。

就基本格局而言，中华文化呈现儒释道三家并重局面，那么中华文化的根本精神应该是什么呢？简单处理，将上文儒释道三家的根本精神，直接加以融汇即可得到中华文化的根本精神。不过，考虑到佛教本非中华本源文化，从严格的角度讲，中华文化的根本精神当是指自中华本土源生发展的主流文化的根本精神。从这个意义上讲，中华文化的根本精神，当可通过融汇儒道两家文化的根本精神而形成。由此，可以继续以楹联的形式，生动地表达，具体如附图1-2所示。

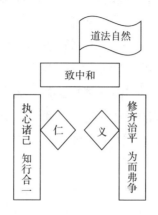

附图1-2 楹联形式呈现的中华传统文化根本精神

显然，就整个附图1-2的中华文化根本精神表达而言，主体显然是儒家文化，占据了两个"门心"的核心位置以及上下联和横批的重要位置。不过，道家文化也得到了合理的融入，即下联"为而弗争"的四字和"门旗""道法自然"的四字。特别地，"道法自然"占据了"门旗"的位置，说明道教文化虽然不是中华文化的主导，却提供了中华文化的根本遵循和哲学指向。

就中华文化的根本精神进行深度挖掘和极简提炼，有着极其重要的现实意义。当前的中国已经进入了新的发展时代，基于文化自信的文化"两创"，即"推动中华优秀传统文化创造性转化、创新性发展"已经写入了党的十九大报告和新党章之中。党的二十大报告和新党章更是进一步提出了"两结"的论断，即"只有把马克思主义基本原理同中国具体实际相结合、同中华优秀传统文化相结合……才能正确回答时代和实践提出的重大问题，才能始终保持马克思主义的蓬勃生机和旺盛活力"。"两创"和"两结"显然已经成为新时代党和国家发展的重要战略指向，而无论"两创"还是"两结"，都指向了中华优秀传统文化。中华优秀传统文化博大精深、丰富灿烂，"五个指头弹钢琴、眉毛胡子一把抓"显然是不可以的，那么面对中华优秀传统文化，应该重点依据什么推进"两创"，又应该重点立足什么推进"两结"？显然，重点应该是也必须是中华优秀传统文化中的精髓所在和根本精神。这就是说，有了对中华优秀传统文化根本精神的深度挖掘和极简提炼，"两创"就有了守正创新的根本依据，"两结"也就有了主干坚实的本位立足。

回归管理学，文化是管理的基础和土壤，管理是文化的结晶和升华。要建构中国特色的哲学社会科学，尤其是建构中国自主知识体系的管理学科，必须厘清以自主知识体系中国管理学为代表的中国特色哲学社会科学建构，与推进中华优秀传统文化创造性转化、创新性发展，两者之间是一种"从哪里来"的本源依据和"到哪里去"的目标指向的内在逻辑关系。而实现了对中华优秀传统文化根本精神的深度挖掘和极简提炼，中国自主知识体系的管理学科建构就能得到"四梁八柱"的关键支撑，从而可以阔步前行了。

附录二　本课程学习的三篇必读经典文献

喜怒哀乐之未发，谓之中。发而皆中节，谓之和。中也者，天下之大本也；和也者，天下之达道也。致中和，天地位焉，万物育焉。

——《中庸》选段

大学之道，在明明德，在亲（新）民，在止于至善。

知止而后有定；定而后能静；静而后能安；安而后能虑；虑而后能得。物有本末，事有终始。知所先后，则近道矣。

古之欲明明德于天下者，先治其国；欲治其国者，先齐其家；欲齐其家者，先修其身；欲修其身者，先正其心；欲正其心者，先诚其意；欲诚其意者，先致其知；致知在格物。

物格而后知至；知至而后意诚；意诚而后心正；心正而后身修；身修而后家齐；家齐而后国治；国治而后天下平。

自天子以至于庶人，壹是皆以修身为本。其本乱而末治者否矣。其所厚者薄，而其所薄者厚，未之有也！

——《大学》选段

爱因未会先生"知行合一"之训，与宗贤、惟贤往复辩论，未能决。以问于先生。

先生曰："试举看。"

爱曰："如今人尽有知得父当孝、兄当弟者，却不能孝、不能弟。便是知与行分明是两件。"

先生曰："此已被私欲隔断，不是知行的本体了。未有知而不行者。知而不行，只是未知。圣贤教人知行，正是要复那本体。不是着你只恁的便罢。故'大学'指个真知行与人看，说'如好好色，如恶恶臭'。见好色属知，好好色属行。只见那好色时，已自好了。不是见了后，又立个心去好。闻恶臭属知，恶恶

· 299 ·

臭属行。只闻那恶臭时，已自恶了。不是闻了后，别立个心去恶。如鼻塞人虽见恶臭在前，鼻中不曾闻得，便亦不甚恶。亦只是不曾知臭。就如称某人知孝，某人知弟。必是其人已曾行孝行弟，方可称他知孝知弟。不成只是晓得说些孝弟的话，便可称为知孝弟。又如知痛，必已自痛了，方知痛。知寒，必已自寒了。知饥，必已自饥了。知行如何分得开？此便是知行的本体，不曾有私意隔断的。圣人教人，必要是如此，方可谓之知。不然，只是不曾知。此却是何等紧切着实的工夫。如今苦苦定要说知行做两个，是甚么意？某要说做一个，是什么意？若不知立言宗旨。只管说一个两个，亦有甚用？"

爱曰："古人说知行做两个，亦是要人见个分晓一行做知的功夫，一行做行的功夫，即功夫始有下落。"

先生曰："此却失了古人宗旨也。某尝说知是行的主意。行是知的功夫。知是行之始。行是知之成。若会得时，只说一个知，已自有行在。只说一个行，已自有知在。古人所以既说一个知，又说一个行者，只为世间有一种人，懵懵懂懂的任意去做，全不解思惟省察。也只是个冥行妄作。所以必说个知，方才行得是。又有一种人，茫茫荡荡，悬空去思索。全不肯着实躬行。也只是个揣摸影响。所以必说一个行，方才知得真。此是古人不得已，补偏救弊的说话。若见得这个意时，即一言而足。今人却就将知行分作两件去做。以为必先知了，然后能行。我如今且去讲习讨论做知的工夫。待知得真了，方去做行的工夫。故遂终身不行，亦遂终身不知。此不是小病痛，其来已非一日矣。某今说个知行合一，正是对病的药。又不是某凿空杜撰。知行本体，原是如此。今若知得宗旨时，即说两个亦不妨。亦只是一个。若不会宗旨，便说一个，亦济得甚事？只是闲说话。"

——《传习录》选段

附录三 某村（社区）20~30岁青壮年 劳动力就业情况调查问卷*

调查问卷的核心指标：应就业未就业或就业不充分比重、原因和症结、心质原因比重。其中第1题考察基本情况，第2~4题考察应就业未就业或者就业不充分情况，第5~6题考察经济独立情况，第7~8题考察自己对自己的评价及计划情况即心质情况。

一、基本情况调查（填空和单选）

本人出生年月（   年   月），性别（□男　□女），最高学历（□大专及以上　□高中　□初中　□小学　□没有上过学），是否成家（□已成家　□未成家），是否有小孩（□有小孩　□无小孩）。

二、最近一年参加过几份工作（单选）

□一直没有参加工作　　　　　　　□1份工作

□前后参加过2~3份工作　　　　　□前后参加过4~5份工作

□前后参加过6份工作及以上

三、最近一年参加工作天数（单选）

□一直赋闲在家，没有参加工作　　□全年参加工作天数在3个月以下

□全年参加工作天数在4~6个月　　□全年参加工作天数在7~9个月

□全年工作天数在10个月以上　　　□全年一直都在工作

---

   * 第二章第一节基于"啃老"等文献的分析，由于数据细分不足，不能从中得到每一类型"啃老"的严重程度细分，比如，是全部依赖于父母的"高强度啃老"还是只有很少部分依赖于父母的"象征性啃老"。这里设计提供的调查问卷注意到了这个问题，进行了专门的细化设计，可以有效解决这个问题，提高研究的精确度。

四、最近一年最长一份工作持续天数（单选）

☐一直赋闲在家，没有参加工作　　☐持续不到 3 个月

☐持续 4~6 个月　　　　　　　　　☐持续 7~9 个月

☐持续 10 个月以上　　　　　　　☐全年都在干这份工作

五、最近一年自己收入情况（单选）

☐收入不错，够自己花销，还可以补贴一部分家用

☐收入一般，但够自己花销　　　☐收入不好，不够自己花销

☐收入很差，根本养不活自己　　☐基本没有什么收入

六、最近一年如果自己收入不够花怎么办（单选）

☐跟父母要，或者父母主动给　　☐跟其他人要，或其他人给

☐花以前积蓄　　　　　　　　　☐没有办法，穷过呗

七、对最近一年的工作状态感觉如何（单选）

☐满意，挺好的　　　　　　　　☐不好不坏，还行

☐不满意　　　　　　　　　　　☐不知道，不清楚，或者没感觉

八、未来计划怎么办（多选）

☐我得好好努力，争取干出一点成绩　☐就这样过呗，也挺好的

☐想那么多干啥，过一天算一天呗　　☐再等等看看，或者后面有机会

☐外面竞争那么激烈，算了，还是在家吧

☐打工或者工作挺累的，不想干　　☐其他

附录四　心质力测度量表

一、背景说明

本测度量表的制作，理论依据是第二章第四节心本（质）管理基本概念、第五节心本（质）管理基本维度与等级量化、第六节心本（质）管理与提升的分析，目标是为具体个体心质水平的量化测度和结构分析提供一种工具手段，为正确评价自我心质水平并发掘问题所在和采取针对性改进措施提供价值型帮助，最终实现心本（质）管理研究的实用化、操作化。

二、单项权重与计分加总

本量表共有 18 个测试题，每一测试题均有从 A 到 E 共 5 个选项。基于层次分析法和专家打分法，单项权重与计分加总的结构性量化分配如下：

第一部分由 8 个测试题组成，每一题根据从 A 到 E 共 5 个选项的不同选择，分别赋分 5 分、4 分、3 分、2 分、1 分。本部分满分 40 分。

第二部分由 4 个测试题组成，其中有无关键目标（第 10 题）和关键目标高度（第 11 题）两个测试题根据从 A 到 E 共 5 个选项的不同选择，分别赋分 10 分、8 分、6 分、4 分、2 分，其他两个测试题根据从 A 到 E 共 5 个选项的不同选择，分别赋分 5 分、4 分、3 分、2 分、1 分。本部分满分 30 分。

第三部分由 6 个测试题组成，每一测试题根据从 A 到 E 共 5 个选项的不同选择，分别赋分 5 分、4 分、3 分、2 分、1 分。特别地，第 13~14 题的测度共同指向目标刚性项，则实际上目标刚性项的总权重为 10 分，予以了特别加强。本部分满分 30 分。

三个部分得分相加，即是综合得分，满分 100 分。

三、评价使用

在没有更多数据对比的情况下，针对个体心质力量化测度结果，可以简单依据满分值的前 10%、前 10%~20%、前 20%~30%、前 30%~40%、前 40% 后的比例，分别给予优、良、中、一般、差的等级评价。

在获得足够多数据的情况下，进而可以根据大数据量化测度的最高值与最低值区间分布，取区间前 10%、前 10%~20%、前 20%~30%、前 30%~40%、前 40% 后的比例，分别给予优、良、中、一般、差的等级赋予，制作标准化量表体系，然后根据某个体实际测评结果，进行对比赋级。

对于个体的心质测评而言，得到的具体测评量值可以体现其心质现有水平。进而，根据测评结构分析中得分较低的指标及其背后的问题指向，可给出针对性改进措施。

四、具体量表

第一部分　心质正负基本品质测度

本部分主要测度的是内心仁爱状态（第 1~4 题）和内心正义状态（第 5~8 题），两者综合反映的是包括"致良知"和"心质光明"在内的心质正负基本品质。

问题 1：你在远方的城里工作，也在城里成了家立了业，但老父母都还在偏远的小山村生活。新年就要到了，天气变得异常寒冷，是留在温暖的城里过年呢？还是回没有暖气的寒冷刺骨的父母所在山村过年呢？（测度的内涵指向：对父母之孝）

A. 没有特殊原因就每年拖家带口回老家过年

B. 家里其他人不想回，我一个人每年回去待几天

C. 我一个人年前回去看看就回来

D. 隔几年回去看一次

E. 基本上不回

问题 2：你经济条件相对宽裕一点，你兄弟姐妹的经济条件则相对差一点。在多年的交往中，他们先后从你手中借走了三十万元，而且很长时间了一直没有

还，甚至过年也不再提起，怎么办？（测度的内涵指向：对兄弟之悌）

　　A. 没法提，还就收，不还就算了，自己吃点亏吧

　　B. 估计他们情况紧张，再等等吧，还是得要回来的

　　C. 时间不短了，看看谁家不太紧张就先要一下

　　D. 时间不短了，最近都催一下要一下

　　E. 不行，得马上要马上还

　　问题3：有一次你正在理发，理发师在帮你刮胡须，你突然咳嗽了一声，结果理发师一下子没有控制好理发刀，你的脸被刮破出血了，但并不严重，不过理发师好像吓坏了，你怎么办？（测度的内涵指向：对他人之恕）

　　A. 可能是自己咳嗽导致的，再说谁没个手误，也不严重，没事，安慰安慰理发师

　　B. 谁没个手误，也不严重，算了算了

　　C. 有点恼火，不过算了，不说了

　　D. 真倒霉，把理发师狠狠批一顿

　　E. 这事不行，马上和理发师理论，要他赔

　　问题4：有一天天很晚了，你在回家的路上看到路边还有一个卖苹果的老农，苹果看上去不是很好，但也剩得不多了，可能是老人想坚持卖完再回家。如果你经济条件还算宽裕，看到这个场景你怎么办？（测度的内涵指向：对凡众大爱）

　　A. 我全买了，让老人早点回家

　　B. 我买上一点吧，也帮帮老人的忙

　　C. 犹豫了一下，想帮着做点什么，想想还是算了

　　D. 犹豫了一下走了

　　E. 和我没有任何关系，赶紧回家

　　问题5：有一天晚上你一个人出去散步，突然脚下踩到一个什么东西，一看是一款你梦寐以求的新款苹果手机。再看看周边，一个人也没有，怎么办？（测度的内涵指向：见利思义）

　　A. 不是我的，我不能要，马上上交或者明天上交

　　B. 不是我的，上交处理，不过失主应该给我一点报酬才行

　　C. 犹豫了好久，先拿回家看看情况再说

　　D. 犹豫了一下，反正又不是我偷的，悄悄收起来拿回家了

E. 反正又不是我偷的，又没人看见，就是我的了

问题6：有一天骑车外出办事，突然看到一个老人倒在地上，正在痛苦地挣扎，可能是被车撞了，不过撞人的车已经溜了，怎么办？（测度的内涵指向：见义勇为）

A. 马上下车，观察和帮扶老人，打报警电话或120电话，同时采取自我保护措施

B. 马上下车，外围观察但不靠近，以免说不清，同时电话报警

C. 犹豫了好久，担心好心帮助反而被讹上，打个报警电话然后走人

D. 我应该帮一下，可我有事啊，让后来的人帮吧，我先走

E. 反正又不是我撞的，和我没关系，管他呢，走了

问题7：回到20世纪50年代，新中国成立不久，可谓家徒四壁、一穷二白。而你在大洋彼岸的美国留学毕业取得博士学位后，又在美国一所著名大学工作了不短的时间，薪水收入、工作条件、生活环境方面，中国和美国可谓天壤之别。可是这个时候，祖国对你发来了呼唤：回来吧，报效祖国！怎么办？（测度的内涵指向：见危授命）

A. 毫不犹豫，没有条件，马上回国，报效祖国

B. 犹豫良久，还是克服困难，决心归国

C. 这可是人生的重大抉择，再看看再说，如果合适，择机再回

D. 犹豫良久，还是不回了，拖家带口，回去不容易

E. 两边完全不具有可比性，绝对不回去

问题8：好容易到了周末晚上，几个好朋友聚到了一起吃饭，大家嚷嚷着喝一口，你是开车来的，怎么办？（测度的内涵指向：遵规守矩）

A. 看情况，或者不喝后面自己开车回，或者喝一点然后找代驾或打出租回

B. 酒虽然只喝了一点点，犹豫一下，还是代驾回或开车回吧

C. 酒只喝了一杯，应该没事，犹豫良久，还是自己开车回吧

D. 酒只喝了几杯，犹豫良久，开车回吧，应该没事的

E. 虽然喝的不少，没事，开车回，不会有事的

第二部分　心质目标基本品质测度

本部分主要测度的是目标体系（第9题）、关键目标（第10题）、关键目标

高度（第11题）、关键目标自我适衡性（第12题），四者综合反映的是心质目标基本品质。

问题9：一般地，有目标才有前进的方向，所以目标建构对自我发展特别重要。请问你有没有考虑建构自己的目标体系？（测度的内涵指向：目标体系）

A. 我有包括长期、中期、短期和家庭、学习、工作等在内清晰的人生目标体系，且已经整理记录下来

B. 我有像上面一样的目标体系，但没有整理记录下来

C. 我有自己的目标体系，但没有上面那样区分细致和清晰，也没有记录下来

D. 目标倒是有，但都是短期或临时性目标，难成体系

E. 考虑那么多干什么，心累，过一天算一天不挺好的吗

问题10：一个人的目标体系由多种类型的具体目标组成，彼此的重要性并不相同，有一般性的目标，也有关键性的目标，而关键性的目标在整个目标体系中具有至关重要的地位，请问你的关键目标处于什么状态？（测度的内涵指向：关键目标）

A. 在我的家庭、学习、工作等众多目标中，各有自己的关键目标，还有整体的关键目标，并且都清晰地整理记录了下来

B. 我家庭、学习、工作等众多目标中都有自己的关键目标，也有整体的关键目标，但没有特别清晰地整理记录下来

C. 关键目标倒是有，但没有上面那么细致清晰，有些模糊

D. 关键目标倒是有，但都是短期或临时性关键目标，没有中长期的关键目标

E. 什么关键不关键的，考虑那么多干什么，心累，过一天算一天不挺好的吗

问题11：一般来说，个人关键发展目标的制定，一方面应该能够支持自我的个人理想追求，另一方面应该响应国家社会的使命与责任，或者说应该将个人的发展与国家社会的需要进行关联性的考虑和结合。请问你个人关键发展目标的制定，属于下面哪种情况？（测度的内涵指向：关键目标高度）

A. 我关键目标的制定，将个人的发展与国家社会的需要进行了充分的考虑和结合

B. 我关键目标的制定，将个人的发展与国家社会的需要进行了良好的考虑

和结合

C. 我关键目标的制定，将个人的发展与国家社会的需要进行了较好的考虑和结合

D. 我关键目标的制定，重点考虑了个人的理想追求，考虑结合国家社会的需要较少

E. 我关键目标的制定，仅考虑个人的理想追求，完全不用考虑结合国家社会的需要

问题12：一般来说，个人关键发展目标的制定，应该与自身所处的具体情境和所拥有的主客观条件资源具有相符性，既不好高骛远又不局促短浅。请问你个人关键发展目标的制定，属于下面哪种情况？（测度的内涵指向：关键目标自我适衡性）

A. 关键目标的制定，充分地考虑了自身所处的具体情境和所拥有的主客观条件

B. 关键目标的制定，良好地考虑了自身所处的具体情境和所拥有的主客观条件

C. 关键目标的制定，较好地考虑了自身所处的具体情境和所拥有的主客观条件

D. 关键目标的制定，只是简单地想了想自己的具体情境和所拥有的主客观条件

E. 关键目标的制定，没有考虑自己的具体情境和所拥有的主客观条件

第三部分　心质执行基本品质测度

本部分主要测度的是目标刚性（第13~14题）、失衡纠偏（第15题）、自力更生（第16题）、自省反省（第17题）、内省致和（第18题），五个层次问题的测度综合反映的是以"知行合一"为核心的心质执行基本品质。

问题13：很久很久之前，一位已经63岁的老人带着他的弟子为着自己的某种理想而四处奔波却屡屡碰壁。其实他只要回头，就可以尊享生活、安度晚年。一天，他和他的弟子们在中原大地的某一个荒野角落被歹徒围困，绝粮七日，陷入孤绝之境。随从弟子都饿倒了，爬不起来。为了理想，是继续向前，还是掉头返回？如果这位白发苍苍的老人是你，你会怎么办？（测度的内涵指向：确立坚

定的理念和态度，困难面前坚韧前行、捍卫初心、刚性践行）

　　A. 为了心中的理想，继续坚定前行

　　B. 为了心中的理想，再坚持坚持

　　C. 理想与现实都得考虑，应该重新审视和反思一下了

　　D. 虽然心有不甘，但还是无奈掉头返回吧

　　E. 还考虑什么，直接掉头返回就是了

　　问题14：你在大学三年级时确定了考研的目标，为此精心选择了自己理想的大学和喜欢的专业，开始了刻苦研读。考研学习是一个极其艰难的特别耗费体力的拼搏过程，考前一个月时，你的鼻子因劳累过度开始经常性出血。考前半个月，鼻子几乎每天都要出血，而且每次都是大量出血，你的身体变得极其虚弱。你该怎么办？（测度的内涵指向：确立坚定的理念和态度，困难面前坚韧前行、捍卫初心、刚性践行）

　　A. 为了既定目标，劳逸结合，但继续坚定前行

　　B. 为了既定目标，劳逸结合，学习适当放松一下

　　C. 理想目标和身体健康都重要，不行学习先放放，但到时候参加考试

　　D. 虽然心有不甘，但身体实在不行，放弃考研吧

　　E. 还考虑什么，身体最重要，赶紧放弃考研

　　问题15：假如你是明朝中期的一位进士，现在在京城为官。有一天你在朝堂上坚持真理，得罪了宦官，被当众庭杖40大板，并贬到山高水远、交通非常不便的烟瘴之地，做一个破旧招待所的主任（只有你一个人），且永不回用，请问你该怎么办？（测度的内涵指向：对于主客观条件发生变化导致失衡适时自我修正和纠偏调整）

　　A. 京城是待不成了，那就先干好招待所主任，再好好考虑考虑还能做些什么

　　B. 京城是待不成了，那就先干好招待所主任，再考虑做一些什么吧

　　C. 那就好好干好招待所主任就行了

　　D. 在这个破招待所将就着干干就行了

　　E. 时不济我，命运不公，算了，得过且过吧

　　问题16：你们要结婚了，决定买上一套新房。可是你们刚刚工作，虽然工资还行，但手边没有多少积蓄。不过，你们双方的父母每月能有三四千元退休金。你们该怎么办？（测度的内涵指向：立足自己、自力更生，君子求诸己）

A. 我们自己贷款，慢慢还呗，我们自己能解决，不用老人再操心了

B. 我们自己贷款，慢慢还呗，不过首付最好老人能帮一部分忙

C. 我们自己贷款，慢慢还呗，不过首付最好老人能帮着解决了

D. 先看看老人那里有多少吧，先用他们的，让他们解决大头，不够我们再想办法

E. 不行，老人就应该给送一套新房，他们想办法就是了

问题17：孔子说：每日三省吾身。请问你在现实中是如何理解和进行反省的？（测度的内涵指向：君子求诸己、自省反省）

A. 反省自省很重要，我每天（如晚上睡觉前）都会反省自省一下这一天经历的事情

B. 反省自省很重要，我过一阶段就会定期反省自省一下这一阶段经历的事情

C. 反省自省挺重要，我偶尔会反省自省一下过去一阶段经历的事情

D. 反省自省其实没什么，我基本上没有什么反省自省过

E. 我从来不用反省自省

问题18：年底的评先大会上，你得票不高，甚至有可能不及格，怎么看？（测度的内涵指向：君子求诸己，且中且庸，致中致和，努力实现与周围环境的友好和谐相处）

A. 这说明我确实存在问题，后面我得好好改变自己，从改变自己做起

B. 这说明我确实存在问题，后面改变改变自己，但实在令人气愤

C. 我确实存在问题，但有些同事投票也确实很不客观

D. 我存在问题，但更多的是他们的问题

E. 我没有什么问题，问题是他们的，他们投票不公